■ 主 编 蒋硕亮

公共经济与管理·政策分析系列

公共政策学

Public Policy

復旦大學 出版社

序

　　上海财经大学公共经济与管理学院是一个既富有历史积淀,又充满新生活力的多科性学院。其前身财政系始建于1952年,是新中国成立后高校中第一批以财政学为专业方向的教学科研单位。经过60多年的变迁和发展,财政学科不断发展壮大,已成为教育部和财政部重点学科,为公共经济学的学科发展和人才培养作出了重要贡献。2001年,在财政系基础上,整合投资系,新建公共管理系,组建了公共经济与管理学院,从而形成了以公共财政、公共管理和公共投资三个方向为基本结构,以公共事务为纽带,以培养具有国际化视野的公共管理人才为使命,以公共经济与公共管理学研究为核心的跨学科教学和研究机构。

　　公共经济与管理学院具有海纳百川的悠久文化渊源。半个多世纪以来,创立和推动学科发展的知名教授中既有毕业于美国、日本和法国等著名国际高等学府、具有极高学术声望的海外归国学者,如杨荫溥、冯定璋、曹立瀛、席克正、周伯康、尹文敬教授等;也有长期致力于中国财政经济、投资经济研究、具有重要社会影响的著名教授,如苏挺、李儒训、葛维熹、俞文青教授等。他们曾引领了我国财政学科的发展,奠定了学科人才的培养基础,也为上海财经大学在公共经济领域开拓了一片沃土,培育了一批财政、投资和税收学科的学术带头人。

　　经济体制改革掀开了中国历史新的一页,也给学院的发展注入了勃勃生机。目前学院已经发展成为由财政、投资、税收、公共管理、社会保障与社会政策五个系组成的本科、硕士和博士学位的人才培养体系,拥有10个本科专业、15个硕士专业和7个博士专业授予点,同时建立了以9个研究所中心/所为基础的科研团队。2012年年末,中国公共财政研究院诞生;2013年,作为上海市教委建立的十个智库之一的公共政策与治理研究院成立,从而构成了以学院为主体,以两个研究院为两翼的"一体两翼"教学科研组织结构,成为以公共经济和公共管理理论为基础,以提供政府公共政策咨询为己任的开放型、跨学科协同创新研究平台,开启了学院融教学管理、学术研究、政策咨询为一体,协同发展的新征程。

传承历史,继往开来,学科建设是学院整体建设的重要组成部分,是学院的龙头工作。而课程建设既是学科建设的中心环节,又是承载专业教学重任的关键桥梁。抓好课程建设不仅是深化教学改革的一项重要措施,也是学科自身建设的根本大计。为了深化学院课程体系改革,推动将优质科研资源转化为教学资源,落实教授为本科生上课制度,帮助学生提高自主学习能力,提升学校人才培养质量和水平,学院在课程建设上,明确了名师领衔、团队攻关,"以系列教材建设为品牌,以精品教材建设为目标,以实验性和务实性教材建设为特色"的教改思路。

由复旦大学出版社出版的"公共经济与管理系列丛书"旨在推出上海财经大学公共经济与公共管理课程建设的成果。这套丛书既是学院全体教师劳作的园地,又是学院教学展示的窗口。

在公共经济与管理系列丛书出版之际,谨致以最美好的祝愿。

刘小兵
2014 年 9 月 10 日

前　言

完善和发展中国特色社会主义制度、推进国家治理体系和治理能力现代化是十八届三中全会提出全面深化改革的总目标。国家治理现代化既是治国理政的目标,也是治理国家的连续过程。在国家治理现代化进程中,公共政策体系与政策能力现代化是其重要组成部分,国家治理现代化离不开政策体系与政策能力现代化。政策体系与政策能力现代化是解决当前中国现代化进程中面临的政治、经济、文化、社会等各方面公共问题的长效与治本之策。政策体系与政策能力现代化含义丰富、特征鲜明。涵括政策基本理念、政策价值与使命、政策工具、政策体系与政策能力之间的关系的现代化,它们相互依存、相互促进,共同推进政策体系与政策能力现代化。

政策体系与政策能力现代化作为一项与时俱进的系统工程,具有以下一些主要特征。

第一,整体与部分的统筹性。政策体系是由一个个具体政策组合而成的,必然会形成整体与部分的对立统一。良好的政策体系具有"格式塔效应"[①]。政策体系化要求证基于矛盾化解的公共政策原则框架、概念命题、形式实质的最大公约数。政策体系的整体效应占据程序与实体的制高点,俯瞰政策个体的普遍性与特殊性,积极扩大乘数效应,及时消解对冲效应[②],实现整体对部分的超越与超脱。由于现实公共政策问题的纷繁复杂与相互勾连,以及"政策处方"副作用的不可逆性,往往造成整体效应流失。甚至主观上的"政策悖论"[③]所带来的非预期性和不可计算性也会造成部分对整体的创伤和损害。在这种

[①] 政策体系作为一个整体所具有的价值和作用,要大于各个单独的组成部分的简单相加。
[②] 乘数效应是指随着政策作用的累积,会产生数量相乘而强烈爆发的结果,比如一次次纸币的超发不断透支国家信用,最后导致国家经济的全面崩溃。对冲效应是指两种作用相对相反的政策效应相互抵消,正如一个进水管进水而一个出水管出水,池子里水量可能保持不变。
[③] 政策悖论是指预期为民众带来福利的政策却产生危害民众的结果。比如近年来中国一线城市为限制房价屡次出台调控政策,但与预期相反,调控一次,房价上涨一次,出现典型的"政策悖论"。

情况下,分清政策总分、主次、大小、正负等层面和维度就显得格外重要。在特殊情况下"弃车保帅"的抉择可能就是保全整体的较好选择。

第二,部分与部分的兼容性。组建政策体系的各个部件(政策个体)并不会天然一致,这是由政府机构的"部门林立"与"部门利益"所决定的。政出多门、政出多人、政策碎片化与政策利益化必然带来政策之间的相互违背与冲突。甚至地方或部门敢于制定与国家层面的重大政策相抵触的红头文件,构成或轻或重的体系违反①。有鉴于此,体系思维映照成为阻断"违逆对策"的重要机制设置。一方面,体系思维有利于公共决策者在政策议程与方案设计阶段的审慎评估,尤其是现场发掘体系违反并及时排除,促成错误之预防。另一方面,体系思维助推现有部门政策之间的漏洞与逆反的甄别,并及时加以填补与纠正。这就是说,政策研究与政策分析应借助体系思维方法,力求揭示政策体系内在价值与逻辑的一致性与周延性,将政策秩序的价值、概念、命题、规范等范畴调适一致,并在各个政策文本上明确显现。因此,体系拷问与评估是一项不可或缺的永续工作,通过纵横检视每一个别政策规范的意涵和脉络,并以体系的形式加以体现,厚植政策体系之下每个组件的兼容一致性。

第三,从现在到未来的进步性。这是指基于现有政策体系守成与接续的政策的与时俱进。变化与发展是政策科学的永恒议题,当政策环境发生改变,政策问题转移,具体政策的调整就时不我待。正如药变随病变,即使有益的政策方案也会持续不变而失之僵化。公共政策活在当下,这里的当下是指政策问题还继续存在,看不出变化的迹象,政策行为存在于政策疗程之中。通过一个或数个疗程医治,察觉药不对症或者病情变化,治疗手段也要及时改变更替。否则,问题不仅得不到消解,反而愈演愈烈,变换成疑难杂症、甚至死症。古有"天变不足畏,祖宗不足法,人言不足恤"(王安石语);今有改革开放没有完成时,只有进行时。这是现在走向未来的必由之路,也是公共政策现代化的归宿。世易时移,公共政策体系没有最好,只有更好,它的进步与进化在现在与未来的宏大事业中搭建一座座畅通的桥梁,呈现低成本高疗效的康健图景。

第四,政策与环境的开放性。公共政策体系是闭合的,也是开放的。公共政策体系的价值观、方法论、话语体系、范畴范式自成一派,政策科学不是作为某一现存学科的更新出现的,而是全新的跨学科领域。"进一步讲,政策科学的新创举之所以重要,就在于现代科学无法适应政策制定的紧迫需要。并且不能适当地处理科学知识、政治权力之间的相互关系问题……总之,如不改善政策制定能力的话,未来社会的发展会产生更大的问题。"②以此来看,政策体系与政策科学的闭合性体现在它们自身的规范性以及与其他系统的明确边界③。开放性表征它与环境的相互调适与合拍,不断从环境中吸取各种信息与养分,并以政策输出的方式形塑与改变环境,促进自身的进步与人的全面而自由的发展,因此它不应该封闭,也不可能封闭。

第五,方式方法的创新性。在社会现代化进程中,日新月异成为稳定的常态。尤其是

---

① 指正在制定的政策与现有政策,尤其是上位政策的冲突与矛盾。
② R. M. 克朗:《系统分析与政策科学》,商务印书馆,1985年,第29、30页。
③ 如红头文件与道德、政治、法律这些体系的区分。

在"互联网+"的时代浪潮中,通过网络的传播扩散、沉淀发酵、纵横捭阖,新问题、新事物、新业态、新手段、新技术等层出不穷。海量信息共享与光速信息传播既是对政策活动的严峻挑战,更是政策活动的"三千年未有"之大机遇。在公共政策活动中,信息收集之便捷,信息处理之深刻,信息传播之广阔,以及虚拟现实、仿真决策、人工智能、趋势预测、效果精算、流程重组、线上服务、实时监控等与政策行为密切相关的工具、策略、路径、技术等等,为政策目标的实现提供无限广阔的空间和数量众多的可选择性。这使得创新不仅可能,而且势在必行。新政策对旧政策的比较优势的鸿沟会越来越大,新陈代谢、先进超越落后、优秀胜过平庸的历史规律不以人的意志为转移。因为只有在方式方法上的拓新,才恰合现代化的价值硬核,才能置之死地而后生。

第六,结构与功能的耦合性。耦合性是指一个复杂结构(一般指软件)内各个模块之间关联程度的量度。公共政策体系类似于一个软件系统,每一个具体政策好比一个个组件或者模块。上下左右具体政策之间的关联程度体现出系统的耦合性。如当下中国的共同富裕政策。不同的结构具有不同的耦合性,其功能的大小强弱泾渭分明。当然,每一个政策按其闭合程度以及与他者关系具有一定的内聚性或自立性,由此展示自身的功能运作。这种功能可能是整个系统所需要的,也可能是部分需要的甚至是不需要的,这就会造成资源的错配,而通过政策内容耦合(政策文本接续、重叠)、数据耦合(政策信息数据共享)、控制耦合(上位政策对下位政策的监控)、公共耦合(公共空间的进入与公共资源的共享与协配)等路径,将各个组件的功能整合、调剂、搭配,最终达成 1+1+1>3 的功能输出。

作为国家治理现代化的核心部件,政策体系与政策能力现代化是一个无论如何绕不过去的坎。因为一个国家公共事务的治理需要统一、高效、协调的政策行为。这些政策行为只能来自政策体系与政策能力现代化的凝练。政策体系与政策能力现代化是关乎政策结构与政策功能现代化的宏阔课题。它要探讨在治国理政中如何准确地提出政策问题、深刻地分析政策问题、事半功倍地解决政策问题。

公共政策理念的现代化要求在构建政策体系以提升政策能力的过程中坚守下列原则与规则:问题导向、需求导向、发展导向、科学民主法治决策、切实可行、包容共享、创新择优等。基于这些理念,公共政策现代化肩负促进民众福祉、经济增长、政治民主、社会公平正义等神圣使命和愿景。为了完成上述历史任务,必须采取包括简政放权、公私伙伴关系、社区治理、标杆管理等现代政策工具。最后,要用体系思维处理政策体系现代化与政策能力现代化的关系,使之相互促进,共生共赢,更好地发挥政策体系的整体性效能。

政策体系与政策能力现代化共同组成了公共政策现代化。这一过程只有进行时没有完成时。只要人类社会存在和发展,就不断会有新的公共问题产生。这些新问题的解决存在路径依赖——原来的政策首先介入。但随着情境的转变,旧的政策必然效力衰退,政策随之进行调整完善,甚至用新政策取代旧政策。政策理念、政策价值、政策目标、政策行为、政策关系、政策工具等随之改变,这就是政策现代化的机理。当然,这一过程不会一帆风顺,它会遇到种种阻力和障碍并且充满曲折和艰辛,甚至会暂时倒退。但是,战胜种种困难,不断向现代化进发,这是政策体系和政策能力本质上的大势所趋。

　　本教材力求为我国公共政策现代化进程添砖加瓦。本教材的内容包括三个部分:公共政策学的基础知识,包括政策科学基本概念、知识框架与原理原则等;公共政策的运行过程理论,从问题提出、方案设计、方案选择、政策执行、政策评估,再到政策的调整与终结;政策分析的基本理论和方式。由于公共政策活动既是理论性的,又是实践性的,对于初学者来说,案例教学是必要的手段。为此,我们精选若干政策案例附在每章后面,供学生课堂讨论与思考。此外,本书力图吸取政策科学的新理论和分析方法,并注意总结中国特色的政策现代化进程中的实践经验。

目　录

第一章　公共政策与公共政策学 ······ 1

第一节　理解公共政策 ······ 1
一、公共政策中"公共"的含义 ······ 2
二、公共政策的含义 ······ 3
三、公共政策的类型、特征与使命 ······ 5
四、公共政策的民心导向 ······ 9

第二节　公共政策学 ······ 14
一、公共政策学的界定 ······ 14
二、公共政策学的产生与发展 ······ 15
三、公共政策学的引入及其在中国的发展 ······ 22
案例1-1　2015年"十三五"规划建议稿起草过程解读 ······ 24
案例1-2　公共政策与人类生存 ······ 28

第二章　公共政策系统 ······ 32

第一节　公共政策主体与决策体制 ······ 32
一、官方的政策活动者 ······ 32
二、非官方的政策活动者 ······ 35
三、公共决策体制 ······ 40

第二节 公共政策客体与利益 ········· 43
一、社会问题 ········· 43
二、目标群体 ········· 44
三、目标群体的利益 ········· 45

第三节 政策环境 ········· 45
一、政治环境的影响 ········· 46
二、经济环境的影响 ········· 47
三、文化环境的影响 ········· 48
四、国际环境的影响 ········· 49

第四节 公共政策工具 ········· 49
一、组织工具 ········· 50
二、管制工具 ········· 50
三、经济工具 ········· 51
四、信息工具 ········· 52
五、社会化工具 ········· 52

第五节 公共政策构成要素 ········· 53
一、公共政策的五个要素 ········· 53
二、政策系统的新特征 ········· 55

案例 2-1 设立上海自贸试验区的伟大战略决策 ········· 56

第三章 公共政策问题与议程 ········· 60

第一节 公共政策问题的含义与特征 ········· 61
一、公共政策问题的基本含义 ········· 61
二、公共政策问题的主要特征 ········· 62

第二节 公共政策问题的产生与发展 ········· 64
一、公共政策问题产生的基本过程 ········· 64
二、公共政策问题产生的因素 ········· 68
三、提出公共政策问题的不同主体 ········· 69
四、公共政策问题的发展 ········· 72

第三节 公共政策的公众议程与政府议程 ········· 74

一、公共政策议程概述 ……………………………………………… 75
　　二、公共政策的公众议程 …………………………………………… 76
　　三、公共政策的政府议程 …………………………………………… 77
　　四、公共政策议程建立的方式 ……………………………………… 78
　案例 3-1 《关于对流动人口中适龄儿童少年实施义务教育的暂行办法》
　　　　　　政策的制定 …………………………………………………… 81

第四章　公共政策制定与合法化 …………………………………………… 83
第一节　公共政策制定概述 ………………………………………………… 83
　　一、公共政策制定的含义 …………………………………………… 83
　　二、公共政策制定的基本原则 ……………………………………… 85
　　三、公共政策制定的影响因素 ……………………………………… 86
第二节　公共政策制定的基本程序 ………………………………………… 88
　　一、确定政策目标 …………………………………………………… 89
　　二、设计政策方案 …………………………………………………… 91
　　三、政策方案的评估论证 …………………………………………… 92
　　四、抉择政策方案 …………………………………………………… 94
第三节　公共政策合法化 …………………………………………………… 96
　　一、公共政策合法化概述 …………………………………………… 96
　　二、公共政策合法化的程序 ………………………………………… 99
　　三、公共政策合法化的实现途径 …………………………………… 100
　案例 4-1　深圳"禁摩限电"引发社会舆论关注 …………………………… 103

第五章　公共政策执行与有效性 …………………………………………… 105
第一节　政策执行概述 ……………………………………………………… 105
　　一、政策执行的含义 ………………………………………………… 105
　　二、政策执行在政策过程中的地位与作用 ………………………… 106
　　三、政策执行的特点与原则 ………………………………………… 107
　　四、政策执行理论 …………………………………………………… 108
　　五、政策执行模型 …………………………………………………… 109
第二节　政策执行过程与工具 ……………………………………………… 111

一、公共政策执行的过程 ………………………………………………… 111

　　二、公共政策执行的手段 ………………………………………………… 115

第三节　影响政策有效执行的因素 …………………………………………… 117

　　一、政策问题的特性 ……………………………………………………… 117

　　二、政策本身的因素 ……………………………………………………… 118

　　三、政策执行主体 ………………………………………………………… 118

　　四、政策对象 ……………………………………………………………… 120

　　五、政策环境 ……………………………………………………………… 121

第四节　我国政策执行中的阻滞问题及防治对策 …………………………… 122

　　一、我国政策执行中的阻滞问题 ………………………………………… 122

　　二、针对我国政策执行中的阻滞问题采取的防治对策 ………………… 124

　　案例 5-1　中国民生政策为何执行"梗阻" …………………………… 126

第六章　公共政策评估 …………………………………………………… 128

第一节　公共政策评估的含义与功能 ………………………………………… 128

　　一、政策评估的含义 ……………………………………………………… 128

　　二、政策评估的作用 ……………………………………………………… 129

第二节　公共政策评估要素 …………………………………………………… 131

　　一、评估主体 ……………………………………………………………… 131

　　二、评估客体 ……………………………………………………………… 132

　　三、评估目标 ……………………………………………………………… 133

　　四、评估目的 ……………………………………………………………… 133

　　五、政策评估标准 ………………………………………………………… 134

第三节　公共政策评估步骤与方法 …………………………………………… 136

　　一、政策评估的步骤 ……………………………………………………… 136

　　二、政策评估的方法 ……………………………………………………… 138

第四节　我国公共政策评估的障碍分析 ……………………………………… 139

　　一、我国政策评估面临的困境 …………………………………………… 139

　　二、我国政策评估理论研究现状 ………………………………………… 141

第五节　国外公共政策评估及其借鉴 ………………………………………… 142

一、国外公共政策评估的做法和经验 …………………………………… 142

　　二、国外公共政策评估的借鉴 …………………………………………… 144

　案例 6-1　上海市私家车车牌拍卖政策市民满意度评估 ……………… 146

第七章　公共政策监控、调整与终结　151

第一节　公共政策监控系统　151

　　一、政策监控的含义　151

　　二、政策监控的分类　152

　　三、政策监控的基本条件　154

　　四、政策监控的作用　154

第二节　公共政策监控过程　155

　　一、政策监控的基本原则　155

　　二、政策监控过程　156

　　三、政策监控的主要环节　159

　　四、政策监控机制的构成　161

第三节　公共政策的调整　163

　　一、政策调整的内容　163

　　二、政策调整的原因和影响　163

　　三、政策调整的功能活动　164

第四节　公共政策的终结　165

　　一、政策终结概述　165

　　二、政策终结的原因与类型　166

　　三、政策终结的障碍　167

　　四、政策终结的策略　169

　案例 7-1　上海"敬老卡"政策调整 …………………………………… 171

第八章　公共政策模型　175

第一节　公共政策模型概述　175

　　一、什么是模型　175

　　二、政策模型的含义　176

　　三、政策模型的有效性　177

第二节　传统理性决策模型 …… 178
一、理性模型的理论依据 …… 178
二、理性模型的主要缺陷 …… 179
三、理性模型的重要性 …… 181

第三节　有限理性与渐进决策模型 …… 181
一、有限理性模型：决策追求满意解 …… 181
二、渐进主义模型：新政策是对旧政策的补充和修正 …… 183

第四节　系统决策模型 …… 184
一、系统模型：政策是政治系统的输出 …… 184
二、沃尔夫的系统分析模型 …… 185

第五节　政策过程模型 …… 186
一、麦考尔-韦伯的内容过程分析模型 …… 186
二、公共政策的动态过程 …… 187

第六节　精英模型与集团模型 …… 188
一、精英模型：政策是精英们的偏好 …… 188
二、集团模型：政策是集团利益的平衡 …… 191

案例 8-1　中国人口政策的渐进调整模型 …… 192

第九章　公共政策失败及防治 …… 195

第一节　公共政策失败的含义与类型 …… 195
一、公共政策失败的含义 …… 195
二、公共政策失败的类型 …… 196
三、公共政策失败的表现形式 …… 197

第二节　公共政策失败的原因 …… 198
一、决策方面因素 …… 198
二、人的因素 …… 199
三、公共政策本身的因素 …… 200
四、公共政策资源因素 …… 202
五、程序方面的因素 …… 202
六、政府失灵问题 …… 203

第三节　防治公共政策失败的对策 ·· 204
　　一、防治公共政策制定过程失败 ·· 204
　　二、防治公共政策执行过程失败 ·· 206
　　三、防治公共政策监督过程失败 ·· 208
　　四、防治公共政策失败的制度保障 ·· 209
　　案例9-1　修路遇红树被迫改道 ·· 210

第十章　公共政策的利益分析 ·· 213

第一节　"利益"是公共政策的核心要素 ·· 213
　　一、利益的含义与特征 ·· 213
　　二、利益是公共政策的核心要素 ·· 216

第二节　公共政策是对社会利益的权威性分配 ···································· 217
　　一、公共政策的分配功能 ·· 217
　　二、公平的公共政策是利益整合的关键 ·· 219

第三节　公共利益是公共政策的核心目标 ·· 219
　　一、公共利益的基本理论 ·· 219
　　二、公共利益是公共政策的核心目标 ·· 221

第四节　公共政策的利益分析框架 ·· 222
　　一、利益主体及利益结构分析 ·· 223
　　二、利益需求分析 ·· 223
　　三、利益实现方式分析 ·· 224
　　四、利益分配结果分析 ·· 224
　　案例10-1　绍兴人免费游绍兴 ··· 225

第十一章　公共政策的量化分析 ·· 232

第一节　公共政策的数据分析 ·· 232
　　一、频数分布的定义 ·· 232
　　二、频数分布的分类 ·· 233
　　三、频数分布的分析过程 ·· 233
　　四、频数分布的描述 ·· 235
　　五、频数分布的离散度 ·· 240

第二节 公共政策的预测分析·· 243
　一、公共政策预测分析的基本理论·· 243
　二、公共政策预测的方法论基础·· 246
　三、公共政策预测的具体方法·· 247
第三节 成本—收益分析·· 252
　一、成本—收益分析概论·· 253
　二、成本—收益分析的步骤与方法·· 257
　三、成本—收益分析的评价·· 261
案例 11-1 中国人口老龄化问题·· 262
案例 11-2 《哥本哈根共识》：运用成本—收益分析的智者··················· 264

参考文献·· 266
后记·· 272

第一章 公共政策与公共政策学

众所周知,一个自然人在一生中或多或少会生病。当一个成年人生病后,从理性和常识出发,他(她)会寻找合适的、受过专业训练的医师就诊。不管是中医还是西医,一个负责任的有职业操守的医生应该认真诊断病情,深入分析病因,然后对症下药进行治疗。患者也要谨遵医嘱,按照要求实施吃药、打针,甚至手术等各种治疗手段。如果医生诊断准确,对症下药,患者积极配合,治愈疾病、恢复健康应该是大概率事件。同样的道理,人类社会也会"生病",其表现为各种社会问题丛生,如环境污染、通货膨胀、经济下行、分配不公、贪污腐败等。在这种情况下,如同自然人看医生一样,社会也必须加以诊治。由于社会公共问题的复杂性多变性,对"社会病"的治疗往往更加棘手,需要综合性、整体性治疗。其中,公共政策如同医生的治疗方案,公共政策活动则是整个治疗过程。通过有效治疗,同自然人战胜疾病、恢复健康一样,社会的各种问题得以解决,走上良性、正常的轨道。同时,正如健康的人不需要看医生一样,当社会正常运行时,政府可以无为而治。一般而言,社会公共问题的存在是常态,公共政策是必不可少的,对公共政策的研究也是必需的。

第一节 理解公共政策

公共政策(public policy)是公共政策学最核心的概念之一。基于视角、学科、理论、认识的不同,对公共政策的理解可谓"仁者见仁,智者见智"。从结构上看,"公共"是对"政策"的限定,深入分析,对"公共"的准确理解是掌握公共政策本质的关键。

一、公共政策中"公共"的含义

理解英文"policy"的含义有助于对"政策"的认识。著名学者威廉·邓恩认为,policy是从希腊语、梵文和拉丁语借鉴而来的。希腊语和梵文的post polis(城邦)和pur(城市)演化为拉丁语的politia(国家),后来又演化成中世纪英语的police,意指政府管理与公共事务指导,既有政策的含义,又有政治的含义。由此可见,policy、police、politics属于同一词源①。中国古代一般是将"政"与"策"分开来用。有学者认为,中国现在使用的"政策"一词从日本传来。policy一词在日本翻译为政策,该词在19世纪60年代末日本明治维新期间又传到中国②。梁启超在1899年所写的《戊戌政变记》中开始使用"政策"一词,他认为,当时政策首先要注重学校教育。孙中山先生也在文章中使用"政策"这一概念。此后政策一词流传开来。

在现代社会,政策概念之所以加入定语,演化为公共政策(public policy),最重要的原因是与现代民主政治体制相关③。古代封建君主专制国家称为帝国,所谓"普天之下莫非王土;率土之滨莫非王臣"。尽管国家也要制定法律法规等公共政策管理公共事务,但在君权神授予家天下框架内,相关政策体现君主个人意志,维护其一己之私,其本质是非公共的。现代民主政治奉行主权在民,政府民选,权为民所赋、情为民所系、利为民所谋,为达此目的,逐步形成权为民所控的制度安排,此前权力的私有变成公有。政府遵照民意实施公共管理和服务,因此政府政策被称为公共政策。这一理念逐渐为公众所广泛接受,公众参与公共政策活动成为时代潮流。

从人们的活动领域来看,不管是现实空间还是虚拟空间,都存在公共领域与私人领域的区分,尽管有时两者的边界难以界定。按照国家治理现代化原则,公权力活动的领域限于公共领域,不能跨界干预私人空间。例如十八届三中全会提出的"让市场机制发挥资源配置的决定性作用,充分发挥政府作用"策略,正是基于上述的公私领域的划分。在私人领域,如民营企业、中介组织、行业协会、志愿者组织等,只要它们依法运作,政府不必颁布政策对它们内部的具体事务,如经营管理、人力资源、内部章程、外部公关等横加干预。这些非政府组织也要制定相关的规章制度管理上述内部事务,规范利益相关者行为。广义上这些规章制度也可称为政策,但不能称为公共政策。只有在现代民主框架内,通过选举授权的各级政府行使公权力,有效管理社会公共事务和提供公共物品而制定各种大政方针及其他行为准则,才能称之为公共政策。

由此可见,公共政策中"公共"的含义包含以下五个方面:第一,公共政策以公众意愿为导向,体现、代表民意。公共政策不是掌权者个人或者小集团意志和利益的体现,而是社会全体或者是绝大多数人意志的体现,因为公共政策与全体人民或者大部分人有直接或者间接利益关联,他们有权参与公共政策活动。需要警惕的是,大多数人的意愿被个人或者少数人忽视、替换与冒充。第二,公共政策以解决社会公共问题为目的。公共政策有

---

① 威廉·邓恩:《公共政策分析导论》,谢明等译,中国人民大学出版社,2002年,第40页。
② 兰秉洁、刁田丁:《政策学》,中国统计出版社,1994年,第2页。
③ 王骚:《公共政策学》,天津大学出版社,2010年,第2页。

自身的逻辑,这就是提出、分析、解决社会公共问题。这些问题不是个人问题,它们与众人相关,他们被迫共同面对。通过政府制定和执行公共政策,使得这些问题的解决更具合法性和高效性。第三,公共政策的活动必须公开透明。现代公共政策活动是在否定传统宫廷政治与密室政治而代之以民主政治理念上展开的。除了依法涉及国家秘密,相关政策信息、资源、程序、条件、结果等必须公开,以满足公民的知情权,并且能够有效解决因暗箱操作而产生的权力腐败。第四,公共政策过程必须有公民参与。在代议制政治过程中,公共政策的制定和执行要经过法定程序,由国家公权力机关或者部门主导。但是,由于公共政策涉及一定范围内大多数人甚至每个人的权益,其制定与执行需要公民参与:一方面可以保障民意的表达;另一方面也可消解政策执行的阻力。因此,要搭建公民参与公共政策活动的稳固平台。第五,公共政策关注公共利益。公共利益是涉及多数人乃至全体的共同利益,如国防、环保、义务教育等,而政策过程也是公共资源、条件、权益的配置过程。在此过程中,就会面临不同主体的利益矛盾和冲突。如政策允许企业排污,增进了特定企业的经济效益,但损害生活在此环境中的每个人的共同权益。这种情况下,本着公平正义原则,公共政策应该选择维护社会公共利益。

二、公共政策的含义

有一种观点认为,由于种种不确定性和复杂性,难以给公共政策一个清晰的界定,所以不主张给予公共政策理性的、精确的定义。如日本学者药师寺泰藏用"时钟与云"来描绘公共政策的复杂性、多变性。由飘忽不定的问题而产生的公共政策也是飘忽不定和难以把握的。这就是公共政策的本质。政策研究分析的目的就是要抓住问题、把握问题,制定对策指导人的行为去解决问题,而无须进行基本概念的界定[1]。国内学者张国庆教授也认为,关于公共政策的精确定义在理论上并没有多少重要意义。最重要的问题不在于对公共政策做科学理性的、全面的概括,而在于能够把握现代公共政策的精神实质,把握它的学科体系,把握它的主要研究方法,进而为公共政策实践提供行动指南,提供可靠的方法[2]。

从公共政策学的学科规范与发展来看,对公共政策这一最基本的概念应有清晰的解释,便于学科理论的构建与研究方法的丰富。也可避免学术活动中可能产生的在基本概念上的混乱和矛盾。对于什么是公共政策,国外有代表性的观点如下。

公共政策学科的创始人之一哈罗德·D.拉斯韦尔认为,公共政策是一项含有目标、价值与策略的大型计划[3]。

著名政治学学者戴维·伊斯顿认为,公共政策就是对全社会的价值做权威性的分配[4]。

---

[1] 药师寺泰藏:《公共政策》,张丹译,经济日报出版社,1990年,第15页。
[2] 张国庆:《现代公共政策导论》,北京大学出版社,1997年,第8页。
[3] Harold D. Lasswell and A. Kaplan. Power and Society. McGraw-Hill Book Co., 1963, p.70.
[4] D. Easten. The Political System: An Inquiry into the State of Political Science. Knopf, 1953, p.129.

政策科学学者托马斯·R.戴伊认为,公共政策是政府选择作为或不作为的行为[①]。

决策理论学者詹姆斯·E.安德森认为,公共政策是一个政府有目的的活动过程,而这些活动是由一个或一批行为者为处理某一问题或事务而采取的[②]。

在国内,自20世纪80年代末90年代初政策科学引入中国后,国内的学者就改革政策的含义提出一些看法,有代表性如下。

公共政策是党和政府用以规范、引导本国或本地有关机构团体和个人行动的准则和指南。其表达形式有法律规章、行政命令、政府首脑的书面或口头声明和指示以及行动计划与策略等[③]。

政策是国家机关、政党及其他政治团体在特定时期为实现和服务于社会政治、经济、文化目标所采取的政治行为或规定的行为准则,它是一系列谋略、法令、措施、办法、方法、条例等的总称[④]。

公共政策是政府依据特定时期的目标,通过对社会中各种利益进行选择与整合,在追求有效增进与公平分配社会利益的过程中所制定的行为准则[⑤]。

公共政策可以表述为以政府为代表的公权力机构针对社会公共问题的解决,通过民主政治程序制定和执行的行动方针和行为准则[⑥]。

公共政策是公权力机关经由政治过程所选择和制定的为解决公共问题、达成公共目标、以实现公共利益的方案[⑦]。

公共政策是公权力主体制定和执行的用以确定和调整广泛社会关系的行为规范[⑧]。

在借鉴国内外专家学者对公共政策界定的基础上,我们认为,公共政策是由国家机关、政党及其他政治团体为了反映民意,解决社会公共问题而进行权威性利益分配的行动准则和指南。上述定义有五层含义:第一,公共政策是由公权力机关所制定和执行,但并不排斥民众的参与。第二,公共政策要体现民意。无论从权力的来源和公共政策使命来看,现代公共政策不能是个人意志、少数人意志的体现,而必须反映和体现绝大多数人的意愿,进而维护绝大多数人的合法权益。第三,公共政策的任务是解决社会公共问题而非私人问题。此外,只有当社会确实出现特定公共问题时,公共政策活动才有必要启动,并通过政策活动和过程解决特定社会公共问题,恢复社会健康生态。第四,公共政策过程不仅是公权力的运作过程,也是公共资源、各种社会资格条件等的权威性配置过程。在此过程中分配正义不容忽视。第五,公共政策的体现形式为行为规范和准则。也就是说,公共政策以法律法规、政府法令、各种红头文件显示其存在。它们以国家或政府的名义颁布,从而具有合法性和强制性,各种行为主体要接受和遵循,将其行为选择限定在政策许可框

---

① T. R. Dye, Understanding Public Policy. Prentice-Hall, Inc., 1975, p.3.
② 詹姆斯·E.安德森:《公共决策》,唐亮译,华夏出版社,1990年,第5页。
③ 张金马:《政策科学导论》,中国人民大学出版社,1992年,第19—20页。
④ 陈振明:《政策科学——公共政策分析导论》(第二版),中国人民大学出版社,2003年,第50页。
⑤ 陈庆云:《公共政策分析》(第二版),北京大学出版社,2011年,第10页。
⑥ 王骚:《公共政策学》,天津大学出版社,2010年,第8页。
⑦ 宁骚:《公共政策学》(第二版),高等教育出版社,2011年,第133页。
⑧ 张国庆:《公共政策分析》,复旦大学出版社,2009年,第4页。

架内。一旦违反或者超出政策架构,相关当事人要受到公权力的制约和处罚。

值得注意的是,在特定语境中,公共政策往往与公共政策活动、公共政策过程等同使用。从严格意义上看,这三者之间是有区别的。公共政策最好作为政府认可的行为准则来使用,它是一个静态名词。公共政策活动与公共政策过程具有动态性和持续性。凡是与公共政策相关的行为,如政策制定、执行、评估、分析、监控、调整、终结等,都可看作是公共政策活动。公共政策过程一般具有程序性和周期性,比如从政策制定到执行,再到评估,体现出先后性和程序性,而用新的政策替代旧的政策,体现出政策的生命周期。

还有一个使用频率很高的词汇,公共政策分析。有学者认为,公共政策分析的基本功能在于,应用人类社会一切可能的知识、理论、方法技术,以及直觉、判断力、创造力等能力及潜能,正确地制定公共政策和有效地执行公共政策[①]。由此可见,公共政策是公共政策分析的指向,它包括所有与公共政策相关的体系、活动、过程、文化等的条分缕析与归纳综合,如政策使命、理念、环境、主体、客体、方案、流程等内外部因素。由此探索公共政策的逻辑和规律。公共政策分析的方式方法、工具手段、技术路径包罗万象,甚至可以说囊括人类社会所有社会科学、人文科学、自然科学等的一切理论和知识。因此,公共政策分析体现出多样性、无穷性与创新性的特征。

三、公共政策的类型、特征与使命

为更深入理解公共政策,有必要对公共政策的类型、特征以及使命加以归纳、分析与整合。

(一) 公共政策的类型

由于社会公共问题的复杂多变,现实生活中的公共政策是丰富多彩的。为更好地探索公共政策的活动规律,有必要对公共政策进行分类识别。美国学者詹姆斯·安德森将公共政策分为实质性政策、制度性政策与时间阶段性政策。例如,实质性政策有劳工政策、福利政策、人权与外交政策等;制度性政策是指涉及国家基本政治制度的政策规范,如立法、司法、行政方面的政策框架;时间阶段性政策是指在某个特定时间段政府重点推行的政策[②],如中国从20世纪70年代末到21世纪头10年实行的严格的生育政策。皮德·斯丁博格认为,从作用上看,公共政策可分为分配性政策、再分配性政策、调节性政策;从政治影响视角,公共政策可分为调适性政策与控制性政策;从影响范围看,可分为全局性政策与区域性政策;从公共政策满足社会需求角度看,可分为公共物品供给政策与私人物品供给政策;从政策是否发挥实质性作用角度,可将政策分为象征性政策与实质性政策[③]。此外,按照视角的多样性,公共政策还有其他的分类。从政策制定主体来看,可分为政党政策、国家机关政策、国际组织政策等;从时间跨度看,可分为短期政策、中期政策与长远政策;从政策逻辑权威性视角,可分为元政策(政策的政策,关乎公共政策的使命、理念与方法等)、基本政策与具体政策;从政策作用领域看,可分为经济政策、政治政策、社

[①] 张国庆:《公共政策分析》,复旦大学出版社,2009年,第5页。
[②] James E. Anderson. Public Policy-Making. Holt Rinehart and Winston, 1979, p. 127.
[③] 陈振明:《政策科学》,中国人民大学出版社,1998年,第94页。

会政策、文化政策等。下面从公共政策功能的视角,将其分为引导型政策、管制型政策、调控型政策、分配型政策与驱动型政策。

1. 引导型政策

引导型政策对个人、企业、社会组织等具有行为导向和指引功能。它告诉人们未来一段时间什么是政策倡导做的,什么是政策不倡导做的。而且这两种情况的行为结果迥异。顺应政策的行为得到支持并有可观收益;而种种逆政策的行为因为发展空间的压缩而得不偿失。比如为减少尾气排放、保护空气质量、缓解能源紧张压力,国务于2012年6月颁布《节能与新能源汽车产业发展规划(2012—2020年)》,这一政策对于汽车产业优化升级具有很强的引导作用。传统的汽车企业必须尽快适应这一规划,不断提高节能与新能源汽车创新能力和产业化水平,增强整体竞争能力,否则就会有被市场淘汰之虞。

2. 管制型政策

管制型政策侧重于对人们行为的管控,一般是以限制性、禁止性的表述方式呈现,其目的在于避免公共问题的恶化导致社会利益的损耗。机场安检的细密规定属于典型的管制政策,它禁止乘客将易燃、易爆、危险品、各种武器等带上飞机,其目的是预防飞行中的种种危险和不确定性,最大限度保障乘客生命和财产安全。再比如,国务院2015年4月20日印发《自由贸易试验区外商投资准入特别管理措施(负面清单)》。该负面清单列出122项特别管理措施,其中,有限制性措施85条、禁止性措施37条。其中一条规定,禁止投资农作物、种畜禽、水产苗种转基因品种选育及其转基因种子(苗)生产。这种对外资准入的禁止是为了防范种苗风险,保障公众餐桌上的安全。

3. 调控型政策

调控型政策强调对社会公共问题,尤其是经济领域可能出现的各种非正常波动加以调节和控制,弥补市场缺陷,维护社会经济正常运行和持续增长,保持经济运行在合理区间。例如,2016年李克强总理在政府工作报告中提出,为了顶住经济下行压力,中央政府继续实施积极的财政政策和稳健的货币政策,创新宏观调控方式,加强区间调控、定向调控、相机调控,统筹运用财政、货币政策和产业、投资、价格等政策工具,采取结构性改革尤其是供给侧结构性改革举措,为经济发展营造良好环境。其中的财税政策、货币政策、投资政策、价格政策具有强大的调控功能。

4. 分配型政策

一般而言,公共政策在运用公共资源解决公共问题的过程中,都具有一定的分配功能。这里所讲的分配型政策主要是指具有直接的分配、再分配功用的公共政策。分配型政策主要规范劳动者工资报酬原则、宗旨、程序与标准等。比如"按劳取酬、多劳多得"的工薪政策,"各尽所能、按需分配"的理想主义政策规划。再分配性政策是指政府对财政收入等公共资源再次分配给特定地区或群体的权威性方案。比如,政府转移支付政策、扶贫政策、各种社会保障政策等,这些政策通过公共资源再分配,起到缩小贫富差距、加强社会保障、维护社会分配公平的作用。

5. 驱动型政策

政府利用各种政策工具,可以有效推进某一公共事业或者促进社会经济发展。比如,

20世纪70年代末中国政府明确提出的以经济建设为中心,大力解放和发展生产力的改革开放国策,对社会经济发展具有巨大的推动作用。这一基本国策经过30多年的执行,使中国成为世界第二大经济体。再比如,中国"十三五规划"明确提出,要推动新技术、新产业、新业态加快成长,以体制机制创新促进分享经济发展,建设共享平台,做大高技术产业、现代服务业等新兴产业集群,打造动力强劲的新引擎。按此思路和规划,一系列的具体制度安排在促进科技创新和经济转型升级方面极具驱动力。

当然,因为公共政策的综合性与复杂性,上述政策分类并非刚性的,只是一种大致的抽象的分类。某一公共政策可能具有多种功能,如产业政策、财税政策等。此外,公共政策的这些功能可能具有正能量,也可能具有副作用,正如药物对人体的作用一分为二,这是我们在分析公共政策时要注意的:尽可能发挥公共政策的正向功用,抑制其不良的副作用。

(二) 公共政策的特征

由于公共政策的广泛性、复杂性与多变性,对公共政策特征的归纳难以准确与穷尽。但从一般意义上还是可以认识公共政策的基本特征的。

1. 公共政策的政治性与公共性

公共政策的政治性是指公共政策要反映执政党、国家以及政府的意志,首先维护统治阶级的利益。公共政策不能违背一个国家的基本政治制度以及执政党的路线方针。此外,现代公共政策活动要坚持民主政治原则,依照法定程序制定和执行。公共政策的公共性主要表现在公共政策要解决社会公共问题、维护社会公共利益,体现公开、公平、公正原则。即使在专制社会,公共政策活动在维护少数统治阶级利益的同时,也要修建公共工程、赈济灾民、抵御外侮等,维护被统治阶级的利益。在今天,公共政策在解决环境问题、人口问题、交通问题、经济发展等问题时,带有很强的公共性。

2. 公共政策的合法性与权威性

从广义上看,一个国家立法机关制定的宪法、法律也是属于公共政策的范畴,但它们只是公共政策的一小部分。在实际的政策过程中,大量的行政机关发布的命令、执政党颁布的红头文件等并不是严格意义上的法律法规。这就要求这些命令、规章、制度、指示、文件等,必须符合宪法与法律;公共政策活动也必须依法进行。违背宪法、法律的规章制度与行为准则是不具有效力的。公共政策的权威性基于公共政策的合法性,它以国家强制力为后盾,要求政策范围内的各个行为主体遵照执行;对于违背政策者,会遭到公权力或重或轻的处分或处罚。

3. 公共政策的公平性与效率性

由于公共政策涉及政府运用"有形之手"对社会利益的分配,在政策制定和执行过程中必须体现分配的公平性。一方面,政策方案设计要公平合理,尽可能避免分配不公与贫富差距过大;另一方面,在公共政策的执行过程中,要坚守在政策面前人人平等的原则,杜绝营私舞弊,"因人施策"。公共政策的效率性强调公共资源的有效配置,防止资源浪费。此外,公共政策活动的出发点在于促进经济社会可持续发展。公共政策的公平性与效率性看似矛盾,实质上辩证统一。一旦公共政策失去公平性,其效率性迟早会受到损害;而公共资源的高效配置对社会公平正义具有促进作用。

4. 公共政策的稳定性与变动性

公共政策的稳定性是指在某一时间段具体政策保持不变,避免朝令夕改。也就是说,当某一政策问题没有彻底解决之前,有效的政策应坚持下来。公共政策的变动性意指公共政策与时俱进而非一成不变。当社会问题发生变化,原来的政策失灵,或者出现新情况、新问题时,对原来的政策必须作出调整和变化。公共政策在"不变"与"变"之间来回运动,构成公共政策的活动场景与生动画面。

(三)公共政策的使命

公共政策的使命(mission)意指公共政策主体,尤其是公权力部门承担的重大任务与责任。比如,医生的使命为救死扶伤;教师的使命是求知育人;军人的使命是抵御外侮,保卫国家安全。公共政策作为治疗社会病的药方,开方者最直观的工作是解决各种社会问题,恢复社会健康;其最终使命不是GDP的增长多少,不是盖多少高楼大厦,也不是建造多少艘航母,而是以人为本,兴利除弊。

1. 促进人民幸福

习近平主席指出,人民对美好生活的向往,就是政府执政目标,体现出公共政策的任务和使命。公共政策是为人服务的,不能将作为目的的人替换为作为手段的物。公共政策的使命必须牢牢安置于促进人的全面自由发展,从而增进人的幸福。那些经常见诸报端的"政绩工程""形象工程"劳民伤财,是对公共政策使命的彻底背离。各种社会公共问题归根到底是人的问题,是人在生存与发展过程中的各种物质与精神需求得不到满足而产生的抱怨、矛盾与冲突。它们往往以形形色色的公共问题表现出来,导致环境污染、物质匮乏、自由缺失、道德败坏、违法犯罪、社会溃烂等病态与变态。公共政策的介入,就是要对症下药,拨乱反正,通过提供充足优质的公共物品以及高效公共管理,搭建社会上每个人都能通过奋斗实现"人生出彩"的平台,满足人的多层次需求,是一个国家公共政策的最高使命。

2. 促进经济发展

丰富的社会物质财富是人们过上幸福生活的必要条件和坚实的保障。物质的短缺与匮乏会导致人的紧张、焦虑与不安。公共政策必须以解放和发展生产力为出发点,高效配置各种社会资源,激发人们努力工作创造财富的动力,使"蛋糕"越做越大而不是越做越小。这样就能最大限度解除物质对人的制约,为每个人的幸福生活提供经济基础。

3. 促进政治民主

人的真正的幸福建立在马斯洛层级型需求满足的基础上,呈现出从低级到高级、从物质到精神、从经济到政治的螺旋上升,虽然这一过程是曲折的,但发展的趋势不会改变。民主政治的比较优势在于:第一,除了强调做大"蛋糕",它更加重视分配"蛋糕",并且通过民主程序的分配尽可能达到利益共享与均衡状态。第二,民主政治重视公众参与公共事务的管理,而参与本身对每个公民而言,是通过过一种有尊严的生活而体现出不可或缺的精神价值。第三,基于人的自由民主政治所彰显的民主选举、民主管理、民主参与、民主监督的原则能够有效地将公权力关在民主制度的笼子里,并且逐渐形成监控和纠偏机制,最大限度防止专制暴政对人造成的极大伤害。

4. 促进社会公平公正

社会公平正义,是以人的解放、人的自由平等权利的获得为前提的,是国家、社会应然的根本价值理念。公平,英文为 fairness,其词根为 fair,意指集市,fairness 含有在集市必须公平交易的意思。罗尔斯在其大作《正义论》中认为,公平机会原则的作用是要保证合作体系作为一种纯粹的程序正义。公正,又称正义,英文为 justice。Thibaut 和 Walker(1975)提出了另一种公正,即程序公正(procedural justice)。程序公正更强调分配资源时使用的程序、过程的公正性。他们发现,当人们得到了不理想的结果时,如果认为过程是公正的,也能接受这个结果。一是公平、公正总是同平等、正义、自由等概念一同使用,反映人们对权利的追求。二是公平与公正这两个概念常常被人们联系在一起使用,但联系在一起使用时两者的意思又不一样。它们之间的差异主要是:公平比较倾向于表达衡量标准,强调用同一个尺度处理人与人之间的关系;公正则倾向于表达价值取向,强调处理人与人之间关系的价值标准的正当性。因此,公正一般是就社会集团的价值取向而言的,它所涉及的社会关系范围更广[①]。公共政策涉及资源、权利、利益、机会等"善"的配置或分配,在这一过程中要做到以正义为价值观,做到机会均等、标准公平、结果公正。

促进经济发展、政治民主、社会公平正义是支撑民众幸福生活的三大支柱,这四者统一于公共政策的使命与愿景,相辅相成,缺一不可。

四、公共政策的民心导向

(一) 国家治理现代化对公共政策及其导向提出更高要求

1. 公共政策民心导向的含义与作用

"民心"是人民的思想、感情和意愿的统称。人民向往幸福生活,必然产生对美好事物的追求,久而久之,就会形成稳定的、发自内心的思想感情。民心产生于民需,个人有最基本的衣食住行的生存需要,获取食物、衣服、住房与便利出行的心理渴望成为强大的内在动机。只要时机允许,这种心底的渴求就会外化为坚韧不拔地改造世界的行动。人同此心、心同此理,广大人民对美好生活的追求就像一股巨大的浪潮不可阻挡。从较低层次的需要到较高层次的需要,其动机与行为的道理是一致的。在追求丰衣足食到安居乐业的幸福生活过程中,民心可以通过民意表现出来。在现代民主社会,尊重和实现民意已成为公共政策制定的逻辑起点和首要价值取向,实现民意的充分表达也成为保障公民知情权、表达权、参与权和监督权的重要途径[②]。但民意和民心并非等同,两者还是有区别的,民意是浮萍,民心则是根茎;民意是不稳定的,民心则是稳定的;民意可以操弄,民心是不可操弄的。这也意味着被操控的民意并不能体现真正的民心。民意只有在真实、自然、自愿表达的情况下,才能正确表示民心所向。公共政策的民心导向是指公共政策的制定、执行与评估等要以老百姓的需求、意愿、情感、利益为指引方向,以"民主、民本"为基本原则,达

[①] 任玉秋:《历史辩证法视野中的社会主义公平与公正》,《中共中央党校学报》,2006年第5期。
[②] 罗依平:《地方政府公共政策制定中的民意表达问题研究》,《政治学研究》,2012年第3期。

成公共政策民众满意目标。

民心作为公共政策制定、执行和评估的重要价值取向和导向,具有重要作用和功能。第一,以民心为导向是公共政策制定的根本前提。公共政策制定作为服务型政府的行政方略,其根据必须是在广大公众以实际需求出发,充分表达协商形成主流民意基础上的民心所向。民心是公共政策制定的逻辑起点和合法性基石。保障公众积极参与政策制定,通过广泛协商、讨论,最后制定出真正反映民心的政策方案,是公共政策制定的根本前提和重要基础。第二,以民心为导向是公共政策执行的重要保障。公共政策制定之后,要使之得到切实有效的执行,也必须体现大多数公众的利益,否则,来自社会公众的阻力将会导致公共政策无法顺利执行和实施。这不仅增加了公共政策实施的成本,还会导致公民对政府的不信任感增加,不利于社会的稳定和谐。第三,以民心为导向是公共政策评估的主要依据。公众是公共政策直接作用的对象客体,他们的感受和满意度是对公共政策制定和执行效果的最好评判。公共政策的评估以民心为导向才能体现社会绝大多数人的利益和价值取向,才能及时有效回应公众诉求和意见,对公共政策内容进行及时调整,提高公众对政府部门的信任感和满意度。

2. 公共政策及其导向在国家治理现代化中的地位和作用

公共政策是国家治理体系不可或缺的重要组成部分。"国家治理体系是在党的领导下管理国家的制度体系,包括经济、政治、文化、社会、生态文明和党的建设等各领域体制机制、法律法规安排,也就是一整套紧密相连、相互协调的国家制度。"① 国家治理体系立足于国家的制度体系,而公共政策是这一制度体系的有机组成部分。公共政策是为了解决社会公共问题而制定的具有权威性的行动准则和指南,从宪法、法律到党的路线方针政策都属于一个国家政策体系的范畴,它们确保国家的政治安定团结、经济可持续发展、主权与领土完整、生态环境改善、人民生活水平不断提高。

不仅如此,公共政策及其导向是国家治理体系现代化的核心。国家治理现代化的最终目的并不在于国家本身,而在于改善构成国家最关键要素的民众的生活品质。现代民主国家与前现代专制国家的本质区别就在于对绝大多数民众的看法不同。中国封建王朝死守"普天之下莫非王土,率土之滨莫非王臣",民众是被统治对象,是供驱使的工具,苛捐杂税榨尽民脂民膏。尽管在这种专制氛围中,仍有识之士也倡导"民贵君轻""得民心者得天下"。新中国重视人民当家做主,体现在民众对于国家和社会公共事务享有不可剥夺的主权,公共政策活动表现为民意的表达、体现与执行,中国国家治理体系现代化也必然要体现人民的真正需求和意愿。

公共政策及其导向是国家治理能力现代化的重要保障。"国家治理能力是运用国家制度管理社会各方面事务的能力,包括改革发展稳定、内政外交国防、治党治国治军等各个方面。"② 国家治理必须要进行公共决策,而决策能力的高低不仅决定公共政策质量的优劣,也表征国家治理现代化水平的高低。公共决策的科学化、民主化、法治化三位一体,

---

① 习近平:《切实把思想统一到党的十八届三中全会精神上来》,《人民日报》,2014年1月1日。
② 同上。

缺一不可。其中公共决策的民主化必然体现和反映真实的民意。如果公共政策缺乏民意基础,即便能够制定出来,但在"互联网+"的时代背景下,这样的公共政策必然在实施过程中遇到种种阻力和障碍,其执行力就会大打折扣,从而影响到国家治理能力的现代化。

3. 国家治理现代化对公共政策及其导向提出新要求

"治理"是一个超越"统治""管理""管制"的概念,它的"硬核"是公共事务多元主体的合作与协调。国家治理现代化,就是使国家治理体系制度化、科学化、规范化、程序化,使国家治理跟上时代步伐,创新治理方式,响应国民的现实需求,实现最佳的治理效果。习近平特别强调治理的制度问题,他认为国家治理体系实质上就是"一整套紧密相连、相互协调的国家制度"①。譬如,我们制定共同富裕总政策,各种具体政策必须与富民政策相适应而不能相冲突。

国家治理现代化的最终目的是实现人的现代化,实现人的自由全面的发展,这就要求公共政策要以增进全体人民福祉作为价值导向。习近平强调,民心是最大的政治,民心也是最大的政策。这是对当前公共政策活动中的过分追求GDP、政绩工程、形象工程、官本位、为民做主等价值观的矫正。要坚持和落实这一根本标准,就必须问需于民、问计于民、问政于民(简称"三问")。"三问"就是要科学合理的吸纳公众对于公共政策的建设性意见和建议,进一步推进公共政策科学化、民主化、法治化。"三问"贯穿于公共政策活动的每一个环节和具体制度安排。为行文方便,并且突出公共政策制定、执行、评估的导向的侧重点,本书做一对应:公共政策制定的导向侧重于问需于民;公共政策执行的导向侧重于问计于民;公共政策评估的导向侧重于问政于民。由于公共政策制定、执行、评估三个阶段也是相互渗透,并没有太明确的边界,这种一一对应也是相对的。

(二)公共政策制定的导向侧重于问需于民

公共政策制定是指为解决某一个政策问题进行分析研究,提出可接受的方案、计划,进而制定出政策的过程②。公共政策制定的导向侧重问需于民是指公共政策在制定之前要广泛收集公众的利益诉求和政策需求,以公众的需求为导向,以公众需求得不到满足的政策问题为导向,解决公众实实在在的政策需求问题。"问需"就要问得科学、问得实际、问得真切、问到点子上。只有准确把握群众需求,只有办老百姓最希望办的事、最急需办的事、最难办的事,群众才会认可、拥护和赞同党和政府的决策③。

习近平强调,在国家治理现代化进程中,领导者想问题、办事情、做决策"必须识民情、接地气。要把立党为公、执政为民落实到全部工作中,认真贯彻党的群众路线,坚持人民主体地位,发挥人民首创精神,着力解决好人民群众最关心最直接最现实的利益问题,不断让人民群众得到实实在在的利益,充分调动人民群众的积极性、主动性、创造性"④。与自然人生病后求医问药的逻辑一致,公共政策是问题导向的,尤其是出现民众严重关切的社会公共问题,政府必须"治病救人"。政策问题是怎么产生的呢?众所周知,一切社会问

---

① 习近平:《切实把思想统一到党的十八届三中全会精神上来》,《人民日报》,2014年1月1日。
② 张金马:《政策科学导论》,中国人民大学出版社,1992年,第156页。
③ 阎立:《问需于民实事惠民》,《现代管理》,2012年第9期。
④ 《习近平主持召开中共中央政治局专门会议并发表重要讲话》,《人民日报》,2013年6月26日。

题都是人的问题,其根源在于人的需求得不到满足之后产生的紧张、焦虑、不安,从而导致心理变态和行为失控;进而产生对社会的"敌意""怨恨"和"报复"①。值得注意的是,"被消除的流弊似乎更容易使人觉察到尚有其他流弊存在,于是人们的情绪更激烈:痛苦的确已经减轻,但是感觉却更加敏锐"②。这些心理和行为失常一旦波及众人为他们所共有,社会公共问题就此产生。从这一视角来看,公共政策问题实质上是民众共同物质和精神需求得不到满足的问题。如环境污染实质上是民众对空气、水、土地等的品质需求得不到满足的问题;食品安全是公众对安全卫生的食品得不到满足的问题;大城市交通拥堵则是公众便捷出行的需求得不到满足的问题;教育不公则是民众对优质教育资源的公平需求没有得到满足的问题等。这些问题一般是绝大多数社会底层的人民所面临的,社会上层由于养尊处优而感受不到或者感受不深刻。如果不问需于民,执政者也就无从了解民需、民想、民盼、民意、民情、民苦、民利。公共政策就会成为无源之水、无本之木,政策活动就成为缘木求鱼或者无的放矢的行为。

要实现公共政策制定过程中的"问需于民",就要从政府和公众自身两方面"双管齐下"。政府方面要博问、强记。博问一方面是要问大众而不是小众,另一方面要问大众的各种需求、各种问题,包括经济、政治、文化、社会、生态等方方面面的需要,这样才能准确了解民求、民苦、民累、民忧、民愤。并且还要将民求民需记录备案,切实解决,避免避重就轻,搞形式主义。这样出台的政策更有针对性。在信息技术突飞猛进的条件下,通过"惠民问需""网络问需""调研问需"等多种形式实施问需于民。政府这样做可对公众参与公共政策制定形成"拉动力"。通过对公众参与公共政策制定的有关制度以及渠道的大力宣传,及时向社会公众传授部分政治参与的知识和技巧,同时积极强化公众的参与意识以及当家做主的理念。这样,就会对公众参与公共政策制定形成"推动力"。在"拉动力"和"推动力"的综合作用下,实现公共政策制定的"问需于民"。

(三)公共政策执行的导向侧重于问计于民

问需于民之后,如何实现和满足民众需要,这就需要执行者问计于民。霍恩等学者认为,政策执行是指公私人民或团体为了致力于先前政策决定所设立的政策目标的实现而采取的各项行动。这些行动可以归纳为两大部分:将政策转化为可以运作的努力;为实现政策所确定的目标而作出的持续努力③。公共政策执行的导向侧重于问计于民是指公共政策在执行或实施过程中要以公众对公共政策的意见建议作为公共政策实施的方向,通过吸取公众的集体智慧,集思广益,寻求政策执行创新的方式方法。公共政策执行是将政策方案转化为政策效果的活动过程,也是致力于实现政策目标的过程。对于重大而复杂的公共政策(如全面建成小康社会)而言,实现政策目标的过程艰难困苦,不仅需要强大的执行力,更需要科学的事半功倍的方式、方法、策略、手段、技术、工具等。"具体地说,政策的形式、类型、渊源、范围及受支持度、社会对政策的影响;执行机关的结构与人员、主管

---

① 舍勒:《价值的颠覆》,罗悌伦等译,三联书店,1997年,第7—8页。
② 托克维尔:《旧制度与大革命》,冯棠译,商务印书馆,1992年,第210页。
③ C. E. Van Horn and D. S. Van Meter. The Implementation of Intergovernmental Policy. In C. O. Jones and R. R. Thomas ed. Public Policy Making in Federal System. Sage Publications, 1976, p. 45.

领导的方式和技巧、执行的能力与信心;目标群体的组织或制度化程度、接受领导的情形以及先前政策的经验、文化、社会经济与政策环境的不同,均是影响政策执行成败所需考虑的因素。"①因此,政策有效执行的众多影响因素,很难单凭某一个执行机构加以周全考虑,无论这一机构有多强大。尤其是国家治理现代化要求治理行为、治理方式与方法不断创新。比如变刚性管制为柔性疏导;变行政命令为契约规制;变政府垄断为多元合作等。这就需要问计于民。通过问计于民,汇聚民才、民智、民技、民力、民艺、民工等,极大提高政策执行的有效性。

问计于民看似简单,实质上大有学问。一是领导者要"不知则问,不能则学,虽能必让,然后为德"。虚心请教、不耻下问、诚心敬意、不摆架子是执政者的美德,也是问计于民应有的态度。二是要打破砂锅问到底。问得越深收获越大;问得越实越简便管用;问得越诚越接近真相、真理。三是问计于民要有针对性,分清轻重缓解。所谓"善问者,如攻坚木,先其易者,后其节目"②。四是对于专业技术性的问题,要询问内行人士、专业人士、专家学者,才能有更大的收获。

(四)公共政策评估的导向侧重于问政于民

问需于民、问计于民之后,民众需要满足得如何,必须问政于民。政策评估是指"有系统地运用各种社会研究程序,收集有关资讯,用以论断政策概念与设计是否周全完整,知悉政策实际执行情况、遇到的困难,有无偏离既定的政策方向"③。公共政策评估的导向侧重问政于民是指在评估公共政策的效果时,以公众的意见建议为导向,绝大多数人认可和支持的就是较好的公共政策。公共政策评估可分为内部评估与外部评估、正式评估与非正式评估,以及事前、事中、事后评估。无论是哪一种评估,尤其是外部评估与事后评估,都要问政于民。问政还须问责,避免错误重犯,把苛政关在制度的笼子里。

政策评估之所以要问政于民是因为在国家治理现代化进程中,必须坚持人民主体地位和发展社会主义民主政治。国家治理的要旨在于保证人民当家做主。为此,"十三五"规划纲要明确提出完善政策分析评估及调整机制。"知政失者在草野",公众是公共政策的直接作用对象,他们最有资格来评判公共政策的优劣。"好问则裕,自用则小。"只有通过问政于民,充分发挥民评、民判、民议、民言等的作用、才能凝聚共识,对公共政策作出正确的评价,并且找准影响公共政策效果的症结之所在,不断矫正、调整、完善公共政策。

做好问政于民要从以下三个方面下功夫。首先要众问与少问相结合。由于公共政策涉及人多面广,因而在问政过程中要面向并依靠广大群众,广泛听取民意民声。要处理好问多数群众与问少数精英的关系。不仅要问、要听少数精英的评论,而且要问、要听多数群众对政策的评价。"兼听则明,偏听则暗。"既可采用传统的"万人评议政府"形式,也可以积极利用信息技术推进"网络问政""电视问政"。其次,问政于民要善于问大势、问大事。习近平指出,"事物都是不断发展、相互联系的,只有眼界非常宽阔,正确认识和积极顺应中国和世界发展大势,正确认识和妥善处理党和国家面临的大事,才能把握工作主动

---

① Thomas B. Smith. The Policy Implementation Process.
② 《礼记·学记》。这里"节目"是指树枝的交接处及纹理不顺处,比喻难以解决的问题。
③ 林水波、张世贤:《公共政策》,中国台北,1995年,第499页。

权,跟上时代前进步伐,推动事业顺利发展"①。因此,问政于民既要问人民群众最关切、最直接、最现实的政策问题;还要识大体,问大事。最后,问政于民与问责于民相结合。通过问政于民,对于群众口碑好的政策,要给予当事人合理的奖励;而对于决策失误,尤其是重大决策失误,要认真按照十八届四中全会精神,建立重大决策终身责任追究制度及责任倒查机制,取信于民、造福于民。

第二节　公共政策学

公共政策学是一门交叉学科。它既是公共管理学科的分支,也是政治学的分支。作为国内外社会科学的"显学"之一,公共政策学方兴未艾。

一、公共政策学的界定

(一)公共政策学的定义

英文 policy sciences,中译为"政策学"或"政策科学";public policy sciences 可译为"公共政策学"或"公共政策科学"。公共政策学兴起的标志性事件是 1951 年拉斯韦尔和勒纳两位美国政治学教授合编的《政策科学:视野与方法的近期发展》②。对于什么是公共政策学,有学者认为,这是一门研究公共政策运作涉及的各种理论性、学术性、实务性的相关论题,而形成一种系统性知识。其研究范围包括"政策研究"和"政策分析"③。公共政策学是这样一门学科,它尽可能运用科学方法研究公共政策的内容、过程与产出,探索其固有规律,形成系统性知识,并运用这种知识进行政策分析,进而通过公权力机关将研究成果转化为政策实践④。

这一定义有四层含义:第一,这门学科追求公共决策的科学性、民主性、制度性;政策执行的公平性、有效性、规范性;政策评估的公开性、客观性、公正性等。第二,这是一门交叉性很强的学科。要探索公共政策活动的规律,必须具备多学科的理论、知识、方法、模型、路径等。这就需要公共管理、政治学、经济学、社会学、行政法学、心理学、哲学等学科的交叉与融合。第三,这是一门在重视知识性与学术性的基础上,也强调理论与实践相结合的学科。公共政策学首先要研究公共政策概念、范式、理论框架、研究方法、学科属性、政策活动流程等形而上的知识范畴,在此基础上,强调理论、知识、学术与实务的结合,并且能够落地生根。第四,这一学科侧重于问题导向与目标追求。这是一门具有"开药方"属性的学科,这种"药方"是针对公共政策问题的,表现社会病理学的知识图景。为恢复正

---

① 《习近平主持召开中共中央政治局专门会议并发表重要讲话》,《人民日报》,2013 年 6 月 26 日。
② Harold D. Lasswell and Daniel Lener, eds. Policy Sciences: Recent Developments, in Scope and Method. Stanford University Press, 1951.
③ 吴定:《公共政策词典》(第二版),中国台北,2004 年,第 77 页。
④ 宁骚:《公共政策学》(第二版),高等教育出版社,2011 年,第 3 页。

常社会生态出谋划策,解决各种社会顽疾。

(二) 公共政策学的研究对象

公共政策学研究的是公共决策,那么什么样的决策者作出的决策是公共决策呢？以中国为例,主要的公共决策有：各级执政党(吸收参政党的意见)组织作出的决策；各级国家权力机关作出的决策；各级国家行政机关作出的决策；各级司法机关作出的决策；各级人民政协机关作出的决策；人民团体如工青妇作出的决策；具有一定管理职能的组织和国有企事业单位(如邮政、铁路、城市轨交公司等)等作出的决策。

在分析作出公共决策的公共决策者的基础上,我们认为,公共政策学的研究对象主要有公共政策(方案)、公共政策活动(制定、执行、评估等)、公共政策效能(对政府职能的实现程度)。

1. 公共政策

毫无疑问,公共政策是公共政策学首要的研究对象。在中国,公共政策主要是指上述七类主体制定的政策。在西方其他国家,则主要指国家行政机关、立法机关、司法机关的决策,政党组织一般不直接发号施令作出决策。这些公共政策按照层次分,有从上至下各级政权机关的决策；也有每个领域,如政治、经济、社会、文化等的决策；有元政策、总政策、基本政策、具体政策之分；还有单个政策、政策链、政策群等。所谓政策链是指公权力机关为解决同一政策问题而先后制定的在内容上具有一致性、在形态和功能上具有差别性的一系列政策。所谓政策群是指公权力机关在某一较长时间内制定和实施的内容各异但理念同源、导向相近的政策的聚合体①。如共同富裕政策就是一个政策群。

2. 政策系统

政策系统是指由政策主体、政策客体及其与政策环境相互作用而构成的社会政治系统②。概括而言,政策系统有两层含义：一是政策与政策环境的互动,可称为外部系统；二是政策内各构成要素的相互作用,可称为内部系统。这两个系统相互联系、相互影响。这两个系统及其相互关系是公共政策学十分重要的研究对象。

3. 政策活动和过程

政策活动指政策制定、政策执行、政策评估、政策监控、政策调整、政策终结等在内的多个政策行为。从政策制定开始,到政策终结结束,构成一个时间周期和政策过程。政策活动的各个环节、流程、行为等也是本学科的研究对象。

二、公共政策学的产生与发展

尽管人类的公共政策活动有着悠久的历史,但公共政策活动由感性认识上升到理性认识是一个漫长的过程。公共政策学的产生要追溯到20世纪50年代,政策科学的形成。

(一) 公共政策学产生与兴起的标志

20世纪50年代,美国众多行为主义政治学家转向研究美国当时的内政与外交。如

---

① 张勤:《当代中国的政策群：概念提出和特质分析》,《北京行政学院学报》,2000年第1期。
② 陈振明:《政策科学——公共政策分析导论》(第二版),中国人民大学出版社,2003年,第55页。

"奥本海默"事件的处置、财政支出问题、竞选问题、凯恩斯主义的积极干预政策等,成为学者们关注的焦点。随着政治学、社会学、系统科学等学科的迅猛发展,西方发达国家的智库蓬勃兴起。伴随天时、地利、人和,美国斯坦福学术会议召开,并结集出版论文集,在学术界引起强烈反响,政策科学就此诞生。

1. 斯坦福学术会议

早在20世纪40年代,美国政治科学家哈罗德·拉斯韦尔(Harold D. Lasswel)便提出"政策科学"(policy science)概念。20世纪50年代初,来自政治学、文化人类学、经济学、心理学、社会学等各学术界专家学者在美国斯坦福大学召开"关于国际关系理论革命性、发展性学术研讨会",简称"斯坦福学术会议"。这次会议第一次就政策科学的有关问题进行广泛而深入的讨论。被公认为公共政策学发展史上的首次会议,标志着政策科学的诞生。1951年,拉斯韦尔和丹尼尔·勒纳(Daniel Lener)合编了《政策科学:视野与方法的近期发展》一书,首次对政策科学的对象、内容、性质及发展方向作出规定,奠定了政策科学的基础。在《政策科学:视野与方法的近期发展》一书中。哈罗德·D.拉斯韦尔概括了政策科学的六大特征[①]:(1)政策科学是关于民主主义的学问,必须以民主体制作为前提;(2)政策科学的目标是追求政策的合理性,它必须使用数学公式和实证数据建立可检验的经验理论;(3)政策科学是一门对于时间和空间都非常敏感的学问,它所选择的政策分析模型必须在时间和空间上有明确的记录;(4)政策科学具有跨学科的特性,它要靠政治学、经济学、社会学、心理学等学科知识来确立自己崭新的学术体系;(5)政策科学是一门需要学者和政府官员共同研究的学问,后者的实践经验对于政策科学的发展具有重要的意义;(6)政策科学必须具有发展概念,它以社会的变化为研究对象,所以必须建立动态模型。

哈罗德·拉斯韦尔是现代政策科学的先驱,《政策科学:视野与方法的近期发展》则成为政策科学发展史上的第一部经典文献。

2. 政策研究与实际调研

在论文集中,莱尼斯·李嘉图在其论文《关于公共政策研究中的采访调查》提出,类似企业市场调查的实际调查方法是政策研究可借鉴的,也是必不可少的。第一,由于受到公共政策间接资料缺乏的局限,分析人员必须通过调研收集第一手资料。有计划地对政府官员系统采访和问卷调查是典型的方法。当然,在信息网络技术高度发达的今天,这一方法的实施成本逐步降低。第二,在民主政治体制下,掌握决策权的社会上层人士与底层民众意见存在差异,即使民众自身也有着多元的价值观与政策偏好。要提升政策的质量和效率,必须要倾听民意,吸收民智。这就需要通过实地调查访谈了解真正的民意,作出科学民主的决策。

3. 决策者与政策顾问

在斯坦福学术会议上,罗伯特·马顿和丹尼尔·勒纳就这一问题进行了阐述。他们认为,如同军队的参谋官一样,政策顾问是复杂重大决策不可或缺的角色,起到出谋划策、

---

① Harold D. Lasswell and Daniel Lener, eds. Policy Sciences: Recent Developments, in Scope and Method. Stanford University Press, 1951. pp. 3-13.

分析论证的重要作用。因而缺少政策顾问的论证极有可能影响公共决策质量,并在程序上留下缺憾。决策者与政策顾问之间的关系是复杂而微妙的,决策者在政策制定过程中,面对种种无知和不确定性,在思维极不成熟的情况下咨询政策顾问,并且很可能在咨询的同时将自己的决策倾向性传递给政策顾问,甚至要求政策顾问对自己的意见加以论证。在这种情况下,政策顾问不仅要帮助决策者出谋划策,而且要通过相对客观性的分析论证,展现政策方案的全景图,避免决策者的主观片面倾向影响自己。

总之,政策科学不是作为某一现存学科的更新出现的,而是全新的跨学科领域。从哲学和视角讲,政策科学认为人类已经发展到这样的历史阶段,在这个阶段,人类必须能够自己塑造自己的未来。否则就会被危险的后果吞噬。因此,改善政策制定的质量和人类的命运第一次直接地联系了起来。进一步讲,政策科学的新创举之所以重要,就在于现代科学无法适应政策制定的紧迫需要。并且不能适当地处理科学知识、政治权力之间的相互关系问题。总之,如不改善政策制定能力的话,未来社会的发展会产生更大的问题[①]。

(二)政策科学的发展

1. 哈罗德·拉斯韦尔的后续研究

继斯坦福会议之后,政策科学在美国蓬勃兴起。拉斯韦尔继续致力于这一学科的研究。他分别于1963年、1971年出版《政治科学的未来》《政策科学展望》两本著作。在《政治科学的未来》中,他提出,必须认识到各种不同研究途径的有效协调已经为政治科学家提供一种过去只是部分地被利用的机会,即取得一种一致看法——建立一门以社会生活中人的更大问题为方向的解决问题的学科[②],这就要大力发展政策科学。在《政策科学展望》中,他将政策科学定义为:对政策制定过程的知识以及政策制定中的知识的研究,而将政策科学家定义为那些关注掌握公共和市政秩序的脉络中开明决策相关技巧的人[③]。拉斯韦尔还对政策过程进行了研究,按照不同活动的功能划分,他将公共决策过程分为七个环节:情报、建议、规定、行使、运用、评价和终止在内的"功能过程理论"[④]。

2. 叶海卡·德罗尔的贡献

20世纪70年代后,叶海卡·德罗尔等人的政策科学的理论研究极大地推动了政策科学的研究进程,西方政策科学也逐步走向成熟。1968—1971年短短3年,时任美国兰德公司高级顾问的叶海卡·德罗尔撰写了公共政策学的三部经典著作:《公共决策的再审定》《政策科学的设计》《政策科学的探索》。这三部著作对政策科学的产生、成长以及未来做了系统的总结和探索,在政策科学领域产生巨大影响。他提出,首先,要重点关注政策效应,尤其是公共政策的"乘数效应"和"相同结局"。所谓乘数效应是指随着政策作用的累积,会产生数量相乘而强烈爆发的结果。如"第一次世界大战"爆发是英国巴尔干半岛政策的乘数效应;"第二次世界大战"的爆发则是德意日轴心国的法西斯政策的乘数效应。所谓相同结局,是指对于一个政策问题的解决,不同政策系统的运行可以导致相同的

---

① R. M. 克朗:《系统分析与政策科学》,陈东威译,商务印书馆,1985年,第20、30页。
② Harold D. Lasswell. The Future of Political Science. Atherton, 1963, pp. 38-39.
③ Harold D. Lasswell. A Preview of Policy Science. Elsevier, 1963, p. 13.
④ J. F. 安德森:《公共决策》,唐亮译,华夏出版社,1990年,第27页。

政策结果;而相同政策系统的运行可以导致不同的政策结果,因此,必须加强政策问题的界定以及政策结果的预测。其次,提出政策科学宏观分析模式——宏观分析框架。这一框架包括:总体政策目标、政策调适范围、政策有效时间、政策风险承受力、渐进或者革新的政策选择、普遍性或者特殊性的政策选择、政策时机的把握等。再次,将系统分析引入政策科学,提出政策分析的"系统群操作方法",也就是构建一个有许多子系统构成的"系统群"通过相关因素的因果分析和逻辑推论,力争达到最好的政策方案与系统运行的最佳效果。这种系统群操作方法,对于政策分析具有重要意义①。

同时叶海卡·德罗尔还大力宣传,推动大学开设政策科学课程。此外,他还与兰德公司的高级顾问爱德华·奎德创办了首个政策科学的理论刊物——《政策科学》。1986年德罗尔又出版著作《逆境中的政策制定》,提出未来政策科学要在以下十一个方面加以突破:政策制定的哲学和智力的理解;增加历史和比较研究;真实地处理政策问题;寻求宏观理论;政策范式批判;探讨宏观政策创新;研究政策制定和统治设计;考虑改善政策制定的途径;探索政策制定的输入方式;加强学科基础研究;开发多维政策研究方法和技术②。

3. 查尔斯·林德布洛姆的"渐进主义"政策分析模式

查尔斯·林德布洛姆1917年生于美国加利福尼亚州。他先后在斯坦福大学、芝加哥大学主攻政治学与经济学。后任教于明尼苏达大学与耶鲁大学。1958年他在《美国经济评论》杂志上发表著名论文《政策分析》;1959年在《公共行政评论》上发表《"渐进调适"的科学》一文。1968年出版专著《政策制定过程》。这些文章和著作集中体现了林德布洛姆对政策科学所做的贡献。

第一,最早提出"政策分析"这一概念。林德布洛姆认为,政策分析不仅是有关决策科学化的实用性学科,而且是与社会民主体制紧密相连的考察民主的政治学科③。后来,他在《政策制定过程》一书中再次阐释他的政策分析意蕴。政策制定过程包含分析性和政治性,两者既相互冲突,也可以相互补充,绝不能用政策的分析性替代政策的政治性。单纯的政策分析只能有助于解决某一社会公共问题,而不能全面解释政策制定过程。因此,政策制定过程中采用数学、逻辑以及电子计算机技术进行定量分析的同时,还要进行定性的政策因素分析④。

第二,政策分析的政治性体现在多元政治主体,包括政府机关、利益集团、政党、新闻媒体、民众等通过投票、交易、议价和授权的方式,在政策制定过程中博弈与互动,达成政治决策的共识。如果人们具有充分的理性和智慧,社会问题可以通过权威下命令的方式来解决;而在人们缺乏充分的智慧和理性时,社会问题必须通过互动的方式来解决。因此,在政策制定过程中,政治上的相互作用不仅能取代分析,而且确实能达到分析所不能达到的境地⑤。林德布洛姆的这种观点充分体现政策分析的现实性,对政策科学的发展

---

① 药师寺泰藏:《公共政策》,张丹译,光明日报出版社,1990年,第50—54页。
② Y. Dror. Policymaking Under Adversity. Transaction, Inc., 1986, pp. 219-240.
③ C. E. Lindblom. The Science of "Mudding Through". Public Administration Review, 1959, 19(2), p. 79.
④ C. E. 林德布洛姆:《政策制定过程》,朱国斌译,华夏出版社,1988年,第31页。
⑤ 同上书,第33页。

产生巨大影响。

第三,林德布洛姆认为,第二次世界大战后,西方各国的政治发展是一种渐进性的变革,而非急剧的另起炉灶革命。不论是政党还是政府,其推出的公共政策都是对原先政策的修改、调整和补充。其中,公共政策出台过程是政府、政党、利益集团、民众等因素的渐进互动过程;而且公共政策的有效性是经过不断地试错和调整得来的。因此,公共政策不过是原来政府活动的延伸,带有鲜明的渐进调适性[1],且这种调适性是普遍的、由低级到高级发展。

4. 约翰·W. 金登多源流框架理论

1984年,约翰·W. 金登出版了《议程、备选方案与公共政策》一书。他修正了科恩等人提出的垃圾筒模型,重点研究政府与非政府因素对公共政策的影响,并集中分析了政策企业家将相关议题提上政府正式议事日程所扮演的角色。多源流框架将政策过程看成是问题源流、政策源流、政治源流形成与相互作用过程。问题在社会四处漂流,但不是所有的问题都能够得到政策制定者的关注从而上升到政策议程,只有当"各种问题开始引起政府内部及其周围人们的关注"的时候才能被识别。就政策流来说,"有一个其工作重心就是要产生政策建议的政策共同体,构成整个共同体的人员包括专家和官僚、规划评估方面的人员、预算部门的人员、国会的办事人员、学者、压力集团以及研究人员。他们各自都有自己最得意的想法或自己的打算;他们在这些政策共同体中四处散发自己的思想。在这种选择过程中,有些思想政策建议得到了重视,而另一些思想则被抛弃"。"政治溪流中包括像国民情绪的摇摆不定、公共舆论的变化莫测、行政当局的更换、党派或意识形态在国会中分布状况的改变以及利益集团的影响这样的因素。这条溪流中实践的发生往往不依赖于问题溪流和建议溪流"[2]。这三条源流彼此独立,其发生、发展和运作都不依赖于其他源流,但它们在某一关键时间点上汇合到一起,从而打开"政策之窗",问题就会被提上政策议程。

5. 政策网络理论

20世纪80年代以来,政策网络路径是西方发达国家研究后现代政策过程的主流话语和一种新的分析范式,它主要研究在政策过程中相互依赖的行动者的稳定社会关系模式对公共政策的影响。政策网络是由一群具有自主性且彼此之间有共同利益的行动者所组成的关系,公共政策的制定很大程度上依赖参与者之间非等级或非科层式的互动关系。由于后工业社会公私部门之间相互依赖,国家与社会的边界日益模糊,政府机构和非政府组织共同参与公共治理过程,政策网络成为与官僚等级制、市场机制鼎立的第三种公共治理模式,并将政府模式与市场模式联结起来,可以较好地解决市场失灵以及政府失败问题。政策网络的"硬核"在于探讨政策网络结构特征与政策后果之间的因果关系。在政策网络中,行动者在网络中的地位、政策参与者关系的强弱以及网络的开放程度都会影响政策后果。作为当今政策分析的新范式,政策网络路径是对传统政策分析理论的超越,它对

---

[1] C. E. Lindblom. Policy Analysis. American Economic Review, 1958, p. 48.
[2] 约翰·W. 金登:《议程、备选方案与公共政策》,丁煌等译,中国人民大学出版社,2004年,第109页。

中国政策科学的深入研究以及中国当前的政策问题的有效解决具有一定的借鉴意义和启示。

6. 权力角斗场理论

在公共政策活动中,权力角斗场是指在特定公共政策制定过程中,多元利益主体为争夺各自利益而相互交锋、碰撞的重要竞争场合。20世纪70年代以来,作为这一理论代表人物的美国学者罗威对多元主义集团政治模型加以反思,认为不是政治决定政策而是政策决定政治,政策参与者对政策输出的期望决定了政治权力的结构特征。政策制定过程并不是利益集团、官僚、政党之间平等的讨价还价,而是他们运用各自的优势地位与权力进行互动,根据不同的权力地位与资源影响能力构建不同类型的政策场域。罗威根据政策类型,把权力角斗场分为四类:分配、再分配、管制以及构成性权力角斗场。罗威进而分析,在任何一个政治系统中,存在若干政治行为的活动场域,每一个场域形成独特的政治权力关系,多元主义分析模型只注重政策参与者平等的竞争关系,对于其中的权威、等级或权力精英的角色的解释力不如权力角斗场理论。但是该理论也存在概念的模糊性(如什么是权力角斗场)、政策类型的变动性以及事件中应用效果需进一步验证的问题[①]。

7. 制度理性选择框架

制度理性选择框架是目前政策过程研究领域较为成熟和较有影响力的理论。美国学者埃莉诺·奥斯特罗姆在其代表作之一的《制度理性选择:对制度分析和发展框架的评估》中提出该分析框架。制度是人的行为规则,在制度框架下,由决策情境、结构化信息、不同的行为、集体选择来确定"谁"与"得到什么"。决策情境受到规则的影响,个体行动受到决策情境的影响,世界受到个体行为的影响和改变。该框架的分析单元涵盖了制度环境、政策问题、人的行为等政策分析过程中的关键要素。值得一提的是,奥斯特罗姆提出政策制定过程中的"多层面分析"框架,包括政策环境分析、规则的把握、集体选择层面、制度选择层面等政策制定过程的内涵,构建了政策分析从"操作层面""集体选择层面""制度选择层面"的立体结构,较好地解决制度分析的一系列问题。

8. 间断—均衡框架

在20世纪90年代,弗兰克·鲍姆加特纳与布莱恩·琼斯在其合作的《美国政治中的议程与不稳定性》一书中提出间断—均衡框架。他们借用进化生物学中"间断性均衡"的概念来描述美国政治议程。他们认为,一种稳定和渐进主义的总趋势是美国政策议程的常态,但是偶尔会出现重大跳跃、背离、变迁、危机。发生中断的原因是政策图景与政策场域的互动打破了政策垄断,导致政策系统持续地建立与瓦解。也就是说,美国政策长期稳定后就会出现一段极不稳定的间断期,而后再走向稳定,循环往复。间断—均衡框架基于人类决策的有限理性和美国政策实践之上,其理论解释与决策实践高度一致。它既能解释稳定与渐进时期,也能解释发生剧烈变革以及大规模变化的时期。这一理论框架既超越了西蒙的有限理性决策理论,也超越了查尔斯·林德布洛姆的渐进主义理论。

---

① 杨冠琼:《公共政策学》,北京师范大学出版社,2009年,第243—244页。

9. 倡导联盟框架

在1988年和1993年先后出版的《政策变化与政策取向的学习》《政策变化和学习》等论著中,保罗·萨巴蒂尔和詹金斯·史密斯等人提出倡导联盟框架。萨巴蒂尔认为,从某种视角看,可以把政策过程看成是一系列倡导者结盟并采取一致行动的过程。倡导者(比如政府官员、利益集团经营、专业人士)分享着一个由一系列基本价值、关键性的假定和问题意识构成的一个特定的信仰系统,并在一定时期内在很大程度上能够协调一致地采取行动。倡导者之所以能够聚集在一起,是基于共同利益、共同知识、共同信仰。他们组织在一起,积极参加政策活动,通过辩论力争对己有利的政策方案。由于存在共同的利益和信仰,倡导联盟一般比较稳定,有利于政策共识的达成以及政策方案的完善。倡导联盟之间竞相将其政策知识和理念通过调动各种政策资源转化为公共政策,公共政策的变迁也是联盟间相互竞争的产物。倡导联盟框架从联盟的集体行动、跨联盟学习、主要政策的变迁等问题入手,从动态的角度研究倡导联盟对政策制定的影响,便于在政策分析中寻求政策的因果关系和内部动机,对于处理政策过程中的多种因素是十分有益的。

10. 政策扩散框架

政策扩散框架是由弗朗西斯·斯图克斯·贝里和威廉·D.贝里在20世纪90年代提出的。他们认为,多数政府政策的制定具有渐进性,但是这种渐进性归根结底来源于某种非渐进性的创新。通过对美国州政府政策的大量研究,他们发现20世纪90年代以前的政策研究解释为一种政策过程类型,即政策采纳要么是内部因素起作用,要么是政策传播因素起作用,而很少将两者整合起来进行研究。有鉴于此,他们将两种因素加以整合,并且运用事件历史分析的技术对整合后的模型加以检验,提出政策扩散理论。政策扩散框架的核心观点是:政策的起源不仅受到政策体系内部政治体制的影响,即内部决定模型;也受到政府之间政策扩散的影响,即政策扩散模型。内部决定模型是假定一个政府的行为未受其他政府行为影响,其政策创新是政策系统内部政治、经济、文化特质所决定的;而政策扩散模型主要是政府之间出于竞争,会不断地学习和效法其他政府的行为,采取政策创新的措施就是这种学习和仿效的结果。弗朗西斯·斯图克斯·贝里和威廉·D.贝里将事件历史分析的方法引入政策创新问题的研究中,关注特定历史时期中政策的渊源、政策制定过程、政策创新以及政策变迁过程,强调了数据分析的作用,强化了实证检验的证明力和说服力,对政策过程的研究进行有益的探索。

11. 政策分析的文化理论

文化理论,又称为"格子—集团分析",由道格拉斯、威尔达夫斯基、迈克尔·汤普森等学者在20世纪下半期提出并加以跟踪研究。文化理论从多样的文化差异入手,通过区分社会生活中不同文化类型,绘制成"文化地图",形成了便于认识和分析社会关系和文化现象的"格子—集团"文化类型理论,并提出关于各类文化的属性假说。他们发现,作为价值观、信念、礼仪、行为准则的重要来源,人类文化,尤其是政治文化影响公共政策制定、执行与评估的方方面面。威尔达夫斯基认为,提供政策执行方案前,对政治文化背景的研究将帮助政策分析家预判可能遇到的阻力,提高政策执行成功的概率。作为政策科学中的文化理论,该理论不仅包容多元政策分歧和政策主张者,还为政策制定以及政策问题的解决提供全新的视角。

12. 建构主义理论

建构主义,也称社会建构主义,是20世纪60年代以来开始流行的一种社会认识论和方法论。建构主义的核心是,某些领域的知识是人们共同构建的,是我们的社会实践和社会制度的产物,或者相关的社会群体互动和协商的结果。社会现实是社会建构的产物,事业是一个不断被建构的过程。在公共政策过程中,社会建构主义承认,参与政策制定的成员通过交流互动、对话和话语体系创造了组织的实践。他们在认知自己以及周围环境的基础上持续工作,他们也可以在理解的基础上建构可供公众选择的问题解决方案。政策计划被建构或被创造,这取决于人类如何定义、理解和解释我们生活的世界,即问题情境的界定。因此,对于政策议程的设定,存在于团体间和团体周围的沟通或共识的达成,并以此分享他们的现实就显得非常重要。社会建构主义自身的开放性和反思性给不同政策群体提供了重要的平等对话机会,有利于不同政策参与群体的交流与合作,从而为建立一个包容、和谐的社会提供理论基础[①]。

三、公共政策学的引入及其在中国的发展

公共政策学产生于美国,其概念、理论、模型、分析方法在美国及其他西方国家取得长足的进步。在20世纪70年代,公共政策学逐渐引入中国。

(一) 公共政策学的引入[②]

我国台湾早于大陆将公共政策学引入中国。1975年台北大学政治学系率先开设"公共政策"这一课程,任课教师朱志宏于1978年出版了第一本用中文编写的教科书《公共政策学概论》。1977年1月,时任中兴大学公共行政系主任汤绚章教授邀请台湾大学、政治大学、中兴大学、东吴大学和文化大学十多位教授开座谈会,商定举办校际公共政策研讨会。并且邀请美国得克萨斯基督教大学公共行政与公共政策研究生项目主任薛菲尔教授(Wendell G. Schaeffer)到我国台湾地区讲授公共政策学。同年1—6月,共举办16次公共政策研讨会。从此,公共政策学作为一个新兴学科和研究领域,在台湾地区各大高等院校推广开来。

公共政策学的兴起和发展也得到台湾地区主管机构的支持。比如资助一批年轻学者赴美进修公共政策学;将公共政策学列为公务员考录的专业考试科目。经过几十年的推广和发展,公共政策学在台湾地区获得长足进步。台湾公共政策学者的主要学术成就是介绍美国同行的研究成果,编写公共政策学教材,便于青年学子认识和把握这门学科的全貌。

(二) 改革开放后公共政策学的发展

党的十一届三中全会后,重新认识和科学总结过去,对决策中的严重失误、个人专断的决策体制、无序随意的决策过程、落后的决策手段和方法必须尽快根除。决策科学化与

---

① 杨冠琼:《公共政策学》,北京师范大学出版社,2009年,第268、282页。
② 宁骚:《公共政策学》(第二版),高等教育出版社,2011年,第37—40页。

民主化成为改革开放和社会主义现代化建设的迫切需要,政策科学的兴起和发展正逢其时。1983年孟繁森在《理论探讨》第7期发文,呼吁建立一门研究党和国家生命的科学——政策学①。1984年李铁映在《哲学研究》第4期上发表题为《决策研究》的论文,指出决策是由硬结构和软结构两个部分组成。前者指的是研究机构和咨询机构以及电子计算机等设备;后者指的是决策者包含形式逻辑的思维方式和辩证逻辑的思维特点在内的思维结构。论文还提出作出正确决策所需要的条件。这篇文章最后呼吁"加快决策科学化的步伐",为此,"各级领导应该学习决策科学的知识",同时,"在各级干部学校、有关大学的某些系和专业应开设决策理论的选修课,系统地讲授各种决策知识和技能,培养和造就未来的决策者"。科学决策和民主决策引起最高决策层的高度重视。在1986年7月召开的全国软科学学术会议上,时任国务院副总理万里明确提出实现决策科学化和民主化的任务,并提出了要求做"政策研究"这一重大课题②。

随后,从中央到地方各级党和政府的领导部门以及中共中央、国务院所属各部、委、局,都建立了从事政策研究的专门机构。一批国外的决策科学与公共政策等著作相继翻译出版。

近十年来,我国的公共政策学成为教育、科研、培训的热门领域,相关教学、科研与咨询机构大量涌现。目前大部分的"985工程"和"211工程"院校以及MPA试点院校都设有公共政策教研室、系、研究中心或研究院。我国高校的公共管理、政治学等学科下属专业的本科生教育中,公共政策学(政策科学或公共政策分析)已经成为最重要的基础课或专业课。一些高校(北京大学、中山大学、西北大学等)还开设了公共政策本科专业;另一些高校则在行政管理学、政治学与行政学专业中设立政策分析专业方向。在研究生教育方面,许多大学在政治学、管理学、经济学、社会学等学科的硕士点中设立政策分析或公共政策方向。2001年国务院学位委员会批准设立公共管理硕士(MPA)专业学位,在其培养计划中,公共政策及行政管理是其最基本的必修课程。而且大部分MPA试点院校都设立了公共政策分析研究方向。在博士生教育方面,1998—2002年国家设立的第一、第二、第三批行政管理的博士点中(北京大学、清华大学和厦门大学)大多设有公共政策分析方向。随后国务院学位委员会批准设立的十多所公共管理一级学科博士点(以及随后设立的公共管理博士后流动站)都设有公共政策分析二级学科或研究方向。近年来,有学者呼吁在公共管理一级学科下面增设"公共政策"二级学科,这将为公共政策学科的更好发展创造条件③。

近年来,一批公共政策学者活跃在行政体制改革、公共服务与服务型政府建设、创新社会管理、应急管理、政府绩效评价以及经济、社会和文化等政策领域的咨询活动中,在推进我国公共决策的科学化、民主化、制度化方面起着越来越重要的作用。作为公共政策学最纯粹的组织体现的思想库或智囊团在我国开始发育并发挥作用。一大批官方或民间的政策研究机构相继成立,公共政策学或公共政策分析作为咨询业的学科基础和人才培训

---

① 孟繁森:《需要建立一门研究党和国家生命的科学——政策学》,《理论探讨》,1983年第7期。
② 宁骚:《公共政策学》(第二版),高等教育出版社,2011年,第39页。
③ 黄顺康:《公共政策学》,北京大学出版社,2013年,第22页。

基础的作用开始为人们所认识①。

案例 1-1　2015年"十三五"规划建议稿起草过程解读②

2015年10月29日,中国共产党第十八届中央委员会第五次全体会议在北京胜利闭幕。经过出席全会的中央委员表决,一致通过了《中共中央关于制定国民经济和社会发展第十三个五年规划的建议》(以下简称《建议》)。雄壮的国际歌伴着掌声久久回荡,唤起13亿人昂扬前行的磅礴力量。

"十三五"规划建议是引领经济发展新常态的行动纲领。适应新常态,把握新常态,引领新常态,是"十三五"时期经济发展的大逻辑。谋划"十三五"时期经济社会发展,必须充分考虑这些内在特征和要求,高度重视提高发展质量和效益,加快转变经济发展方式,推动经济持续健康发展。

"十三五"规划建议是坚持全面建成小康社会的施工蓝图。发展是目的,改革是动力,法治是保障。明确了发展重点,就要围绕目标推进改革,用改革助力发展目标实现。社会主义市场经济本质上是法治经济,必须弘扬社会主义法治精神,依法调控和治理经济。

这是起草建议必须重点考虑的问题。

坚持党的十一届三中全会以来形成的行之有效的重大方针政策不动摇,坚持社会主义市场经济发展方向不动摇,坚持发展是第一要务的战略思想不动摇,坚持中国特色社会主义事业总体布局不动摇。

这是起草建议必须遵循的原则。

坚持目标导向和问题导向相统一,既从实现全面建成小康社会目标倒推,厘清到时间节点必须完成的任务,又从迫切需要解决的问题顺推,明确破解难题的途径和方法。

坚持立足国内和全球视野相统筹,既以新理念新思路新举措主动适应和积极引领经济发展新常态,又从全球经济联系中进行谋划。

坚持全面规划和突出重点相协调,既着眼于全面推进经济建设、政治建设、文化建设、社会建设、生态文明建设和党的建设,又突出薄弱环节和滞后领域。

坚持战略性和操作性相结合,既强调规划的宏观性、战略性、指导性,又突出规划的约束力和可操作、能检查、易评估。

规划建议要突出前瞻性和指导性,准确把握我国基本国情和发展现状,科学预判未来5年乃至更长时期我国经济社会发展的趋势和变量,确保提出的目标和举措能够顺应发展趋势、引领发展方向。

文件起草过程中,李克强、张德江、俞正声、刘云山、王岐山、张高丽等中央领导同志也提出了重要意见,进行了具体指导。

锐始者必图其终,成功者先计于始。

在中央政治局常委会领导下,建议起草工作紧张有序展开,旨在为未来5年中国发展

---

① 陈振明:《寻求政策科学发展的新突破》,《中国行政管理》,2012年第4期。
② 资料来源:华当教育网,2015年11月5日,http://www.3gus.com/ZhengCeGaiGe/466718.html。

作出符合时代要求、顺应人民愿望、符合发展规律的科学回答。

充分发扬民主,凝聚全党智慧。《建议》起草工作始终在习近平总书记和中央政治局常委会领导下进行,以亿万人民的伟大实践为力量源泉。

重视调查研究,是我们党的优良传统,是谋划工作、科学决策的重要依据。

同开办农家乐的村民一起算客流账、收入账,阐释"绿水青山就是金山银山"的道理;为农村贫困人口脱困树立信心,叮嘱"贫困并不可怕""好日子是干出来的";为装备制造企业鼓劲,嘱托"奋力抢占世界制高点、掌控技术话语权"……

为了做好建议起草工作,习近平总书记等中央领导同志深入经济发达的华东地区、扶贫攻坚任务繁重的中西部地区、加快振兴发展的东北地区等老工业基地,访农家、看学校、进企业、走园区、察民情、问良策。

习近平总书记还先后在浙江、贵州、吉林主持召开座谈会,听取18个省区市主要领导同志对"十三五"时期经济社会发展的意见和建议,就抓好经济社会发展、做好"十三五"规划编制工作进行指导。

如何开拓发展新境界,秉持什么样的发展理念,遵循怎样的新路径等,一系列具有前瞻性、导向性、针对性的重大战略问题,正是在深入扎实的调研中找到了答案。

全会文件稿针对未来5年乃至更长时期我国发展,提出了一系列新的发展指标和重要举措,这些指标和举措能否立得住,必须经过科学严谨的评估和论证。

习近平总书记高度重视前期重大课题研究工作,亲自批准课题题目,中央委托42家单位组织力量完成了31项重大课题研究,形成了117份专题研究报告。

从"十三五"时期消费、投资、出口等需求结构分析,到"一带一路"倡议实施;从全面提高党领导发展能力和水平研究,到全面建成小康社会新的目标谋划;从促进区域协调发展的方向和主要举措,到提高居民收入和调整国民收入分配格局的方向和重大政策;从人口发展战略和积极应对人口老龄化政策,到农业农村发展的重大任务和主要措施……

4月中下旬,文件起草组用6个半天的时间,陆续听取了18个部委关于31项重大课题成果的汇报,认真研究吸纳其中的观点和建议。

海纳百川,气象万千。从最初的框架提纲,到框架方案稿,再到送审稿,建议稿在讨论、起草、修改,再讨论、再修改、再完善的过程中,重点更加突出,脉络更加清晰,逻辑更加严密,措施更加切实。

不拒众流,方为江海。起草过程中,习近平总书记始终强调,必须充分发扬民主,广泛听取意见。

7月底,中央办公厅向各省区市、中央和国家机关、解放军原总政治部和各人民团体印发了建议征求意见稿。

8月21日,习近平总书记主持召开座谈会,听取各民主党派、全国工商联领导人和无党派人士对建议征求意见稿的意见。

据统计,建议稿实际征求意见3 176人。经汇总,文件起草组收到意见和建议共2 588条,其中党外人士提出的意见和建议92条,扣除重复意见和建议后总计2 292条。

根据反馈的意见和建议,建议稿共增写、改写、精简文字754处,覆盖116个单位和党外人士的844条意见和建议,其中覆盖党外人士意见和建议18条。反馈意见和建议吸收率为32.6%。

10月12日,经过中央政治局会议第二次审议,建议稿进一步修改完善,准备提交党的十八届五中全会审议。

全会期间,文件起草组根据10个小组审议讨论意见,对建议稿又进行60多处修改,提交中央政治局常委会会议审议。

10月29日下午3时,凝聚着全党全国各族人民智慧的建议草案摆放在出席会议的每一位中央委员、候补中央委员座席前,在全会上获得一致通过。

与会代表一致认为,《建议》反映了人民意愿和社会期盼,凝聚了全社会推动经济社会发展的共识,是指引全党全国各族人民夺取全面建成小康社会决胜阶段伟大胜利的纲领性文件。

以人民为中心,用新的发展理念引领发展行动。《建议》坚持以人民为中心的发展思想,以鲜明的理念和创新举措,绘就指引中国发展航船向梦想前行的路线图。

人民是推动发展的根本力量,实现好、维护好、发展好最广大人民的根本利益是发展的根本目的,必须把增进人民福祉、促进人的全面发展作为发展的出发点和落脚点。这是贯穿建议全篇的一条红线。

理念是行动的先导。

建议起草工作一开始,习近平总书记就明确指出:"谋划'十三五'规划建议,首先要把应该坚持什么样的发展理念搞清楚。"

习近平总书记说:"发展理念是战略性、纲领性、引领性的东西,发展理念搞对了,目标任务就好定了,政策举措也就跟着好定了。"

正是按照习近平总书记的要求,《建议》突出理念先行、理念引领,以新的发展理念为核心,突破以往规划建议的篇章结构,成为一份具有鲜明特点、让人耳目一新、写下许多"第一"的发展蓝图。

《建议》从党和国家战略全局出发,顺应经济发展新常态的内在要求,贯彻"四个全面"战略布局,明确了全面建成小康社会决胜阶段经济社会发展的指导思想、目标任务、发展理念、重大举措。

新的发展理念引领未来发展。

理念先行是《建议》最鲜明的特点和突出亮点。

3月23日,习近平总书记在主持召开文件起草组第二次全体会议时明确提出,"十三五"规划建议要把发展理念梳理好、讲清楚,为"十三五"时期我国经济社会发展指好道、领好航。

创新、协调、绿色、开放、共享的发展理念,正是习近平总书记针对中国发展面临的新情况新问题作出的时代回答,是党中央治国理政思想的重大理论创新,是马克思主义中国化最新成果。

在新的发展理念牵引下,《建议》在谋篇布局上突破了既往。

《建议》全篇以新的理念为主线,突出了战略性、客观性、思想性,独特新颖,引人入胜,让人有耳目为之一新的感觉,主题更突出、逻辑关系更清晰,实现了内容和形式的有机统一。

突出问题导向、破解全面建成小康社会进程中的短板。

问题是实践的引导,抓住了主要问题,就找准了工作聚焦点和着力点。

全面建成小康社会已到冲刺登顶的关键阶段,未来5年能否解决短板问题至关重要。

要深入研究全面建成小康社会的难点;要坚持问题导向,围绕破解经济社会发展突出问题的体制机制障碍,提出需要推进的改革任务。在文件起草组第一次全体会议上,习近平总书记提出了明确要求。

针对发展中的突出问题,《建议》将新的发展理念与解决短板问题紧密结合在一起。

扶贫开发始终是习近平总书记心头最为牵挂的事。全面小康是全体中国人民的小康,要求将"我国现行标准下农村贫困人口实现脱贫,贫困县全部摘帽,解决区域性整体贫困"写入新的目标要求。

6月16日,习近平总书记来到贵州遵义县枫香镇花茂村考察。看到昔日贫困村脱贫致富后,他对村民们说,党中央十分关心广大农民特别是农村贫困人口,制定了一系列方针政策促进农村发展。"好日子是干出来的,贫困并不可怕,只要有信心、有决心,就没有克服不了的困难。"

两天后,他在贵州省贵阳市主持召开部分省区市扶贫攻坚与"十三五"时期经济社会发展座谈会时强调,消除贫困、改善民生、逐步实现共同富裕,是社会主义的本质要求,是我们党的重要使命。"十三五"时期经济社会发展,必须补好扶贫开发"短板"。

措施更实、更具可操作性。

破解难题,最终要落实到一项项具体行动上。《建议》坚持战略性和操作性相结合,确定300项重要举措,从中提炼出50项新的重大战略、工程、计划、制度、行动清单。

发展分享经济,实施国家大数据战略,实施《中国制造2025》,实施工业强基工程,开展加快发展现代服务业行动,实施近零碳排放区示范工程,实行省以下环保机构监测监察执法垂直管理制度,开展大规模国土绿化行动……

一项项务实的部署,让指引中国未来发展的规划路线图更清晰、更充实。

建议稿起草过程中,习近平总书记作出指示。"有些举措要一看就可以操作",不需要再制定细化的方案。如建议中具体提出了要"实施降低企业成本的行动",就为解决当前企业成本高企问题有针对性地指明方法和路径。

多项"第一"凸显时代特点。

"十三五"规划是实现第一个百年奋斗目标、全面建成小康社会收官的5年规划,是我国经济发展进入新常态后的第一个5年规划,是我们党对全面深化改革、全面推进依法治国作出部署后的第一个5年规划,是党的十八大后明确"四个全面"战略布局后的第一个5年规划。

独特的历史方位,决定了《建议》中包含众多"首次"。

《建议》首次将生态文明建设在5年规划中单列一章,将"生态环境质量总体改善"列入全面建成小康社会新的目标要求,关于"绿色发展"部分所占篇幅也是历次规划建议中最长的。"绿色发展就是要建设生态文明,推进绿色发展、循环发展、低碳发展,实现人与自然和谐发展。"习近平总书记在谈及新的发展理念时作了这样的阐述。

《建议》首次将坚持开放发展单列一章。中国发展与世界发展的联系和互动前所未有。放眼全世界,开放成为一个国家在世界上竞争力的重要标志。习近平总书记指出,把握国内外发展大势,是制定好规划的前提。要顺应经济发展进入新常态的大逻辑,顺应我国经济深度融入世界经济的大趋势。正是在这一理念指导下,《建议》全篇贯穿着全球视野。

协调推进"四个全面"战略布局的大背景下,《建议》首次把党的建设内容列入新的目标要求;

更加重视落实规划建议的指导作用,《建议》首次单列一条强调规划落实,要求各级各类规划要增加反映创新、协调、绿色、开放、共享发展理念的指标。

诸多"第一""首次"背后,彰显的是以习近平同志为核心的党中央总揽全局的宽广视野和锐意进取的创新精神。

蓝图彰显品格,信心汇聚力量。《建议》彰显党中央治国理政的鲜明品格,世界对中国未来发展充满信心。

案例思考题: 1. 联系本案例,谈谈好的公共政策具备什么属性。
2. 联系本案例,分析公共政策的问题导向。

案例1-2　公共政策与人类生存

好的公共政策能够让我们的生活更加美好。就我们所知,好的公共政策是否能避免一些社会的终结呢?加州大学洛杉矶分校的地理学教授贾雷德·戴蒙德(Jared Diamond)研究了人类历史上的社会崩溃问题,其中包括尤卡坦半岛上的玛雅社会和太平洋中复活节岛上的波利尼西亚社会。

在哥伦布的船队到来之前,玛雅社会是新大陆上最先进的社会,他们发明了文字、天文、建筑和艺术。无论从人口数量还是复杂性角度来说,8世纪后期的玛雅社会处在巅峰时期,但他们的社会转眼间就崩溃了。

戴蒙德解释说:"在公元760年到910年之间,玛雅国王被民众推翻,大量的土地遭到遗弃,人口至少减少了90%,城市变得一片荒芜。"为什么会出现这样的情况呢?首要原因是环境恶化——滥伐森林、土壤流失和水资源管理混乱——带来的食物减少,干旱(也许是人类滥伐森林所造成的)和连年的战争进一步恶化了当时的境况。

戴蒙德还研究了其他类似社会的毁灭。如格陵兰岛上的维京社会。当然,不仅只有历史学家对戴蒙德的发现感兴趣。政策分析者们关注的主要问题是,为什么这些相对非常先进的社会允许自己迅速走向崩溃。如群体中潜藏的"集体非理性"导致公共政策的失败,能够解释为什么许多社会无法扭转其走向衰败的命运。

许多社会有着其他社会无可比拟的先天优势,如土壤肥沃、气候宜人等。即使现在,地理位置和气候也在很大程度上影响着一个社会的繁荣程度。但是根据戴蒙德的观点，从历史上看，地理因素并不是最具决定性的因素。玛雅人虽然拥有优越的环境，但终究难逃灭亡的命运。而位于世界上地利条件最艰苦的其他社会（如冰岛文明和澳洲土著文明）反倒幸存下来。戴蒙德列举了最能够解释社会崩溃的五大相关因素。

(1) 破坏环境，如滥伐森林。

(2) 气候变化，自然因素使得环境更为寒冷或炎热，更加潮湿或干燥，或引起其他重大环境变化。

(3) 无法击退或击败邻国的入侵（通常因为其社会内部的弱点）。

(4) 友好贸易伙伴的变化，比如邻国不再提供必需的进口品。

(5) 一个社会缺失应对这些变化的政治、经济和社会责任。

公元900年之后，位于太平洋中的复活节岛曾有人类定居，复活节岛文明是社会如何一步一步走向自我毁灭的鲜明例证。考古学发现表明，复活节岛（面积约64平方千米）的森林资源曾经非常丰富，为人类栖息提供了重要的生态系统。然而复活节岛上的居民却对其赖以生存的森林植被过度砍伐和使用。滥采滥伐森林给社会造成多方面的损失。不仅可供建筑的木材减少了，鸟类等物种的数量急剧减少，进而造成食物匮乏。由于没有足够的大树制作独木舟，岛上居民下海捕鱼也成了问题。

树木本是一种可再生资源，那么社会为什么不改变他们的行为方式呢？从公共政策的角度来看，最重要的是社会遭遇困境时如何应对。戴蒙德说："在上述五个相关因素中，破坏环境、气候变化、敌对的邻国和友好的贸易伙伴这4个因素对于一个社会来说也许不是最重要的，但第五个因素——社会对环境问题作出的回应——始终最重要的一点。"

有些社会已经认识到长期性的问题，并制定了解决这些问题的相应政策。提柯皮亚岛是太平洋上的一个小岛（面积约18平方千米），至今已有三千年的历史，也是世界上人口密度最高的地区之一。岛上居民长期以从海中或岛上湖泊所捕捉的鱼类或贝类为生。众所周知，鱼类同森林一样，都是可被过度利用的可再生资源。提柯皮亚岛的解决方案非常简单，捕鱼或吃鱼需要得到酋长的许可，这相当于现在的捕捞限额制度。

上述问题非常严重但并非没有解决办法。然而一些社会未能成功应对这些挑战，原因何在？部分社会是由于利益冲突造成的，一些行为虽然获得了些许私人收益，但却极大损害社会上其他人的利益。例如中世纪格陵兰岛和冰岛，养猪场或多或少侵蚀了土壤，对农业产出造成严重影响。在其他一些情况下，一些与特定地区和社会没有长期利益关系的集体或个人对该地造成严重的损害。比如以前的寻金探险者或今日的伐木公司。戴蒙德对中国两种类型的军阀进行了有趣的划分，一种是在当地扎根多年的"坐寇"，他们剥削农民并留下种子，以便在未来几年能够继续剥削；另一种是"流寇"，他们所到之处总是洗劫一空，再流窜地继续洗劫下一处的农民。

当集体决策这一治理结构对社会问题熟视无睹时，社会问题会变得更为严重。戴蒙德解释说，"如果领导者对社会中各种行为造成的后果一无所知，那么社会内部就存在走向毁灭的隐患。这也是为何玛雅国王、挪威格陵兰岛酋长和复活节岛酋长的决策未能拯救自己社会命运的原因。直到对环境造成的破坏不可逆转时，他们才意识到物质的匮乏。"

最后,任何共享集体资源(如水、渔场、森林、空气等)的社会,都必须实施良好的管理,以防止杀鸡取卵行为。不同社会、甚至同一社会的不同群体,都曾用不同方法解决这一难题。共有资源可以实施"自上而下"的管理,如由中央政府界定产权,监管资源使用状况、颁布并强制执行法规等。在16世纪,德国就是这样管理其境内的辽阔森林资源的。

共有资源也可以细分给个人,实施"私有化",让每个拥有公有资源的个人都有动机让自己所拥有的那部分资源长期收益最大化。在日本的德川幕府时期,将传统上属于公有资源的多数农村土地租赁给了个人,这种做法将公地悲剧的可能性降到了最低。

共有资源还可以采取"自下而上"的管理方式,比如委托一个组织进行管理,这个组织认识到公共利益的重要性,并且能够设计保护共有资源的机制。戴蒙德写道:"要实现这种结果必须满足以下几点:共有资源的使用者组成了志同道合的群体,他们学会彼此信任和沟通,他们期望共享未来,并希望后代也能共享这些资源;他们得到授权且有能力自我管理,共有资源的边界及其使用者的范围可以明确界定。"这些方案都被埃莉诺·奥斯特罗姆所证明。

案例思考题: 1. 为什么说好的公共政策能够让我们的生活更加美好?
2. 公共政策在人类生存过程中起到什么作用?

本章名词与术语

公共政策　公共政策分析　公共政策学　间断—均衡框架　政策扩散框架　政策倡导联盟　建构主义　渐进主义　制度理性选择框架　多源流框架　权力角斗场理论　引导型政策　管制型政策　调控型政策　分配型政策　驱动型政策　政策网络

思考题

1. 如何理解公共政策的不同定义。
2. 简述公共政策与公共政策分析的差异。
3. 简述公共政策分析的主要研究范畴。
4. 简述公共政策的类型。
5. 简述公共政策的主要特点。
6. 简述公共政策学的产生。

7. 简述公共政策的建构主义理论。
8. 公共政策是如何引入中国的？
9. 简述政策分析的文化理论。
10. 简述改革开放后公共政策在中国的发展。
11. 简述公共政策的间断—均衡框架理论的基本内涵。
12. 如何理解公共政策的使命。
13. 如何理解公共政策学的研究对象。
14. 如何理解公共政策的问题导向。

第二章 公共政策系统

公共政策系统是由政策主体、政策客体、政策工具、政策环境等因素之间相互作用而构成的政治系统。政策系统既包含政策与环境相互适应的关系,也包含公共政策内部各要素的排列组合。政策系统是政策科学研究的一个重要领域,是研究政策过程的前提或起点。政策与环境是否适应、政策内部各要素联系是否得当,直接影响政策运行的通畅与否,也影响到政策效果的好坏。

第一节 公共政策主体与决策体制

公共政策主体是参与公共政策过程的每一个群体,是那些在特定政策环境中直接或间接地参与公共政策制定、执行、评估、监控的行为者。这里的"行为者",既包括个人,也包括团体或组织。不同的公共政策主体在公共政策过程中有着不同的权利和义务。根据制定者权限的不同,可以将公共政策主体分为官方的政策活动者和非官方的政策活动者。

一、官方的政策活动者

官方的政策活动者主要是指政治体制内、行使公权力政策过程的参与者。从东方、西方理论与实践来看,官方的政策活动者主要是指政府系统作为公共政策的主体,并且政府系统是公共政策主体系统中最核心的部分,一般包括立法机关、行政机关和司法机关。下面对三类机关进行详细论述。

（一）立法机关

立法机关或权力机构是指执掌立法权的机关，在西方指国会、议会、代表会议一类的国家权力机构，在我国则特指全国及地方各级人民代表大会及其常务委员会。立法机关是政策主体的一个最重要的构成因素，它的主要职能是制定法律和政策并监督法律和政策的执行。一项重大政策规划只有经过立法机关的审议和通过，才能成为正式的法案予以颁布和执行。从法理的角度讲，立法机关是最高的决策机关，其制定政策的权力应该是最大的。立法机关通过提案、审议等方式，在国家重大政策的规划中起着不可替代的权威作用。

在西方，尤其是在美国，立法机关通常能够在独立决策的意义上行使立法权。例如，在美国的国会中，常设委员会对提交的法案常常拥有决定权，它们甚至可以不顾议会的大多数成员的反对而行事。通常在关于税收、人权、福利和劳动关系等方面的政策很大程度上是由国会制定的，但是在国防和外交政策的制定方面，总统却拥有比国会更大的权力，国会要服从总统的领导，虽然这与美国的历史和宪法以及其他许多因素有关，但由此我们可以看出实际上美国的立法机关并不具有真正完全独立的决策权力。

我国实行议行合一的政治体制，人民代表大会是权力机关和立法机关，且全国人民代表大会作为国家最高的权力机关，是我国的政策制定及立法的主要机关，也是政策执行和监控的主要机构。就其法律地位来说，人民代表大会的地位是至高无上的，它决定着我国内政外交重大事项。由于全国人民代表大会的特殊地位，其所制定的政策是经过法定的程序且是以国家强制力作为后盾的一般的大政方针，因而具有权威性和强制性，必须予以坚决执行。

在分析立法机关作为官方的政策活动者时，我们不可避免地要探讨立法者或政治家在公共政策过程中的行为是怎样的。对这个问题，西方公共选择理论的分析较多且为多数学者所接受。该理论分析了西方代议民主制条件下立法者或政治家的行为特征及模式，并指出政治家或立法者在政策过程中是以"经济人"的面目出现的，他们追求自身利益的最大化，这种最大化的利益表现为在选举中当选或再次当选。所以政治家的行为是为了在选举中获得更多的选票或支持率，而为了获得选民的支持就必须许诺制定并执行某些能够给选民带来利益的政策或提供更多的公共服务。例如，政治家向某个阶层或集团的选民许诺实施某项有利于他们的政策，并宣传要从该政策中获益，就必须支持他（们）当选。公共选择理论揭示了西方政治体制下的立法者或政治家的利己本性，也给我国学者在分析公共政策过程中政治家和立法者的行为、心理等相关方面的研究提供了理论借鉴。

（二）行政机关

行政机关及其官员是政策主体的一个重要组成部分。在当代，由于行政权力的不断扩张，出现了"行政国家"或"以行政为中心"的时代特征，行政机关在政策过程中的地位和作用就显得越来越突出了。

在西方特别是美国，政府的效能从根本上说取决于行政领导尤其是总统。总统在进行立法和政策领导方面的权威很大，国会往往将重大的决策权授予总统。这一点特别体现在决策权难以分散的国防和外交领域，在这些领域，总统拥有的合法权利和行动自由远远大于在内政方面所拥有的权力和自由。就现实来看,美国的外交政策主要来自总统的领导和行动。行政机关在政策过程中的作用巨大,行政机关不仅是政策执行的主导机构,在当代它还日益参与政策过程中的其他事务。如行政部门自己可以制定某些法规或政策(尤其是行政法规),而且可以使某些其他的国家机关制定的法律或政策失去效力。在英美等西方国家,行政部门还是立法或政策建议的重要来源,它们不仅积极提交法案,而且采取主动进行游说或向立法机关施加压力等方式,使立法机关采纳其有关的政策建议。事实上,在西方发达国家,行政机关与立法机关、司法机关形成三足鼎立的公权力分配之势,在公共政策过程中的作用不可忽视。

德洛尔(Yehezkel Dror)说:"发展中国家存在的政策问题少,因而大部分政策问题能够进入内阁的议事日程;发展中国家并未形成专业的文官制度,所以行政部门在绝大多数的公共政策的制定中起着更大的作用;发展中国家的权力更加集中,因此,政治的行政部门不必在建立联盟的前提下就能对更多的问题达成政策。"[1]按照德洛尔的说法,在一些发展中国家(如伊朗、泰国和加纳),行政部门在政策制定过程中所拥有的权力和影响,甚至比发达国家的行政部门所拥有的权力和影响还要大。

在我国,政府实际上相当于西方国家的行政机关,是公共政策主体系统中的一个重要构成要素。宪法规定,中华人民共和国国务院即中央人民政府,是最高权力机关的执行机关,而地方各级人民政府是地方各级权力机关的执行机关。政府机关不仅是政策执行的主要机构,而且它有权根据基本国策制定出具体的政策法规。政府部门制定出的政策绝大部分是党和国家权力机关政策的具体化,它们要体现党和国家权力机关所制定的政策的基本精神,且一些党和国家权力机关政策所没有涉及的领域,行政机关有权制定出一些补充性的政策规定,以防止出现政策空白。

关于行政官员在公共政策过程中的行为是怎样的,公共选择理论学派的学者也给出了分析。他们认为,尽管行政官员与政治家不同,不是由选民选出的,而是由行政机关任命的,但是这些官员同样按照"经济人"假设行事,即追求自身利益的最大化,他们在公共行为的动机中同样也包含有自利的动机。正如小尼斯卡宁(W. A. Niskanen, Jr.)认为,一个官员可能追求的目标有"薪金、职务津贴、公共声誉、权力、任免权、改变事物和管理机构的权力等"[2]。为了达到这些目标,行政官员就必须扩大自己所属的行政部门的规模,由此可以提高影响,增加晋升的机会,而最终这一切都必须靠预算的最大化来实现,即通过尽可能多地增加预算,来扩大机构,增加公共服务,其结果则是公共物品及服务超过社会的需求,导致政府扩张(机构膨胀)、财政赤字严重。这可以说是西方国家行政官员的动机和行为的真实写照。公共选择理论关于行政官员在政策过程中的行为论述并不能代表我国社会主义制度下的政府官员行为的实际情况,但在我国确实也存在这样的行政官员自利行为。因此,在实践中我们不能忽视行政官员在政策过程中存在的自利动机,要防止公共政策成为官员谋取私利的工具,损害公共利益。

---

[1] Yehezkel Dror. Public Policymaking Reexamined. Chandler Publishing Company, 1968, p.118.
[2] W. A. Niskanen, Jr. Bureaucracy and Representative Government. Aldine-Atherton, 1971. p.38.

(三) 司法机关

司法机关实际上与立法机关和行政机关处于三足鼎立之势。从表面上看,司法机关似乎仅仅只是检察、判案的机关,但实际上它起的作用远远超过这一点。作为国家组成部分的司法机关,也是政策主体的构成因素之一。在西方特别是在美国,司法机关(法院)能通过司法审查权和法令解释权而对公共政策的性质和内容产生很大影响;通过判例对经济政策(财产所有权、合同、企业、劳动关系等)和社会政策(如福利政策、基础设施建设等)产生影响。司法机关不仅参与公共政策制定,而且在其中扮演着重要角色,它不仅规定政府不能做什么,而且规定政府应该采取何种行为。

在我国,司法机关也在政策过程中起到某些类似的功能,它也是我国公共政策主体的一个有机组成部分。按照宪法规定,我国的国家权力由人民代表大会之下的国家行政机关、审判机关和检察机关分享。人民法院和人民检察院是行使国家审判权和检察权的机关,就我国具体而言,司法机关不仅包括法院和检察院,还包括行政机构的公安、国家安全、司法行政,人民代表大会的特定问题调查委员会,以及其他具有相应权能的机关。司法机关对所发现的、遇到的许多涉及公共利益的问题予以高度重视,对不合理和有漏洞的政策或规定提出修改意见和建议,通过各种渠道积极地参与和影响公共政策过程。如近些年来,我国的司法机关侦破和受理了许多行政案件,对公共政策产生了重要的影响。

总之,从以上的分析中可以看出,司法机关与立法机关、行政机关共同组成完整的政府系统,在公共政策过程中发挥着同样重要的作用。

二、非官方的政策活动者

非官方的政策活动者是指政府体制外的、通过自身行为或中间因素对公共政策间接产生影响的政策过程的参与者,主要包括政党、利益集团、公民(选民)、大众传媒以及思想库等。

(一) 政党

政党是反映特定的社会阶级和阶层的政治组织,它的主要作用在于"争取并运用政治权力,以维护成员的政治理想和增进成员的共同利益"[①]。政党在一个国家的政治生活中扮演着极为重要的角色。现代国家的政治统治大都通过政党政治的途径来实现,政党尤其是执政党是政策主体中的一种核心力量,公共政策在很大程度上可以视为执政党的政策。西方国家一般都采用两党制或多党制,而在我国则采用中国共产党领导下的多党合作制,因而中西方的政党在政策过程中的地位和作用是相当不同的。

在实行两党制或多党制的西方国家中,政党要想成为直接的政策制定者,把自己的纲领、主张转变为公共政策,首先要取得权力,也就是说,必须在大选中获胜,取得政权。在实行两党制的国家(如美国和英国),政党希望获取更多选民的支持,迫使两党各自在它们的"一揽子"的政策意见中体现选民更多的利益和要求,并尽量避免与势力强大的社会阶

---

① 陈振明:《政治学》,中国社会科学出版社,1999年,第214页。

层或利益团体的利益与要求相左。在美国,民主党和共和党之间的竞争使得国会议员的投票通常与本党的政策立场一致,哪个政党控制国会或在总统选举中获胜,对政策会产生重要影响。在多党制国家(如法国),单个政党的力量相对较弱,所履行的利益聚合功能相对小一些,在政策制定的过程中,政党更多的是充当各种特定利益的经纪人而非倡导者的角色[1]。

在我国,中国共产党的执政党地位,以及党同政府的层层对应的特殊关系,决定了它在众多影响公共政策的因素中有着决定性作用,可以看成是官方的政策活动者。中国共产党是全国人民的领导核心,作为执政党,它代表着广大人民群众的根本利益和普遍意志。执政党通过对政府和国家权力的掌控,在内政、外交各方面推行本党的政策和主张,运用各种合法化途径将阶级、阶层利益转化为国家利益,并通过公共政策的实施得以实现。因此,政策方面的领导是党的政治领导的主要内容。中国共产党制定出的公共政策是充分考虑社会的整体利益和长远利益的,是具有综合指导性和根本性的总政策,因为这些政策具有总体性并涉及政治、经济、社会和文化生活的各个方面,其表现形式是党的纲领、路线、方针;党通过自己制定的政策,掌握国家和社会生活总的发展方向,社会各阶层的活动都要受之制约。总之,作为执政党的中国共产党在重要的公共政策中具有举足轻重的作用,尤其是关系到国计民生的,如为适应社会主义市场经济发展而推行的行政体制改革的政策措施、关系到国家安全的国防政策等,中国共产党具有最终决定权。与我国政党制度相适应,我国实行政治协商的政治制度。政协以及各民主党派在我国的政策过程中发挥着重要的作用,不仅直接参与国家重大政策的讨论与决定,而且更经常进行调查研究,提出政策建议,进行政策监督和评价,充分发挥参政议政的功能。因此,政协及各民主党派也构成我国政策主体不可或缺的部分。

对于政党在公共政策过程中的行为,公共选择理论的奠基人布坎南(James M. Buchanan)曾作出分析。他认为在西方,政党及其候选人为了赢得选民的支持而尽量迎合选民的胃口,回避选民所不喜欢的政策。在许多情况下,这种迎合(部分)选民需要的政策倾向导致了出现"短视效应",即追求近期目标而牺牲长远利益。这是政策失误以及政府失败的一个重要根源。在我国,中国共产党和各民主党派在公共政策过程中都代表着全体人民的根本利益,因此其行为的出发点都是谋取社会公共利益的最大化。当然,现实社会中也存在着极个别党员的腐化堕落行为,但这并不能否定共产党为人民服务的宗旨。

(二) 利益集团

按照美国政治学家阿尔蒙德的定义,所谓利益集团,就是指"因兴趣或利益而联系在一起,并意识到这些共同利益的人的组合"[2]。利益集团是基于某种共同价值、共同利益、共同态度或者是某种共同职业和行业而形成的正式、非正式团体和群体等社会组织。其目的在于建立、维持、增进共同利益和共同态度所蕴含的行为模式;其职责是履行利益聚

---

[1] 詹姆斯·E.安德森:《公共决策》,唐亮译,华夏出版社,1990年,第54—55页。
[2] G.A.阿尔蒙德、G.B.小鲍威尔:《比较政治学:体系、过程和政策》,曹沛霖等译,上海译文出版社,1987年,第200页。

合功能，以保障或增进其成员的利益为最高目标。

由于各个国家的国情不同，加之利益集团广泛存在，数量众多、种类繁杂、形式各异，故它们的利益要求也各不相同。有的要求对社会价值和资源重新分配，有的要求维持现状和既得利益，前者趋向革新，后者趋向保守。各利益集团不仅积极表达自己的政策诉求，而且努力为政策制定提供可选方案，它们往往是政府和公民之间联系的重要桥梁。各种利益集团参与和影响政策制定的形成过程，成为非官方政策主体的最重要构成因素之一，在公共政策过程中起着显著作用，也是现代国家政治体制的一个显著特征。

公共选择理论认为，利益集团的行为动机及原则也是按"经济人"行事的，即追求自身利益的最大化。一般而言，某一利益集团只关注与其集团利益相关的政策领域，其行为动机无疑是追求集团利益的最大满足，这种需要的满足很可能会以牺牲公共利益为代价。制定公共政策，实际上是对社会价值和资源（利益）的调整及重新分配。因此，政策制定不应受个别或少数利益集团的操纵。政策过程中引起利益集团间的冲突是常见的，因为国家的资源和政府所能动员的资源是有限的，无法满足所有利益集团的要求。一个集团利益增加必然会导致另一个集团利益减少。国家在制定政策时，政策制定者必须协调和解决这种冲突，理顺各利益团体间的关系。任何一种政策，如能使大多数团体感到可以接受，就表示达到了某种均衡状态。事实上正如许多学者说的那样，公共政策从某种角度上可以看作是利益集团之间的互动、博弈、妥协和缔约的过程。

利益集团对政策制定影响力的大小，取决于集团自身所处的社会地位、成员多少、声望大小、财力厚薄、组织强弱、领导力高低、内部凝聚力状况以及运用策略的情形等诸多因素。利益集团影响公共政策的方式或途径是多种多样的，典型的主要有游说（院外活动）、舆论宣传、政治捐款、抗议示威等。例如在美国，游说（又称院外活动）这种形式较常发生，利益集团的代表向国会议员、政府官员进行有针对性的说服工作，希望他们支持本集团所主张或赞同的政策。信息时代尤其是互联网的出现，使美国的游说活动又出现了新的特点，互联网成为利益集团游说便捷而又低成本的工具，越来越多的利益集团开始在网上活动。他们可以通过互联网跨越地域，利用网络信息的快速传播优势，宣传自己的政策主张和建议，结识共同利益者和招揽支持者，向政府和地方议员施加压力。利益集团对于公共政策有非常积极的作用，它使得社会成员以组织的形式和组织的力量来维护自己的利益，使公共政策更加科学化、民主化。

在我国，30多年的改革开放使我国的社会基础发生了深刻的变革，随着市场经济体制的建立和完善以及利益多元化格局的形成和发展，作为社会活动领域的利益集团已经进入成长的轨道，并从政治领域（国家）中分离出来，成为一种重要的社会力量，它将对政府的公共政策产生日益重要的影响。如何建立和完善利益集团成长的法律制度环境、理顺政府改革与社会组织发展的互动关系，以及如何充分发挥利益集团在权力制约、增强公民意识、满足社会多元化需求等方面的积极作用、尽量限制其消极作用，将是我国公共政策过程中面临的和必须加以认真处理的新问题。

（三）公民

公民是指具有某国国籍并依照该国宪法享有权利和义务的个人。"当个人在政治中不具有自主性时,作为臣民存在;当个人在政治中获得自主性时,作为公民而存在。"①由此可见公民有着个人作为政治行为的主体对公共事务的参与的权利。公民或选民是政策主体的一个重要的组成部分,或者说是一种最广泛的非官方政策主体。如果一个公共政策得不到大多数公民的理解与支持,甚至遭到大多数公民的积极或消极的抵抗,那么这一政策势必不能取得良好效果。

在现代民主社会中,公民通过各种直接或间接的途径去影响和制约公共政策的制定和执行。公民可以通过选择国家权力主体(即政府系统)的方式来影响公共政策的制定与执行;通过影响法律的制定与废除,限制公共政策的作用范围和作用方式;以国家主人或主权者的身份,对某些重大政策问题直接行使主权,如对宪法的修订、领导人的选举、基本国策或重要的地方性政策采取直接投票的方式来加以决定;通过参加利益集团,借助团体的力量去影响政策,或通过制造舆论等方式去影响政策等。

事实上,公民不仅是政策主体的构成因素,也是政策发生作用的对象即政策客体。政党和政府制定的政策所要解决的社会公共问题都和公众的利益密切相关。政策执行在很大程度上取决于政策对象的合作程度,因此,作为政策对象的重要组成部分,公民参与政策过程不仅能增加政策的透明度,也有利于他们对政策的认可和接受,达到实现政策合法化的目的,也有助于政策的顺利执行。

(四) 大众传媒

公共政策过程中的信息总要借助于一定的载体才能传播,大众传媒则是现代社会最为普遍的信息传播载体。它主要有报纸、书籍、杂志、电影、广播、电视、互联网等诸形式。它们的主要作用是传播信息、引导舆论、交流思想和传播知识,是政府、政党和其他利益集团的宣传工具。

大众传媒对政策过程的影响极为显著。传播学的奠基人之一,美国传播学家施拉姆指出:"媒介很少能劝说人怎么想,却能成功地劝说人想什么。"②它对全世界的政治、经济、文化正产生着越来越大、越来越广泛的影响。以至于在西方有很多人将大众传媒称作是与立法权、行政权、司法权并列的"第四种权力"。在我国,大众传媒虽然没有西方国家大众传媒同等的权力,但其在公共政策过程中的作用正在日益增大。

作为连接政治体系与公众的信息通道,大众传媒是公共政策系统运行不可忽视的主体因素,在每个活动环节都为表达"公共利益"而发挥着重要作用。大众传媒对公共政策过程的作用和影响是一系列的活动环节。首先,政策问题的提出,要经由一个"问题→社会问题→公共问题→公共政策问题"的过程,政府要根据政党、利益集团或个人的利益诉求作出选择,在选择前,大众传媒扮演了政策议程"守门人"的角色,涉及公众的偏好、利益和要求的问题通过大众传媒的集中报道,会引起政府的关注,从而获得进入正式议程的机会,也就是说大众传媒影响着政治体系对政策问题轻重缓急的考虑。其次,现实社会中,利益主体的利益是多元化的,利益表达是政策系统正常运作和作出合理决策行为的基本

---

① 陈振明:《政治学》,中国社会科学出版社,1999年,第179页。
② 威尔伯·施拉姆、威廉·波特:《传播学概论》,何道宽译,新华出版社,1984年,第276—277页。

条件。政府必须综合地平衡各种利益关系,即"利益整合"。在这一环节,大众传媒的突出作用就在于通过宣传和报道,增强了公共利益表达的效能。再次,在利益整合以后,需要形成与各阶层利益相符的公共政策方案。一方面,大众传媒为政策制定者提供信息使他们及时了解公众在想什么、制定什么样的政策才算是最合时宜的;另一方面,大众传媒为公众提供信息使他们了解政治体系正在考虑制定什么样的政策,政策制定进展情况如何,从而能够真正参与、影响公共政策。政策制定者应鼓励公民积极参与决策,将过去"谋"和"断"一步到位的政策制定模式改为"谋"和"断"的适当反复,以增加政策的透明度。最后,在正式政策出台以后,政府通过大众传媒宣传政策的目标及意义,说明实施政策的具体方法和步骤,为正确有效地执行政策打下坚实的基础;而公众则根据大众传媒所宣传的政策作出反应,并对政策执行开展监督。

(五) 思想库

思想库又叫现代政策研究组织,是政策主体的一个重要构成因素。思想库一般是由各种专家、学者组成的跨学科的综合性政策研究和政策咨询组织,其主要工作是进行综合性政策理论研究、政策规划、政策设计、政策分析、政策评估等,它改善了政策系统和环境,帮助政府部门和机构进行决策,提高了公共政策的质量。它在当代政策研究中起着巨大作用。在美国,有一种流行的说法,即思想库的研究成果,决定着美国人从摇篮到坟墓的一生。思想库成为现代公共决策的一个不可或缺的组成部分,思想库的成熟程度也成为衡量一个国家公共决策水平高低的重要尺度。兰德公司、胡佛研究所、布鲁金斯学会等一些世界闻名的思想库,在政府政策过程中发挥了非常重要的作用。

政策科学的应用性特点,决定了思想库既从事理论研究又从事应用研究,是一个学术部门和实际部门的有机结合,各个思想库的服务对象、研究领域、构成形式有很大差别,在政策过程中所起的作用也不同。一般来说,可以将思想库分为以下四种类型。

1. 官方思想库

这类思想库一般与决策者保持密切联系,直接研究政策问题,为决策提供各方面的情报和资料,提供各种备选方案和咨询服务。它们通常或隶属于不同国家或地区的政府及其职能部门,或具有独立的体系,或作为最高决策者的智囊团,带有明确的官方色彩,能够反映政府一定的态度、立场和感兴趣的问题。

2. 半官方思想库

政府通过和思想库签订合同,通过资金上的援助,投资和资助重点研究领域和课题,与这些思想库建立了长期、稳定、密切的合作关系,把它们纳入为政府服务的轨道。如斯坦福国际咨询研究所总收入的70%来自政府和军方的合同收入,它是主要为政府和军方服务的半官方研究咨询机构。

3. 民间思想库

民间思想库是思想库的典型形式,它是由民间发起,得到基金会和企业资助,为国家机构及其官员服务的政策研究机构,它具有选题自由、研究范围广、社会联系多、不受政治局限、独立性强、灵活性大等特点。它熟悉技术方法,不为个人意志所左右,直接体察民情,既超脱又接近实际,研究成果更具客观性、正确性、全局性、有效性。民间思想库对政府的公共政策施加了很大的影响。

4. 跨国思想库

跨国思想库是由世界上不同国家的学者和官员组成的,以人类全球等问题为主要研究对象的思想库。这类思想库的研究范围往往涉及全球性和全人类的共同利益问题,如环境保护、战争与和平、资源利用、人口控制以及核问题等。它们经常与一些国家的政府首脑和著名政治家举行联席会议,共同磋商、讨论问题,并努力促进各国成员之间的交流,交流解决各国所面临的问题的经验与方法,探讨各种专业知识的综合方法。信息时代的到来,"地球村"的形成,跨国思想库发挥着其他思想库所难以发挥的作用,对公共政策来说变得越来越重要。

三、公共决策体制

公共决策体制是关于公共决策权力归属、配置和运作的制度框架。公共决策权力是政策系统的核心。不同的政策行动者以各种方式围绕决策权力开展各种活动,必须有公共决策的体制机制加以规范,否则公共决策活动会混乱不堪以致无法进行。

(一) 公共决策权的配置与决策规则

1. 公共决策权的配置类型

公共决策正常运行的一个必要条件是最高决策权的归属。从决策权占有的角度看,依据最高决策权所属人数的多少,可以分为首长制与委员会制。首长制也称为"一长制""独任制",即最高决策权由最高首长个人独掌,责任也全部由其承担的决策体制。行政首长在决策时可就相关政策问题征求其他政府组成人员的意见,但拥有最终决定权,并对决策后果负责。如中国的国务院总理负责制、美国的总统制。首长制的优点在于决策效率较高、决策责任明确具体、确保行政效能;其缺点是大权独揽,容易导致权力滥用、独断专行,影响公共决策的科学化与民主化。委员会制又称"合议制""会议制",决策权配置给多人(一般为单数)组成的委员会,由委员会按照少数服从多数的原则作出决策。其优点是决策民主,有利于广开言路、集思广益、协调一致;其不足是决策迟缓、效率不高、责任分散。

根据决策权力配置的集中与分散程度,可分为集权制与分权制。集权制是指决策权全部配置给上级决策机关,下级机关无决策权,完全根据上级的指令行事的决策体制。其优点为政令统一、大局为重、统筹兼顾;缺点是容易统得过死,不利于下级积极性的发挥。分权制是指决策权配置给相对独立的各个决策机关,上级机关无权干涉下级机关的决策活动。其优点为决策因地制宜、针对性强、地方积极性较高;缺点为政出多门、难以协调一致。

2. 公共决策的规则

所谓决策规则是指规范决策活动的制度安排,它由决策程序和方法构成。没有决策规则,整个决策活动无法顺利进行。决策规则对决策过程和结果有非常重要的影响,比如表决方法不同,决策结果迥异。基本决策规则有两种:一是全体一致规则。又称"一票否决制"——决策者拥有平等表决权,只要有一票否决,政策方案就不能通过。全体一致规则追求公共政策的"帕累托最优",一般适用于重大政策问题的决策。但由于要达成全体一致,没有否决票,决策成本高昂,这一规则的运用并不多见。二是多数规则,又分为简单多数与绝对多数规则。简单多数规则又称"相对多数规则",即如果一项方案得到的赞成票最多,这一方案就获得通过,不必过半数;绝对多数规则要反映大多数参与者的意见,要求获得的赞成票超过一定的比例,例如超过 1/2、2/3 或者 3/4。多数规则不要求每个参与者都投赞成票,只需要过半数通过,通过的政策方案对全体都具有约束力,即便是反对者也要服从占多数的赞成者所作出的决策。

(二)公共决策体制的类型

在人类历史发展的不同阶段,存在过不同类型的公共决策体制。以最高决策权的配置归属为依据,可分为原始民主制、神权制、君权制、议会制、人民代表大会制、法西斯体制与军人独裁制。当今世界有代表性的公共决策体制,可分为如下七种类型[①]。

1. 总统制

这种决策体制以美国为代表。美国是实行总统制的典型,其特点是:总统既是国家元首,又是政府首脑,还兼任武装部队总司令。总统的实际权力非常广泛。总统直接组织和领导政府,独享最终决策权。政府不对国会负责,只对总统个人负责。内阁由总统指定的官员(通常为各部部长)组成,只是总统的集体顾问。国家的立法机关和行政机关分立,权力相互制衡。议员和政府官员不得相互兼任,国会无倒阁权,政府也无解散国会的权力。但国会行使立法权受总统的制约,如美国总统对国会通过的法案可行使否决权,但国会再以 2/3 多数通过,不经总统批准即可成为法律。总统的权力也受国会的制约,如总统对政府高级官员的任命要得到参议院的认可,总统和政府高级官员如违宪、犯重罪,国会可提出弹劾。

2. 议会制

从国家最高决策权来说,英国的决策体制属于议会制。议会是国家权力中心,议会的决策对政府的决策具有决定性作用,政府的决策还需得到议会的同意。议会一般按照多数赞成规则决策。议会具有倒阁权,议会如果不同意政府(内阁)的施政纲领与政策,可以提出不信任案,如果这一不信任案获得议会多数通过,或者议会通过对政府的谴责案,那就表明政府失去议会多数的支持,那么政府首脑必须辞职,或者提请国家元首解散议会,举行新的大选,由新选出的议会决定政府的去留。国家元首(国王或者总统)是虚位的,不具有实质性的决策权。

3. 半总统半议会制

又称双首长制,以法国为代表。这种公共决策体制是一种兼有总统制和内阁制(议会制)特点的决策模式。总统是国家元首,由选民选举产生,不对议会负责,实际掌握最高行政权,有权任命政府总理和部长等内阁成员,主持内阁会议,统帅军队,负责公布法律,显然,这些与美国的总统制很相似。但与美国的总统制也有不同之处,法国总统还有权将重要法律草案提交公民投票,有权在征询总理和议会两院议长意见后宣布解散国民议会,并

---

① 宁骚:《公共政策学》(第二版),高等教育出版社,2011 年,第 203—204 页。

享有采取紧急状态措施的权力等。总理为政府首脑,领导政府的活动,政府决定并指导国家的政策,政府掌管行政部门,政府对议会负责,当国民议会通过不信任案或者表示不赞同政府的施政纲领或者总政策声明的时候,总理必须向总统提出政府辞职。这显然与内阁制(议会制)相同。

4. 超级总统制

超级总统制是1993年俄罗斯宪法确立的起来的独一无二、具有浓厚俄罗斯色彩的权力体制。它同时吸纳美国总统制与法国总统制加强总统权力的因素,形成一种"强总统、弱议会、小政府"的国家权力结构。俄罗斯总统权力极大,是国家元首,也是武装部队最高统帅,决定内外政策。总统掌握人事任免大权,根据国家杜马批准任命总理,根据总理提名任命副总理、部长。总统有立法权和立法否决权;主持政府会议控制政府;总统有权决定国家杜马选举和解散国家杜马,决定全民公决。因此,俄罗斯总统的权力远超法国总统和美国总统的权力。

5. 委员会制

瑞士是唯一长期实行委员会制的国家。瑞士联邦委员会是瑞士最高行政机构,由联邦议会两院(国民院和联邦院)联席会议选出7名委员组成,从中再选出正、副主席各1人。主席、副主席均不得在次年连选连任。主席和各委员之间地位平等,对内负责主持会议,对外代表委员会行使国家元首的各种礼仪性的职责,职权极其有限,无任何特权。委员任期4年,分别担任各部行政首长,主管部的行政事务,但一切政务均须集体议决,以委员会名义执行。委员会是受议会委托的执行机关,对议会通过的一切法律必须执行,不得退回复议,更无权解散议会。委员会的决议和建议如遭议会否决,委员会无须辞职,议会也无权通过不信任投票推翻委员会。由此可见,政府决策权只限于操作层面。

6. 人民代表大会制

中华人民共和国的一切权力属于人民。人民行使国家权力的机关是全国人民代表大会和地方各级人民代表大会。全国人民代表大会和地方各级人民代表大会都由民主选举产生,对人民负责,受人民监督。国家行政机关、审判机关、检察机关都由人民代表大会产生,对它负责,受它监督。全国人民代表大会是最高国家权力机关;地方各级人民代表大会是地方国家权力机关。民主集中制是人大制度的组织原则也是人大及其常委会的决策原则。组成人员集思广益、集体决策,在形成共识的基础上进行表决,按照多数规则决定重大事项。中国共产党领导人大工作,中国共产党的主张要通过国家权力机关,上升为国家的法律和政策。

7. 军人独裁制

这是军人通过政变上台独掌国家权力的一种决策体制。20世纪后半期在亚非一些刚独立的国家里,军人独裁统治一度十分流行。军人独裁制有两种类型:一是以军人决策取代政府决策。在政变成功后的第一个阶段里,宪法被废止、议会被解散、政府被夺权,由政变领导人和军人委员会行使国家权力,军人决策成为公共决策。二是在军人主导下形成政府决策。进入第二阶段,军队退回军营,政变领导人成为正式的国家和政府领导人,如总统、总理、部长、议长等,公共决策从形式上恢复正常,但实际上仍是军人独裁。

第二节 公共政策客体与利益

公共政策也可看作是决策者采用合适的政策工具,在一定的政策环境条件下解决一定的问题并作用于政策对象的过程。政策所发生作用的对象就是公共政策客体,可以从"事"(政策所要处理的社会公共问题)和"人"(政策发生作用的对象,即社会成员)两个角度来认识公共政策的客体。

一、社会问题

从"事"的角度看,公共政策是为处理一定的社会问题而制定的。所谓社会问题,就是社会正常发展过程中出现的偏差,或者说,实际状态与社会期望状态之间的差距。这种偏差或差距往往会导致社会的紧张状态,它超越了个人稳定的环境和范畴,牵涉到非常广泛的社会关系。作为国家公权力机构的政府,主要针对并解决的是社会公共问题。社会所面临的公共问题很多,但在政府系统的决策者看来,并非所有的社会问题都必须通过公共政策来解决,只有那些被列入政府议事日程、涉及相当多社会成员利益的社会问题,才能成为公共政策的客体。

社会问题是客观存在的,是可以通过实证加以认识的,同时也是一种因人的主观定义不同而存在差异的问题。人的价值判断对社会问题产生很大影响,有时甚至对社会问题的解决产生很大的阻碍作用,这主要是因为人们并不愿意去支持那些要求他们放弃固有信仰和制度的改良计划。一般关系到大多数人的问题容易形成社会问题,且问题的形成需要一个过程。社会问题往往具有系统性,而不是孤立存在的,故在处理问题时要从整体上把握各个具体问题之间的相互关系,切不可"头痛医头,脚痛医脚"。

社会问题数量庞大、种类繁多,而且各种问题相互交织在一起,因此,如何加以分类也是一个值得注意的问题。我们可以从通俗的角度来划分社会问题,即按社会生活领域的不同将社会问题分为政治、经济、社会(狭义)和文化等领域的问题:(1)政治领域问题,包括政治体制、机构、外交、军事、行政、人事、民族、阶级等方面的问题;(2)经济领域问题,如生产、流通、分配、消费等生产过程各环节的问题,或财政、金融、产业、分配等方面的问题;(3)社会领域问题,如环保、人口、治安、福利、保障等方面的问题;(4)文化领域的问题,包括科技、文教、体育、卫生等方面的问题[①]。相应的,用于处理特定领域问题的措施或办法就构成该领域的政策,事实上社会问题的划分与政策的分类是一致的,如用来处理政治、经济、社会和文化领域的问题的措施或办法分别是政治政策、经济政策、社会政策和文化政策。

---

① 陈振明:《政策科学——公共政策分析导论》,中国人民大学出版社,2003年,第58—59页。

二、目标群体

从"人"的角度看，政策所发生作用的对象是社会成员。所谓目标群体，是指公共政策直接作用与影响的公众群体或那些受公共政策规范、管制、调节和制约的社会成员。公共政策要求将目标群体与非目标群体区别开来，并且具有清晰的目标群体范围。比如国家的人口生育政策对这个国家的每个人、每个家庭都是直接或间接适用的；而政府以及相关职能部门的政策的适用范围有一定的限制，可能是某地区、某行业的人员或社会组织。公共政策需要明确划定目标群体的边界。

目标群体的界定关系到公共政策的落实和政策目标的达成。一般来说，目标群体对公共政策可能采取三种态度：一种是认可与接受；一种是反对与排斥；一种保持中立，没有明确的肯定与否定。从激励兼容的角度来看，一项政策如果与目标群体的利益相一致，能使目标群体获得一定的利益，那么它就容易被目标群体所接受，政策的落实和推进会很顺利，目标也容易达成。反之，一项政策如果侵害和剥夺了目标群体的利益，那么它就难以得到目标群体的认可，在目标群体的排斥下政策执行难、目标达成也难。如果目标群体是第三种态度，他们对政策执行可能采取中性立场，既不支持也不反对。

目标群体之所以会认同与服从某一项公共政策，是出于四个方面的考量。第一，成本收益的权衡。目标群体在推行某一新政过程中能够获得利益是他认同这一政策的关键因素。所获得的利益越大，他们支持政策的力度也越大。或者，他们认为接受此项政策比不接受此项政策遭到的损害要小，他们也会选择服从。第二，政治社会化的影响。政治社会化一般是指人们政治观念、政治态度、政治行为的形成过程。在政治社会化的过程中，社会成员会逐渐树立支持现行制度与政策的观念和态度，在行为上表现为对公共政策的服从。此外，政治社会化也会有利于人们树立顾全大局的观念，甚至牺牲一部分个人与小团体利益，获取长远的整体的利益。第三，避免遭受惩罚的心理。众所周知，公共政策具有强制性，违反政策就会受到公权力的惩罚。人们为了免遭惩罚和损失选择隐忍和服从公共政策。第四，人们所处环境的改变。没有一成不变的政策，当主客观环境发生变化，原来有效的公共政策会变得无效甚至有很大副作用。人们在对旧政策不满时产生对新政策的希望。政府如果不失时机地推进政策的调整与创新，是很容易得到目标群体的理解和支持的。

目标群体之所以否定和抗拒某一公共政策，有四个方面的原因。一是政府合法性危机。由于新观念的影响人们开始对政府权力的边界、政府建立的过程、政策制定程序以及人的权利产生怀疑，再加上政府的承诺没有兑现，公众对政府的能力产生怀疑，政府出台的政策就会遭到人们的反抗和抵制。二是对政府官员失去信任。如果老百姓认为政府不再真心实意地为自己服务，而是沉溺于谋取个人或者小集团的私利，再动听的口号不再具有诱惑力。绝大多数底层民众不再相信政府官员，他们主导制定的政策理所当然遭到社会上大多数人的反对。三是传统思想观念与行为习惯的阻碍。推进一项新的公共政策往往是对旧格局和传统观念的改变，自然会引起人们对新政策的不适应，进而产生紧张和焦虑。在心理失衡的情况下自然会产生对新政策的不适应和抵触情绪。四是利益受损。与人们接受某一政策是因为这一政策增进了他们的福利一样,人们选择反对与抵制某一政策也是因为这一政策的实施损害他们的既得利益。损失越大,反对的呼声越强烈。

三、目标群体的利益

利益一般是指人类为了生存和发展,获得自由与幸福所需要的资源和条件[①]。马克思主义认为,人们奋斗所争取的一切都和他们的利益有关。可以说,利益是人类活动的最深刻的动力,是人们活动所遵循的准则与规范。每个人在社会生产和生活中所处的地位不同,且社会分工也不同,因此必然会产生各种不同性质、不同层次的利益需求。公共政策正是用以对这些具有不同性质和层次的利益需求进行调整和规范的。它调整并规范了社会成员之间的关系,表现为对一部分人的利益进行分配或调节。公共问题本质上是不同利益主体为生存和发展的需要而展开的利益追求,在利益追求过程中,由于资源的稀缺性和政策的缺陷,难免会产生种种利益矛盾与冲突。不同的利益主体之间的利益矛盾。从纵向的角度看,这种利益矛盾是指个体、群体与国家之间的利益矛盾;从横向的角度看,它表现为个体与个体之间的利益矛盾、群体与群体之间的利益矛盾、国家与国家之间的利益矛盾等。这些矛盾危及社会的安全与稳定,公共政策的制定和执行就是为了解决这些利益矛盾和冲突。政府必须综合平衡各种利益关系,称为利益整合。它建立在利益选择的基础之上。在现实社会中,利益主体是多元的,利益客体又是复合多维的,政策既要反映社会大多数人的利益需要,又要兼顾保护少数人的合法利益;既要调动人创造社会财富的积极性,又要保证利益分配的公正性。

国家在出台一项公共政策时,必须重视目标群体在其中的作用和影响。政策能否落实、目标能否实现,不仅仅取决于制定者或执行者,目标群体的态度对其也有着直接的影响。目标群体对公共政策是否理解、接受以及支持和遵从,是衡量政策有效性的关键性因素。因此,党和国家的任何政策不仅要充分考虑目标群体的利益,还要处理好目标群体与其他社会成员的利益之间的关系,将国家、集体和个人三者之间的整体利益与局部利益、长远利益与短期利益有效地协调起来,真正发挥公共政策应有的调节、规范和稳定作用。

总之,在公共政策过程中,对公共政策客体的识别具有不可忽视的重要意义。明确公共政策所要处理的社会公共问题的种类和性质,了解政策所发生作用的社会成员的利益和心态,不仅有助于制定出适应具体情况和环境并被大众所普遍接受或能被多数人所理解的政策,为政策的顺利执行创造极为有利的条件,还有助于政策作用的充分发挥和预期政策成果的取得。

第三节 政策环境

公共政策的运作总是在一定的环境中进行,公共政策需要一定的环境为其提供运行

---

① 张国庆:《公共政策分析》,复旦大学出版社,2009年,第142页。

空间,与此同时环境也向公共政策提出要求,两者的互动,使得公共政策得到不断的修整和完善。因此,研究公共政策环境对公共政策的科学化具有重要意义。

什么是公共政策环境？我们认为,所谓公共政策环境是指直接或间接影响和作用于公共政策过程中的各种因素的总和。从系统论的角度来看,凡是影响公共政策的产生、存在、发展及变化的一切因素皆构成公共政策环境。公共政策环境对公共政策有着直接且重要的制约和影响,其作用不可忽视。首先,环境的需要产生公共政策,比如互联网的飞速发展使得网络安全问题凸显,这就需要制定相关的公共政策防范这一问题。其次,政策环境影响和改变公共政策。有什么样的政策环境,就会有什么样的公共政策。如果公共政策与环境格格不入,这一政策迟早会失败。当环境发生变化时,公共政策也应随之发生改变。再次,公共政策对环境也会具有能动的反作用。公共政策是要解决各种社会公共问题,政策一旦执行,必然会对政策问题和目标群体产生影响,使得社会环境朝着公共政策的目标而发展,好的政策改善政策环境,坏的政策恶化政策环境。

政策环境对公共政策的影响主要体现在社会政治、经济、文化等,政策环境要素影响政策制定和政策的执行效果。比如突发事件会导致环境巨变,从而引起政策系统大调整。无论一项具体的政策还是众多政策组成的政策群体,其产生、制定和实施都离不开一定的环境,且会随环境的变化而作相应的变化。离开环境因素的考虑"闭门造车",必定达不到预期效果。

一、政治环境的影响

"政治环境是指直接或间接影响公共政策的一个国家政治制度情况,也指一个国家的国体和政体情况、阶级状况、政党制度、政治文化状况、国家权力机关制定的宪法、法律完备程度、执法、守法和监督实施的情况。同时也包括国防环境,它是指制定与实施公共政策时所依赖的军事、国防状态。"[①]政治环境和公共政策的作用是相互的,现实的政治环境在很多方面都直接作用于政策过程,政策的制定或实施,都与政治环境息息相关,政治环境促进或者阻碍公共政策的运行。与此同时,公共政策又反作用于政治环境,成功的公共政策可以加强政权的威信和力量,维护政治环境的稳定,而失败的公共政策则可能引起政治环境恶化,造成政局动荡。具体而言,一个国家的政治环境对公共政策系统及其过程的影响主要表现在以下三个方面。

(一)政治环境影响政策制定过程中的利益分配

每个人所要解决的问题以及关心的利益不同,使得政策制定需要各利益集团进行协商、谈判和讨价还价。一项具体政策,往往是在多个方案中选择的,选择的结果与政治环境密切相关。如果说政策制定过程是一个复杂的利益、权力划分的过程,那么政治环境决定了各利益集团之间的利益分配和公权力划分的格局,它的存在对公共政策制定过程中的利益取向起着重要的作用。因为当占社会人口绝大多数的公众掌握公权力时,公共政策所要维护的就是绝大多数公众的利益,体现了公共政策的科学化和民主化;相反,若是

---

① 张世洲、高晚秋、张斌:《现代公共政策学教程》,哈尔滨工业大学出版社,2007年,第34页。

国家政权掌握在少数人手里时,公共政策就变成维护少数特权阶级的利益工具,公共政策就失去了它应有的公平原则和存在的价值。

(二) 政治环境影响着公共政策的合法化

一项好的公共政策必须是合理合法的,而公共政策的合法化程度是由整个社会的政治法律环境所决定的。只有当社会具有法律制度健全、司法独立、依法治国、依法行政的良好政治环境,公共政策才有可能从内容到形式和程序都合法化。此外,有了合法化的政策,再加上完善的法制环境,公共政策才能得到顺利的贯彻和执行。

(三) 政治环境影响政策执行的有效性

一项政策制定出来且经过合法化的程序,接下来就是怎样有效地实施和执行以期达到政策的预期目标。一国的政治环境如体制制约着政策执行的有效性,体制上容纳的可能性决定了政策执行的结果。如各执行机关与决策机关的关系及它们的管理权限、部门利益等使得在现行体制下可行的政策往往容易被执行;相反,与现行体制相抵触的政策往往被搁置,造成选择性执行政策的不良后果。另外,政策方案与执行机构的利益是否协调也在很大程度上影响政策的执行。两者利益一致时,政策执行机构的积极性就高,政策执行就会很顺利;相反,政策的推行就会受阻,政策难以落实。

二、经济环境的影响

公共政策的"经济环境是指制定与实施某一项具体政策时,可能面对并作为资源利用的总的经济状态,即整个世界经济的格局和运行状态,一国或一个地区经济体制、经济结构、经济发展速度、经济总量等诸要素的总和"[①]。经济环境是一国或地区公共决策的最重要的依据。政府要想制定出合理的政策方案,并使它达到预期效果,首要和根本的一条是从本国或本地的实际情况尤其是社会经济发展的现实出发,充分考虑经济环境的作用,任何超越经济环境的政策最终注定是要失败的。具体来说,经济环境对公共政策系统及其过程的影响主要表现在以下三个方面。

(一) 经济环境是一国或一地区公共政策制定的基本出发点

一个国家或地区在制定公共政策之前必须首先明确本国或本地区的社会经济条件如何,处于何种发展阶段上,综合经济实力怎样,正确的或合理的政策必须符合社会经济发展的实际。一个国家或地区一定的经济实力是政策制定的基本物质条件,它影响着国家的基本政策倾向。因此,政策制定必须基于经济实力允许的范围,并在保留一定余地的情况下,对政策过程予以经济上的支持,并由此决定了政策的可行性和有效性。否则制定出不切实际的公共政策,不仅与整体经济环境不一致,不利于政策的执行和应有功能的有效发挥,也不利于经济环境的稳定。

(二) 社会物质经济利益的分配调节,是一定历史时期政策体系,特别是大量经济社会政策得以确定的主要根据

在社会生活各个领域里,人与人之间交往所发生的各种关系中,经济利益关是最为基

[①] 张世洲、高晚秋、张斌:《现代公共政策学教程》,哈尔滨工业大学出版社,2007年,第39页。

本的关系。人们在社会生产生活中,由于社会地位和劳动分工的不同,决定了人们在社会经济中经济利益的不同及矛盾的发生,进而引发和加深了人们在政治、思想、文化生活中的其他利益需求的差别和对立。于是,植根于社会经济关系中的或受其制约的诸多矛盾的存在与解决,便成为大量经济社会政策的启动之源。所以,社会特定经济状况以及对分配与矛盾关系的调节,是一定历史时期政策体系的目标和大量经济社会政策得以确立的主要依据。

(三) 经济环境为政策的执行和实施提供基本物质条件

政策过程一般必须与国家或地区的经济整体发展相一致的前提下,才能获得贯彻实施所需的财力、物力等各种经济资源的充分支持。国家或地区一定的经济实力影响着政策实施效率。政策执行也必须与国家或地区经济整体发展和经济体制模式相适应,保证政策执行所需的财力、物力等各种经济资源的支持。

三、文化环境的影响

文化环境是人类社会生活中的主观意识范畴,是人们对社会中相关问题的信仰、理论、感情、情绪、评价和态度等历史和现实的总和。文化就其核心来说,首先表现为包含思想、意识、感情等在内的精神形态,文化的民族性、独特性首先也是从这里展开的。文化环境中对公共政策影响最深的是政治文化。作为一种特殊的文化,政治文化属于政治社会的精神范畴,它是一个社会关于政治体系和政治问题的态度、感情、信念和价值的总体倾向。下面从两个方面重点论述政治文化对公共政策运行的影响。

(一) 政治文化影响公共政策体制的塑造

特定社会的人们正是从自己的价值观、信仰、态度、情感等因素出发,来选择特定的公共政策体制、结构和运作方式的。如特定的政治文化会使得人们对公共政策应该是什么、应该干什么、政策目标如何确立、应该为哪些人服务等有自己的认识。"如果公平、无差别、信赖政府等理想信念是某个时期的主导性政治文化,通常该时期的公共政策体制表现为强力汲取—分配资源型体制。如果一个社会倡导自由、起点平等、个人选择优于集体选择,通常其公共政策体制会被塑造为注重参与、扁平化、倾向权力下移与外移的公共政策体制。"①

(二) 政治文化影响政策运行过程

政策运行过程中,政策对象总是对政策制定系统提出一系列需要解决和保障的问题,或者对政策制定系统的权威性、合法性、能力等表示出肯定与否定的一系列态度倾向。这些都与政策对象所信奉的文化交织在一起。无论是支持的态度,还是反对的情感,都正是政治文化的表现。文化可以塑造顺从者、旁观者,也可以塑造参与者、批评者。这带来了政策制定系统中政策主体与政策客体的交流。例如在我国,长久以来形成的政治文化使我们有着任何政策活动总是为人民大众服务,否则政策活动就失去其依归和合法性的信仰和观点,故我国的政策在制定和执行时总是要充分考虑公共利益。

---

① 卓晓宁:《公共政策中的政治文化:影响路径及其功能》,《唯实》,2010年第7期。

总之,政治文化因其规范性及历史的传承,影响、规定着特定社会的公共政策体制及其过程,从而对公共政策产生作用。

四、国际环境的影响

国际环境是指政策运行时所依据的客观存在的国际条件、状况,以及影响政策过程的各种国际因素的综合。我们一般把国际环境划分为国际经济环境、国际政治环境、国际文化环境等类型。随着全球化、信息网络化时代的到来,国际环境对一国公共政策产生了极为深刻的影响。

(一) 国际经济环境对公共政策的影响

当代的国际环境,使得各国或地区之间的经济联系日益紧密,国际分工和相互依赖关系不断加强,各国或地区之间商品、资金、科技成果和人员等的交流正在急剧扩大;技术、通信、运输、贸易的全球化趋势越来越突出。世界经济一体化及区域化,使得各国或地区在制定经济社会政策时,每时每刻都必须考虑世界经济局势的发展变化。从本源上说,国际经济环境是一切国际政策的基础条件,也是各个国家制定经济社会发展战略和公共政策的基础条件之一,制约甚至决定着国际政策和国家政策的价值评估、目标判断和工具选择。

(二) 国际政治环境对公共政策的影响

国际政治环境的存在,使得国家在制定和实施公共政策时必须及时观察国际形势的新特点、新趋势,从而科学决策并及时对政策作出相应的调整。国际组织的存在和作用使得民族国家在某些政策领域丧失了部分的决策权。国际组织的规章、决议以及国际协定也对各国的政策制定具有明显的制约甚至决定的作用。如联合国宪章、联合国安理会的决议可能成为许多国家或地区的政策制定的一个依据,在当代,大多数国家或地区都十分重视这些决议、协定。

(三) 国际文化环境对公共政策的影响

每一个国家、每一个民族,都有其自身发展的方式和轨迹,在这种发展过程中,不同的经历必然产生不同的文化心态和心理。随着互联网的普及,当今世界面临着大量的文化交流和冲突,这些交流和冲突给国际关系和人类生活带来了前所未有的新内容、新气象,使政策制定和实施面临着一系列新的环境条件。决策者只有认清现实文化环境的情况,才能以公众易于接受的方式制定和实施行之有效的公共政策。

总之,在当代,国际环境成为各国公共决策的一个重要变数,离开国际环境,无视国际经济、政治、文化的发展趋势的公共政策,要取得预期结果是不太现实的。

第四节 公共政策工具

从系统发生论的观点出发,可以把公共政策看作是特定政策环境下的政策主体运用一定的政策工具与客体相互作用的产物。政策工具是政策系统的一个重要构成因素,为了实现政策目标,政策主体需要采用适当的政策工具,它是目标和结果之间的桥梁。我们要正确定位政策工具的角色,因为作为工具,它仅是手段,而不是目的本身。政策工具的范围相当广泛,对其的选择也有相当大的灵活性。

政策工具是 20 世纪 80 年代以后在公共管理和政策领域兴起的一个概念。目前,国内外关于政策工具的定义很多,综合其他学者的观点,我们认为,所谓政策工具是指政策主体为了解决某一社会公共问题或达成一定的政策目标而采用的具体手段和方式。

不同学派的学者研究的视角不同,对政策工具的分类也不同,我们认为,可以根据政策工具的定义,以政策主体与政策客体之间的作用关系为标准,将政策工具划分为组织工具、管制工具、经济工具、信息工具、社会化工具等类型。

一、组织工具

所谓组织工具指的是政策主体完全依靠自身力量来解决公共问题、实现政策目标的方式。组织工具意味着政策主体直接运用自身拥有的资源来解决政策问题,它最能集中体现政策主体的意志。组织工具的运作,主要是政策主体依照其系统内部的命令——服从链条,采用等级控制的方式[①]。由于完全依靠自身资源,组织工具的应用具有局限性。

组织工具的主要形式有以下五种。

(1) 国家计划。为了解决某方面的社会问题,政策活动者常以国家计划的方式制定未来所要实现的目标以及目标实现的策略,并组织相关部门实施计划。这是最常见的组织工具。

(2) 政府机构。在行政集权性质的国家,上级政府往往把政策目标分解并交由下级实施,自己则主要进行监督、指挥。相反,在行政分权制度的国家,上级政府往往以项目补贴的方式,诱引下级去实施上级确定的政府项目。这是组织工具的另一种常见形式。

(3) 公共事业。一些公立的公共事业机构虽然在管理体制上各有特色,但大都以国家财政拨款为主要经费来源,并提供公共服务。

(4) 公共企业。这些企业大都集中在非竞争性领域,且提供的产品或服务一般具有公共物品的性质,它们中有些公共企业还会得到政府的财政补贴,故大多是公有或公营的企业。

(5) 政府间协议和合作。这是指某个政府确定了某个政策目标,但缺乏实现目标所需要的全部资源,于是,就会和相关的其他政府或部门联合起来,共同推动目标实现。最常见的方式是由一个政府负责决策并提供资金,另一个政府负责为社会提供具体的产品或服务。政府间协议和合作也常被称为"内部市场"。

二、管制工具

所谓管制工具是指政策主体强制目标群体服从政策,以解决公共问题、实现政策目标

[①] 朱立言、谢明:《公共管理概论》,中国人民大学出版社,2007 年,第 274 页。

的方式。在政策主体中,政府是合法的暴力垄断机关,它拥有公权力,因此强制目标群体服从政策自然就成为其一种最基本的活动方式。与其他工具比起来,管制工具明显具有强制性,且常以法规的方式出现。

管制工具主要有以下六种形式[①]。

(1) 行政立法。行政立法是法治国家政府管制最主要的工具,它指的是政策主体特别是政府通过制定行政法规、规章等方式对目标群体的行为进行规范,具有直接成本低、预测度高等优势。它主要针对的是不特定的目标群体,具有管制范围大、作用时间长和相对稳定的性质。也正是由于行政立法具有这些特性,因而政策主体在采用此种工具时要慎重,尽量避免它可能对社会产生的负面影响。

(2) 行政决定。它指的是政府依法对目标群体的权利和义务作单方面处分的行为。行政决定的具体形式很多,主要有行政许可、行政命令、行政奖励和行政处罚等。

(3) 行政检查。指的是政府依法对目标群体是否遵守法律、法规和具体行政决定所进行的能够影响相对人权利和义务的检查、了解行为。

(4) 行政处置。指的是政府在国家安全受到威胁、社会公共利益受到危害的紧急状态出现或将要发生的情况下,临时采取特别行政命令、特殊强制措施对相关的目标群体的权利、义务进行及时处分的行为。行政处置是非正常状态下政府经常采用的特殊强制手段。

(5) 行政强制执行。指的是政府采取强制手段直接对目标群体的权利和义务进行处理,以保障法律、法规和行政决定得到贯彻落实的一种行为。

(6) 行政司法。指的是政府依照享有的司法权对目标群体的权利、义务进行裁决,以影响目标群体的行为。

三、经济工具

经济工具指的是政策主体用经济利益诱导目标群体的行为,以达到解决公共问题、实现政策目标的方式。与管制工具的强制性比起来,经济工具显得更加间接。政府在使用经济工具时,更多地运用市场机制,通过经济规则的改变或是经济资源的运用,调整某个领域未来的经济利益格局,从而改变目标的行为,达到政策制定者想要实现的预期政策目标。正因为如此,一些学者习惯将经济工具称为"市场化工具"。

经济工具主要有以下五种形式。

(1) 产权。产权是经济工具的最基本形式。它包括所有权、使用权、处分权、受益权等。按照一些经济学家的观点:在交易成本为零时,政府只要界定了产权,市场便能自动达成资源的优化配置。可见产权这一工具对公共政策的深刻影响。

(2) 税收。税收是广泛使用的一种基本工具。税收的税种、税率的确定、调整,以及减税、免税,均会对目标群体的经济收益产生直接的影响,从而影响其行为偏好。例如在环境政策上,税收是一种有力的政策工具。

[①] 朱立言、谢明:《公共管理概论》,中国人民大学出版社,2007年,第276页。

（3）支付或补贴。这是一种政府为了实现政策目标而直接或间接给予目标群体经济利益，从而影响目标群体的方式。

（4）费。它是指政府对某种物品、服务或行为确定"价格"，由使用者或行为者支付这种费用，这种方式把价格机制引入公共服务，常被用于控制负面作用，如控制污染的领域和城市交通。这种工具使用起来比较灵活。

（5）合同。政府合同是政府为了实现政策目标而与其他组织、团体乃至个人签订协议的行为。政府合同主要有政府采购合同和政府出售合同等，其中政府采购合同运用较多，它主要指政府决定公共物品或服务的数量和质量并提供资金，由其他组织、团体乃至个人来提供公共物品或服务。这种方式大大减轻了政府的负担，使得政府有更多的精力从事更重要的事情，故政府合同成为现代社会日益推广的政策工具。

四、信息工具

信息工具指的是政策主体通过信息的供给、控制和隐瞒来影响目标群体的思想、认识、观点、态度等进而引导其行为，以解决社会问题、实现政策目标的方式。随着信息时代的到来，信息资源正成为继物质、能源之后的第三大资源。政府是社会的信息节点，拥有丰富的信息资源。信息工具对政府而言，不仅成本较低，而且可以直接作用于目标群体的主观意识，虽然很难在短期内产生作用，但其一旦起作用就会有长期效果。

信息工具主要有以下四种形式。

（1）信息发布。信息发布是指政府通过公告、新闻通报、公益广告等方式来发布各种信息，以引导目标群体的行为。信息发布并不等于信息公开，它只是政府为实现政策目标而有选择性地对各种信息进行控制、修改、公布的行动。

（2）认证。认证实际上是一种行政确认行为，它以政府行政权作为基础，界定某种资格或事实并由此提供一种信息，从而影响目标群体的行为和偏好。例如在环保政策中，政府通过绿色产品认证这一方式，影响消费者的消费偏好，从而引导厂商自觉改进生产，向政府期望的目标——绿色环保靠拢。

（3）意识形态。这是指在某个时期、某种政策环境下，在社会上占主流地位的政治思想、观点或理论。意识形态是具体政策的理论基础，因此，通过各种途径，宣传和巩固一种意识形态，并使之被大众接受，对政府政策目标的实现意义重大。

（4）仪式和象征符号。政府通过各种盛大的仪式和鲜明的象征符号，能够清楚地表明其立场、态度和观点，给目标群体明示或暗示。这种工具可以在无形中影响目标群体的行为。

五、社会化工具

社会化工具与组织工具正好相反，指的是政府不直接采取行动，完全依靠市场机制和志愿组织等社会化手段来解决政策问题、实现政策目标的行动。在解决公共问题时，如果采取社会化手段比政府具有更高的绩效时，政府可以采取无为而治的方式，将问题交由社会上的市场或志愿组织去解决，而不需事必躬亲，尤其是在提倡"小政府，大社会"的今天，当政府解决问题的条件不具备时,更应放手让市场组织或志愿组织大显身手,达到资源的优化配置。

社会化工具主要有以下五种形式。

(1) 市场。经济学理论和现代治理实践表明,凡是具有排他性的物品和服务领域,市场机制都能有效起作用。尤其在政府失灵的情况下,市场可以充分发挥自身的资源配置的优势,在政府治理中起到不可忽视的作用。

(2) 社区治理。随着社会的进步,这是一种重要的政策工具,它是指人们就团体、组织或社区水平的公共问题自主决策,采取独立行动来解决问题。社区治理不仅不花或者很少花政府的钱,而且还可以调动目标群体积极参与,受到广泛的支持和欢迎。

(3) 志愿者服务。作为一种政策工具,志愿者组织的活动不受国家强制力和经济利益分配的约束。志愿者组织提供某些社会服务。如慈善组织为穷人提供医疗救助、教育和食品等。志愿者服务不仅能有效弥补政府人力、财力的不足,推动具体公共问题的解决(如在我国2008年汶川地震救灾方面,志愿者组织的行动比政府快),而且大规模、持久的志愿者服务以及由此传播的志愿精神,还将极大地促进社会风气的改善,从而降低政府解决其他社会问题的难度。因此在我国,随着政府职能的转变,志愿者组织作为一种政策工具,它的地位和作用将日益重要起来。

(4) 传统组织。在现代社会,家庭和宗教等传统组织作为一种政策工具,可以做好政府无法做或做不好的许多事情,减轻政府的负担,在教育、文化、社会保障等领域仍具有巨大作用。

(5) 公众听证会。公共决策听证是指在政府公共政策过程中,听取有关专家学者的意见,特别是听取与该政策有利害关系的当事人的意见。它把科学引入政策过程,运用民主和科学的方法,把政策变成集思广益的、有科学根据的、有制度保证的过程。听证会作为一种政策工具,扩大了政策的公众参与,增加了政策的透明度和公开性。

第五节 公共政策构成要素

一、公共政策的五个要素

从系统分析的视角看,第一,将公共政策解释为一个系统;第二,公共政策所包含的要素的新提法;第三,把政策目标作为现代公共政策的一个新要素;第四,指出各要素之间的逻辑联系。因此公共政策是指国家机关及其工作人员在完成政策目标的过程中所采用的政策路径、政策策略、政策技术、政策工具的有机系统。公共政策包含五个要素:政策目标、政策路径、政策策略、政策技术、政策工具。

(一) 政策目标

政策目标是政策政治性目的的体现和具体化,它决定公共政策的使命和方向,决定政策系统的性质、职能、规模等。正确的政策目标的确定是人的认识符合外部世界的发展规律的过程,政策目标要随社会环境的变化而变化。政策目标的内在根据是社会与人的需要,现代社会与人的需要是丰富多彩的,因而公共政策也是丰富多样的。公共政策目标由低到高有三个层次:第一是时间性的目标,就是在一定的时间过程中要完成什么项目、什么工作;第二是专业的工作目标,公共政策系统可分为不同专业职能部门,每一职能部门有不同目标;第三个层次也是最高层次,是整个公共政策的目标,即政策的终极目标和宗旨。政策的终极目标就是要为提升人类生活品质,促进人类社会共同的进步服务。政策的这三层目标共同形成一个内涵丰富的目标网络。

（二）政策路径

确定了政策目标,紧接着要选择达到政策目标的途径。政策路径问题也就是政策路线问题,它是通向政策目标的必由之路。政策路径一般包含两个层面:一是宏观层面,也就是指向政策目标的总路线;二是微观层面,它规定公共政策活动的时序,先做什么,再做什么,最后做什么,体现政策的程序性。它将政策目标落实到具体的政策计划之中,成为阶段性目标。如果政策路径选择正确,那么达到政策目标的可能性很大,如果政策路径选择有误,则会南辕北辙,离题万里,并造成人力、物力、财力的浪费。

（三）政策策略

政策策略是指政策主体为达到行政目标所采取的手段和措施。政策路径确定之后,下一步就要采取有效的策略。政策策略有恰当与否之分,恰当的政策策略,可以沿着政策路径一帆风顺地开展,不恰当的策略则会受到阻碍。要根据具体情况选择恰当的政策策略,选择政策策略必须符合政策规律及法律的原则。"只问目的不问手段"的做法是错误的。

（四）政策技术

政策策略侧重于行政定性分析,政策技术是指行政方法中运用自然科学与工程科学方面的技术,并逐步实现量化的那部分。随着科学技术突飞猛进的发展,公共政策的技术含量越来越高,如系统工程、投入产出分析、网络技术、线性规划、目标管理、信息技术等在现代政策活动中的运用越来越普遍和深入,没有强大的技术支撑,再恰当的政策策略也难以发挥作用。

（五）政策工具

政策工具是运用政策技术必不可少的物质器具,它是衡量公共政策水平的一个重要标准。先进的政策技术要有得力的工具才能运作。如果没有电子计算机和互联网,现代预测技术、决策技术、线性规划技术等无法运用,再理想的政策目标、路径、策略与技术也将束之高阁。

公共政策这五个要素相辅相成,相互制约,浑然一体,既不能缺少一个,也不能相互取代,而且先后顺序也是不能颠倒的。一定的政策目标,规定一定的政策路径;一定的政策路径,规定一定的政策策略;一定的政策策略,规定一定的政策技术;一定的政策技术,规定一定的政策工具。反之亦然,一定的政策工具,只适用于一定的政策技术;一定的政策技术,只适合一定的政策策略;一定的政策策略,只适用于一定的政策路径,一定的政策路径,只达到一定的政策目标。如果无视公共政策的这种有机性,重视某些环节,忽略其他环节,则会破坏政策系统的整体性功能而失去政策系统的作用。例如,假定我国政府的目标是解决粮食问题,供其选择的路径有四条:一是大量垦荒,增加耕地面积;二是向国外购粮;三是大量减少人口;四是提高单位面积粮食产量。第一个途径因为两个原因行不通,一是我国可耕地储备有限,二是大量垦荒会带来生态灾难。第二条途径需大量外汇,且容易受制于人,也行不通。第三条途径在短时间内大量减少人口不可能。第四条途径才是最可行的。政策路径确定了,下一步再来确定政策策略。要提高单位面积粮食产量,最佳策略是科学种粮。要科学种粮,必须利用现代高新技术,如生物技术、遗传工程、化学技术、信息网络技术等,要运用这些技术,必须有电脑、实验设备、各种机械等工具的支持。

二、政策系统的新特征

要正确运用公共政策,必须了解它的基本特征。现代公共政策系统具有一些基本特征,如主观能动性与客观规律性的统一;政治性与社会性的统一;多样性与选择性的统一;规范性与创造性的统一等。除这些基本特征外,公共政策系统还具有三个新的特征。

(一)整体性与层次性的统一

政策系统整体性与层次性的统一表现在三个方面。第一,政策系统各组成部分具有层次等级性。整个公共政策系统由政策目标系统、政策路径系统、政策策略系统、政策技术系统和政策工具系统这五个次级系统所组成。处于不同层次等级的系统,具有不同的结构,也有不同的功能。一般地说,系统的层次越高,结构越复杂,所具有的性质越全面,功能就越高级,它支配低层次的系统并决定其性质。但低层次的系统也不是完全被动的,它保持着自己的相对独立性,对高层次的系统乃至整个系统起着重要的作用。第二,构成政策系统的五个要素通过相互作用,在时空上按一定秩序组合与排列,由此形成一定的结构,决定系统的特定功能。结构越合理,系统的有序度就越高,功能就越强大。公共政策系统是按政策目标—政策路径—政策策略—政策技术—政策工具这一顺序井然排列,各要素协调地配合,才形成统一的公共政策系统,从而发挥整体的效益。第三,公共政策系统的整体功能大于各组成部分之和。政策系统的整体性质和功能具有该整体的各组成部分所没有的性质和功能,系统整体的质不同于部分的质。政策系统的五个组成部分相互联系和相互作用产生整体效应,这种整体效应表现为整体对它的组成部分具有"非加和性",即整体功能放大效应。

(二)目的性和工具性的统一

政策方法服务于政策目标,是实现政策目标、完成政策任务的手段。人们总是为实现政策目标和任务去研究和设计政策方法,为方法而方法是没有意义的。从公共政策系统的五个层次看,政策目标处于政策的首要和最高层次,其他层次则是实现政策目标的物质和精神工具。政策路径是达到政策目标的路线工具;政策策略和手段是达到政策目标的技能工具;政策技术和政策工具更是直接体现出工具性。公共政策系统的目标性与工具性的统一强调以政策目标为中心开展管理,它更符合现代管理的精髓。以目标为中心的管理是面向未来的管理,它不为传统经验所束缚,也不为现实情况所迷惑,把注意力和重点放在对未来的谋划上。强调政策目标的重要性可使整体的各组成部分明确组织的共同目标,加强整体观念,明确各组成部分为实现共同目标所应承担的各自的任务和目标,以及它们在整个系统中的地位和作用。强调政策目标是一种重视成果、重视目标实现的管理,政策路径、政策策略、政策技术、政策工具的选择与运用的恰当与否的评价标准是政策目标的实现程度。公共政策更是方法和工具的高度统一。它直接将目标渗透到管理方法中,以目标为中心来设计管理方法。它围绕目标制定计划,建立机构和规章制度,保证多项活动都导向组织的目的,激励政策系统内每一个群体和个人心往一处想,劲往一处使。因此,公共政策系统以政策目标为中心,更好地把其他政策要素统一起来。

(三) 生态性与独立性的统一

公共政策系统的五个组成要素之间具有相对独立性。政策目标解决"做什么、达到什么目的"的问题,而政策路径、政策策略、政策技术和工具则是解决"如何做"的问题,两者之间是有差别的。即使是解决"如何做"的要素之间,也存在差异。例如,政策策略是以社会科学为基础的经验性管理方法,属定性管理的软技术;而政策技术是以自然科学为基础的技术性管理方法,属定量管理的硬技术。但这五个要素并不是孤立并存的,它们之间相互制约、相互影响、相互作用,存在着不可分割的有机联系,从而使政策系统呈现生机与活力。第一,政策系统内部要素与要素之间的相关性,这种相关性具体表现为相互制约和相互协同。相互制约减少了各要素的自由度,相互协同使各要素形成各自没有的东西,从而使政策系统产生新的性质和功能。第二,政策系统内部各要素与环境之间的相关性。外部环境发生变化,政策内部相关要素也要发生变化。第三,政策系统诸要素与政策整体的相关性。公共政策诸要素之间相互作用、相互联系形成一定的结构,每一个要素通过结构这个中介和政策系统整体发生联系。整体结构中一个要素的改变,就会影响与之相关的要素发生改变,进而导致整个系统的变化,正所谓"牵一发而动全身"。第四,公共政策系统与环境的相关性。公共政策系统是开放的,它和环境处于对立统一之中。政策系统的改变会导致环境的改变;环境的改变更会引起政策的变化。政策系统与环境必须按照一定的规律进行物质和信息的交换。公共政策系统的开放性、动态性、协同性正是体现了政策系统生态性与独立性的统一。

案例 2-1　设立上海自贸试验区的伟大战略决策

近两三年,受全球金融危机影响,我国外贸出口增速放缓,对国内经济造成冲击,内需增长缓慢,产能过剩矛盾突出,结构转型任重道远。新一轮以科学技术和人力资本的投入为核心生产方式,以知识、信息和智力要素生产、扩散与应用为经济增长的主要推动力的贸易模式正在冲击中国传统的制造业优势。中国经济迫切需要一个"助推器",帮助中国经济迈向更高能级的新阶段。由于在国际需求疲弱以及劳动力成本升高的背景下,中国不可能长期依赖外贸出口支撑经济增长,因此继续深化改革、扩大开放是未来中国经济可持续发展的关键。

目前中国不同区域之间发展水平还存在较大差异,体制改革又涉及银行体制、财税金融、要素价格、民生等多方面,因此在条件较为成熟的地区先行试点,对于探索经验,深化改革具有重大意义。设立上海自贸区不仅有助于促进贸易活动,更能加速要素流动,而且能够推动政府转变职能,释放改革红利,带动全国改革进程。

上海自贸试验区已经成为一场新的制度改革的起点。通过带动金融、税收、贸易、政府管理等一系列政策变革,可能为全国性的改革破局带来巨大的示范效应。上海自贸试验区的设立,意味着中国改革开放进入了全新的历史阶段。

有一些媒体报道称,试验区对中国经济的意义堪比30年前深圳经济特区的设立,以开放倒逼国内改革,探索新的发展模式。这种说法有一定理,但并不全面。上海自贸试验区或许承载的信号有些类似当年的深圳经济特区,即改革思路是先建立"试验点",探索经验,成功后再推广至全国。中央已将试验区定为"新形势下推进改革开放的重大举措",也有这层含义。

但是试验区本身就不只是"开放",而同时是"改革深水区",这一点远超当年深圳经济特区的功能。自贸区公司注册它不是一两项税收优惠,也不是招商一两家骨干企业,而是机制和体制真正的全面创新和升级。这是一个完整的从经体制到监管体制再到行政体制改革的综合试验区,它将创造出一个符合国际惯例、自由开放、鼓励创新的市场经济环境。

为此,建立中国(上海)自由贸易试验区,就是要先行试验国际经贸新规则、新标准,积累新形势下参与双边、多边、区域合作的经验,为与美国等发达国家开展相关谈判提供实证样本和依据参考,进而为我国参与国际经贸规则的制定提供有力支撑。

中国(上海)自由贸易试验区建设是国家战略,是先行先试、深化改革、扩大开放的重大举措,意义深远。这项重大改革是以制度创新为着力点,重在提升软实力,各项工作影响大、难度高。

自2013年9月上海自贸试验区成立以来,在党中央、国务院直接领导下,在国家有关部委的大力指导和支持下,上海市委、市政府坚持以制度创新为核心,大力推进自贸试验区建设,总体上实现了预期目标,制度框架基本形成。

确立了以负面清单管理为核心的投资管理制度,形成与国际通行规则一致的市场准入方式。推出全国首张负面清单,特别管理措施减少1/3以上,负面清单以外领域取消外商投资项目审批,改为备案管理。推进商事登记制度改革,实行注册资本认缴制、市场准入"先照后证",率先推进"证照分离"改革试点,建立企业准入"单一窗口",企业注册登记时间大大缩短。率先实施服务业和制造业两批54项扩大开放措施,累计1800多个项目落地。

确立了符合高标准贸易便利化规则的贸易监管制度,形成具有国际竞争力的口岸监管服务模式。借鉴国际经验,先后推出130多项贸易便利化创新举措。率先建设国际贸易"单一窗口",实现一个窗口多个部门并联办理。率先推出货物状态分类监管试点,采用信息围网技术,实现保税、非保税货物同仓存储,促进内外贸一体化发展。探索"先进区、后报关"和"先进区、后报检",大幅度提高通关效率。规范大宗商品现货市场建设,探索建立第三方交易托管,加强风险防范。

确立了适应更加开放环境和有效防范风险的金融创新制度,形成与上海国际金融中心建设的联动机制。有序推进以资本项目可兑换和金融服务业开放为目标的金融改革,创设自由贸易账户体系,累计开立账户 6.5 万个,累计办理跨境结算折合人民币 10 万多亿元,企业通过自由贸易账户获得本外币融资总额折合人民币 8 000 多亿元,无一笔发生风险。建设面向国际的金融资产交易平台,初步建立市场利率稳定机制。稳步推进跨境双向人民币资金池、人民币计价的特别提款权债券等创新业务。建立监管协调机制和跨境资金流动监测机制,开展金融综合监管试点,坚决守住不发生区域性、系统性金融风险的底线。

确立了以规范市场主体行为为重点的事中事后监管制度,形成透明高效的准入后全过程监管体系。创新事中事后监管,建立完善安全审查、反垄断审查、社会信用体系、信息共享和综合执法、企业年报公示、社会力量参与监管共六项基础性监管制度,初步形成开放环境下以综合监管为基础、专业监管为支撑的事中事后监管制度架构,有力保障了上海自贸试验区的有效运行。深入推进浦东新区作为一级地方政府转变职能,建立权力清单、责任清单制度,率先建立健全市场监管、城市管理、知识产权保护等领域综合执法体系,既释放了市场活力,又维护了市场秩序。

3 年多来,上海自贸试验区累计 100 多项制度创新成果在全国复制、推广,区内新增企业 4 万多家,超过挂牌前 20 多年的总和。上海自贸试验区以不到浦东新区 1/10 的土地面积创造了浦东新区约 3/4 的生产总值和 3/5 的税收收入,以不到上海 1/50 的土地面积创造了上海 1/4 左右的生产总值和税收收入。实践充分证明,以习近平同志为核心的党中央高瞻远瞩、总揽全局,作出的自贸试验区建设重大决策是完全正确的。(资料来源:人民网 2016 年 10 月 15 日。)

案例思考题:分析公共政策与政策环境的互动关系。

本章名词与术语

官方政策活动者　非官方政策活动者　公共决策体制　公共决策规则　总统制　议会制　半总统半议会制　委员会制　军人独裁制　人民代表大会制　超级总统制　目标群体　政策的环境

思考题

1. 如何理解官方政策活动者。
2. 如何理解非官方政策活动者。
3. 公共决策体制有哪些类型和特点?
4. 思想库在公共政策过程中起什么作用?

5. 政党在公共政策活动中起什么作用?
6. 利益集团在公共政策活动中起什么作用?
7. 公民在公共政策活动中起什么作用?
8. 大众媒体在公共政策活动中起什么作用?
9. 什么是一票否决制?
10. 什么是多数票规则?
11. 总统制决策体制有何特点?
12. 议会制决策体制有何特点?
13. 半总统半议会制决策体制有何特点?
14. 委员会制决策体制有何特点?
15. 人民代表大会制决策体制有何特点?
16. 超级总统制决策体制有何特点?
17. 军人独裁制决策体制有何特点?
18. 社会问题按照领域如何分类?
19. 如何理解目标群体的利益。
20. 什么是公共政策环境?
21. 政治环境如何影响公共政策?
22. 经济环境对公共政策有何影响?
23. 文化环境对公共政策有何影响?
24. 国际环境对公共政策有何影响?

第三章

公共政策问题与议程

公共政策是政府协调经济社会活动、化解利益冲突、实现民众福祉的主要工具之一，公共政策不论是制定、执行还是其他环节，都必须通过强化问题意识而达成其目标。狄杰克(John S. Dryzek)和利普莱(Brian Ripley)曾指出："公共政策的核心是解决或改善社会问题。"① 政策分析学者邓恩(William N. Dunn)也指出："问题建构方法论是政策分析过程中最主要的指导理论，问题建构在政策过程中极为重要。"② 如何科学界定公共政策问题对于社会问题的解决意义重大，公共政策分析者一旦找到问题产生的原因，就很容易浮现出制定公共政策方案的正确思路。正确的公共政策问题建构可以大大减少时间、精力、智力和其他政策资源的耗费。因此，针对正确的问题提出正确的声明、指示以及行动策略是成功解决公共问题的关键所在。

美国学者利文斯顿说："问题的挖掘和确认比问题的解决更为重要，对一个决策者来说，用一个完整和优雅的方案去解决一个错误的问题对其机构产生的不良影响比用较不完整的方案去解决一个正确的问题要大得多。"③ 为了对问题进行深入挖掘，我们首先有必要明确公共政策问题的含义和基本属性是什么，公共政策问题是如何产生的，以及公共问题是怎样进入政策议程，并为政府机关人员所关注和解决的等。由此可见，公共政策问题的分析主要包括公共政策问题的含义与特征，公共政策问题的产生过程、产生因素，以及公共政策议程等诸多环节和内容。

---

① John S. Dryzek and Brian Ripley. The Ambitions of Policy Design. Policy Studies Journals Summer, Vol. 7, No. 4, 1998, pp. 705-719.
② 威廉·邓恩：《公共政策分析导论》，谢明等译，中国人民大学出版社，2002年。
③ J. S. 利文斯顿：《受到良好教育管理者的神话》，《哈佛商业纵览》，1977(1)。

第一节 公共政策问题的含义与特征

经济社会生活的现实状态是不以人的意志为转移的客观存在，因此也就存在着各种各样的问题。公共政策问题是公共政策制定和执行所要解决的问题。任何一项公共政策的出台都以需要解决的问题为前提和以问题的有效解决为目的。故而，政策制定者首先应明确什么样的问题才能被界定为公共政策问题，公共政策问题的含义是什么，公共政策问题具有哪些基本特征，这是本节主要讨论的问题。

一、公共政策问题的基本含义

唯物辩证法告诉我们，矛盾是普遍存在的，且贯穿于事物发展的始终。在公共管理领域，无论社会处在何种发展阶段，都会存在许多有待解决的社会问题或公共问题。作为公共生活管理中最为重要的参与主体，政府有责任和义务关注并解决公共生活中所面临的社会问题或公共问题。但这些社会问题或公共问题并不一定属于公共政策问题。我国学者张金马认为，公共政策问题与个体、集团、政府部门、政府行动、政府议程有关。公共政策问题一般是通过个人或团体提出的，属于某些部门权限范围之内的，能被纳入政府议程的、必须采取行动加以解决的社会公共问题。我国台湾学者林水波和张世贤在《公共政策》一书中提出："公共政策问题是在一定的社会群体活动范围内，大部分人察觉到或关注到的某种情况与他们所持有的价值、规范和利益相冲突时，便产生一种需要、受剥夺或不满足的感觉，于是通过团体的行动，向权威当局提出，而权威当局认为所提出的问题属其权限范围内的事务，具有采取政策行动和加以解决的必要性的问题。"综上所述，公共政策问题的内涵包括以下五个基本要素。

（一）客观现象或情况

公共政策问题来源于社会现实生活中的客观现象或情况，这些现象或情况可以被观察到和表达出来。然而许多政策分析学者都认为，公共政策问题是人脑主观意识的产物，是人脑的思维以客观事实为基础对客观事实或情况作出的反应。但是，必须把政策问题与个人情感区分开来。公共政策问题追求事实真相，并不是人们自由思维的无限表达。

（二）对问题的主观察觉与认同

人具有社会性，能敏锐察觉社会客观事态的千变万化，也能感知到问题的存在及严重性。因此，社会大多数人或统治集团及少数权威统治者纷纷察觉到社会生活中出现的某种客观事实或情况，且能够从自身的角度或立场感知问题的存在及其严重性。如果这些事实情况未能被社会群体中大多数人所察觉与认同，那么既已存在的客观事实也只是一种潜在的社会问题或公共问题，并不能上升为公共政策问题。不过，当个别问题所具有的潜在危害性或未来发展趋势被少数能直接影响政府决策的有识之士或权威当局所洞察时，它也可能进入公共政策议程，成为公共政策问题。

(三) 现实与人们的利益和主观期望差异过大

一般来说,社会生活中出现某种影响较大的问题且为人们深切关注时,都表明这种社会现实与人们价值、利益与主观期望存在相当大的差异,这种理想与现实的差异会促使人们产生改变现状的强烈需求。因此,社会大多数人和统治者都会想方设法去改变这种冲突。如果这种差异或产生的冲突性并不严重,一般难以引起社会的普遍关注和政府部门重视,因此也就不会成为公共政策问题。只有当现实状况与大多数人的价值观和利益等出现严重冲突时的公共问题才能成为公共政策问题。

(四) 团体或组织活动

依靠个人的行动无法使社会问题或公共问题上升为公共政策问题,而必须依赖一定的团体或组织的活动对政府和有关公共组织施加影响。由于社会主体的日趋多元化和问题的多样性,人们只有通过一定的团体活动或组织行动使某些公共问题受到政府部门和公共组织的关注。即使少数权威统治人员觉察到了某种公共问题的存在,他们也必须通过一定的组织活动来说服执政党或公权力机关,这一问题才具备被界定为公共政策问题的可能性。

(五) 政府部门或公共组织采取必要的政策行为

公共政策问题一般要求人们所察觉的问题必须属于政府部门的职能范畴。属于政府职权范围内的公共政策问题不可能依靠少数人或私人部门的努力来解决,必须由有关政府部门或公共组织依法运用公权力,通过制定某种行为规范或行为措施来加以解决。因此,总的来说,所谓公共政策问题,是指那些被社会大多数成员觉察到的与人们的既定价值、利益和要求发生冲突的,由团体活动所界定的,以及被政府认为必须作出某种行动试图去解决迫切需要解决的矛盾与问题。

二、公共政策问题的主要特征

根据公共政策问题的上述含义,可以推知公共政策问题的基本特征或基本属性。从公共政策问题的性质的角度来看,传统的政策分析学者将公共问题视为封闭问题或第一类问题,或称之为温顺的问题。学者李特尔(Rittle)也把公共政策问题归纳为以下六个主要特征:(1)有问题的明确形成与界定;(2)问题的解决过程可以明确划分为几个主要阶段;(3)解决问题的答案可加以现实的考验,分辨解决方案的针对性有效性;(4)所有的解决方案均可列举出来;(5)每一个问题都能进行明确的分析和认定;(6)能够针对理想状态与现实问题的差距进行清晰地诠释事实①。当代政府所遇到的公共政策问题,性质是复杂的,在范围上也日益广泛,这主要由公共政策问题的复杂性和公共性、主观性和人为性、历史性和动态性等特征所决定的。

(一) 复杂性与公共性

世界是一个复杂的统一体,万物普遍联系。公共政策问题作为整个公共政策体系中的重要组成部分也不是孤立存在的,都是彼此相互关联的一系列公共问题,即通常表现为

---

① 张成福、党秀云:《公共管理学》,中国人民大学出版社,2001年,第102—103页。

互为因果、彼此相联系或者几个问题并存的现象。某一公共政策问题的存在属于公共政策问题范围的一部分,同时,这一问题内部可能也蕴含着更小的政策问题,往往会与社会其他领域、地区、部门的政策问题相互联系、相互制约。例如,随着社会经济的发展,生态环境问题越来越受到人们的重视。生态环境问题的产生与经济发展存在的问题密切相关,也与科学技术问题联系紧密。备受公众关注的水资源污染问题,其中废水排放问题最为突出。如果政府制定出行政命令禁止附近居民和企业向河流排放生产生活废水,或建立严格排污标准都将影响到企业的经济效益,这就涉及经济问题;而如果企业严格遵循政府制定的排污标准、改进排污系统,这就涉及技术政策问题。对一种公共问题的处理,可能会产生可预测或不可预测的其他相关政策问题。这其中既有主观方面的原因也有客观原因,既有必然因素也有偶然因素,既有显性因素也有隐性因素,而这些不同层次和不同类型的原因总是纵横交错地彼此交织。因此,我们在分析和解决公共政策问题过程中,要用联系的观点看问题,将政策问题与其他问题相互联系,视为一个整体,反对孤立地看待公共政策问题,要充分地挖掘问题背后的复杂因素,注重以政策问题分析和社会发展的高度来解决。

公共政策问题具有公共性,从表面上来说,公共政策问题的形成是一个差异性个人需求不断走向相似性社会问题的过程,也是个人私人生活的一部分问题归入公共生活中的过程,由此可以推断出社会相似性需求的叠加会推演为社会性需求(共同利益)。按照公共选择理论的经典解释,公共性必须满足非竞争性和非排他性特征,且可能会出现"搭便车"现象。因此,在公共政策问题这一范畴内,公共性还表现为在问题的建构和解决的过程中是否出现非竞争、非排他和"搭便车"现象。同时,公共政策问题的公共性进一步表现在建构的问题属于公共生活问题,与社会多数人息息相关,且问题的演进过程是开放的。政府部门或公共组织对公共政策问题的解决,主要表现为依法制定法规、制度、行政命令等形式的公共政策,对与其相关的所有社会人员都具有普遍影响力和约束力。

(二) 主观性和人为性

任何公共政策问题的存在都是以一定客观的社会现实为基础的。公共政策问题具有主观性,主要指社会主体以自身需求为基础来看待客观的社会现实。因此,既然是社会主体自发的,就必然与人们的主观价值判断和切身感受相联系。面对同一问题,社会主体依据自身所持的价值、利益和规范出发,就会产生不同的认识,有的认为有必要采取一定的政策予以解决,有的则觉得没有解决的必要。因此,人们可能会分享相同的现实情况或数据,但并不意味着人们看到的是同样的问题。价值观、信仰、意识形态、利益和偏见等都会塑造人们对事实的感知。例如,饮用水安全问题。不同的人以不同的思维和角度就会有相异的看法。政府部门经常会遇到这样的情况:公众认为非常严重的事情在政府部门眼里觉得没有解决的必要;政府部门察觉到的某些问题也不一定能得到普通民众的肯定。

(三) 历史性与动态性

公共政策问题的历史性是指在人类社会不同的历史发展阶段,总是呈现出某一特定历史时期的特征。在不同的历史时期,国家、民族和地区的社会生产力、生产关系、经济基础、上层建筑、意识形态等都处于一定的发展状态。公共政策问题的历史性也表现在公共政策问题的形成要经历一个逐步发展达到普遍化和严重化的程度的过程，并不是突然形成的。而且有些公共政策问题或许是已有政策遗留下来的或慢慢衍生的，或受社会环境的变化导致的。人类社会历史发展阶段的特点决定了公共政策问题在其产生、内容、形式、影响上始终都脱离不了某一特定历史时期特有的性质和表现形式。

从公共政策问题的历史性中我们可以看出公共政策问题是随着社会的发展而不断变化的，具有动态性。一般来说，公共政策问题在某一特定时期会维持一定的稳定性，这是人们能够认识和分析公共政策问题并据以制定公共政策的前提和依据。但是社会生活在不断变化，此时的问题在将来可能并不成为问题，而现在表现相对和谐的领域，可能在将来某一时刻出现很大的政策问题。因此，公共政策问题的动态性要求政策分析者和制定者在制定公共政策时，必须考虑公共政策问题的发展势态和变化情况。当然，公共政策问题的解决不仅可以从纵向的角度来解决，也可从横向的角度来考察。

第二节　公共政策问题的产生与发展

公共政策问题的产生与发展，即公共政策问题从被发现到被提出的过程。这一过程要求政策分析者在政策问题的认定和研究中科学分析存在的问题并对政策问题认定加以完善。公共政策问题主要来源于人们的社会现实生活，且是由统治集团或社会大多数人察觉到现实中出现的某种情况与他们的利益、价值有相当严重的矛盾与冲突。公共政策问题作为公共政策制定的逻辑起点，其对于问题解决的重要性不言而喻。从某种程度上来说，若政策制定者能够及时发现并提出公共政策问题，那么就已经解决了问题的一半。因此，本节主要从公共政策问题的产生过程和产生因素的角度来分析公共政策问题，并对其科学认定与研究进行探讨。

一、公共政策问题产生的基本过程

（一）问题、社会问题与公共问题

政策分析者的处理对象是社会中客观存在的现实生活问题，作为公共政策制定者和公共政策执行者处理的对象，从问题到公共政策问题还必须经历一个逻辑发展的过程，于是就形成了"公共政策问题链"（见图3-1）。

图 3-1　公共政策问题链

要了解什么是公共问题，我们首先必须了解什么是问题。问题是指现实状态与社会期望状态之间的差距或偏差。问题是普遍存在的，在任何时代、任何国家或地区都存在着

各种各样的问题,其中有一些问题对社会的良性运行构成威胁,但不能由此就认定它们是社会问题,那么什么样的问题才是社会问题呢?对此,美国知名的社会学家乔恩·谢波德(Jon Shepard)和哈文·沃斯(Harwin Voss)在他们合著的《美国社会问题》一书中把社会问题定义为:"一个社会的大部分成员和一部分有影响力的人物认为某种社会状况不理想或不可取,应该引起社会关注并设法加以改变。"[①]费孝通先生在《社会学概论》中认为:"社会问题是社会关系或环境失调,致使社会全体成员或部分成员的正常生活乃至社会进步发生障碍,从而引起了人们的关注,并需要采取社会的力量加以解决的问题。"[②]从以上两个定义可以发现,学者们虽有着不同的见解,但都是从社会性和问题性两个层面来对社会问题加以诠释。社会问题的"社会"是相对于"个人"来讲的,它是公共的,而不是私人的。人是社会的主体,是"一切社会关系的总和",从本质上来说,社会问题就是人们在社会认识和与之发生关系过程中产生的各种问题。私人问题只直接影响个人在有限的社会生活领域的主观体验,而社会问题则超出个人的界限,与人类生活的制度、文化、价值观有关,威胁到人们共同遵循的规范或价值。因此,社会问题可以简单定义为:在人的价值、观念、利益或生存条件遭受一定的威胁和矛盾时需要动员社会力量来进行干预和解决的问题。

公共问题是指社会公众在社会公共生活中共同受其影响广泛,必须进行妥善处理的公共性社会问题,具有影响范围广、程度深的特点。公共问题包含于社会问题之中,与私人问题相对应,具有公共性。在现代社会,公共问题是一个不断扩展的公共领域,它的范围可以扩大也可以缩小,小到社区公共厕所的设置,大到战争爆发,都属于公共生活领域。社会问题具有一定的严重性,但这种严重性只关乎当事人,与社会其他人无关。如以吸毒为例,个人吸毒只是私人问题,团体吸毒也只是伤害到了吸毒者个人的身心健康,并未波及其他人。然而当吸毒者为满足自己的毒瘾而作出伤害社会稳定团结和人员安全的行为时,引起了公众的普遍关注,这一问题就开始转化成了公共问题。由此可见,社会问题转化为公共问题是社会公众普遍关注社会问题已经产生或即将引发的严重后果,且公众从自身价值观念和利益出发,开始提出解决该问题的公益性诉求。

众所周知,现实社会中的社会问题比比皆是、层出不穷,并不是所有问题都会进入决策者的视野,也更不是决策者一注意到这些问题的存在就能制定出相应的政策或措施来加以解决。社会公共问题希望得到政府的重视和妥善解决,唯一的途径是进入公共政策议程转化为公共政策问题。公共政策问题是指经过一定的渠道反映到政府部门,成为决策者和政策分析者研究对象的社会问题或公共问题。当公权力主体意识到公共问题已经妨碍社会发展,且与公众产生共鸣并趋同于公众诉求时,政府通过公共活动加以干预和解决。然而,任何一个管理机构在一定社会发展阶段所拥有的资源、条件和能力都是有限的,且总体目标是一定的,因此,并不能把所有的公共问题都转化为公共政策问题,只能将一部分公共问题转化为公共政策问题。

---

① 乔恩·谢波德、哈文·沃斯:《美国社会问题》,乔寿宁、刘云霞译,山西人民出版社,1987年,第1—2页。
② 《社会学概论》编写组:《社会学概论》,天津人民出版社,1984年,第308页。

(二)公共政策问题的产生过程

公共政策问题的产生过程就是在发现和察觉到公共问题的基础上对特定公共问题作出分析和解释,最后通过对公共问题的陈述来明确问题形成的过程。公共问题到公共政策问题的产生过程,是一个从对客观事实的感性认识上升为理性认识的过程。公共政策问题的产生过程一般是由问题察觉、问题搜索、问题界定、问题陈述四个相互联系而又相互独立的环节构成的(见图 3-2)。

1. 问题察觉

问题察觉是公共政策问题形成的第一个阶段。问题察觉即感知到问题的存在,是指某一社会问题或公共问题逐渐凸显而被人们发现和感知,并逐步受到社会公众和政府部门以及相关公共组织关注的过程。在这一过程中,人们只是觉察到了某一问题的存在,并需要采取行动去改变现状,至于要做什么或采取怎样的行动,人们并没有进行进一步思考。发现问题是解决问题的先决条件,能够及时发现问题和识别问题是迅速采取有效措施解决问题的关键所在。如果人们普遍都察觉到了这一问题的存在,那说明问题在表面上是明显的,但这并不意味着问题的简单性和单一性。社会现实中存在的绝大多数问题都是彼此联系、相对复杂的。

2. 问题搜索

问题搜索是指在人们普遍察觉到了某一公共问题后采用多种查阅方法和调查手段搜寻该问题的事实材料,并通过使用不同的评估方法对数据和人们搜寻到的事实材料进行比照的过程。在这一过程中,人们必须运用公共政策问题的基本知识来解释问题情境,使之成为政策分析者所能处理的公共政策问题。若出现意见不一的情况时,需要以科学的理论和事实数据为支撑,找到问题与事实的结合点。

3. 问题界定

问题界定是在人们充分知晓问题情境后,运用创造性的判断力和洞察力对特定公共政策问题进行分析、判断和解释的过程。

首先,要界定公共政策问题的性质。有时现实生活中所呈现的社会公共问题只是表面的、单一的社会现象,而公共政策问题通常是复杂多样、相互关联的。政府决策人员所面临的公共问题往往不是既定的公共问题,而是多个公共问题,这些问题有可能是没有明确界限的。这就要求在较为准确地把握公共问题的基础上,看清大量的相互联系又相互冲突的各种因素,认清公共政策问题的性质。在界定公共政策问题时,要明确政策问题的类别。是属于经济类的、政治类的还是文化类的,是指导性的还是分配性的或限制性的,是全国性的还是地区性的等。

其次,对问题进行必要的因果分析。假定问题是经济问题,那么政策分析者可以根据价格、市场、金融、价值规律等方面来界定。假定是政治或社会问题,就运用分权、集权、犯罪、社会变迁等范围来界定。然而仅仅找到问题所属的类别是远远不够的。对公共政策问题进行科学界定首先要诊断问题的严重性,找到问题产生的原因,最后决定解决问题的方案。问题诊断主要有两个方面的主要任务:一是差距何在。一个问题的存在,实际就是隐含着社会现实与理想状态之间的差距。任何解决办法都是为了减少或消除这种差距。因而,能否准确判断和表达这种差距就成了能否找到解决方案的必要前提。二是原因何在。问题界定的最终目的是制定解决问题的公共政策,因此,分析问题产生的原因显得尤为重要,且能从根本上解决公共问题。

最后,构建实质性问题。所谓实质性问题,是指运用一定的学科背景和概念框架,将复杂的情景问题总结概括为清晰明了的公共政策问题。决策者所面临的问题情境实际上所包含的关系错综复杂,牵涉众多因素,因此,在问题情境转化为实质性政策问题的过程中,必须抓住问题的主要矛盾,对次要矛盾进行主要分析和阐述,才能保证问题界定的准确性。

然而公共政策问题的复杂性使得公共问题的界定过程也变得相对烦琐。公共政策问题界定的影响因素:一是对客观事实的掌握程度。在公共政策问题的界定过程中,公共政策问题界定的准确性取决于人们对客观事实情况的了解是否详尽和客观公正。二是价值观念的影响。人们价值观念的不同会使问题的界定在社会和政府部门之间存在差异,也可能在社群范围内或政府部门内部产生分歧。这也会对公共政策问题的界定有很大程度的影响。三是界定方法的选择和有关人员的分析水平。确定问题界定的主要方向,选择恰当的界定方法是科学高效认定公共政策问题的关键,政策分析人员的敏锐判断力和知识能力会有效提高问题界定的准确性。四是政府态度。政府作为社会权威机构的代表,对公共问题的态度往往具有很大的权威和巨大的影响力。如果政府态度明确,且积极应对当前社会出现的公共问题,这样会加快公共政策问题的界定和问题的有效解决。

4. 问题陈述

问题陈述,也可称为问题描述,是指运用一些可操作性的语言(如文字、数字、模型、图表等方式)将实质性的公共问题转化为一个详细和特殊的形式问题的过程。由于决策者更多的是依赖问题的陈述,而不是直接参与问题的界定,因此,问题的陈述要求客观、真实、详尽,切忌主观地夸大或缩小事情的严重性,否则可能会导致出现错误的判断,影响政策问题的确认。问题陈述的难点还在于"经过形式化处理和表述的问题很难完全真实地解释政策问题的性质和特征。"[①]由于问题陈述所使用的各种工具手段(如政策模型、数学公式等)尚不完善,以其来描述复杂的社会问题终究有不足之处,甚至可能歪曲或错误地反映真实问题。

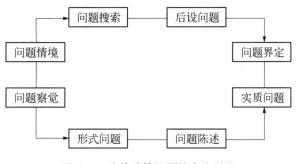

图 3-2 公共政策问题的产生过程

---

① 宁国良:《公共利益的权威性分配:公共政策过程研究》,湖南人民出版社,2005年,第64页。

二、公共政策问题产生的因素

一般来说,任何问题都是由社会现实生活中某些不和谐因素引起的。现实中某些因素的存在使得公共问题能够更快地为政府部门或相关公共组织所察觉并提上议事日程,使之成为公共政策问题。公共政策问题的产生必将发生在公共生活领域,具有非竞争性和非排他性。因此,战争或军事行动的爆发、经济对抗、军备升级等都可能导致公共政策问题的产生。除此之外,还受主客观因素的影响。由此,我们可以从不同的视角来探讨公共政策问题产生的因素。

(一) 从国内和国际的视角

我国台湾学者林水波、张世贤从国内和国际两个方面探讨了政策问题产生的一般原因:国内的原因有自然灾害、非预期的人文事件、社会的变迁以及科技变迁等;国外的原因有战争或军事行动的爆发、武器革新与发展、国际关系以及国际联盟形态的变更等。一般认为,公共政策问题的产生因素包括两个方面的因素:国内因素和国际因素。

1. 国内因素

国内因素包括自然灾害、经济危机、科学技术的重大变革、环境变化和意外的人为事件等。

自然灾害的发生会严重影响人们的生活,威胁到很多人的生命和财产安全,也会引起经济波动。人类无法完全避免自然灾害的发生,自然灾害带来的严重后果依靠个人的力量也是无法解决的,因此,这就需要政府部门深切关注灾情,把自然灾害和自然灾害所引起的一系列问题迅速纳入政府议程,使之成为公共政策问题,通过制定政策方案予以妥善处理,将损失降到最低。地震、水灾和疾病等都有可能成为政府某一阶段的工作重心,随之也会产生许多与抗灾救灾、重建、生产恢复等相关政策问题。

在经济发展过程中,金融危机或经济发展不景气,会严重影响个人的生活水平及社会的发展,甚至引发更严重的社会问题,导致社会危机,因此需要政府采取政策行动积极解决问题。例如,美国在遭受严重的经济危机后,也引发了各种财政政策和货币政策等问题,这充分说明了经济危机是如何产生大量的相关政策问题的。

现代科学技术和信息技术的迅猛发展加快了社会发展的步伐,一些新兴科技正在悄然改变着人们的生活方式、行为方式甚至价值观念的同时,也引发了大量前所未有的政策问题。例如,互联网的普及使人类进入信息化时代,但同时也出现信息泄露等问题。

人类社会的发展依赖于国家自然地理环境提供的资源和环境,因此,环境的变化使得人们生产生活方式受阻,引发一系列公共问题。

意外的人为事件,如抗议、暴动等,会造成社会的混乱状态,产生一系列公共政策问题。

2. 国际因素

国际因素主要包括对外战争、武器革新、国际关系等因素。随着全球化的发展,国与国之间的交往日趋频繁,相互之间的影响也在不断加深。一国的形势发展会很快为他国所知晓,并引起一些反应,形成政策问题,亟须政府部门妥善处理。例如,对外战争。即使并未参与战争的国家也会受到战争的极大影响。另外,国际上的间接冲突、经济对抗、新武器的发明导致的国家间权力的不平衡都会触发出新的公共政策问题。

(二) 从主观和客观的视角

公共政策问题的形成极为复杂,是多种因素和多种力量共同作用的结果。就客观因素而言,如自然灾害、社会体制改革、社会现实环境等因素。同时,我们要注意的是,虽然客观因素是影响公共政策问题形成的重要原因,而一些主观因素在推动和促进公共政策问题的形成过程中所起到的作用也不容忽视。在特定的客观条件下,人们主观因素的变化(如社会价值观的变化、人们的期望目标的变化等)都可能引发许多新的公共政策问题。当然,人们价值观的改变或人们预期目标的降低,也可能使得人们对以往认为严重的公共问题改观。随着社会生产力水平的提高,新旧社会更替就会导致社会状况的变化,进而引发现代新思想、新文化、新规范与传统的旧思想、旧文化、旧规范的冲突,这些冲突必然引发大量的公共政策问题。

但是值得注意的是,虽然各种因素被确定为不同的类型和领域,但他们有可能同时发生,或者某一事件的发生导致其他事件的发生。全球化的发展,特别是经济全球化和金融全球化,使得国内外因素相互影响。全球化的迅速发展在促进全球经济发展和带来巨大利益的同时,也会引起一些难以估计的公共政策问题。

三、提出公共政策问题的不同主体

社会或公共问题只有在被提上政策议程的情况下,才成为公共政策问题。那么,社会问题或公共问题通常由哪些社会主体提出并有可能进入相应的政策议程呢? 对此,有的学者如琼斯(Charles O. Jones)和马休斯(Dieter Mathes)从政府和私人两种主体出发,将提出公共政策问题的主体状况区分为四类:政府主动、私人有限介入;私人主动、政府有限介入;两者都主动;两者都不主动。也有学者如科珀(R. w. Cobb)和埃尔德(G. D. Eider)将提出公共政策问题者归为四种:再调适者(受到社会当前职位或资源分配偏差和不公平影响而要求社会舆论重视和政府给予解决的个人或团体);环境反应者;行善者(纯粹为社会公益事业考虑而主动发掘公共问题者);开拓者(为自身利益得失而主动挖掘公共问题者,如竞选者)。通常,提出公共政策问题的主体往往不是单一的,公共政策问题是由多个主体提出的。主要包括以下七种。

(一) 政治领导人

政治领导人常常凭借其所处的地位和所拥有的权力、所具备的较高素养以及丰富的个人经验等,往往能及时有效地发现某些政策问题的存在,并提出或强调问题的重要性。作为影响公共政策问题认定的重要主体,政治领导人由于具有政治家的独到眼光与远见卓识,能够较为全面而准确地把脉各类政策问题,且能充分利用其自身的政治影响力与政治权力来适时地向有关政府部门或社会组织提出公共政策问题。值得关注的是,政治领导人提出的公共政策问题往往具有明显的主观偏向。他们提出的公共政策问题常常与自己的偏好一致,这与个人因素相关,如个人的受教育程度、价值观、信仰等主客观条件。

(二) 政府部门

一般来说,政府部门常常是公共政策问题最重要和最直接的提出主体。由于政府在公共政策制定上的特殊权力和地位,政府部门提出公共政策问题具有很大的主动性。广义上的政府包含行政机关、立法机关和司法机关等部门,这些部门都是公共政策问题的提出主体之一。作为公权力机构的政府部门,承担着管理社会秩序、调控经济运行和保障个人基本权利的职能。政府部门能够通过自身的行政体系收集、过滤和反馈信息,并根据社会舆论或自身感知主动提出各种公共政策问题。由于政府部门是公共政策制定过程中的讨论者和制定者,在公共政策问题的提出上具有天然的优势,由它们提出的公共政策问题往往最容易被纳入政策议程当中。在这当中,由公共行政部门及其成员提出的政策问题所占比例极大,且最有可能受到更多的关注。

(三) 政治组织和利益集团

政治组织在提出公共政策问题上发挥了凝聚和综合的功能。政治组织将社会上分散的、非理性的群众意愿和要求进行综合和整理,使之成为系统的、理性的要求和建议,进而向相关政府部门提出,才有可能使得提出的公共政策问题受到重视。

在社会主义市场经济条件下,社会利益及社会利益主体趋于多元化、分层化,且特征日趋明显。代表各自利益的政治组织和社会团体都会从自身利益出发,对各种社会公共问题发表自己的评论和见解,将那些危及社会公众利益特别是自身利益的、影响广泛的、有待解决的社会公共问题确定为公共政策问题,然后再通过一定途径向政府或有关政策部门反映和提出。

作为利益团体,利益集团往往由来自特定的行业或职业的且具有共同利益诉求的代表组成,其提出公共政策问题的核心目标在于最大限度地促使政府机关制定和执行有利于实现其自身利益诉求的公共政策。利益集团在感知到了公共问题的存在,且与其自身利益密切相关时,它们能够采取游说、宣传、捐款等方式对这些问题的政策过程施加影响,或将它们提出的政策问题列入政府议事日程,也可通过各种手段来阻止对其自身利益产生威胁的公共问题进入政策议程。虽然有关利益集团所代表的利益诉求与社会公共利益之间并不一致,但毋庸置疑,在政策制定过程中,利益集团一直在明里或暗里发挥着重要作用,是公共政策问题的重要提出者和参与者。

(四) 大众传媒

随着改革开放的深入,我国社会正处于转型时期,而信息技术的飞速发展将人们带入了如今的互联网时代,大众传媒如火如荼地改变着人们的生活方式。在西方国家,大众传媒被视为"第四种权力",其在公共政策的制定过程中发挥的作用不容忽视。现今的互联网时代使得传统的报纸杂志等的影响力有所下降,但广播、电视、互联网的发展使得大众传媒具有了前所未有的影响力,在公共政策问题的提出方面也起到了较为重要的作用。大众传媒通常以社会公众的代表者出现,关注现实生活中存在的迫切需要解决的公共问题,并引起社会大众的关注,一旦问题受到政府职能部门的关注,就有可能转变为公共政策问题。但是,由于受意识形态、价值观以及自身利益等的局限,大众传媒对问题本身存在一个选择、整理和加工的筛选重构过程,并不是对社会问题的简单机械反映。在中国,大众传媒的快速发展使其在提出政策问题方面的作用越来越重要。许多公共政策问题都是经媒体曝光后才产生强烈的舆论反响,最后才被政府列为公共政策问题。例如,"孙志刚事件"经新闻媒体报道后引发了社会的广泛关注,并直接促成了收容遣送制度的废除。在大众传媒的聚焦下,一些相对次要的问题经舆论传播后,会因为受到公众的广泛关注而成为重要的公共政策问题,相反,另外一些潜在的重要政策问题则有可能因不受媒体关注而难以得到公众和政府的察觉,从而无法成为进入政府议程中的公共政策问题。在提出公共政策问题的过程中,大众传媒通过运用其自身较为广泛的社会影响力,唤醒了公众对有关公共问题的关注,改变了公众的认知态度,从而不断放大问题的重要性。由此可见,大众传媒既能了解和反映民众的偏好和利益取向,同时也能反映社会公共问题的存在。另外,它也在潜移默化地塑造着社会公众的利益愿望与价值观,这是一个互动的过程。可以肯定地说,大众传媒已经成为现代社会中重要的公共政策问题提出主体,且随着互联网的普及和信息时代的到来,其在公共政策议程中所起到的作用将会更加突出。

(五)专家学者和公民

专家学者凭借自身所具有的专业知识背景、学术权威和声望,提出各种公共政策问题。首先,专业人员拥有本领域的专业知识基础和相关理论背景,因此,能够运用各种方法,如统计、咨询、调查研究等,对社会公共问题进行充分而深入的分析、判断和预测,并根据分析结果从不同方面将那些影响广泛的、需要解决的社会公共问题确定为公共政策问题,然后向有关政府部门或决策部门提出。通常来说,由于专家学者具有极高的声望和权威,由专家学者提出的公共政策问题具有极大的说服力和影响力。

公民直接参与社会生活,对生活中遇到的现实问题和信息的获取较为真实公正。此外,公众和社会团体也是公共政策问题的提出主体。公民除了直接通过媒体来表达对公共问题的关注外,还可以通过民意代表、信访、民主监督和参与各种民意测评等渠道向公共政策系统表达关切。公民反映较为集中的共性问题往往容易演变为公共问题。随着公民社会的逐渐建立,一些社团组织、非营利组织逐渐活跃起来,特别在环境保护、弱势群体保护方面发挥了积极的作用。这些组织反映问题的热情越高涨、呼声越大,这些问题就越容易成为公共政策问题。

(六)人大代表

人民代表大会制度是我国的根本政治制度,人大代表享有依法提出议案、建议和意见等权利和义务,代表人民的利益和意志行使国家权力,管理国家和社会事务。公共问题是社会事务中频繁出现的元素,人大代表提出公共政策问题也是积极履行职务的行为,切实关注民生,为人民谋利益,为便民服务。近年来,我国人大代表提出的议案内容十分丰富、见解详尽不一,也贴近生活、贴近群众。因此,人大代表也是公共政策问题的重要提出者。

(七)各类政策研究组织

当今社会,社会主义现代化进程明显加快,国家的经济和社会迅猛发展,经济和社会面临着日益复杂的社会公共问题,政府决策的科学化要求日渐提高,各类适应决策科学化需要的政策研究组织也应运而生,其在政府决策中所起到的作用愈加重要。政策研究组织如今已发展成为现代公共决策的一个不可或缺的组成部分。顺理成章地,它们也成为提出公共政策问题的一种重要主体。政策研究组织包括官方型、半官方型、民间型以及大学型等多种多样的类别。在改革开放初期，我国的政策研究组织以官方和半官方的公共政策研究组织为主，随着经济社会的发展和国家智库战略的推进，各类民间公共政策组织发展迅速，较为完善的公共政策组织体系逐渐建立和发展起来。各类政策研究组织都具有各自专业化的优势，也存在一定的不足，各类政策研究组织若能进行有效整合则能建立一个系统的政策研究体系。

四、公共政策问题的发展

公共政策问题是公共政策制定的根本依据，科学界定公共政策问题有利于提高和保证公共政策制定的科学性有效性。经过科学界定的公共政策问题最终会发展成为公共政策制定的主要对象，从而达到解决实际问题的目的，因此，要判断公共政策是否科学有效、有针对性，公共政策问题的界定和研究尤为重要。政策问题能否得到优化是影响到公共政策整体质量的关键因素。所以，有必要对公共政策问题认定与研究过程中存在的一些问题展开分析。

（一）公共政策问题认定与研究过程中存在的主要问题

问题的认定往往需要问题认定者运用创造性的判断力和敏锐洞察力。政策制定者与分析人员的这两种能力条件决定了他们认定与研究公共政策问题的准确性和科学性。然而在问题认定过程中，政策制定者和分析人员往往会由于一些主观的或客观的原因，导致公共政策问题的认定与研究存在一些问题。

1. 政策制定者认定政策问题过程中存在的主要问题

一方面，政策制定者拥有制定公共政策的特殊权力，其在政策问题的认定过程中具有很大的主观性和可操作空间。另一方面，政策制定者所制定的公共政策作用于社会群体中存在的公共问题，会对社会公众的切实利益产生影响。因此，如果在关键的问题认定研究阶段出现失误，会导致危害的范围和程度无可估量。政策制定者认定政策问题过程中可能存在以下问题。

（1）政策问题界定边界模糊。政策制定者未深切经历和实地考察复杂的社会现象，很难把握公共问题的严重性，无法正确剥离出政策问题，也难以真正触及政策问题的核心。在界定公共政策问题时，颠倒政策问题所要实现的主次目标，可能直接导致政策执行和政策效果的失败。

（2）政策问题界定有失公正。对公共政策问题进行完全精准的界定存在一定的困难，这种困难是客观存在且难以避免的，而如果对政策问题的界定有失公正则一般是由于受到政策制定者的主观行为影响。当有些问题牵扯到自身利益，或受利益集团干扰时，会根据自身偏好有意地回避一些极其敏感的问题。因此，由于在政策问题界定时受到阻挠，一些本应该进入政策议程的政策问题没有得到应有的关注，从而导致所制定的公共政策根本无法解决本应该得到解决的问题。

（3）政策问题界定方法缺失。所有问题的状态都不是一成不变的，其形势会随着情况的变化而动态发展，诊断问题不能根据问题的固定状态进行诊断。如果对于发展中的公共问题未进行有效的跟踪研究便制定政策方案,即使找到了问题的症结而未注意到问题的发展变化,会导致问题进一步扩大。科学的界定和研究方法是准确界定公共政策问题的前提和根本。调查研究法是深入实践了解真相的唯一有效方法。单凭个人的直觉和经验无法确保政策问题界定的准确性。政策问题界定的方法有很多,如边界分析、层级分析、假设分析、头脑风暴法等。随着社会民主意识的崛起、民众的知识文化水平的有效提高,民众意愿的表达也正渐趋成熟,但是政策问题的界定仍未能广开言路充分考虑民意,因此,政策问题的界定几乎只是政府部门相关成员的成果,未曾设身处地考量政策问题的真实情境。

2. 政策分析者研究公共政策问题过程中存在的主要问题

作为政策分析者,一般并不直接掌握制定公共政策方案的权力,但他们可以通过对政策问题的界定和递交研究报告对公共政策的制定产生一定影响,这种影响与政策分析者的声望直接相关。因此,政策分析者在研究公共政策问题过程中应该关注研究过程中的一些问题,主要可总结为以下三个重要问题。

(1) 政策问题研究缺乏规范研究和深度挖掘。政策分析者在政策问题研究过程中,并未形成简单可行的研究思路,没有规范研究原则和确立研究的步骤,在研究和分析过程中又缺乏指导性的研究方法,难以为政府部门决策人员所接受。政策分析者只能通过技术上的努力,使得对主观问题的确认更加逼近客观事实,但目前对政策问题的深度挖掘较为贫乏。总之,研究者们给出的方法普遍过于原则化,缺乏简单明了的可操作性。

(2) 政策问题研究的分析人员与政策制定者合作路径不畅。公共政策制定者以政策问题分析人员的研究结果为依据,制定解决公共问题的公共政策,这就需要政策制定者和分析人员通力合作,共同商讨,以追求高质量的公共政策方案。但目前,政策问题研究者热衷于著书立说阐明其研究成果,政策制定者往往按照个人的观点和想法制定公共政策,两者不能有效地结合,导致政策问题界定出现失误,造成资源浪费。

(3) 政策问题研究背离学术道德,有失学术公正。在政策问题的研究可能涉及某些既得利益者的利益时,某些政策研究者会受到某些特定利益集团的影响,在一些公共问题逐步走向公共政策议程的过程中利用自身的学术权威地位,对公共问题中的敏感成分进行更改或回避,并通过社会舆论来迷惑政策制定者和公众,误导决策者对政策问题的认知或动摇其决心,达到使政策问题中途流产的目的,丧失进入政策议程的机会。

(二) 公共政策问题认定与研究的完善

公共政策问题认定与研究虽然不能够达到完全理想的状态,但是我们有必要对政策问题的认定与研究进行不断完善。应该注意从以下两个方面完善公共政策问题的认定与研究。

1. 确保政策问题认定的公平性

公平公正是社会主义和谐社会的核心价值取向。政策问题研究者在认定和研究公共政策问题时,问题界定的公平性是其首要考虑的问题。同样,政策制定者制定公共政策也必须注重公共政策的公平公正。公共性是公共政策的本质。政策问题界定的公平程度是实现公共政策公共性本质的保证。根据《经济、社会文化及文化权利国际公约》和《公民权利和政治权利国际公约》,公平主要包括四个方面的内容:基本权利的保障、机会平等、按照贡献进行分配、必要的一次分配后的再分配。在中国可持续发展的战略指引下,政策问题的公平性应该体现在:保护社会成员的生存与发展、维护社会公平正义、保证社会基本秩序、突破国家发展进程中的瓶颈四个方面。因此,基于社会公平的角度,公共政策的制定者应该把政策问题认定的公平性作为政策评估的重要内容,确保政策问题的认定不受某些既得利益集团的左右,使政策问题的界定不至于沦为政策制定者实现自身目的的工具。

2. 增进政策问题研究的科学性

对于政策问题的研究,政策问题界定者需要在确保公平公正的基础上,进一步增进政策问题研究的科学性。政策研究者应从公共政策问题的细节入手,完善政策问题确认中的思路、原则、步骤和方法,并努力形成严谨的逻辑结构和研究方式。描述问题时应做到切忌人为地夸大或隐瞒事实情况,尽可能地实现真实详尽与客观公正。由于政策问题具有动态性,因此设计一套合理的动态研究机制来预测政策问题在既定的政策有效期间内的发展趋势也是非常必要的。另外,政策问题具有的复杂性决定了政策问题所涉及的范围并不是单一的,因此为了使政策问题研究更为科学合理,政策问题研究也必须通过分析者和制定者有效地衔接,进行跨学科分析和研究,使政策问题研究的理论和实践、应然状态和实然状态紧密地结合在一起。

第三节 公共政策的公众议程与政府议程

当今世界,人类开发自然和改造社会的能力得到空前提高,各种各样的公共问题随之出现。在中国,经历30多年的改革开放,社会主义市场经济有了相当规模的发展,人民生活水平也得到了持续快速的改善,但是在此过程中,也出现了诸多公共问题,比如环境污染问题、治安问题、食品安全问题等。这些公共问题威胁到了经济社会的可持续发展,并对人民的生活水平和幸福感造成了不利影响,极大地阻碍了社会的稳定发展。如果这些问题不能得到及时有效的解决,就可能导致社会出现混乱,甚至会出现严重的社会危机。然而,面对这些公共问题,寻找控制和解决的办法乃重中之重。公共问题的解决,要依靠社会力量和多人的行动,不应由个人负主要责任。当然,并非所有的公共问题都必须通过公共政策来解决,有些问题通过社会的联合行动就能处理,如小区的物业管理问题;有些问题的性质不宜由制定公共政策来加以解决,如针对离婚率居高不下的问题,利用政策以寻求解决的空间就很有限。因此,只有那些涉及相当多社会成员利益,必须被社会大多数人所察觉的,而且在政府的职能范围之内的公共问题,才能列上政府的政策日程,才能通过公共政策解决。认识和分析公共政策问题,仅仅只是解决问题的第一步。在对问题有了正确的分析结论以后,将公共政策问题上升到政府的政策议程之中是公共政策问题得到有效控制和解决的主要途径。

一、公共政策议程概述

(一) 政策议程的含义

将社会问题或公共问题提到政府机构的议程上,是社会公共问题转化为政策问题的关键一步,是政府对社会价值进行权威分配的基础。只有将公共政策问题纳入公共政策议程之中,才能通过制定和执行等一系列程序而使问题得到解决和处理。所谓公共政策议程,就是指公共政策制定者将公共政策问题提上议事日程、纳入决策领域的过程。

张金马将政策议程定义为:"政策议程就是将政策问题纳入政治或政策机构的行动计划的过程,它提供了一条政策问题进入政策过程的渠道和一些需要给予考虑的事项。"国内学者张国庆对政策议程的理解为:"政策议程是将政策问题提上公共部门的议事日程,公共部门正式决定进行讨论和研究,并准备如何制定有效政策加以解决的过程。"广义的公共部门包括立法、行政、司法和其他有关的政策部门。将一个政策问题提上政府部门的议事日程,是解决该问题的关键一步,也只有把政策问题纳入政策议程,才能研究、分析并为之制定公共政策加以理解。

综合国内外学者的观点,我们认为:公共政策议程是指那些已引起深切关注和亟待解决的公共问题,被正式列入政府部门的议事程序,并制定行动方案与措施的政策过程。在这一过程中,价值判断标准、政策目标、政策方式、政策界限等都是讨论的重点问题,其本质是政策问题提上政府议事日程,纳入政府决策领域的过程。

(二) 公共政策议程建立的过程

在19世纪70年代,有学者对议程建立过程做了大量的研究,这些研究试图解释问题从系统议程向政府议程的转变。从政治过程而言,政策议程的建立是一个由非正式向正式、由民众途径向政府途径转变的过程。科布和爱尔德将政策议程区分为公众议程和政府议程,其实就说明了政策议程建立的两个基本阶段。一般而言,一个政策议程的建立是先有了公众议程,再发展为政府议程。

Charles O. Jones 认为,政府议程的建立,主要包括以下四个阶段。

1. 问题界定议程阶段

这一阶段主要功能在于积极而慎重地研究认定政策问题,以陈述问题和界定其本质为主要任务,并且确定所面临的问题是否该由政府来解决。这种议程可由政府、社会公众和正在讨论的问题构成。

2. 规划议程阶段

在规划议程中,通过定性或定量的方法设计优先解决的政策项目,规划出政策方案。这种议程可由政府决策人员、专业分析人员和通过认定达到规划阶段的政策项目构成。

3. 议价议程阶段

在这一议程中,以平衡规划方案引起的利益变动为主要任务,通过讨论协商使提案得到支持并能积极和严肃地发展。根据政策规划的构想和规定,政策关系人就价值标准和利益进行争论。

4. 循环议程阶段

这一阶段主要以检验、评估正式进入政府议程的政策方案为主要任务。这种议程可由政府决策人员、专业分析人员以及社会公众和已通过试点或全面执行的成熟政策方案构成,有时会反复进行。

综上所述,一项政策议程的建立,主要包括公共问题的产生阶段、公众议程的讨论发展阶段、政府介入的政府议程阶段和政策问题开始解决的阶段。这四个阶段体现了公众和政府在公共政策议程建立过程中的社会地位,也体现了政治权力的运行过程。

二、公共政策的公众议程

(一) 公共政策公众议程的内涵

公众议程又称系统议程,是指受到公众普遍共同关注的某个问题,本质上属于公众参与的讨论议程。它是公共政策议程的起始阶段,常以发表言论和意见或对公众普遍关注的某一社会问题或社会现象进行讨论的形式出现,并要求提交政府职能部门采取相应措施予以解决的过程。社会上很多问题都涉及某部分公众的利益,并有可能引发社会团体或大众传媒的关注,但并不一定能在第一时间引起政府的关注,从而使这些问题仅处在一种广泛的社会讨论形式之中,无法进入公共政策议程。公众关心和注意的问题很多,如医疗、教育、交通、环境等问题,是社会公众针对某一现象、某一事件、某一社会问题表达自身或本团体的利益诉求和见解,进而讨论社会应有的态度和决策当局应有的政策行动,通过外压模式力图引起决策者的关注并将其列入政策议程,最终制定出政策满足公众意愿和要求的过程。公共政策公众议程作为一种自下而上的政策议程,是公民政治参与的主要表现形式,也是民主社会追求和发展的目标。

但是并不是所有公众关注或讨论的问题都可以成为公共政策公众议程,一个问题要想成为或达到公众议程,必须具备以下三个条件。

(1) 问题的社会影响较为广泛,引起公众的普遍关注。

(2) 公众普遍认为有采取行动的必要。

(3) 这个问题是属于政府职责范围内的事务,而且应当给予适当的关注。

凡不具备以上三个条件的问题,便难以进入公共政策公众议程。公众议程是提出问题的阶段。公共问题通过新闻媒介分析、社会个人议论、社会团体议论、国际议论形成公众议程。公众议程是政策议程建立的重要环节。公众议程一般由一些较抽象的项目所组成,只是发现问题、提出问题,它可以不提出政策方案或解决办法。

(二) 公共政策公众议程建立的障碍

1. 信息资源的封闭与不对称

在公共政策过程中,普通民众所能掌握的信息资源十分有限,而政府机构则处于相对强势的地位,而且政府层级越高,信息不对称的情形会愈加明显。此外,有时候政府部门出于对自身利益的保护或遭受某些利益集团的裹挟,常常倾向于采用各种手段来控制信息的来源,通过对所管辖领域的排他性占有来维护或扩充自身权力,追求更加广阔的活动空间。政府信息公开的不充分,尤其是保密手段的滥用严重影响了公众议程建立所需要的信息质量,妨碍了社会公众对公共政策问题的界定。另外,政府控制了主要的信息来源渠道,普通社会公众只能通过政府提供的有限公共信息,结合自身的社会经验,从而对政策问题的发展趋势与演变规律作出判断,这也为行政机关和部门基于自身的利益利用信息控制权来扭曲信息提供了可能,使得普通民众所获得的信息在可信度、完整性方面存在严重缺陷。

2. 特殊利益集团的影响

大量的经济和政治资源被特殊利益集团所控制和掌握,利益集团可以通过多种形式来表达自身的利益诉求,并影响公共政策制定。有学者对美国两个城市的空气污染政策进行过比较,甲城市空气质量优良,不过当地政府与民众却十分重视如何减少污染;乙城市污染严重,但当地政府与民众很少讨论污染问题,究其原因,才发现乙城市有势力强大的利益集团操控着议程设置,想方设法地避免污染问题引起当地老百姓和政府官员的注意。在现实中,尽管主流政治学说致力于阐释民主政治的开放性与参与性,但已有的参与理论一致发现,由于社会成员对资源占有多寡存在区别,从而导致了其参与能力的差别,社会中有相当一部分人属于消极参与者,因而在代议制整体中,社会精英比普通大众更为接近公权力。作为政治上的积极行动者,强势的利益集团可以对政策议程进行操纵,将私人的利益与价值优先级直接转化为公共的利益与价值优先级,使公共政策沦为谋取私人或集团利益最大化的工具。

3. 公众政治参与的缺失

公共政策公众议程的形成与公众对公共政策过程的有序参与是现代民主政治的体现,必然与公众的政治民主化程度具有紧密联系。但是,从中国几千年的历史来看,从未出现过真正意义上的民主政治,几千年的封建君主专制制度使得孕育民主的土壤十分稀缺,而多年的计划经济体制又使得国家需要、集体利益以及社会利益的重要性全面压制了个人利益诉求。民主土壤的缺失和对个人利益的常年漠视,在很大程度上消解了人们积极参与政策议程的动力,导致公众不参与或参与冷漠。

另外,虽然近年来公民参与公共政策议程的意愿有所提高,但我国公共政策公众议程的制度化程度仍然不高,缺乏有效的组织依托。尽管我国现行法律对公众的参与权有相关规定,公众参与的基本原则也很明确,但除民意代表制(人民代表大会制度)制度化程度较高外,其他参与体制的制度化程度却较低。而且在现实中,由于新兴的非政府组织(NGO)还没有大规模成长起来,传统的工会、妇联等社会性利益群体已经逐渐成为准政府组织,呈现出"高度组织化"的政府整合特征,作为分散的个体且缺乏组织依托的公众对政府决策的影响极为微弱,有些社会情绪即使被表达出来也难以上升到公众舆论的中心,政府无法充分了解基层社会的真实呼声,从而影响了公众议程的形成。

三、公共政策的政府议程

(一) 公共政策政府议程的内涵

公共政策政府议程,是指政府部门或决策者主动且深切关注到公众广泛注意和议论的问题确有解决的必要,从而经过正式讨论和认定将其纳入政策范围进行研究和处理,使其转变为公共政策问题的过程。公共政策政府议程是在政府公权力系统范围内对社会公共问题的议论,在程序上表现为正式和固定,在方式方法上表现为比较严谨和精确,在内容上表现为具体和集中。在政府议程中,政府决策人员和专业分析人员对问题的敏感度如何非常重要,政府制度化因素在公共政策议程的建立中有着重要的影响。

(二) 公共政策公众议程和政府议程两者的区别

作为公共政策议程的两个阶段,公众议程和政府议程之间既有联系也有区别。从时间顺序来看,公众议程往往出现在政府议程之前,是由一些零散的、片段的、不系统的或不完全成型的公众议论所组成的。公众对公共问题的本质及其潜在的社会影响的认知并不具体,其主要目的在于通过该议程使公众诉求能够得到政府议程的重视,并尽可能地使公共问题进入政府议程之中。一般来说,公众议程所产生的强大社会压力对于推动政府议程的建立具有显著作用。与公众议程不同,政府议程往往是由一些比较系统的、具体的、意义非常明确的项目所组成,并且具有正式的操作规程和运行方式。政府议程的主要目标是对与问题相关的客观事实作出主观认定,并给出相应的解决办法。一般而言,公众议程是公共问题转变为政策问题的重要途径,再经由公众议程之后才有可能进入政府议程。但在某些时候,也存在公共问题越过公众议程而直接进入政府议程的现象。

(三) 公共政策公众议程与政府议程之间良性互动

作为公共政策议程的两种类别,公众议程与政府议程存在着重要的互动合作关系。实现公共政策公众议程和政府议程之间的良性互动,对于提升政府决策的民主化和科学化程度、提升公共政策执行的效率等具有重要意义。所谓公众议程与政府议程之间的良性互动,是指公众议程与政府议程两者相互作用、相互促进并彼此渗透、相得益彰的过程。公众议程与政府议程之间的良性互动主要包括三个方面的内容:一是指基于互动协商方式,使公众议程上升为政府议程的过程,即公共问题首先得到社会公众的关注和讨论,从而进入公众议程,通过社会舆论平台的协商和交流,公众向政府提出政策诉求,并进入政策决策者的议程之中,促使公众议程转化为政策议程并使公共问题得到解决。二是指政府议程主动吸纳公众议程,即某一公共问题首先得到决策当局而非公众的关注,决策者感到有必要对该公共问题采取行动,但是对于公共问题的解决并不是直接绕过公众议程,而是由决策当局释放相关政策信息,并引导公众舆论关注决策者所关注的公共问题,以试探民意,并争取得到公众对决策当局的支持,在积极吸纳公众议程的基础上解决政策问题。三是指公众议程与政府议程同时进行,相互沟通、互动协商的过程,即某一公共问题同时受到社会公众和决策当局的关注,且都试图作出努力解决该公共问题,通过公共政策体制外行动者的舆论倡导和决策当局的内部推动,公共问题得到进一步的体察和认定,在公众议程与政府议程的持续交流对话和协商互动中,公共问题将得到妥善解决。

四、公共政策议程建立的方式

公共政策议程是公共问题认定的重要阶段,只有通过公共政策议程才能达到解决问题的目的。另外,政府所面对的公共问题众多,其实政策议程的建立是一个复杂的政治过程,只有少数公共问题才能进入政策议程。那么,公共问题是怎样进入政策议程的呢?主要通过什么方式进入政策议程？或者说政策议程建立的触发机制有哪些呢？综合考虑，常见的有以下七种。

（一）政治领导人、政府官员和行政人员

政治领导人是政治生活中最常见的一种政治主体，他们是一定阶级、集团最高利益的代表者和政治上的代言人，他们以其特殊的地位和卓越的才能可以影响一系列重大政治事件，能够将其发现和关注的问题直接放入政策议程，开展决策，制定决策。安德森认为："无论是出于政治优先权的考虑，还是出于对公众利益的关切，或者两者兼而有之，这个政治领导人可能会密切关注某些特定的问题，将它们告知公众，并提出解决这些问题的方案。"我国改革开放政策的提出是与以邓小平同志为主的中国政治领导人的政治推进分不开的。他们审时度势、纵览全局，在经济建设中制定了党的基本路线，开创了社会主义的伟大事业。

政府官员是政府部门中决策的重要主体，他们承担着大量公共问题向政策问题转化的任务，是政策议程建立的重要途径和渠道。我国行政机关领导体制实行的是首长负责制，各级政府官员利用他们对问题的感觉和掌握程度，在行政管理中不断发现和解决问题，经常性地把各种公共问题列入其议事日程是政府官员工作的主要内容之一。

国家行政人员作为国家事务的重要参与者和公共政策的执行者，能够广泛参与公共事务管理，其所接触的公共事务范围较广，掌握信息较为丰富全面，对于社情民意有着更为直观的感受，对社会公众在生产和生活中所面临的公共问题更为了解。当他们认识到不对这些公共问题加以解决会阻碍原有政策的执行，或者会对社会公共利益乃至国家利益产生不良影响时，他们会积极推动这些他们所察觉到的公共问题进入公共政策议程。

（二）政党或其他政治组织

政党和政治组织的存在及其活动是现代民主政治的一种普遍现象。政党的主要活动本质上是围绕政权开展的，无论是西方的多党制或两党制，还是中国的多党合作制，为了实现其政治主张，体现其代表的根本利益，各政党总是通过各种方式或途径希望将自己集中起来的问题列入政策议程，上升为国家政策。除了政党外，还有大量的其他政治组织。不同的政党分别代表不同阶层和不同团体的利益，在通常情况下，单个人在推进政策议程中的作用总是有限的，必须借助一定的组织形式。这些政治组织能够很好地集中和反映其所代表的利益、要求和呼声，具有一定的代表性和典型性，所有这些利益、要求和呼声一旦被某个政治组织提出来，就有可能引起大家的支持和共鸣，并能在一段时间内引起政府的极大关注，从而进入政策议程。

在我国，中国共产党是执政党，各民主党派是参政党，民主党派主要通过政治协商制度履行参政议政和民主监督的职能，它们在政治生活中的地位和作用是不同的。中国共产党在其领导中通过集中和归纳人民的意愿和建议，形成自己的主张，再经过一定的法定形式将其上升为国家的意志和主张。这其中就包括了政策议程建立的过程。各民主党派处于参政议政地位，他们可以就国家的大政方针、重大政策问题和其他所关心的公共问题提出意见和建议，通常民主党派的意见和建议被纳入政策议程的可能性程度很高。其他政治组织，如工会、妇联和青年组织等由于在我国具有特殊地位，他们的利益要求也很容

易进入政策议程。

(三) 政治制度

政治制度包含的内容很多,其中代议制和与代议制相反的选举制是政策议程形成的一个基本途径。代议制是公民通过选举产生组成国家权力机关(议会或代表大会),反映各自代表的利益愿望和要求,就有关公共问题形成各种议案、提案、建议等,以引起政府关注或要求政府将其问题纳入政策议程。在民主国家中,代议制是建立政策议程最主要、最正式的途径。我国实行的是人民代表大会制度,这一制度是我国的根本政治制度,是广大人民行使权力和解决自己切身利益相关问题的基本形式。政府作为权力机关的执行机关就必须以问题的解决为工作点。

(四) 利益团体

利益团体在现代社会中普遍存在,它是由具有共同利益需求或共同目标的社会成员组成的正式或非正式的社会组织。任何团体都有自己的利益或诉求,当社会公共问题严重威胁或侵犯到自身利益时,团体就通过参与政治过程而影响国家公共政策以争取和维护共同利益。形形色色的利益团体在公共政策的制定过程中往往表现得十分活跃,他们参与政治生活的一个主要目的就是希望通过影响决策过程来最大化自身利益。基于维护自身利益的考虑,利益团体会经常性地通过游说、宣传、助选、抗议或施加压力等手段就与自身利益相关的问题向政府相关政治组织提出政策诉求,进而影响政府的政策议程。

(五) 专家学者和公民

专家学者是在社会的各个领域中具有一定专长的社会群体,他们能通过自己的专业研究发现某些重要的问题,通过运用各种现代科学理论和政策分析技术,对社会发展的趋势和进程进行科学的分析与预测,对具体问题的解决提供可行性建议。随着社会公共问题的日益复杂化,智库和专家学者将会在现代决策体制中发挥更为重要的作用。因此,当专家学者的研究成果足以对经济社会发展产生重要影响时,其可通过自身的专门知识和社会影响力进入政策议程之中。

公民是国家和社会的主人,是宪法和法律上最基本的权力主体。公民在政治生活中的活动之一就是不断诉求权利,通过一定的途径和手段,为影响自己利益的问题寻求解决之道。在某些情况下,如果公众普遍反映的问题得不到解决,或者问题不能进入政策议程,公民一般会采取一些诸如抗议、游行示威、暴乱等方式向权威当局施加压力,迫使其采取政策行动解决问题。

(六) 大众传媒

自大众传媒诞生以来,其在政策议程的建立过程中一直起着十分重要的推动作用。作为信息传播的媒介,大众传媒能广泛传播少数人发现的问题或现象,以争取多数人的理解和支持,为公众议程的建立创造条件。另外,它能制造强大的舆论压力。互联网的普及和群众知识水平的提高给公众和决策者从大众传媒中知晓政策问题提供了便利,一旦大众传媒对社会公共问题表现出强烈反应,这就促使政府决策系统接受来自公众的愿望和要求,并将其纳入议事日程。例如,在我国贫困地区,特别是流动儿童的教育问题通过新闻媒体的报道后,引起了社会各界的强烈反响和政府的高度关注,从而被纳入政策议程。

(七) 公共危机或突发事件

公共危机或突发事件具有突然爆发性、危害性大、影响范围广等特点，在通常情况下，人们可能对某些问题有所察觉，并提出政策主张，希望采取行动，但它并未进入政策议程，或者根本意识不到问题的存在及其危害性。危机和突发事件的爆发，往往会立刻成为社会各界和政府高度关注的焦点，也会让相关问题的解决变得迫切和必要，促使问题被提上政策议程。2008年，我国四川省汶川发生的里氏8.0级地震及其后来的应对措施充分说明了政策议程建立的具体过程，我国政府很快出台的《中华人民共和国防震减灾法(修订)》就是对相关问题解决的应对之策。

案例 3-1 《关于对流动人口中适龄儿童少年实施义务教育的暂行办法》政策的制定

城市里的流动人口越来越多，他们的子女入学难成为近年来中国社会面临的一个无法回避的问题。如果这些孩子成为新文盲，将造成新的社会问题，在某市，这些孩子的数量有将近20万人。

流动人口的子女教育问题已成为一个严重的社会问题，早就引起中央政府的关注。1998年原国家教委和公安部提出"流入地教育行政部门应具体承担流出地儿童少年接受义务教育的管理职责"。但由于我国义务教育的人头经费按户籍划拨，外来工所在的城市财政体制在义务教育支出中并没有包含外来务工者子女的教育经费，所以某市这些流动学龄儿童就学仍然面临很大的困难。绝大部分外来务工者子女只能到打工者自己创办的打工子弟学校就读。

这一问题也得到媒体的关注。不少记者深入某市外来人口聚居地采访，向社会反映打工子弟学校普遍存在着办学条件简陋、师资水平参差不齐和未通过当地教育行政部门审批等具体问题。不少专家学者也纷纷指出这些问题的严重性和迫切性，并提出政策建议。该市教育科学研究院基础教育科学研究所的一位副所长说："解决流动人口子女的教育问题，应该以进入公立中小学为主。另外，要采取多种入学形式。"

这些具体问题进而受到该市政府的高度重视。2002年4月3日，该市人民政府办公厅正式转发了该市教委《关于对流动人口中适龄儿童少年实施义务教育的暂行办法》，为解决上述流动人口子女入学中的诸多具体问题提供了政策依据。

案例思考题：1. 什么是公共政策问题？什么是公共政策议程？
2. 试从公共政策问题的基本含义入手，分析某市流动人口子女入学难的问题是如何进入政府政策议程的。

本章名词与术语

社会问题　公共问题　公共政策问题　公共政策议程　公共政策的公众议程　公共

政策的政府议程

思考题

1. 公共问题与社会问题有何区别？
2. 公共政策问题的主要内涵是什么？
3. 公共政策问题具备哪些特征？
4. 公共政策问题的形成因素有哪些？
5. 什么是公共政策议程？
6. 公共政策问题是如何进入政府议程的？
7. 公共政策的政府议程与公众议程有什么互动关系？

第四章 公共政策制定与合法化

公共政策制定是确立了公共政策议程之后,进入问题解决阶段的首要环节。也是政策科学的核心主题。正如美国学者安德森曾经指出,政策形成涉及两种活动:一是面对认定的问题如果要采取行动,则该采取何种行动,此为政策提出。二是行动基本原则确定之后,法案或者行政条例的起草和审批,即为政策决定。在政策方案的形成过程中,政策提出与政策决定这两个环节实际上很难分开。政策提出意在规划设计决策者支持的方案,而一种肯定性的决定才是最后的决策结果①。

第一节 公共政策制定概述

一、公共政策制定的含义

对于公共政策制定的内涵,政策科学文献中从广义和狭义两个角度对其作出了明确界定。有些政策科学家(如德洛尔)从广义角度来解释政策制定,将其理解为整个政策过程,并将政策执行、政策评估等环节称为后政策制定阶段。大多数政策科学家则从狭义角度来理解政策制定的含义,即把它理解为政策形成或政策规划。

对于狭义的公共政策制定,很多学者都发表过自己的见解。

美国政策学者琼斯指出,政策制定就是指为满足需求、处理问题而发展的一套计划、

---

① 王骚:《公共政策学》,天津大学出版社,2010年,第150页。

方法和规定。其明显特征就在于要由一个或更多的人提出对于人们感知的社会现实问题的解决办法来①。

美国公共政策学者安德森在《公共政策制定》一书中认为,政策制定涉及与解决公共问题有关的并能被接受的各种行动方案的提出②。

我国台湾学者林水波、张世贤在《公共政策》这本书中提出,政策制定是一个针对未来,为能付诸行动以解决公共问题,制定中肯并且可以接受的方案的动态过程③。

我国台湾学者朱志宏在《公共政策》一书中认为:政策制定即是发展一套处理公共问题的行动方针,其主要目的是在使应该解决、能够解决的问题,以最有效的方法解决之,法律、行政命令或行政法规,常常是政策规划的结果④。

大陆学者张金马在《政策科学导论》中指出,政策制定指的是为解决某个政策问题而提出一系列可接受的方案或计划,并进而制定出政策的过程⑤。

本书也从狭义角度来理解公共政策制定,认为政策制定一般是指公共政策主体,特别是政府部门依据面临的政策问题,依照一定的程序和原则确定政策目标,拟订、评估和最终抉择有关政策方案并予以合法化的整个过程。这一系列过程有着如下基本特征。

(一) 动态性

公共政策制定不仅仅指抉择方案或制定公共政策的最终结果,还指一个由多个相互关联的环节构成的动态过程。查尔斯·E·林布隆指出:政策制定过程不仅仅是静态的阶段划分,而且强调了政策制定活动和过程的动态性。从而主张从政治的、经济的和社会的环境或背景着手,提出以"政治互动"(或"政治的相互作用")这种动态的途径来分析和解释政策制定过程,即以"互动的政策制定"来代替"分析的政策制定",从动态中把握政府的政策制定活动与一系列过程⑥。

(二) 针对性

公共政策制定是为了解决特定的公共政策问题而存在的,所以具有明确的目的性、指向性和针对性。制定公共政策的目的就是为了通过利用多种研究、分析工具和手段,找到解决问题的合理可行的方案,从而缩小或逐渐消除现实与期望之间的差距。

(三) 系统性

虽然公共政策制定是为了解决特定问题,但又不能片面地只考虑某一问题的解决,需要考虑到社会发展过程中相互依存、相互影响的各方面问题。所以,在制定针对某一问题的政策时,必须综合考虑各种影响因素,把问题放到整个社会大系统中去分析,找到解决问题的方案。

(四) 预见性

从政策目标的确定到政策方案的付诸实施,不是一蹴而就的,而是需要经历一段时

---

① Jones, Charles O. An Introduction to the Study of Public Policy (2nd ed.). Duxbery. 1977. p. 49.
② James E. Anderson. Public Policy-Making (3rd ed.). Holt, Rinehart and Winston, Inc., 1984. pp. 49–50.
③ 林水波、张世贤:《公共政策》,中国台北,1982年,第162页。
④ 朱志宏:《公共政策》,中国台北,1991年,第147页。
⑤ 张金马:《政策科学导论》,中国人民大学出版社,1992年,第156页。
⑥ 查尔斯·E.林德布洛姆:《政策制定过程》,朱国斌译,华夏出版社,1988年,第5页。

间,所要解决的政策问题也是处于不断变动之中。这就要求公共政策制定具有一定的预见性和前瞻性,要超越问题现状,把握政策问题的各种可能的发展趋势,这样才能使制定出的公共政策不落后于问题态势的发展。

二、公共政策制定的基本原则

公共政策制定的原则是在政策制定的实践中对政策制定规律的归纳和概括,是公共政策制定活动的一般准则。为了确保政策制定过程的顺利展开以及政策制定的科学性、合理性,在公共政策制定过程中必须遵循一系列的规范、规律和基本原则。

(一)目标性原则

公共政策制定的首要前提条件就是根据面临的政策问题确定合理明确的目标,这是由公共政策制定的目的性所决定的。目标性原则,既能使公共政策制定避免舍本逐末的现象,使方案规划条文具有明确性,让整个公共政策制定过程主次分明、重点突出;也能使公共政策制定过程做到有据可依,根据确定的目标来衡量方案实施情况,及时调整政策方案。

(二)民主参与原则

公共政策涉及公共部门及公众的利益,因此它的制定关乎国家安危、关系到每个公民的切身利益。公民参与公共政策制定既能体现人民的主人翁地位,保障公民知情权、表达权、参与权的实现,维护公民的合法权益,也有助于提高政策的质量,保证公共政策的科学性和合理性。建立政府决策的公民参与机制,满足民众向政府系统表达自己意愿的愿望,扩大社会主义民主,增进政府决策的民主化。具体而言,社会政策制定中的民主参与应体现在三个方面:在公共政策制定过程中,公民以平等身份实现对话、沟通、讨论、协商;利益主体主动选择和支配自己参与政策制定的行为,而非被动或强制参与;政策制定应能真实地倾听民意,反映民生。

(三)整体协调原则

这是由政策问题的系统性、相关性引申出来的一条原则,要求政策制定要立足全局,处理好政策制定过程中的各种关系,使之相互配合、协调一致。整体协调原则是由政策制定本身和政策对象来决定的。从政策制定本身来看,它是由各种相互关联的要素构成的有机整体。这些要素包括政策制定者、制度体系、技术方法等,在政策制定过程中,要求这些要素充分协调,实现分工合作,发挥其应有的功能和作用。从公共政策的对象来看,公共政策制定的目标是有效解决复杂的现实问题、满足人们的需求。这就需要在解决过程中协调好不同领域、不同层次目标群体的利益需求、价值取向等相互影响、相互联系的因素。从系统论的观点来看,在政策制定过程中必须从客观事物的系统性出发,以全局为着眼点,协调好各因素之间相互影响、相互制约的关系,实现整体统筹来解决问题。

(四)预测性原则

预测就是预计测算政策所要指导的某个事物、某项政策的发展趋势,与公共政策制定的前瞻性、与社会问题的不确定性相联系。随着社会经济、科技的不断发展进步,社会问题日益纷繁复杂,不确定性日益增加,对未来趋势、发展规律作出准确的预测,这是决定一项政策成功与否的重要因素。在政策制定的过程中,我们必须遵循客观的现实基础,运用科学的方法和手段,对政策的现实条件和未来发展趋势作出全面的预测,才能保证制定出正确反映现实问题和解决实际问题的科学的政策。

(五) 信息化原则

按照美国政治学家戴维·伊斯顿的政治系统论观点,我们可以把公共政策系统划分为信息子系统、咨询子系统、决断子系统、执行和监控子系统,而在这五大子系统当中,信息子系统是整个公共政策系统的基础。充分、及时、准确、可靠的信息更是制定公共政策的依据。无论是政策目标的确定,还是备选方案的拟定和优选,以及方案实施过程中的补充完善和追踪决策,都必须建立在掌握全面、准确的信息资料的基础之上。从信息论角度来说,政策制定过程就是一个与政策问题相关信息的收集、加工、整理、传递的过程。在现代化高速发展的社会里,信息在政策制定中发挥着越来越重要的作用。不真实、不完全、滞后的信息都将影响到公共政策制定的成效,甚至可能造成严重的决策失误。

(六) 可行性原则

可行性原则要求依据客观实际条件,制定出既切合实际又具有现实可能性的公共政策。政策实施要具备多种现实条件,如社会环境、政策成本、社会大众等多重因素,因此对于政策制定者来说,要充分考虑政策制定和实施各个环节中可能遇到的多种情况,使政策具备可行性。为使政策能够付诸实施,在政策制定阶段要对相关现实条件进行综合全面的可行性分析,并预测发展过程中可能出现的种种变化,使建立在充分现实条件基础上的政策方案更具可操作性和科学性,并通过具体实施和执行,解决问题,实现公共政策目标。

(七) 择优原则

择优是指从多种决策方案中,选择出其中的最佳方案,这一原则是推进决策科学化、民主化的具体表现。科学决策,特别是重大战略性决策,必须根据现实存在的可行性条件,拟定出尽可能多的可供选择的备选方案,再由行政领导者从中选择出最佳的一种。具体的择优过程,则应遵循民主化、法制化、科学化等原则,广泛听取不同意见的分析,并对这些方案进行全面评估、总体权衡,从中选择出一个最佳方案。

三、公共政策制定的影响因素

(一) 公共政策制定者

政策制定者直接参与政策方案的设计、评估和择优等过程,对政策制定有着决定性的影响。首先,公共政策制定者享有法律赋予的制定政策的权利,拥有公共政策的最终决定权,他们通过行使手中的权力对政策制定产生影响。其次,不同层次的政策制定者个人的价值观、信仰等意识形态各不相同,但他们都会倾向于选择与自己的价值偏好相一致的政策方案。另外,政策制定者的知识结构、能力结构、年龄结构、心理结构等也会影响公共政策的制定。

(二) 政党和政治体制

政党本质上是阶级利益的代表者,其中执政党是统治阶级利益的代表,成为政策制定的主导力量。当社会问题或社会危机出现时,各个政党为了自己的生存,将竭力寻求各种措施来解决问题,以提高自身在社会中的地位和影响力。

政策制定过程因政治体制而异。在民主制政治体制下,政策形成往往需要通过科学民主的程序来实现。在专制型政治体制下,政策形成只需要拥有某种权限的个人的准许。可见,政治体制对政策方案的选择有着一定的制约作用。

(三) 利益集团

利益集团包括工商业团体、专业团体、劳动者团体、游说团体等,是影响公共政策制定过程的基本力量,对政策制定有着不容忽视的影响。由于政策的制定和实施将对社会中的不同利益团体产生不同的影响,社会中的各个利益集团为了维护自身的利益,将会以各种方式对社会制定过程施加影响。利益集团对政策的影响力大小取决于他们的经济实力、规模、团结程度、目标的单一性、组织和领导等因素,并在一定的政治和政府环境中运作而发挥效用。

(四) 社会公众

社会公众因缺乏组织,形式较为松散,所以对社会政策制定的影响相对较弱。但在政治民主化的今天,公众的利益诉求日益得到重视,并成为影响公共政策制定的基本社会因素之一。社会公众参与公共政策过程有助于提高公共政策的质量。政策反馈是社会公众对公共政策制定过程产生影响的形式之一,其反应的强度通常和政策与社会公众的切身利益密切程度相关。政策参与作为另一种形式,使公众通过参与政策制定的过程来发挥其重要的作用。公众参与政策制定的形式主要有建立民意调查制度、听证会机制、信息公开制度等,并保证在比较客观、公正的立场上,遵循调研、专家论证、预告、沟通、公众听证的程序制定政策。

(五) 大众传媒

大众传媒由于其传播速度快、影响范围广,能对社会政策制定产生重要影响。主要表现为:它能在短时间内提高广大民众对政策问题的认知度,强化社会对特定社会问题的专注力;能形成强烈而广泛的政策舆论,扩大公民的政策参与程度;能够改变行政系统内部信息传递渠道自上而下的单向性特点,并以信息反馈的形式实现政府与公众的即时互动。大众传媒对社会政策制定的影响虽然是非制度性的,但公共政策制定者无疑会受到来自不同媒体的监督甚至是批评,将使其承受各种心理或精神压力以及实质性压力。

(六) 专家学者和权威人士

专家学者和权威人士在政策制定过程中发挥着重要的作用和价值。首先,专家学者和权威人士具有本领域的专业知识基础和相关理论背景,能够运用各种方法,如咨询、统计、调查研究等,对公共问题进行充分而深入的分析、判断和预测,并根据分析结果从不同方面提出与政策制定相关的科学的建议。"在一个复杂的世界里,科学的建议是信息完备的政策制定过程中一种越来越必要的因素。因此科学家和科学研究机构应该把尽其所能提供独立的建议当作一项重要责任。"[①]科学的建议能为政策制定者提供专业的知识、科

---

① 肯尼思·威尔特希尔、张大川:《科学家与政策制定者的新型伙伴关系》,《国际社会科学杂志》(中文版),2002年第4期,第130页。

学的分析,能够弥补民意中存在的非理性等缺陷,帮助提高公共政策制定的效率,保证政策制定的科学性。另外,由于专家学者和权威人士具有极高的声望和权威,因此由他们提出的与政策制定相关的建议总是具有很强的说服力和影响力,也是公共政策制定科学化的有力保证。需要注意的是,在听取专家学者的建议时需要处理好政策制定过程中政治权力和科学分析之间的关系。

(七) 政策制定体制

政策制定体制,是指承担政策制定的机构和人员所形成的组织体系以及他们制定政策的基本程序和制度的有机体。在个人专权制、个人负责制、集体负责制等不同条件下有着不同的公共政策制定体制,对政策制定过程能产生不同的影响。例如,集权模式的政策制定体制强调决策权力的集中,遇到紧急问题时能高效率地作出决定,快速控制破坏性问题的发展,但其专制性的特征将会阻碍民主性的发挥;分权模式的政策制定体制可以充分发扬民主、集思广益,确保各级行政机关在各自管辖范围内行使决策权,保证公共政策的质量,但效率低及决策制定责任不清等问题也是这种制定体制需要重视的问题。

此外,影响公共政策制定的因素还包括各种自然环境和社会相关状况等,这些因素在政策制定过程中也应该综合考虑,保证政策制定的科学、合理。

第二节 公共政策制定的基本程序

公共政策制定是一个动态的活动过程,由一系列功能活动和环节所构成。对于公共政策制定的阶段或环节,国内外学者对其有着各种不同的理解。

政策科学的奠基人拉斯维尔,在《决策过程》这一论著中,将政策过程划分为:情报、建议、规定、行使、应用、终结和评价七个阶段[①]。这是关于政策过程划分阶段的起源。

安德森认为,政策的形成和通过包括三个方面:公共问题是怎样引起决策者注意的;解决特定问题的政策意见是怎样形成的;某一建议是怎样从相互匹配的可供选择的政策方案中被选中的[②]。

邓恩在《公共政策分析导论》一书中认为,政策制定过程,从时间角度来看,它们由一系列独立的阶段构成,主要包括:议程建立、政策形成、政策采纳、政策执行、政策评估[③]。

德罗尔在对应付逆境的政策制定对策的论述当中提出了对政策制定过程及政策制定系统的改进,按照他的理解把政策制定过程划分为:对政策制定进行诊断、议程安排和备选方案的创新等阶段[④]。

我国学者伍启元在《公共政策》一书中从政策的整个生命过程进行分析,认为一个公

---

① Harold D. Lasswell. The Decision Process. University of Maryland Press,1956.
② 詹姆斯·E. 安德森:《公共政策制定》,谢明译,中国人民大学出版社,2009年,第65页。
③ 威廉·N. 邓恩:《公共政策分析导论》,谢明等译,中国人民大学出版社,2002年,第13页。
④ 叶海卡·德罗尔:《逆境中的政策制定》,王满传等译,上海远东出版社,1996年,第148—157页。

共政策的生命通常包括下列阶段:问题的发生,问题列入政策议程,解决问题各种不同途径的选择,政策的抉择和制定,政策的执行,政策的评估,政策的修改与变更和政策终结[1]。张金马在《政策科学导论》中也有相似的观点,认为政策过程及政策问题的确认、政策规划、政策采纳、政策执行、政策评估和政策终结,而政策制定或政策规划的程序可以分为四个步骤:政策目标的确定、政策方案设计、政策方案的评估择优、政策方案的可行性论证[2]。

从以上对公共政策制定过程的各种不同理解中可以看出,不同的专家学者对政策制定过程有着不同的阶段划分,而且在内容上也存在差异。主要是因为学者们对于政策制定过程的阶段性认识存在广义和狭义上的区别,即广义上的公共政策过程和狭义上的公共政策制定过程的不同。可以用图 4-1 来表示两者之间的关系[3]。

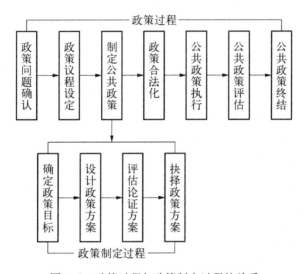

图 4-1 政策过程与政策制定过程的关系

本书研究的是狭义的公共政策制定过程,主要从微观角度来论述公共政策制定。因为政策问题确认及政策议程形成以后,才进入具体的公共政策的制定过程。一般认为,政策制定过程包括四个相互关联又相互独立的环节:确定政策目标、设计政策方案、评估论证方案、抉择政策方案。

一、确定政策目标

制定公共政策必须首先确定政策制定的目标,这决定着政策制定的方向和落脚点。

(一) 政策目标的含义与作用

政策目标是公共政策制定者期望通过政策制定与实施所能达到的解决公共问题的效果或目的。政策目标作为公共政策过程的一部分,是为解决特定公共问题而采取的方式,

---

[1] 伍启元:《公共政策》,商务印书馆,1989 年,第 41 页。
[2] 张金马:《政策科学导论》,中国人民大学出版社,1992 年,第 165—171 页。
[3] 张国庆:《公共政策分析》,复旦大学出版社,2004 年,第 185 页。

在整个政策制定过程中具有重要的地位和作用。

1. 政策目标在政策制定过程中起着指导性作用

政策目标的确定作为政策制定过程的首个阶段，将为政策制定提供基本的方向。任何政策的制定都直接受到一定的政策目标的制约，具体明确的政策目标将能快速引导政策的制定与实施；反之，含糊不清的政策目标将不利于政策的制定与执行，更不用说公共政策问题的有效解决。

2. 政策目标在政策方案设计中居于核心地位

从某种意义上说，政策方案的设计就是为实现政策目标服务的。所以在设计解决问题的方案时，必须始终围绕起初所确定的公共政策目标进行，任何与政策目标不相符的方案设计都不会是成功的。

3. 政策目标是政策方案评估论证和最终抉择的根据

在对多个可供选择的政策方案进行评估和论证时，必须以政策目标为根据，来衡量具体方案可能实现预期目标的程度，再从中选择出"满意"的方案。

4. 政策目标为政策执行和政策评估提供依据

明确的政策目标将在整个政策过程中起着"标尺"的作用。在政策执行过程中，随时运用政策目标来衡量政策方案的预期后果、实际效果和政策本来目标之间的差距，对偏离目标的政策进行修正分析，并及时纠偏。

（二）政策目标的特征

为确保政策目标的科学性，所确定的政策目标应具有如下五大特征。

1. 目标的问题针对性

任何政策目标都不是凭空产生的，而是建立在有待解决的政策问题的基础之上的。缺少对有关问题的针对性，制定出的政策目标将因缺少现实依据而难以立足。目标的针对性要求在确立目标时必须坚持实事求是的原则，从实际问题出发，而不能从主观意愿出发，要根据问题的表现形式、现实特性及其成因，有针对性地制定所要达到的政策目标。

2. 目标的明确具体性

政策目标是定性与定量的结合，在表述上必须是明确具体的，不能模糊不清或模棱两可，避免产生理解方面的歧义。在目标表述上，应注意以下三点：政策目标的语言表达必须具体明确，其内涵和外延都应当科学和严格界定；政策目标应包括实现目标的时间期限，因为任何一项政策都具有时效性；政策目标应有明确的约束条件，对政策目标的时间和空间以及各种政治、经济、法律等条件约束也应阐明。只有在符合这些条件的前提下实现目标，才是政策目标的真正实现。

3. 目标的现实可行性

政策目标确立得再完美、再理想，如果不具备实现的条件，也只能是一种空想。所以政策目标的确定应从客观条件和主观条件出发，在充分考虑社会经济、政治、文化等状况，以及实际的人力、物力、财力、信息、技术、时间等条件的基础上，来确立符合实际情况的、现实可行的政策目标。确立的政策目标应切合实际，保证通过主观努力是能够实现的，应尽量避免目标的偏高或偏低。

4. 目标的前瞻性

在确立政策目标时,必须考虑到政策目标的出发点是有关社会问题,而最终的落脚点也是通过一定的行动在未来实现对有关问题的解决。任何事物总是处于不断地发展变化之中的,政策问题也不例外,所以在政策目标确立的过程中,要能科学地预测问题的发展方向,掌握问题发展的各种可能趋势,使政策目标具有一定的前瞻性,得到更合理的定位。

5. 目标的协调性

"一般而言,政策问题都具有涉及面广、影响面大的特点,因此政策目标往往不是单一的,而是多个目标的有机结合,政策目标的类型和作用是一个由总目标和子目标构成的多层次的目标体系。"[①]所谓目标的协调性,就是指多个目标之间要一致、要协调,不能相互矛盾、相互制约,子目标之间应相互协调一致,而且不能与总目标相抵触。因此,在设立政策目标时应立足全局、统筹兼顾,尽量避免各个目标之间的相互冲突,实现各个目标之间的协调一致。

二、设计政策方案

政策目标一旦确定,就可以围绕目标设计多种旨在实现目标的政策方案。设计政策方案是公共政策制定过程中的关键步骤。所谓政策方案设计,指的是为解决政策问题而根据政策目标拟定的旨在解决问题的办法或方案的活动过程。

(一) 设计政策方案的要求

1. 以解决问题为最终目的

政策方案设计作为政策制定的初级阶段步骤,必须要求以政策目标为依据,以公共政策问题的解决为最终目的,具有政策问题的指向性,赋予政策方案实际意义。

2. 从客观实际条件出发

政策方案的设计是为了解决现实的公共问题,所以必须以客观存在的实际问题为着眼点,根据现实的人力、物力、财力、时间、技术等实际条件以及客观的社会状况和自然条件,在现实可能的范围内去寻求解决问题的办法。

3. 集思广益,大胆创新

政策方案的设计应让尽可能多的人发表自己的独立见解,做到各种观点、想法的相互交融、相互碰撞,并运用各种创造性思维去构思方案。把好的观点和想法运用到政策方案的设计当中,才能制定出高质量的政策方案。

4. 设计出尽可能多的政策方案

在方案设计过程中,应充分考虑现实情况和现实条件,设计出尽可能多的解决问题的可能方法,为充分地比较和择优做好准备。这也是保证政策方案科学、合理的一个重要条件。

(二) 政策方案设计的步骤

政策方案的设计一般包括两个步骤,即政策方案的轮廓设想和政策方案的细化设计。

---

① 陈振明:《政策科学》,中国人民大学出版社,1998年,第234—235页。

1. 政策方案的轮廓设想

政策方案轮廓的构思是方案设计的第一步,主要是指对政策方案的粗线条勾勒和构想,即根据确定好的政策目标,从不同方面、不同角度提出尽可能多的实现政策目标的方案设想。这一阶段主要解决两个问题:一是构思出尽可能多的能够实现既定政策目标的方案;二是对可能想到的方案进行行动准则、指导方针、发展阶段等方面内容的初步设计。

政策方案的轮廓设想阶段应遵循以下四条原则。

(1) 政策方案的多样性。初步方案的设计应考虑整体上的完备性,设想出各种可能的情况,保证方案的多样性,为方案的评估和选择做好准备。设想出的方案不仅应包括各种可能实现政策目标的方案,还应包括预防方案、应变方案等,只有构想出一定数量、质量的备选方案并经过缜密的评价和对比,才能选出优化程度较高的方案。

(2) 政策方案的目的性。政策方案是为解决现实存在的问题而设计的,要求政策方案的设计要与政策目标相符合,以解决实际问题为目的。政策方案的目的性是政策方案设计的基本原则。

(3) 政策方案的互斥性。所谓个体间的互斥性,是指初步设想的不同备选方案之间应该是相互排斥、相互独立的,在内容上不能有相互交叉、相互包容的部分,执行了甲方案就不能同时执行乙方案。政策方案的互斥性也体现了政策方案的多样性。

(4) 政策方案的创新性。提出方案设想的过程,实际上就是一种创造性思维活动的过程。在方案的设计思维、设计方法和方案内容上,要善于运用创造性思维,提出富有见性的新观点、新设想。

2. 政策方案的细化设计

政策方案的细化是政策方案设计的第二步,是指对初步设想的方案进行筛选和具体加工,根据政策方案的轮廓来确定实现政策目标的具体途径、措施和手段,主要包括公共政策的相关机构设置、人员安排、实施的具体措施、所需的资源等内容。

细化设计阶段应遵循的规则主要有以下三条。

(1) 方案的实用性。设计出的方案细节,应对解决实际存在的政策问题有实际的价值,不能解决实际问题的政策方案是没有实用价值的。

(2) 方案的可操作性。对具体方案的设计应从客观实际出发,使细化方案中的政策程序、方法、步骤具有可操作性,保证方案具备实践性。

(3) 方案的细致性。对政策方案的每一个环节和步骤都要考虑周全,不要忽视或遗漏某一部分或环节,对各种不确定因素也要一一进行思索,做到方案设计的细致和完善。

三、政策方案的评估论证

设计出若干初步可行的备择方案之后,还要通过系统的分析和评价,对各种备择方案的可行性、可靠性等方面进行评估和论证,综合考虑选择出一个最优方案。政策方案评估论证为政策抉择打下基础,是政策方案选择前必不可少的步骤。

(一) 政策方案评估的基本内容

政策方案评估的内容回答的是评估什么的问题。一般来说,政策方案评估包括价值评估、可行性评估、效果评估和风险评估等①。

1. 价值评估

价值评估即对政策方案的价值进行分析论证。价值评估所要回答的主要问题是：为什么设计这一方案？与政策目标是否一致？为了谁的利益？期望达到什么结果？优先考虑的问题是什么？值不值得为这些目标去奋斗？要对这些问题进行评估，就必须对政策目标产生的背景和现状进行分析，从而确定其价值所在。

2. 可行性评估

方案可行性评估又称为可行性论证，是对政策方案在现实中能否顺利实施的回答。帕顿和沙维奇在《政策分析和规划的初步方法》中，引用了巴尔达赫的观点，认为经济可行性、政治可行性、技术可行性和行政可行性是影响政策目标实现的最重要因素②。我们认为，政策方案的可行性一般包括以下六个方面。

（1）经济可行性评估。指评估实施该方案所必需的经济、物质等资源获取的可能性，也包括评估实施该方案所花费的成本和获得的收益比较是否划算。政府的政策资源是有限的，任何政策方案的实施都必须考虑是否能得到充分的物质支持以及资源的充分利用性。

（2）政治可行性评估。政治可行性分析主要涉及政治资源限制分析、分配等内容，主要考量所获得的政治资源对政策方案的支持程度。设计完成的公共政策必须能通过政治上的考验，能被党和政府以及民众所接受和采纳，这是由政策方案本身的利益倾向性、合法性等因素决定的。

（3）技术可行性评估。主要论证政策方案在现有技术条件下的实现程度。政策方案的实施首先要对本地区的技术发展水平进行综合分析论证，其次对实施政策方案所需的技术和方法进行具体评定，最后再综合考察实施政策方案所需技术条件是否具备。

（4）行政可行性评估。也可称为行政管理的可操作性，主要论证在特定的社会环境特别是行政环境中实施某项政策的可能性。如人员配备是否到位等是政策方案评估的基本标准之一。

（5）法律可行性评估。法律可行性主要是评估某项政策方案是否符合宪法、法律的有关条款及其精神，论证其能否得到法律的支持。

（6）社会可行性评估。即评估社会各个方面的构成要素及其综合特征对某项政策的认可、接受和提供支持的可能性。其中传统文化、传统观念、伦理道德、意识形态以及社会氛围对政策的可行性有直接和重要的影响。

3. 效果评估

效果评估即对实施公共政策方案将产生的效果进行预测和分析，来决定该政策方案的取舍。公共政策评估者对政策方案效果进行评估，应以现实为依据，以未来为依托，对政策方案将产生的各方面的效果，包括经济效果、政治效果、社会效果以及由此产生的正

---

① 张国庆：《公共政策分析》，复旦大学出版社，2004年，第193—194页。
② 卡尔·帕顿、大卫·沙维奇：《政策分析和规划的初步方法》，孙兰芝等译，华夏出版社，2001年，第205—206页。

面效果和负面效果等进行客观科学的预测,选择出能产生积极、正面、预期效果的政策方案。

4. 风险评估

这是对政策方案实施所要面临的某些不确定性因素进行预测分析。由于未来环境可能存在某些不确定性因素,因此政策方案的实施可能会带有一定的风险。不同的政策方案所面临的风险度各不一样,应在对各个方案进行认真分析论证的基础上,较为准确地预测各个方案风险度的强弱,并提出相应的防范措施,以从中选择出风险度相对较小的政策方案。

(二) 政策方案评估应注意的其他问题

在政策方案评估的过程中,应注意以下三个方面的问题。

首先,要保证整个评估过程与政策目标保持一致,在保证方向性指导的同时,也要确立统一的价值标准。

其次,要注意在评估过程中充分发扬民主。一方面要发挥专家、政策咨询系统的作用,以帮助决策者作出最科学合理的判断;另一方面要保证评估主体的多元性,充分而广泛地听取群众意见,切实做到集中民智、反映民意、凝聚民力,保证评估的全面性和客观性,防止重大决策失误的出现。

最后,要从思想上提高对公共政策评估重要性的认识。可以建立专职的公共政策评估组织,包括官方的和非官方的社会中介组织,并致力于实现公共政策评估的制度化。

四、抉择政策方案

政策方案经过评估论证阶段之后,还需要进行备择方案的选择。政策方案的抉择是指以政策评估结果为依据,对多个备选方案进行比较的基础上选择出或综合出满意的政策方案的过程。可以说,方案的评估是方案选择的前提,抉择方案则是方案评估的结果。

(一) 政策方案抉择的标准与原则

对政策方案的选择必须根据一定的标准进行,这里主要强调的是价值标准。正如罗伯特·达尔所说:"选择一项政策意味着你既有规范性的标准又有经验性的判断。因为当你选择一项政策时,你就是试图走进一个你认为是可取的目标,因而你就不得不对达到那一目标的各种可能的方式作出判断,并判断某种方式的难易程度。一项好的政策是你认为值得付出代价达到最佳境界的途径。"[①]一般来说,抉择出的方案应符合客观实际,符合社会效益,具有各方面的可行性及对比优势。

政策方案的抉择还必须有正确、科学的抉择准则。赫伯特·西蒙认为方案选择应以"满意原则"为标准,因为"按照理性的要求,行为主体应具备关于每种抉择的后果的完备知识和预见,而事实上,对后果的了解总是零碎的。由于后果产生于未来,在给它们赋以价值时,就必须凭想象来弥补其实所缺少的体验。然而,对价值的预见不可能是完整的。

---

① 王传宏、李燕凌:《公共政策行为》,中国国际广播出版社,2002年,第228页。

按照理性的要求,行为主体要在全部备选行为中选择。但对真实行为而言,人们只能想得到全部可行行为方案中的很少几个"[①]。在现实的政策方案选择过程中,要得到"满意原则"的结果往往没有那么简单。在政策评估阶段,评估主体依据特定的标准对多个备选方案进行评估并得出政策方案的优劣次序,方案抉择者可以以此为依据对政策方案进行选择。但有些时候,政策方案抉择者受到自身价值观和所处的情境的影响,并没有选择最优的方案。他们选择政策方案的标准可能与方案评估人员的标准不同。一般而言,他们主要强调的是政治标准。政治标准是隐藏于经济标准或社会标准之下的深层依据,符合政治标准的政策方案才是契合"满意原则"的。

另外,根据决策的科学化、民主化和制度化的要求,决策者在进行政策方案择优时还应注意以下四个原则。

1. 充分尊重科学分析的价值

主要是因为这种尊重在一定程度上体现了理性决策模式的运用,有利于决策的科学化。在解决新出现的公共问题时,任何一位领导者或决策者都不能单凭个人的知识和经验来作出决策,而必须听取各方面专家、学者、内行人士的意见,对于他们提出的决策建议要给予足够的重视,尽量发挥科学分析的作用,尽力做到科学决策。当然,强调决策者尊重科学分析的价值,并不是要决策者机械地依从科学分析的结论和建议。经科学分析得出的结论应该只起参考或咨询的作用,决策者应根据实际情况综合进行方案择优。

2. 综合考虑各方利益的平衡

就一次决策而言,很难说能完全达到各方利益的要求,实现双赢或多赢的结局。但是我们应该尽量从全局出发,在政策的不断修改和完善中综合考虑多方利益,甚至可以在不同问题的决策中对有关各方的利益作出调节和均衡。例如,可以让在某一政策抉择中损失利益较多的一方能够在另一政策抉择中得到一定的补偿,让各方都能从政策中得到自己有可能得到的东西,从而最大限度地实现双赢或多赢的结局。不过,决策时应时刻把握社会发展的大局,切勿仅仅为利益的均衡而一味地作出妥协性的决策。

3. 发挥决策者的决断作用

有能力进行独立决断是决策者应该具备的工作素质。无论处在什么样的决策体制和环境中,决策者能够独立进行决断都是很重要的,它与决策的整体质量密切相关。对于决策者来说,应不断提高自身各方面的素质和修养水平,自觉培养和锻炼独立决断的能力,真正做到独立行使决断权。

4. 遵照有关程序的规定

决策的法制化要求决策者按照法律规定的制度和程序进行决策,保证政策的抉择过程合乎有关法定程序的要求。在法学上,人们历来强调程序的正义,在决策上我们同样重视程序正义原则。在政策的抉择过程中,应该按照法定程序对政策方案加以分析、比较,抉择出尽可能满意的政策方案。

---

① 赫伯特·西蒙:《管理行为——管理组织决策过程的研究》,杨砾等译,北京经济学院出版社,1998年,第79页。

(二) 政策方案的比较

选择政策方案,就是对各个不同的备选方案进行分析比较,从中选出最优、最令人满意的方案。所谓方案比较,即将两个或两个以上的具有可比性的政策方案进行异同点对比,以择优汰劣的过程。

方案比较的内容大致有政策方案的成本收益比较、风险度比较、时间等因素的比较等。

1. 成本收益比较

政策方案实施的成本和收益是多方面的。成本主要包括所花费的经济费用,还包括所付出的社会代价等;效益包括物质效益、精神效益、社会效益等。要将方案实施的成本效益进行对比,综合出收益较大、成本较小的政策方案。

2. 风险度比较

政策方案的风险度比较就是将两个或两个以上的政策方案的确定性程度进行对比。一般而言,在其他条件一定或相似的情况下应选择风险程度较小的方案。

3. 时间等因素的比较

由于政策问题处于不断地发展变化当中,所以方案的时间性将会影响方案与现实情况的契合度,直接影响到政策方案的质量。另外,其他因素对政策方案也会有很大的影响,在方案抉择过程中应综合考虑。

对政策方案的比较应从多方面、多角度进行,以保证方案的科学性和合理性。一般来说,应选择那些成本较低、收益较大、风险较小,能满足具体情况需要的方案。

(三) 政策方案择优时应注意的问题

政策方案择优时应注意两个基本问题:一是在对政策方案进行客观综合分析和评定的基础上,总结历史经验教训,并结合实际情况,对政策方案的利弊得失作出准确的评估;二是择优并不要求一定只能从中选择出某一个方案,也可以以某一个较为满意的方案为蓝本,同时汲取其他政策方案的精华,综合出一个全新的、较为满意的方案。

第三节 公共政策合法化

经过评估论证最后抉择出的政策方案并不能立即实施,还必须按照一定的程序予以审查使其转变为正式的政策才能付诸实施。这一过程就是公共政策的合法化过程,也是公共政策制定过程中不可或缺的必要环节。

一、公共政策合法化概述

(一) 公共政策合法化的概念界定

要理解"公共政策合法化"在社会科学中的含义,首先应理解什么是合法化。合法化作为一个政治概念,一般来说只是狭义地与政治秩序相联系。哈贝马斯认为,"合法性意味着某种政治秩序被认可的价值""只有政治秩序才拥有着或丧失着合法性,只有它们才需要合法化"①。因此,合法化的核心含义就是政治合法化。政治合法化的最初的体现是封建王储继承王位,取得合法统治权力的过程。现代社会的政治合法化体现为获得民众内心对政府统治的一种拥护态度,这种态度认可政府统治的合法性和公正性②。在现代社会条件下,公共政策作为政治秩序和国家管理手段的重要组成部分,必然涉及政策合法化问题。

很多国内外学者针对政策合法化问题进行深入研究,提出了各自的学术观点,赋予政策合法化以丰富的内涵。

查尔斯·O.琼斯认为:"在任何政治系统中,均存在着两种层次的政策合法化,第一层次为政治系统取得统治正当性的过程;第二层次为政策取得法定地位的过程。"③

托马斯·戴伊认为可以把政策合法化分解为三项功能活动,即"选择一项政策建议、为这项政策建议建立政治上的支持、将它作为一项法规加以颁布"④。

张金马认为:"政策合法化是指经政策规划得到的政策方案上升为法律或获得合法地位的过程。它由国家有关的政权机关依据法定权限和程序所实施的一系列立法活动与审查活动所构成。"⑤

张国庆认为:"公共政策的合法化是一个广义的概念,泛指制定和执行公共政策全过程的每一种政策行为——政策规划、政策认定、政策议程、政策决定、政策执行、政策修正等,至少在形式上都必须符合法律、法规或传统规范。"⑥

陈振明认为:"所谓政策合法化,是指法定主体为使政策方案获得合法地位而依照法定权限和程序所实施的一系列审查、通过、批准、签署和颁布政策的行为过程。"⑦

伍启元认为:"政策合法化过程是指一种由法律或习惯所规定的程序,使政策能够具有约束性或合法化性,使政策受大多数人接受和遵行。任何政策必须经过合法化的程序,才是真正的政策。"⑧可见,使政策合法化成为推行政策的一个前提条件。

从上述定义中可以看出:虽然学者们的观点各不相同,但有一点是一致的,即经过评估论证最后抉择出的政策方案,必须经过合法化过程取得合法地位,才能进入政策的实际执行阶段。因此,政策合法化是政策动态运行过程中的必要环节。

本书认为,公共政策合法化是指一定的权限机关依照法定程序对政策方案予以审查核定,使之转变为正式的政策,进而获得合法地位的一系列行为过程。还可以从以下四点来把握:第一,政策方案是经过评估和选择阶段而得出的比较满意的公共政策方案;第二,政策合法化必须是在法定主体的权限范围内依照法定程序实施的一系列活动;第三,

---

① 哈贝马斯:《交往与社会进化》,张博树译,重庆出版社,1990年,第184—185页。
② 迈克尔·罗金斯等:《政治科学》,王浦劬、林震等译,华夏出版社,2001年,第5页。
③ Charles O. Jones. An Introduction to the Study of Public Policy (3rd ed.). Brooks/Cole Publishing Company, 1988, p.110.
④ 托马斯·戴伊:《公共政策新论》,罗清俊、陈志玮译,中国台北,1999年,第461页。
⑤ 张金马:《政策科学导论》,中国人民大学出版社,1992年,第172页。
⑥ 张国庆:《现代公共政策导论》,北京大学出版社,1997年,第145页。
⑦ 陈振明:《政策科学》,中国人民大学出版社,1998年,第243页。
⑧ 伍启元:《公共政策》,商务印书馆,1989年,第6页。

公共政策的合法化既包括政策内容的合法化,也包括政策过程的合法化;第四,政策合法化是以政策方案获得合法地位为价值追求。通过这一过程,使政策方案获得一定的社会权威性和约束性,赢得多数人对该政策方案的支持与拥护。

(二) 公共政策合法化的重要意义

所有的政策,包括中央制定的政策和地方、基层制定的政策,都必须经过政策合法化过程,取得合法地位,才能够进入政策的实际执行阶段。政策合法化是连接政策制定与政策执行的中间环节,是政策得以顺利执行的前提,在实践中具有重要的意义。

1. 公共政策合法化是公共政策得以顺利执行的前提

政策合法化是政策方案在实际施行前的重要环节。对于公共政策的执行来说,首先必须使公共政策的制定处在法律和公众的有效监督之下,保证政策制定过程的合法化和政策本身的合法性,避免公共政策的盲目性和不规则性。"在一个民主、法制的国家,'合法化'是政策过程必经的历程;经过立法机关合法化过程的政策,才能为广大的民众所接受,付诸实行时,才会比较顺利。"[①] 如果方案制定缺乏合理性,在政策的实际推行阶段就可能得不到公民的支持和认可,导致政策无法推行。就如重庆的医改政策,一出台就遭到民众的强烈反对。不合理的政策方案往往经不住现实的考验,最后只能以失败告终。可见,只有合理、合法的公共政策才会产生约束力,才具有顺利推行的可能性。

2. 公共政策合法化是决策民主化、科学化的具体表现

公共政策过程实际上就是对全社会价值作出权威性分配的过程,涉及社会生活的各个方面,影响社会秩序、社会稳定和社会发展。因此,公共政策的制定作为一项非常重要的规范性行为,必须有严格的规范化的制度程序。制定公共政策是为了解决特定问题而作出科学的解决方案的过程,它的最终效果以及过程的简易程度都体现了政策的合法性和科学性。政策过程的合法化不仅是政策获得合法性并得到良好执行的前提,也是决策民主化的具体表现。同时,政策合法化过程作为社会利益协调的过程,必须征求相关团体的意见,接受社会各方的监督,对政策方案进行修改与完善,使之符合社会大多数团体的利益要求。政策方案的这种合法化过程能充分发挥社会各方的价值,成为决策民主化、科学化的具体表现形式。

3. 公共政策合法化是依法治国的需要

依法治国就是依照体现人民意志和社会发展规律的法律治理国家,要求国家的政治和经济运作、社会各方面的活动统统依照法律进行,而不受任何个人意志的干预、阻碍或破坏。依法治国是建设社会主义法治国家的根本途径,也是推进国家治理体系和治理能力现代化建设的重要举措。由于政策的合法性是由政府的立法部门赋予的,所以公共政策的制定必须符合法律规章和制度程序的规定。对于为解决社会具体问题而制定的政策方案,在具体实施前必须经过合法化过程,尽量避免政策制定中的人治倾向,使之符合依法治理的要求。没有经过合法审查,或没有得到合法化的政策,不能进入政策的执行阶段。

[①] 朱志宏:《公共政策》,中国台北,1991年,第217页。

二、公共政策合法化的程序

公共政策合法化的程序是指政策方案获得法律地位的步骤和次序。政策方案的合法化因主体的不同,程序也不尽相同。下面主要就行政机关的政策合法化程序和立法机关的行政合法化程序进行简要叙述。

1. 行政机关的政策合法化程序

一般来说,行政机关的政策合法化主要经过下列三个程序。

(1) 法制工作机构的审查。法制工作机构的主要职能之一就是对拟定的政策方案或行政法规、规章草案进行审查。相关部门拟定政策方案后,一般应先提交给法制工作机构进行审查,为下一步的领导决策会议提供咨询和参考意见,对领导的最终决策具有重要意义。法制工作机构的审查还可以保证政策符合法律的要求,不会与现行法律发生冲突,不过这种审查只是辅助性的,属于较低层次的政策合法化。

(2) 领导决策会议讨论决定。决策会议主要是针对各级人民政府工作中的重大问题进行讨论和决定。会议由行政首长召集和主持,主要是采取民主的形式,有关人员自由发表自己的意见,畅所欲言、集思广益,行政首长对会议讨论的最终结果拥有决定权。决策会议讨论决定应该成为政府重大政策方案特别是国务院行政法规草案的合法化过程中的必经环节。

(3) 行政首长的签署和发布。行政首长在整个行政决策体系中居于核心地位,拥有最高的决策权和领导权。其最主要的表现就是行政首长对有关决策有最后的决定权、签署权和发布权。对于本级政府部门制定的政策,行政首长有权签署发布政策;对于那些按规定需要上报审批的政策,则应上报审批后再按程序发布。在中国行政实践中还存在着"分管决策制度",即在行政首长之下的各副职领导人对自己分管的日常事务有决策权,这是对行政首长决策制度的一种有效补充。

当前在我国行政机关政策合法化过程中,政策的发布形式是一个亟待解决的问题。除行政法规和规章的公布形式比较规范、及时外,其他政策的发布往往采取行政机关内部层层转发文件的形式,存在行政效率低、不利于政策的贯彻执行等问题。经过合法化程序的公共政策,除少数确系内部政策外,凡需要公众遵照执行的公共政策,必须改善其发布形式,使之及时公布,尽早让公众了解政策的相关内容。

2. 立法机关的政策合法化程序

立法机关除了行使立法职能外,还行使有关公共政策合法化的职能。但由于不同立法机关的权力配置和运作方式不同,它们的政策合法化的程序也有所不同,但是基本上包括以下四个基本环节。

(1) 提出议案。即将已经过上一轮选择得出的政策方案提交审议批准。从立法机关的议事规则来看,提出议案的同时不一定要提出政策的具体草案,但相应的政策方案在提出议案的同时就已经提出。

(2) 审议议案。即由具有审议权的机关决定是否将政策方案列入议事日程以及是否需要修改的过程。对政策方案的审议主要是审查该政策方案是否符合社会经济、政治、文化发展的需要；是否具有可行性；是否符合法律和公共利益；征询和协调有关方面的意见和利益；语言表述、逻辑体系等具体问题。

（3）表决和通过议案。也即通过表决来决定政策方案的通过与否。如果政策方案在表决的过程中获得法定数目以上人员的支持、赞成、肯定，即为通过。议案规则一般是过半数通过，特别重要的议案则要求更高比例的通过率。

（4）公布政策。政策方案通过表决之后，得到正式批准，被赋予合法地位后才能成为正式的政策。政策通过后还必须经过法定的公布程序，才能生效。

三、公共政策合法化的实现途径

（一）公共政策合法化的现实困境

1. 公共政策方案缺乏合理性

公共政策方案的合法性和可行性是检验政策方案是否合理的基本标准。合法性要求公共政策方案既要符合宪法和法律的规定，又要符合民意。可行性则要求公共政策方案要具备技术和资源等方面的可行性，保证政策方案的顺利施行。广州"禁摩"政策虽然完成合法化并得到执行，但其在合理性方面存在严重缺失。法律规定城市道路作为公共资源应该人人共享，且摩托车驾驶人通常为低收入群体，禁止其进入市区没有很好地保护弱势群体的利益，导致该政策的施行得不到民众的认可和支持[①]。

2. 社会公众参与不足

受教育程度、家庭背景、经济基础以及整个国家的文化传统和政治传统等因素的影响，中国社会普遍存在公众参与公共政策制定的意识淡薄、对公共政策合法化认识不够等问题。即使有一些参与行为，社会公众的认识大多停留在所参与的政策方案本身，并不会追溯政策议程、政策规划和合法化等政策活动。制定公共政策一般是在短期目标上约束少数群体，大多数民众由于自己不是政策的目标群体或受益者，且还有参与政策制定的程序复杂、参与方式不清、渠道不畅等原因，对政策制定的参与热情也不高。

3. 合法化过程缺乏透明度

在公共政策过程各环节中，合法化过程的公开透明是容易被忽视的，主要是因为增加公开机制会使政策过程的工作变得繁重、工作流程变得复杂。任何公共政策都是为了解决现存的公共问题而制定的，没有经过公开的公共政策是不符合合法化要求的，而非合法化的公共政策不但不能解决问题，还会明显把问题扩大化，从而引发一系列的公共问题。社会公众参与政策制定过程不仅能够提高政策制定的透明度和合法性，还能够提高公众对政策的理解程度，减少政策执行阶段的阻碍，成为政策合法化过程中增加透明度的重要方式，也是政策制定过程中必须重视的问题。

4. 合法化程序缺乏规范性

评判公共政策合法化程序的完备性要考虑以下四个问题：谁能成为合法化参与主体？能否真正"畅所欲言"？投票是否有顾虑？拍板到底依据什么？规范合理的决策程序

---

① 关静：《中国公共政策合法化：原则、问题与对策》，《石家庄学院学报》，2015年第2期。

是公共政策合法性的前提。从现实情况来看,中国公共政策的合法化程序依然存在缺乏规范性、科学性的问题。主要表现在:一是合法化参与主体缺乏固定的选拔程序、明确的选择标准以及合理的考核机制;二是缺乏合理的讨论机制,很难保证自主发言、平等探讨,很多时候存在"倾向性意见"和"内定选项";三是缺乏合理的表决机制,参与主体出于自身利益的考虑往往心存顾虑,不能畅所欲言,更无法坚持自主表决;四是由于上述问题的存在,合法化成为一种形式,拍板结果的"合法性"无法保证。

5. 合法化缺乏完善的法律保障

虽然保障公众参与公共政策合法化过程的一些制度已初步建立,但在实施过程中,一些制度在很大程度上流于形式,且在初步的制度建构过程中这些制度的适用范围、落实程度没有作出制度化的规定,未被明确确定下来。与公众参与相关的法制建设相对滞后,公众参与缺乏充分的法制保障。法律所涉及的公共决策范围有限,实体性规范多、程序性规范少,公众参与决策缺乏具体可操作的法律依据,使得公众参与公共决策大多处在"无法可依"的情况下。

(二)实现公共政策合法化的主要途径

1. 确保公共政策方案的合理性

合理性是公共政策方案规划的基本特性,也是公共政策方案能够进入合法化阶段的重要保证。在设计政策方案的过程中,既要考虑现实条件的要求使政策方案具备可行性,又要遵循法律和民意的要求使政策方案具备合法性,这样才能确保政策方案的合理性,并顺利通过合法化过程。确保政策方案的可行性和合法性的关键在于:保证政策制定主体的多元化,既要给利益相关者发言和表态的机会,又要给利益不相关者提出相对客观公正的建议的机会;采用多样化的方案论证方式,实地调研、专家研讨、征求意见等方式都应该得到有效的利用;明确参与部门的职责,进行分工协作,既要避免政府部门职能交叉,又要防止相互推诿。

2. 提升社会公众参与能力

古人云:"政之所兴,在顺民心;政之所亡,在逆民心。"这传达出一种意识,即政府制定的公共政策必须符合民心、民意的要求,与民心、民意逆道而行的政策将因得不到民众的支持而无法成功实施。这就要求政策制定者在政策制定过程中应重视公众参与的价值,扩大公众参与政策制定的途径,多了解与政策相关的民众的态度、利益得失,使制定出的公共政策符合社会需要、能为社会公众所接受。公众参与公共政策制定过程不但可以增进民众对政策意义和内容的理解程度、增加他们配合政策运行的自觉性、提高政策运行的效率,也有利于政策合法化进程的顺利施行,保证政策的科学性和民主性。

如何才能保证公民真正参与到公共政策制定及合法化过程呢?应注意以下三点:加强公民的法律意识和自主参与意识的培养,提升社会公众的参与能力;完善公民参与政策制定的制度和法律建设,为社会公众参与政策制定提供制度依据;强化政府职能部门对政策合法化的认识等。

3. 建立政务信息公开制度

信息公开制度是指凡涉及相对人权利、义务的行政信息资料,除法律规定应予保密的外,有关机构应依法及时向社会公开,任何行政决策机构、组织或公民均可依法查阅或复制。建立政务信息公开制度,让政府内部的相关政务信息为民众所熟知,能够提高群众和企事业单位办事的效率,进一步强化民众对行政权力运行的监督力度,有效遏制消极腐败现象;能够提高依法行政水平,严格依法管理,保障公共政策的合法化。

自2000年12月开始,我国在乡镇政权机关和派驻乡镇的站所全面推行的政务公开制度,有力地促进了基层政策制定和政策执行的合法化,加强了农村基层政权建设、组织建设和干部队伍建设,增强了权力运行的透明度,促进了廉政建设,提高了乡镇政权机关依法行政的水平,推动了农村各项政策的落实,也进一步证实了建立政务信息公开制度的重要性和必要性。在现代社会,倡导行政公开原则、公开办事制度、行政机关政务公开、检察机关检务公开、审判机关审务公开等,已经成为依法治国的必然趋势。

4. 建立行政程序制度

在现代国家,由于行政机关被授予一定的权力,有权制定部分政策。为保证行政机关的政策制定和政策执行的合法化,有必要建立一系列行之有效的行政程序制度,主要包括告知制度、听取陈述和申辩制度、职能分离制度和说明理由制度等。建立公正科学的行政程序制度是政策制定和执行合法化的重要内容。首先,公众获知行政管理信息,公众知情权的实现,公众参与政策制定等,都必须借助于行政程序制度实现。其次,在行政领域内推行科学管理亦有赖于行政程序制度予以保障。例如,行政机关为保证行政决策的科学性、合法性,在决策过程中和制定行政法规、规章,发布其他规范性文件的过程中进行可行性论证,行政执法机构在实施具体行政行为过程中根据需要进行调查、检验、鉴定、勘验等,这些做法均需要有适当的程序制度。可见,民主、公正、科学的行政程序不仅是政策行为实体公正、准确的保障,而且其本身也是现代文明的标志。

5. 建立听证制度

在当代社会,立法听证制度已经被视为实现政策合法化的最有效的途径之一。听证制度的基本内涵是:除法律特别规定外,不经过听证,行政机关不得作出影响行政相对人权益的决定;在作出涉及当事人权利的行政决定之前,应当给予当事人就与决定相关的事项表达意见的机会;行政机关应就规范性文件的计划召开听证会,直接听取各方代表的意见;为使利害关系人的意见能在规范文件或计划中得到应有的反映,行政机关应采取必要的措施,如为利害关系人提供机会,让其提供书面材料、书面意见、进行口头辩论等。听证使行政活动处于公众的监督之下,行政机关作出相关决定时必须指明事实根据、法律依据并说明理由,避免行政机关随意作出决定,保护当事人的合法权益。可见,立法听证作为一项发扬民主、确保政策立法符合民意的重要途径,应建立完善的立法听证制度,避免在政策制定时政策制定主体的随意性和主观性,使制定出的政策更加科学、合法。

6. 建立民意调查制度

民意调查是公民参与公共政策制定的重要形式之一,也是人民主权的需要,是选举时了解选民的需要,是加强政府管理和政策制定的需要。有的国家法律规定,政府的重大政策出台前都要进行民意调查,这种方式可以有效宣传政府的政策,有利于获取民众的理解和支持,掌握民众对公共政策的满意程度,及时对政府出台的政策进行修改完善,确保所制定的公共政策更好地符合民意诉求。

总之,公共政策合法化是政策制定过程结束后,赋予选择出的政策方案以特定的合法性的过程,也为公共政策执行提供合法性的依据。经过合法化的政策方案,就具备了权威性、强制性和普遍的社会约束力,就能够得到社会的广泛认同和接受,能够获得公共政策执行部门的有力配合,有效地实现既定的政策目标。未经合法化阶段的考验,公共政策方案将可能存在诸多问题,更可能因为得不到公众的认可和支持而不能顺利实施。因此,公共政策合法化作为政策制定与政策执行的中介环节,只有经过合法化的确认之后,才能提升公共政策的质量,减少或避免政策执行政策过程中的失误,也意味着公共政策过程由政策制定进入政策执行阶段。

案例 4-1 深圳"禁摩限电"引发社会舆论关注①

深圳交警部门数据显示,2015 年全年,深圳市实现了交通事故总数和死亡人数的双下降,但涉摩涉电交通事故死亡人数为 114 人,已占死亡总人数的 24.77%,伤亡率明显高于其他交通事故。"摩托车、电单车泛滥,严重影响市民出行安全,存在重大的交通安全隐患",交警部门通报称,2015 年该市查扣电动车、摩托车 352 714 辆,拘留违法人员 5 347 名,工作措施不可谓不严、处罚力度不可谓不重,但由于涉摩涉电非法营运有利可图、违法成本较低、超标电动车源头管理存在瓶颈等原因,未能在降压涉摩涉电交通事故方面达到预期的效果。2015 年,全市接到涉及摩托车、电动车乱象的投诉高达 1 500 多宗。为了保证市民的出行安全,降低重大交通事故发生率,维护道路交通营运服务秩序,从 2016 年 3 月 21 日起,深圳加大了"禁摩限电"②的力度,并发布了相关禁摩限电细则,具体规定如下:

根据深圳市"城市管理治理年"和市"禁摩限电"联席会议统一部署,按照市公安局开展"禁摩限电"集中整治的工作要求,结合"法制通城 2016"行动,深圳交警会同各区公安分局、派出所从 3 月 21 日开始,开展了新一轮"禁摩限电"集中整治。狠抓"四大源头"、落实"四个一律",重点打击在地铁口、公交站点、口岸、商业区等聚集非法拉客违法行为。

案例思考题: 1. 结合相关资料,谈谈深圳此次"禁摩限电"行动中存在的主要问题。
2. 结合实际,谈谈我国地方政府公共政策制定合法性的实现途径。

本章名词与术语

公共政策制定　公共政策过程　公共政策合法化　政策制定特征　政策制定原则

---

① 资料来源:(1)《深圳最严"禁摩限电"行动为何引争议》,见新华网,2016-04-06。(2)《深圳史上最严"禁摩限电"引发业界争议》,见中国青年报,2016-04-07。(3)《深圳交警回应"禁摩限电"六大焦点问题》,见南方日报,2016-04-06。并结合相关资料编写。

② "禁摩限电"是禁止摩托车上路行驶、限制电动自行车上路行驶的简称。

政策制定影响因素　政策目标确定　政策方案设计　政策方案评估　政策方案抉择　政策合法化程序　政策合法化困境　政策合法化途径

1. 公共政策制定的基本含义与主要特征是什么？
2. 公共政策制定过程的主要影响因素有哪几个方面？
3. 简述公共政策方案制定的基本过程。
4. 政策方案抉择时应遵循何种标准与原则？
5. 什么是公共政策合法化？公共政策合法化有何意义？
6. 政策合法化过程中存在哪些现实困境？请结合实际，谈谈我国公共政策实现合法化的主要途径。

第五章

公共政策执行与有效性

公共政策执行是政策过程的重要环节,它直接关系到政策问题的解决与政策目标的实现。在公共政策的早期研究阶段,人们更多关注公共政策的制定而忽略公共政策的执行。政策执行的有效与否关系到政策的成败。本章重点讨论政策执行的含义、理论、原理、方法等基本问题。

第一节 政策执行概述

一、政策执行的含义

政策方案一旦经合法化过程并公布之后,便进入政策执行阶段。公共政策执行是指为了达到预期政策目标而将政策方案付诸实施,把政策内容变成现实的动态过程。

什么是政策执行?公共政策学者从不同角度对此加以界定。

美国学者普雷斯曼和韦达夫斯基认为,可以将政策执行看作目标的确立与适合于达到这些目标的行动之间一种相互作用过程[①]。

美国学者琼斯认为:执行是一系列指向使一个项目生效的行动,其中解释、组织和应用是诸多活动中最重要的三种活动。解释是把政策内容转化为一般人能够接受和可行的计划和指令;组织是指设立政策执行机构,拟定措施,以期实现政策目标;应用就是提供日

---

① Jeffrey L. Pressman and B. Widavsky. Implementation. University of California Press,1979,pp. 20-21.

常的服务和设备,支付各项经费,从而达到既定的政策目标①。

萨巴蒂尔和马兹曼尼安认为:可以将政策执行视为这样一个过程:即用法律、上诉法院决定、行政命令,或用议会决定、内阁政令的形式,实施一种基本政策决定的过程②。

林水波、张世贤认为,政策执行可谓一种动态过程,在整个过程中,负责执行的机关与人员组合各种必要的要素,采取各项行动,扮演管理的角色,进行适当的裁量,建立合理可行的规则,培养塑造目标共识与激励士气,应用协商化解冲突,期以成就某特殊的政策目标③。

陈振明认为,可以把政策执行界定为一个动态过程,它是政策执行者通过建立组织结构,运用各种政策资源,采取解释、宣传、实验、实施、协调与监控等各种行动,将政策观念形态的内容转化为实际效果,从而实现既定政策目标的活动过程④。

综上,我们认为,政策执行是指负责执行的机构和人员通过各种措施和手段作用于政策对象,实施政策方案从而实现既定政策目标的行动过程。

二、政策执行在政策过程中的地位与作用

政策执行是政策过程的中介环节,是将政策目标转化为政策现实的唯一途径。政策执行的有效与否事关政策的成败。因此,政策执行是整个政策过程中又一个重要阶段。政策执行在政策活动及其生命过程中具有至关重要的地位和作用。

对于政策执行的地位和作用,人们往往容易产生两种片面的认识:一种认为公共政策管理就是公共政策执行,公共部门工作人员的职责就是执行公共政策。这种认识在夸大了执行在公共政策运行中的地位和作用的同时,忽视了政策制定、评估、监控等其他环节的地位和作用,不利于全面、客观、科学地指导实践工作;另一种认为公共政策执行就是公共政策制定,如美国管理学家西蒙指出"管理就是一系列决策"。这种认识虽然肯定了政策执行与政策制定的相互联系,但却忽略了政策执行本身的重要意义。执行与制定存在着过程、影响因素等诸多方面的不同,如果简单地把两者等同起来,则不利于有效地指导政策执行环节的实践工作。

因此,对政策执行的地位和作用既不能无限夸大也不能随意贬低,正确的认识应该是公共政策执行是公共政策运行⑤中非常重要的环节,是连接政策制定与政策目标的纽带。公共政策制定之后,更加重要的工作是将其落实到实践中,这正是公共政策执行的内容。如果不经过政策执行,政策制定就无意义,政策目标就无法实现。而且,政策执行的效果关系到政策目标实现的程度,政策执行效果越好,就越能够较好地实现政策目标;反之,则不能很好地实现政策目标。总之,公共政策执行的重要地位决定了它在政策运行环节中的重要作用,具体讲包括以下四个方面。

---

① Charles O. Jones. An Introduction to the Study of Public Policy. Brooks/Coles Publishing Company, 1984, p. 166.
② S. S. 那格尔:《政策研究百科全书》,科学技术文献出版社,1990年,第112页。
③ 林水波、张世贤:《公共政策》,中国台北,1995年,第264页。
④ 陈振明:《政策科学——公共政策分析导论》,中国人民大学出版社,2003年,第260页。
⑤ 公共政策运行包括公共政策制定、公共政策执行、公共政策监控与调整、公共政策评估与终结。

首先,政策执行是保证政策目标实现的关键环节。

公共部门制定政策是为了一定的政策目标,但政策目标并非仅靠政策制定一个环节就能实现,而是要靠政策运行多个环节的相互作用,其中不可或缺的最为重要的一个环节就是政策执行。这是因为在实践中存在着众多复杂变化的因素,这些主观或客观的因素制约着政策目标的实现,但是在制定政策时决策者不可能全面地考虑到这些因素及其具体影响,所以一项公共政策从制定到落实能否与政策目标相一致,关键看能否有效排除政策执行中的不利因素,发挥政策执行中的有利因素,政策执行正是排除不利因素、利用有利因素的过程。因此,从这个角度上说,政策执行是关系到政策目标及政策意图实现的关键。

其次,政策执行是检验政策正确与否的唯一标准。

一项政策正确与否最终必须由实践来检验,实践是检验真理的唯一标准。通过政策执行,不仅可以检验政策,还可以不断充实和完善政策。若在政策执行过程中发现问题和不足,则需要予以修正和弥补,促进政策质量的提高,以期政策问题的最终解决。只有通过政策执行,才能取得政策效果,才能对政策进行分析和评价,才可以根据实际的发展情况来修正和完善政策,以提高政策的可行性和有效性。

再次,政策执行是政策过程的中介环节。

一方面,政策决策者要根据政策执行过程中实际情况的变化来修正和完善政策,以提高政策的可行性和有效性。另一方面,任何政策都有时效性,它只能在一定的时空范围内起作用,超过这一范围,这个政策就失去效用或完成了它的使命,就要被新的政策所代替。制定新政策要以事实为依据,尤其要以前一项政策执行后的反馈信息为基本依据,在此基础上制定新的政策。因此,政策执行是政策过程的中介性环节。

最后,政策执行是考核组织及其人员的重要参考。

与政策制定、政策评估、政策监督等其他行为相比,政策执行在政策运行中时间最长,所费精力和投入资源等最多。政策执行的情况基本上代表了公共部门及其人员的工作状况,基于此,政策执行情况可作为考核工作业绩的一个重要指标。

三、政策执行的特点与原则

公共政策执行具有与其他政策运行过程不同的特点,而这些特点又决定了它必须遵循特定的原则。

(一) 政策执行的特点

1. 目标的导向性

政策执行最实务性的工作就是将政策落实到具体单位或个人,因此,它是一系列具体活动的组合,这也是政策执行区别于政策制定的重要方面。执行政策的目的是为了实现政策目标,各种执行活动都要指向政策目标,政策目标是政策执行的出发点,也是政策执行的归宿。

2. 内容的务实性

这是因为公共政策的执行是解决某一个特定公共政策问题的过程,它强调有的放矢,执行政策的具体计划、措施、工具必须具有实践性和可操作性。

3. 行为的组织性

一项公共政策的执行不可能完全由某一个人或几个人独立地完成，而是要通过一定的组织，这是由执行过程中复杂多变的环境决定的。组织可以通过将一项政策执行分解成若干项目和任务，再把这些任务分派给专门的人员负责，从而将政策落实。因此可以说，政策执行是一种组织行为，政策执行能力及水平是由组织的能力及水平所决定的。

4. 手段的强制性

公共政策是由公共部门制定的用于指导具体行为的规章制度，一些政策虽然不是法律，但在一定程度上却相当于法律，具有明显的强制性。只要组织或个人在政策适用范围内，就必须按此政策执行。可以设想，如果不强调公共政策的强制性，那么公共政策执行将很难进行，因为它必然会受到部分利益受损者的抵制。

（二）政策执行的原则

1. 合法公正原则

公共政策的执行也是一种行政活动，依法行政是现代行政的基本守则。因此，在政策执行过程中，要保证执行主体、执行程序、执行依据等符合法律法规及其精神，反对滥用自由裁量权。政策执行还必须遵守公平正义原则。这就要求在政策面前人人平等，不能执行双重标准，要一碗水端平。从而维护政策的权威性、严肃性、稳定性和原则性。

2. 灵活变通原则

这一原则是对合法性原则的补充；也是政策执行原则性与灵活性相结合的要求。在出现新情况、新问题和特殊例外的情况下，在不违背政策规定精神的前提下，可以变通执行。执行的方式方法、工具手段可以灵活机动。

3. 系统协调原则

公共决策执行的组织性决定了它必须遵循协调原则，即组织之间及组织内部必须步调统一、协调一致，共同为实现政策目的而努力。为了较好地实现政策目标，必须建立起既有分工又有协作的执行机构。面对重大而复杂的政策问题，要坚持整体观念和体系思维，运用系统方法，全方位推行政策，产生整体性的功效。此外，还要重视政策执行过程中的沟通和协调，以便在执行工作中步调协调一致，更好地解决疑难复杂问题。

4. 注重时效原则

政策环境和政策问题是不断变化发展的，这就要求执行政策要有时间观念和原则。尤其是对于季节性、时效性很强的公共政策，政策方案一经采纳，就要及时果断地付诸行动。如同治病救人一样，把握最佳治疗时机。否则可能导致政策问题恶化、激化，给社会造成严重后果。要密切监控政策执行，及时反馈政策信息，以便随时掌握执行情况，适时作出调整。此外，执行者要重视政策效果，尽可能采用各种有效的方法、手段、工具，认真贯彻执行，取得事半功倍的效果。

四、政策执行理论

从 20 世纪 70 年代西方学者开始重视公共政策执行以来，相继产生了关于它的不同理论,这些理论分别从不同的角度对公共政策执行的基本概念及特征进行了系统的论述,了解这些理论的基本内容,有助于加深对公共政策执行的认识。大体上,这些理论可以分为行动理论、组织理论、公共选择理论、博弈理论等。

(一)行动理论

行动理论学派的代表人物有 C. 琼斯、G. 爱德华和 C. 霍恩。他们认为：公共政策执行就是指对某一公共政策所采取的一系列行为,主要有制定政策执行的计划、建立政策执行组织、招聘和培训政策执行人员、筹集和配备必要的物资和经费等。在政策制定阶段,只规定了应当做什么,即关于行动价值判断,要实现预定的理想状态,就必须行动。政策执行过程就是将政策的抽象规范转化为具体行动的过程。

(二)组织理论

组织理论的代表人物是 J. 佛瑞斯特,他认为,组织问题是政策执行中的关键环节,没有组织的努力,任何政策目标都只能停留在原来构想的阶段。组织理论强调政策执行中组织的重要性,认为政策执行从根本上来说是一个组织过程,在人们建立的各种组织中,执行组织是最严密的,只有借助于组织的过程,才能有效地预测风险、建立防范机制。有的学者认为:"只有了解组织是怎样工作的,才能理解所要执行的政策,也才能知道它在执行中是如何被调整和塑造的。"[1]

(三)公共选择理论

美国经济学家布坎南创立了公共选择理论,他认为政治领域中的个体,同样符合经济学中"经济人"的假设,无论是政策制定者还是政策的执行者,都要遵循"经济人"规则。在公共政策执行中,政策制定者、执行者、目标群体等,都会关心新政策会给自己带来什么影响,这种个人的"理性"行为决定了政府的行为。因此,不能把政府行为过分理性化,当政府的利益和政策目标群体利益发生冲突时,它同样会尽力维护自己的利益。

(四)博弈理论

美国公共政策学者 E. 巴得什(Eugene Bardach)以博弈理论来研究公共政策的执行问题。他认为政策执行的核心在控制上,因而政策执行过程就会在"议价""劝服""策划"这三种不稳定的条件下进行。因此,可以将政策执行视为是一种赛局,它包括：竞赛者(政策执行人员与相关人员)、利害关系、策略与技术、竞赛的资源、竞赛的规范、公平竞赛的规则、所得结果的不稳定程度等。政策执行的成功与否,取决于参加者的策略选择。

以上这些公共政策执行理论都具有一定的合理性,分别承认了公共政策执行中行为、组织、政府利益、博弈等客观因素及其作用,但是这些理论又各自夸大了某一点的作用,具有一定的片面性,只有认识到这些理论的不足并吸收它们的合理之处,才能对公共政策执行有一个全面、客观的认识。

五、政策执行模型

政策执行模型[2]是关于政策执行过程中重要因素之间相互关系的理论概述。20 世纪

---

[1] 张金马:《政策科学导论》,中国人民大学出版社,1992 年,第 205 页。
[2] 张国庆:《公共政策分析》,复旦大学出版社,2010 年,第 214 页。

70年代中期以后,政策学者从不同视角开展研究,形成四种有代表性的政策执行模型。

(一)史密斯执行过程模型

T·史密斯在《政策执行过程》一文中提出了一个描述政策执行过程的模型(见图5-1)。他认为,理想化的政策、执行机构、标的团体、环境因素是政策执行中的四个主要因素。理想化的政策是指政策的形式(法律或命令)、政策类型(分配型与再分配型、公共规制性或自我规制性)、政策的社会支持度以及公众政策的看法等。执行机构是指执行机构与人员、领导方式与技巧、执行者的能力与信心等。标的团体包括组织化与制度化程度、接受领导的传统、先前的政策经验等。环境因素包括政治的、经济的、社会的、文化的、历史的环境特点及其综合特质。上述因素相互作用都会直接影响政策执行的效果。

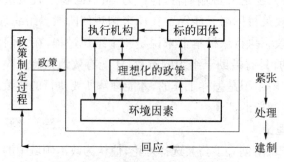

图 5-1 史密斯政策执行过程模型

(二)麦克拉夫林相互调适模型

麦克拉夫林认为,政策执行过程是执行组织和受影响者之间就目标手段作出相互调适的互动过程,政策执行的有效与否取决于两者相互调适的程度(见图5-2)。

图 5-2 政策执行相互调适过程模型

这一模型的内容包含四个层次:第一,政策执行者与受影响者之间彼此的需求和观点不一致,基于双方在政策上的利益,彼此必须放弃或者修正其立场,寻求一个双方皆可接受的政策执行方式;第二,政策执行者的目标与手段富有弹性,可因环境因素或受影响者需求和观点的变化而改变;第三,这一相互调适的过程是彼此处于平等地位的双向交流过程,并非"上令下行"的单向流程;第四,受影响者的利益需要与价值观念将反馈到政策上,左右政策执行者的利益需要与价值观念。

(三)霍恩和米特政策执行系统模型

霍恩和米特认为,有效的政策执行至少包括八个变量:政策标准、政策资源、组织沟通、强制力、执行机构的特性、执行人员的意向、政治条件、社会经济条件等(见图5-3)。

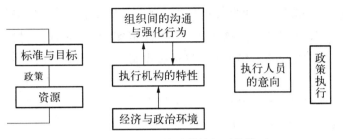

图 5-3 霍恩和米特政策执行系统模型

(四) 梅兹曼尼安和萨巴蒂尔综合模型

这一模型认为,政策执行过程中的主要变数可以分为问题的可处理性、政策本身的法定规制能力和政策以外的非法定变项三大类(见图 5-4)。

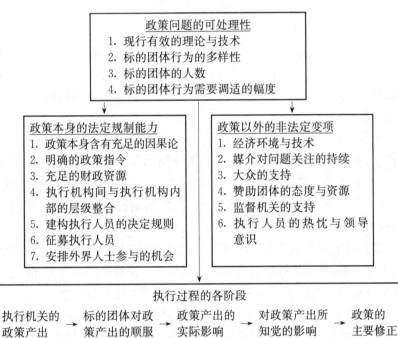

图 5-4 政策执行中所涉及的变数

第二节 政策执行过程与工具

作为一种行动过程,政策执行具有它的逻辑顺序,研究这种逻辑顺序并探讨它的手段及其特点与规律,对理解政策执行的有效性有着积极的作用。

一、公共政策执行的过程

公共政策执行活动是一个完整的过程,这个过程包括三个阶段:一是执行的准备阶段,包括进行政策宣传、加强政策认知、制定政策执行计划、进行物质和组织准备等活动环节;二是公共政策的实施阶段,包括政策实验、全面推广、指挥协调和监督控制等活动环节;三是执行的总结阶段,包括公共政策执行的效果评估、再决策等活动环节。

(一) 公共政策执行的准备阶段

1. 进行政策宣传,加强政策认知

要正确地执行政策,就必须加强政策认知;要加强政策认知,就必须进行政策宣传。所谓政策宣传,是向社会公众宣布和传播公共政策的意图和内容,促使和引导政策执行者和政策目标群体的行为向着宣传者所希望的方向发展。政策宣传除了对社会公众公布新出台的公共政策外,还含有教育、说服和鼓励的成分。它贯穿于政策实施过程的始终,既是政策执行的先导,又是政策执行的重要方法和手段。

2. 制定公共政策执行计划

一般来说,一项政策的推出,往往是从宏观、战略的角度指出实现政策目标的基本方向,面向整体,着眼长远,具有抽象性,因而与实际情况可能有所出入,甚至存在某些方面的冲突。因此,政策执行机关就需要根据实际情况,对政策加以具体化,对总的目标加以分解,编制出政策执行的流程图。

3. 进行物质准备

任何公共政策的实施总是需要一定的物力和财力作为基本保障。"仅有执行政策的权威和主要工作人员的承诺是不够的,充足的装备、物资设备以及其他支持设施也是必要的。"[①]因此,充分做好政策执行的物质准备,也是政策执行准备工作的一项内容。物质准备主要是使政策执行所必需的经费(财力)和必要的设备(物力)两方面准备。

首先,政策执行者应该根据政策执行活动中的各项支出项目和数量,本着既能保证政策执行活动正常开展,又坚持勤俭节约原则编制预算。预算必须报有关部门批准,以落实经费。经费是政策执行组织生存和发展的命脉,是政策有效执行的根本。其次,要做好必要的设施准备,如交通工具、通信联络、技术设备、办公用品。必要的设备,是政策执行得以顺利进行的必要条件。"工欲善其事,必先利其器。"政策执行迫切要求提高物资设备的先进程度。利用先进的科学技术,快速、准确地处理政策信息,实现公共政策执行的高效化。

4. 做好组织准备

做好组织准备主要是实施机构的确定和人员的配备。我们知道,公共政策终归是要由一定的人员和机构来执行的。政策颁布后首先要做的事情就是确定政策执行机构、配备必要的政策执行人员。

确定政策执行机构。这是组织准备工作中首要的任务。一般来说,常规性、例行性政策的执行,应由常设的执行机构承担,不必另建机构,但有时也可用提高常设机构地位的方式或者改组机构的方式来保证政策的顺利执行。如果是遇到非常危险或者紧急而重大

[①] 卡尔·帕顿、大卫·沙维奇:《政策分析和规划的初步方法》,孙兰芝等译,华夏出版社,2001年,第215页。

且牵涉面较广的政策,则可组建临时执行机构,但应在政策目标实现后及时撤销。执行机构的确定应该做到设备完备、权责明确、分工合理、界限清晰,防止出现争功诿过、互相扯皮的混乱现象。执行机构还要有良好的沟通协调机制,能与外界环境的输入输出保持畅通和密切的关系。组织内部成员的年龄、专业、能力、素质等结构配置合理,能够有利于形成团结向上的、凝聚力强大的团队合作型执行机构。

配备政策执行人员。这是组织准备中的又一项重要任务,因为人是组织中最能动、最活跃的因素,是政策执行任务的最终承担者。随着现代政府管理的专业化和政策环境的复杂化,对政策执行人员的素质能力提出了越来越高的要求。

5. 制定必要的管理法规制度

这可以明确政策具体推行的准则和依据,保证政策执行有一个正常的秩序。这些法规制度主要有:(1)目标责任机制。它主要围绕政策目标的实现,确保每个执行者都能够明确自己在贯彻执行政策过程中应该做什么、怎么做、做到什么地步和遇到问题怎么办等。落实目标责任机制,有利于政策目标的实现。(2)检查监督制度。目标责任制制定后,有赖于认真忠实地执行,对于执行的效果如何,必须要及时了解和恰当评判。检查监督制度是目标责任制发生效用的联系环节,严格的检查监督制度是目标责任制得以实现的保障机制。(3)奖励惩罚制度。有功必赏、有过必罚,赏罚分明,这一制度的建立使得整个管理制度形成良性循环,保证整个管理制度稳步进行。目标责任制、检查监督制度和奖惩制度是一个有机整体,责任机制是核心,检查监督制度是手段,奖惩制度是杠杆,三者相辅相成,缺一不可,共同形成一套完整有效的制度。

(二) 公共政策执行的实施阶段

政策执行的实施阶段是实现政策目标、提高政策效率的关键环节。它包括政策试验、全面推广、指挥协调和监督控制等重要内容。

1. 政策试验

政策试验是政策过程的必要环节,是政策得以全面推行的基础。政策试验是指根据目标群体和政策适用范围的实际情况,选择具有代表性的局部地区试行政策的方法。政策试验有利于减少公共政策执行风险,有利于降低政策执行成本,因此政策执行进行试验是非常必要的。政策试验一般主要包括三个步骤。

(1) 选择试验对象。选择试验对象或试点,要根据政策方案来进行。试验对象必须在全局性情况中具有典型性条件和普遍性特点。

(2) 设计试验方案。试验方案是针对试验对象的实际情况试行政策内容的计划书。设计试验方案有利于正确指导试验工作,加强针对性、方向性和目标性。用于试验的方案可以是一个,也可以是两个或多个。对于范围较广、变化较大的复杂问题,应该有在相同条件下的对照组,以便从比较中得出科学的结论。

(3) 总结试验结果。分析和总结试验的结果是政策试验过程最关键的一个阶段,为政策执行再决策和政策全面推广提供直接性的经验数据和材料。总结试验结果直接关系到政策试验的成败,关系到政策的全面推广和政策执行再决策的成败。因此,要高度重视试验结果的总结,要强调实事求是,注意总结经验教训。

2. 政策全面推广

政策的全面推广是政策执行过程中涉及面最广、变量最多,因而也是最为艰难的一个环节。全面推广的成效关系到整个政策系统的有效性和功能的发挥,关系到政策的可行性和质量的优劣。在政策全面推广这个环节应注意三个原则。

(1) 原则性与灵活性相结合。所谓政策执行的原则性,是指政策执行必须遵循政策的精神实质,保证政策的统一性、严肃性和权威性,严格按照政策规定的要求去做,全面地、不折不扣地实现政策目标。所谓灵活性,是指在不违背政策原则精神和保持政策方向的前提下,坚持从实际出发,采取灵活多样的方式方法,因时制宜、因地制宜、因人制宜、因事制宜,使政策目标得以真正实现。在政策执行中坚持原则性与灵活性相结合原则,就是要把政策精神和实际情况结合起来,既要创造性地实施政策,又要正确地把握政策界限。

(2) 自上而下和自下而上相结合。如行政机构改革是从中央到地方进行的,而进行经济体制改革时,这样的政策是按照从农村到城市、从基层到地方再到中央的步骤进行。因此,政策执行是根据政策试验情况,把自上而下和自下而上有机地结合起来。

(3) 把握重点和解决难点相结合。公共政策的全面推广要面向整体,因而需要考虑和注意的环节与变量很多,在资源有限、条件不足的情况下,实际上很难做到齐头并进、等量投入。这要求我们在执行公共政策时,在立足全面和着眼总体战略的情况下,将把握重点和着力解决难点结合起来。把握重点,就是要把握政策执行的关键因素。对于目标群体来说要分析主导利益群体的特点和基本情况,争取获得主导利益群体的支持与配合,降低政策执行的难度。解决难点就是要把主要力量放在难点的分析和解决上,解决难点问题,其他问题才可能迎刃而解。

3. 指挥协调

指挥,就是将政策目标任务、政策方案、政策计划分配落实到具体的部门、单位和工作人员;按照计划筹集分配物资经费,组织实施试点工作,总结推广试点工作;通过行政命令、经济调控和教育激励等手段,指导政策工作的全面展开和有效推进。协调,就是通过引导、调停和说服的方法,使不同的政策执行机构和政策执行人员之间建立起相互协同、相互配合的关系。

政策执行是一项非常复杂的管理活动,需要不同执行机构和执行人员的共同参与和密切配合,需要调动并利用人力、物力、财力、时间、信息、权威等多种资源。由于不同的政策执行机构具有不同的职责范围和管理权限,不同的政策执行人员在知识、经验、智力、观念、利益、性格和观察问题的角度等方面存在差异,在政策执行过程中难免出现意见分歧、利益矛盾和冲突摩擦,而这些矛盾、冲突、摩擦往往给政策执行带来种种障碍。因此,要有效地执行政策,就离不开统一的指挥和有力的协调。指挥和协调作为两种重要的活动,贯穿政策执行的全过程。

4. 监督控制

监督控制是政策执行过程中的保证环节。在实际的政策执行过程中,常常由于政策执行者主观认识上的差异,造成对政策理解的失当,或者由于政策制定者与政策执行者之间存在利益差别的影响,往往造成政策执行活动偏离政策目标,造成政策执行的偏差、失误、违法与低效等情况。因此,必须加强对整个政策执行过程的监督与控制,以保证政策的全面贯彻和落实。

(三) 公共政策执行的总结阶段

总结是公共政策执行的最后一项内容,它从上述一系列的政策执行过程为前提,又为下一周期的政策执行奠定基础。无论是最终总结还是阶段总结,公共政策执行的总结都要包括下列三方面的内容:(1) 对政策执行各过程,如组织、准备、沟通、调整、检查等进行回顾。(2) 对执行情况进行评定,包括这些环节是否实现了各自的既定目标,执行机构和人员履行职责情况如何等,并相应作出奖励或者惩罚的决定。(3) 提出经验教训,在上两个阶段的基础上,对政策执行中的成功经验加以发扬和推广,对失败之处也不能回避,应上升为理论,找出不足的原因和改进的建议,以避免今后工作中再次出现。

二、公共政策执行的手段

政策执行活动的复杂性,决定了政策执行工具的多样性。概括说来,政策执行的基本手段有以下五类。

(一) 行政手段

行政手段是指依靠行政组织的层级节制,颁布行政命令、指示、规定及规章制度等行政方式,要求下级遵照办理的方式方法。

行政手段有着明显的特点:第一,权威性。采用行政手段的上级政府机关或上级领导和下级政府机关或工作人员之间是垂直领导与服从关系。行政手段依靠自上而下的权威将国家的各项方针、政策准确无误、坚决有力地推行和落实。第二,强制性。强制性就是指行政主体所发出的命令、规定、条例等都必须执行,更有甚者是要求无条件地绝对服从。违反相关政策必须承担一定的责任或者受到一定的处罚。第三,对象的有限性和时效性。行政指示、命令的内容和发布的对象是具体有限的。不仅如此,行政指令还有时效性,即它只在特定时间对特定对象有效,而不像行政法规那样,适用范围具有广泛性。行政命令是法律的具体化、细目化,它弥补了法律的不足。

行政手段构成任何一种政策执行必不可少的基本因素。行政手段具有较强的约束力,带有强制性,要求任何单位和个人都必须执行,否则就要承担一定的行政责任,受到一定的处罚。因此,在政策执行中使用行政手段容易做到协调统一、令行禁止。特别是用此方法便于解决一些特殊的、紧迫的、突发性的问题,有利于扭转政策执行中的不利局势,保证政策的顺利进行。但行政手段对上级机关的要求甚高,上级如有失误将会导致连锁反应。另外,下级的被动地位也不利于充分发挥下级的积极性和创造性[1]。

(二) 法律手段

法律手段是指通过各种法律、法规、司法工作、仲裁工作,特别是通过行政立法和司法方式来调整政策执行活动中各种关系的方法。法律手段体现依法行政精神,从根本上保障公共政策得以贯彻落实。

---

[1] 陈振明:《政策科学——公共政策分析导论》,中国人民大学出版社,2003年,第266—267页。

法律手段除了与行政手段一样具有权威性和强制性外,它还具有稳定性、程序性和规范性的特点。稳定性是指行政法规一经立法和颁布,就将在一定时期内生效,不会经常变动,更不允许任何机关、社会团体和个人随意更改。程序性是指公共政策的执行要遵循特定的程序,具有先后顺序性与时空观念。规范性是指行政法规对一般人普遍适用,对其效力范围内的所有组织和个人具有同等的约束力。

法律手段是政策执行活动得以进行的根本保障,依法行政不仅具有权威性,而且具有科学性和客观性。法律手段的使用范围比较广泛,尤其适用于解决那些共性的问题。

(三) 经济手段

经济手段是指根据客观经济规律,利用各种经济杠杆,调节政策执行过程中的各种不同经济利益之间的关系,以促进政策顺利实施的方法。

经济手段运用价格、工资、利润、利息、税收、奖金、罚款以及经济责任、经济合同等来调控政策执行者和政策对象活动。经济手段不同于行政手段和法律手段,它有如下三个特性:第一,间接性。经济手段不像行政手段那样是直接干预,而是利用经济杠杆的作用对各个方面的经济利益进行调节来实现间接控制。第二,有偿性。与行政手段下的无偿服从不同,经济手段的核心在于贯彻利益原则,注重等价交换。各方在获取自己经济利益的权益上是平等的。第三,刺激性。经济手段是利用人们趋利避害的心理与行为产生影响。对于执行政策者,给予相应的物质奖励,可以调动他们执行政策的积极性;对于拒不执行政策者,给予罚款使其切身利益受到损失,可以逐步改变其行为模式,向着服从政策的方向迈进。

实践证明,在政策执行过程中,只有按客观经济规律办事,给人以内在的推动力,才能充分调动人们执行政策的积极性和主动性,使政策目标得以实现。在政策执行过程中,应注意把经济手段与行政手段、法律手段有机结合起来使用,这样可以取得更佳的效果。

(四) 思想沟通手段

思想沟通手段是一种以人为本的管理方法,它通过运用非强制性的说服、教育、交流、感染等手段,诱导政策执行者和政策对象自觉自愿地去贯彻执行政策。

常用的思想沟通手段有:制造舆论,在政策形成之际就大力宣传,使政策的内容深入人心;说服教育,对少数不按政策执行或抵触的对象做深入细致的思想教育工作,做到以理服人;协商对话,在政策执行出现困难的情况下,决策者和执行者应就政策深层次问题商洽协议,尽可能在补充政策中作出适当调整;奖功罚过,对政策执行得好的单位和个人给予精神和物质上的奖励,对违抗政策的对象给予惩戒。

思想沟通手段的最大好处在于通过有目的、有计划地循循善诱,使政策执行者和政策对象认同相关政策,并且自觉地采取某种行动。做好思想沟通工作不仅可以节省大量人力、物力,而且更主要的是由于接受者的心悦诚服与自觉自愿,其顺利执行政策的行为能够牢固而持久;而有些行政手段的弊端则是"以力服人",其结果很可能是"口服心不服"。

(五) 技术手段

技术手段是采用网络技术、信息技术等现代化的科学技术,改进政策执行的方式,提高政策执行效率。继美国、加拿大、新加坡等国开始构建本国电子政府之后,我国政府于

1999年发起了"政府上网工程",这标志着我国电子政府的全面开始。目前我国政府网站的主要内容是网上发布信息、网上政府采购、网上工程招标、网上征税、网上医疗、网上教育等。政府上网工程的实施,对于促进政务公开、转变政府职能、优化公共服务、建立政府与民众之间的互动机制、提高政策执行的效率和质量,都有着重要的影响。

第三节 影响政策有效执行的因素

公共政策执行是在复杂的政策系统中进行的社会活动,受到来自政策系统内部和环境的许多因素的影响与制约。分析这些影响因素对于指导公共政策执行具有非常重要的意义。

一、政策问题的特性

政策执行的有效与否,首先是和所要解决的政策问题的类型和性质密切相关的。政策问题的性质、政策对象的规模、政策对象行为的多样性、政策对象行为的调适量,直接影响政策的有效执行。

(一)政策问题的性质

越复杂的问题,执行的难度越大。如敏感的政治性政策、涉及人们利益分配和调整的经济政策、涉及领域众多的多种综合性政策、创造性较强的改革政策,执行难度较大。政策执行中所触动的权力关系越多、涉及的机构和人员越多、政策目标越宏大、要调整的利益关系幅度越大、规范的技术操作等级越高,政策执行的难度也就越大。一般来说,全面性的政策要比局部性的政策执行难度大;高层级的政策要比低层级的政策执行难度大。在同一层级,同属于局部性的政策,也可因业务内容的简单与复杂不同,在政策执行的难度上有很大差别[①]。

(二)政策对象的规模

复杂的政策问题常常涉及人数众多。一般来说,政策越简单,涉及的人数越少,政策执行就越容易、越有效;反之,政策执行就越困难、越无效。

(三)政策对象行为的多样性

政策所要规范的目标团体的行为的种类越多,就越难以指定清楚、明确、统一的规则和标准用以约束政策对象的行为。这样一来,政策执行势必受到影响。

(四)政策对象行为的调适量

政策问题需要目标团体行为调适量的大小,也影响政策执行的效果。人们常习惯于某种成规,倾向于保守现状。要想改变人的思想行为十分困难。因此,目标团体行为所需调适量越小越好,这样不至于造成人员的抵制,有利政策的有效执行。

---

① 陈振明:《政策科学——公共政策分析导论》,中国人民大学出版社,2003年,第290页。

二、政策本身的因素

在公共政策活动中,一些政策遭遇执行难或执行不下去,在很大程度上与政策本身的因素有关。一般认为,政策本身因素包括以下三点。

(一) 政策的合理性

政策的合理性是政策有效执行的根本前提。政策的合理性体现在:首先,公共政策必须符合客观规律,并被人们正确地认识到,具有可执行性。其次,公共政策代表人民根本利益,能够促进社会发展,给人民带来利益,能被执行者所认同,被政策对象所拥护,因而能得到有效执行。再次,公共政策必须合法化。合法性审查是公共政策(尤其是红头文件)出台的必经程序。只有符合宪法和法律的政策,才不会受到政策执行者、政策对象的消极应付和抵制,才能顺利实施。最后,公共政策要与社会文化、群众心理相适应,从而获取社会公众对公共政策的认同感,并得以顺利推行。

(二) 政策的明确性

政策的具体明确性是政策执行有效的基础。从操作上和技术上来说,它包括政策目标、政策方案、政策措施、行动步骤的具体明确。政策目标是可以进行比较和衡量的,是切合实际并经过努力可以达到的。政策方案应该明确指出所期待的政策产出,并要明确规定完成的期限。政策措施要具有可操作性和可检测性,能够运用自如。行动步骤清晰有序、环环相扣,并且有明确的时间节点。目标模棱两可、方案含糊不清的政策让人无所适从,自然也难以顺利执行。即便执行,也极易变形走样,无法产生好的政策效果。

(三) 政策的稳定性

无论政策制定得多么具体明确,如果政策经常变动、朝令夕改,这样的政策是难以执行的。政策的稳定性是指政策一经制定出来,要延续一段时间,只要政策问题没有解决,政策一直要执行下去。并且政策的原则必须坚持。只有当出现新情况、新问题,或者政策环境发生较大改变,政策才随之改变。即使在变化中,也要保持政策适宜部分的连续性,改变政策不适当的成分。

三、政策执行主体

影响政策执行的因素,除了政策问题的特性、政策本身以外,政策执行主体的组织结构与人员素养直接关系到政策执行的成败。

(一) 政策执行机构

政策执行是一种组织行为,它必须依托一个强有力的政府机构或组织。政策执行组织结构的合理性、组织权责的明确性、组织资源的充足性都会直接影响政策执行的有效性。

1. 组织结构的合理性

结构合理的政策执行机构是实现政策目标的组织基础。政策执行机构的合理结构包括组织的纵向结构层级化与横向结构的专业化。纵向结构层级化是指不同层级的执行组织在职位设置、人员配备、权责划分、工作程序等方面的有序等级划分。合理的纵向层级划分有利于政策的高效执行,因为层级节制确保政策执行的统一领导、统一指挥,步调一致;此外,它还有利于政策目标的分解、政策信息的上下沟通以及上级对下级的监督控制。横向结构专业化是指将执行机构按照政策目标、管理对象、业务性质以及工作门类等划分为若干横向职能部门。专业化的部门划分有利于专业人才的培养以及人尽其才、事权一致。

2. 机构权责的明确性

权责明确的政策执行机构是实现政策目标的关键。政策执行组织权责的明确性是指中央政府与地方政府、上级政府与下级政府之间权力责任的明确分工,各司其职、各尽其责。组织权责的明确性能够杜绝各种形式的相互推诿、越权以及失职渎职行为,从而确保政策的顺利推行。就不同层级政府的关系而言,要合理划分它们之间的财权、事权、产权和立法权等;实现党政分开、政企分开、政事分开,简化行政审批制度,实现集权与分权相结合,以此调动各级政府的工作积极性。就横向各职能部门之间的关系而言,要明确各部门以及人员的权力和责任,并且做到权责一致。确保政策执行的各个环节都有部门和人员负责。

3. 组织资源的充足性

政策执行机构拥有充足的资源可以更好地推进政策的落实,从而达到预期的目标。一般来说,政策资源主要有经费资源、人力资源、信息资源和权威资源。必要的经费和人力是政策执行的物质基础和保障,也是任何政策执行所需要的条件。"巧妇难为无米之炊",没了巧妇,也难为有米之炊。政策执行不能缺乏人力、物力、财力的支持。在政策执行过程中,应遵循以最小投入获得最大产出的原则,把资源配置到最有效率的地方。当然,并不是投入越多越好,投入多并不一定产出多,因为其中还有许多管理问题需要解决。这些问题不解决,就会造成资源的巨大浪费。

政策执行机构必须确保政令畅通,从而掌握充足的政策信息。政策信息是政策执行活动的必要条件。畅通的信息渠道和足够的信息来源能够提升决策的科学性和执行的效率性,并且能够做到发现问题及时纠正。信息的匮乏会导致执行者无法制定出切实可行的行动计划,也无法对政策执行过程实施必要的控制。

权威是政策有效执行的又一项特殊而重要的资源,也是政策执行的根本保证。政策的权威性反映出人们对政策的一种敬畏之心。政策的权威性来自政策的正确性、合法性以及代表绝大多数人的利益。权威的政策在人们心中享有盛誉,人们乐于遵循、耻于违反。没有权威,政策难以有条不紊、有始有终地实施;即便能够推行,也容易形成各行其是、步调不一的混乱状况而无法达到政策目标。建立政策的权威,就是要使政策成为国家的意志,具有强制性的约束力迫使每一个被执行者服从它。

(二) 政策执行人员

政策执行人员作为政策执行主体,也是影响公共政策执行的重要因素。执行者的思想、知识、能力、心理等综合素质,都影响着公共政策的有效执行。

1. 思想政治素质

思想政治素质是执行者的政治理想、信念、态度和立场的综合表现。执行人员具有多重身份,一方面代表国家,从社会整体利益的角度去理解和执行政策;另一方面又代表着本地区、本部门、本团体的利益,难免从自身利益的角度去理解和执行政策。这就必然会产生国家利益与地方利益、部门利益与个人利益的矛盾和冲突,并且演变为公共利益和私人利益的矛盾和冲突。在这种情况下,政策执行者必须具备较高的政治思想素质。能够顾全大局,以国家利益、公共利益为重。

2. 知识素质

在知识经济时代,执行者要具备合理的知识结构,既要有广博的学识,又要掌握工作领域的专业知识,同时还要有丰富的社会实践经验。丰富的知识储备可以帮助执行人员加深对政策的领悟,更好地向执行对象作出解释和说明。一旦碰到执行中的问题,能够作出正确的分析判断并加以解决,保证政策的有效执行。

3. 能力素质

能力是运用知识来解决相关问题,从而达致目标的一种素养。执行者合理的知识结构要与有效的能力结构相结合,才能发挥应有的作用。为保证公共政策的有效执行,政策执行者应该具备较强的组织协调能力、人际交往能力、语言表达能力、社会活动能力、危机管理能力、学习能力和开拓创新能力。对于领导者而言,还要具备知人善任的能力,充分调动员工的积极性,确保政策的顺利实施和目标的实现。

4. 心理素质

执行者不仅要有一个健全的体魄,还要具备较好的心理素质。因为在执行政策时,执行人员的需要、动机、价值观、态度、情绪、意志等影响着他的行为选择和工作效果。在公共政策执行过程中,常常会碰到各种问题和困难,比如政策内容不明确、目标不具体、缺乏可操作性、政策资源不足、政策环境多变等,这就需要执行者具备良好的心理素质,积极发挥主观能动性,创造条件,克服困难,顺利执行政策并实现预期目标。

四、政策对象

政策对象是政策执行主体在实施政策过程中所发生作用和影响的目标群体。政策对象具有指向性、被动性和主观差异性的特点。政策执行过程也是影响或改变政策对象的过程。政策执行是否有效,不仅取决于上述三个方面,还取决于政策对象的心理和态度。政策对象对政策的认同、接受和支持的程度,极大地影响政策顺利执行。一般而言,政策对象的利益取向、心理情感因素、文化教育程度等方面影响他们接受、支持政策与否。

(一)利益取向

公共政策的执行是一个权威性的利益分配过程。在这一过程中,一部分人受益,利益得以增加;一部分人受损,利益得以减少;一部分人的利益保持不变。受益的目标群体会支持政策的执行,受损的政策对象则会反对或抵制政策执行。因此,政策执行主体可以利用政策对象的利益取向,一方面,对主动服从和执行政策者以奖励;另一方面,对拒不执行政策者以处罚,提高政策对象接受和服从政策的主动性和自觉性。

（二）心理情感因素

政策对象基于对公共政策目标、作用、执行过程等方面的理解，逐步形成对某一政策的心理认知与思想感情。政策对象已有的价值观念、心理认知与行为习惯影响着他们对于相关政策的赞同与否。政策执行主体应通过多种途径拉近公共政策与人们的距离，最大限度促进政策对象对政策的赞成与服从，从而有效推进政策的执行。

（三）文化教育程度

政策对象的文化教育程度包括学校教育和职后教育两个部分。政策对象的文化教育程度越高，其理解公共政策的能力也就越强，对政策的看法也就更加理性。通过教育加深政策对象对政策的认知和理解，是提高政策对象服从性的有效途径。

五、政策环境

任何一项政策的执行都要受到所处社会环境的影响和制约。适宜的环境当然有助于政策的有效进行；不适宜的环境必将妨碍政策的顺利实施。影响政策执行的环境因素主要有政治环境、经济环境和社会心理环境。

（一）政治环境

公共政策执行本来就是一种复杂的政治行为，它要同政治环境进行信息的输入与输出。政治环境对公共政策执行的影响主要表现在以下三个方面：第一，一个国家的政治制度与政党制度影响政策执行机构的设置、人员配备、执行程序、执行方式与执行监督。第二，政治局势的稳定有利于政策执行系统的稳定与有序运行。第三，政治民主化程度影响政策执行过程中的协调、沟通和公开性程度。第四，国际政治环境的改变对本国政策执行也会产生一定的影响。

（二）经济环境

经济环境包括生产力和生产关系状况两大方面，它是公共政策执行的物质基础，对于政策执行的影响最为深刻。第一，生产力发展状况决定了政策执行的财力、物力、技术、信息等资源的供给。第二，随着经济全球化的发展，公共政策执行不仅要从本国、本地区的发展战略考虑，还要从经济全球化的高度统筹规划。第三，经济体制的改变影响政策执行的效率和运行模式。由计划经济体制转化为市场经济体制，政策对象对政策执行的参与和关心程度提高，政策执行更要注意各主体利益的协调和均衡。第四，经济基础中的利益结构特点影响公共政策的执行方向和程度，利益群体越强势，对公共政策的影响就越大。

（三）文化环境

社会文化环境是指对公共政策执行具有重要影响的社会状况和文化状况。它包括社会价值观念、风俗习惯以及人口的结构和规模等。文化环境对公共政策执行的影响体现在两个方面：一方面，教育、科技、文化、卫生等比较发达的社会，能够为政策执行提供高素质的人才和高科技含量的政策工具，有利于提高政策执行效率。另一方面，一个社会如果推崇民主、公平、效率、法治等价值观念，政策执行就能够较好地反映民意、体现法律精神、兼顾公平与效率。

第四节 我国政策执行中的阻滞问题及防治对策

一、我国政策执行中的阻滞问题

公共政策的执行过程实际上就是公共政策的实施过程,这一过程在公共管理中占有重要的地位。在我国,公共政策的执行主要是自上而下的强制执行模式,在这种主导模式下,政府的行政主导型以及行政手段得到很好的运用,确保了国家的重大政策得以顺利执行。但我国公共政策执行在部分地方存在执行方式单一、手段简单等特征,严重损害了政府及各类公共管理组织的形象,破坏了执行者与执行对象的关系,加剧了双方的矛盾与冲突,造成了公共管理资源以及社会资源的浪费和损失。例如,执行中主体不考虑被执行对象的认识水平、心理承受力等实际情况,不是以理服人,而是一味采用行政方式和经济方式,以势压人,直接导致目标团体逆反心理,导致干群关系紧张,影响执行效果。特别是某些地方的城管执法、征地拆迁等工作中这类问题较为突出。转型期的中国公共政策执行过程中存在着诸多问题,有些问题还相当普遍。这些问题的存在有着深厚的经济与社会原因,严重制约了公共政策的执行效力和效率。我国目前公共政策执行主要存在以下五个问题。

(一) 替代执行

替代执行是指执行人员在执行政策时采取偷梁换柱的做法,执行与上级政府的政策不相一致的政策方案,使原有的政策方案难以得到贯彻实施。替代执行根据替代的程度不同又可分为完全性替代和部分性替代。完全性替代只保留了原政策的一些表面现象,使政策方案全部发生变化。部分性替代保留了原政策的一些内容。替代执行的最大特点是政策的变异性。从表面上看,替代执行政策的时间、空间都没有发生变化,但政策的实质内容却发生了改变。替代性执行的突出表现是"上有政策,下有对策"。政策在执行中之所以会出现被替代的现象,除了政策执行主体为了自身利益曲解政策以外,更多的是各执行主体的价值观不同、对政策问题的认识不同导致了政策执行行为的差异。近几年来,替代执行已成为我国政策执行中的一大痼疾。它不仅影响了政策目标的实现,而且恶化了政策执行环境,加大了解决政策问题的难度。因为政策在执行中出现的变异和扭曲会使原有政策问题得不到解决,又引发新的政策问题。同时替代执行也损害了中央政府的形象,降低了中央政府的威信和政策的整合力。

(二) 象征执行

象征执行是指执行人员在执行政策时敷衍塞责,做表面文章,实际上拒不执行上级政府政策。象征执行的主要特征是欺骗性。从表面上看,政策宣传热热闹闹,政策执行轰轰烈烈,而实际上政策并没有转化为可操作性的具体措施,没有真正落到实处,政策成了空架子。例如,前些年中央政府三令五申要求地方政府整顿非法小煤窑,保证煤矿生产安全,减少环境污染。有的地方政府在执行政策时,对小煤窑非法生产往往睁一只眼闭一只眼,上级政府检查严,风声紧了,就关闭一批,风声不紧照样开足马力生产。以至于在我国某些地方小煤窑非法生产屡禁不止,煤矿事故屡见报端。象征执行不仅欺骗了上级政府、损害了公众利益、消耗了政策资源,而且助长了地方保护主义、增加了政策赤字。

(三) 选择执行

选择执行是指政策执行人员在执行政策时采取"断章取义,为我所用"的做法,有意曲解政策的精神实质或部分内容,导致政策无法真正得到贯彻落实,甚至收到与初衷相悖的效果。选择执行的突出表现是政策贪污。政策在执行时被中途截留,政策的精神和内容不能传达到目标群体和利益相关人员。选择执行的最大特征是自利性。执行人员选择政策的标准是"趋利避害",对己有利的政策就执行,对己不利的政策就不执行或少执行。公共政策具有整体性的特征,针对某一政策问题的公共政策方案,其内部的各项规定是相互支持、相互配合,共同实现政策功能、达成政策目标的。如果一个完整的政策在执行时只有部分被贯彻落实,其余部分则被割裂遗弃,必然导致政策内容残缺不全,政策变形失真,带来政策功能的紊乱,影响政策目标的实现。

(四) 附加执行

附加执行是指政策在执行过程中由执行人员附加了一些不恰当的内容,盲目扩大政策外延,使政策的调整对象、范围、力度、目标超越政策原定要求。附加执行的突出表现是"搭便车"。政策执行人员往往打着贯彻上级政策要结合实际的旗号,自立一套,自行附加额外目标的政策,推行反映自身利益的"土政策""土规定"。这些"土政策""土规定"与原政策存在相关性或相似性。它们或者被宣传为执行原政策的工具,或者被宣传为原政策的细化。"土政策"与原政策捆绑在一切执行后,分别从质和量两个方面造成原政策的畸变。在质的方面,"土政策"扩大了原政策的内容,引发了新的政策行为,影响了原政策目标的实现。在量的方面,"土政策"扩大了原政策的调控力度与范围,改变了政策功能,超越了政策目标,出现了政策浮夸。

(五) 机械执行

任何公共政策都是公共管理主体基于特定的条件为处理相应的公共问题而制定的。它不仅具有实效针对性、部门行业性、区域性,而且还应该具有程度不同的灵活性。政策的有效执行依赖于各种因素和条件,政府部门最主要的职责和职能是执行。只有客观、全面、准确地把握各项公共政策的内涵与实质,把政策执行的原则性与灵活性有效地结合起来,科学合理地选择公共政策的执行方式,才能使政策的执行取得理想的效果。然而,我国在公共政策执行过程中却普遍存在机械执行的现象:一是无视公共政策的精神实质,不考虑客观环境条件,对相关问题不能因时、因事、因地作出具体分析,机械地照搬其他地区、部门或行业的公共政策;二是无视公共管理中各种新情况、新问题、新特点,机械照搬陈旧的、过时的公共政策;三是无视公共事务的时效性,在公共政策不到位的情况下,面对急需解决的公共事务问题无所作为,因坐等上级政策而丧失解决问题的最佳时机。机械执行使公共政策失去了针对性,不仅阻碍了政策执行功能的正常发挥,而且浪费了公共资源,降低了执行效力,给公共管理造成一定程度的损失。

二、针对我国政策执行中的阻滞问题采取的防治对策

为了保证公共政策的有效执行,最终促进政策目标的实现与政策问题的最终解决,就必须采取对策消除执行障碍,也就是全面提高政策执行者的素质和能力,实现政策执行主体多元化的同时充实政策资源,优化政策环境,建立健全政策执行的监督机制。并与政策执行责任追究制度有机结合起来。在实践中,逐步完善政策执行体制,以提高政策执行能力与水平。

(一)提高公共政策主体的政策执行水平和执行能力

提高公共政策执行主体的政策知识水平和政策执行能力是确保政策顺利执行的首要因素。这些基本技能决定了政策执行主体在政策执行过程中对业务工作的熟练程度、责任心和工作效率,也决定了他们在实际工作中对政策信息的搜集"筛选"处理和传递能力,以及对政策信息的敏感程度。因此,政策执行主体应通过学习和不定期的培训,熟悉政策执行的活动规则,提高准确理解和把握政策的能力,从而为有效的政策执行奠定基础。另外,现阶段我国的公共政策应逐步实现政策执行的同体化和异体化协调发展,也就是说政府制定的政策一部分由政府执行机构和工作人员来承担,另一部分可以面向社会,引入市场竞争机制。可以采用承包"委托"签订合同等方式由非政府部门的公共组织或其他社会组织来承担,该做法不仅可以激发各种执行人员的责任心,同时还可以降低行政成本,提高行政效率,减小公共政策执行的阻力。

(二)提高公共政策执行对象的政策认同感

目标群体是由人构成的,他们可以根据自己的价值观和不同的利益取向对公共政策或配合,或敷衍,或抵制。由于人们长期在社会生活中已经养成一套行为定向模式,常习惯于保持持续的某种状态,因此,为了公共政策目标的实现,政策执行主体应将政策执行对象群体行为所需要的调适量降到最小,以减小人为造成的抵制,从而有利于政策的有效执行。另外,政策宣传是政策执行活动的主要组成部分,加强政策宣传,提高政策对象群体的政策认同感,可以使政策执行者和对象群体认真领会和理解政策目标的具体内容,为有效地执行政策奠定坚实的思想基础。同时,也为政策的有效执行创造良好的政策环境。此外,我们应注意在制定公共政策时符合社会发展的客观规律,以利于政策执行对象对政策的顺从、认可和接受。同时,要深入目标对象进行研究,结合其具体情况设计政策和政策执行策略,避免由于政策本身的缺陷导致目标对象的不顺从或不配合。

(三)有效利用公共政策执行的宝贵资源

政策资源是指政策运行过程中可以获得并利用来促进运行过程的各种支持和条件,即政策运行所要花费的代价和必需的各种条件,它包括人力、物力、财力和信息等。这些资源对于公共政策执行来说是必不可少的。我们对公共政策执行中的沟通协调应尤为重视,很多公共政策失败就是因为信息不畅、沟通不够。因此,公共政策制定部门要设立一定的程序、制度,甚至专门的机构来进行信息沟通和协调,不仅执行者、执行机构之间需要沟通协调,执行者、执行机构与目标群体之间也需要不断地沟通和协调,在政策执行过程中,为了确保政策资源的有效获得,应该注意在对政策执行资源的投入过程中坚持成本效

益原则,以最小的投入获得最大的产出,否则也会因为资源不足导致政策执行没有结果或者效果很差。

(四) 创建良好的公共政策执行环境

公共政策执行环境主要分为政治环境、经济环境、文化环境和生态环境。因此,在公共政策的实际执行中,我们应该因地制宜,深入各种环境进行可行性分析,并根据执行反馈和实际情况不断追踪决策。同时,对执行决策不断调适,最终取得一个满意的结果。根据系统论的观点,公共政策执行本身是一个系统,而这个系统又处在一个更大的系统中,这个更大的系统就是公共政策执行的外部环境因素。公共政策执行的环境构成了公共政策执行的基础,也时刻影响着执行的整个过程。公共政策执行也要遵守可持续发展原则,要重视对自然资源的节约。同时,一定时期占社会主导地位的价值观会对公共政策的执行起到推动或阻碍作用,与此价值观相符的公共政策执行起来会非常顺利;反之,则会受到抵制。

(五) 规范公共政策执行的监督体系

公共政策执行过程中也是需要监督制约机制的,同时还要为政策执行者构建广泛的社会监督系统。该监督应该包括上对下的监督、下对上的监督;有专业机构的专门监督,也有非专业机构的一般监督;有平行机构之间的监督,也有委托与受托之间或合同双方之间的监督;有政府的监督,也有社会公众的监督。强化政策执行监督,监督机构首先要强化政策执行的监督意识,必须充分地认识到政策执行监督的必要性和重要性;其次要强化人民群众参与政策执行监督的意识,让广大人民群众充分认识到加强对政策执行的监督也是对自己合法权益的维护,从而积极投入监督活动,以提高政策执行监督的有效性;最后要有防患于未然的意识,加强政策执行的事前监督和事中监督的意识,不能局限于事后监督。把各种政策执行活动置于公众的关注与监督之下,使"暗箱操作"没有生存的空间。另外,还应建立政策执行者的责任追究制度,为了制约政策执行者,把政策执行控制在法律秩序的范围内,使违背政策的责任落实到具体人的身上,从而增强政策执行者的责任感、使命感和危机意识。使政策执行者权责一致,从而更便于对政策执行者实行有力的监督。并严格政策执行的考核制度,适当地建立政策执行的风险监控机制,以提高政策执行者的责任意识。

(六) 完善公共政策执行体制

公共政策体制优化最重要的一点是公权力社会化,政府服务意识的回归和公民主体地位的上升。非政府公共组织不仅可以参与政府公共政策的执行,而且对于那些必须由政府执行的公共政策有重要的监督职能。公众的满意度是评估公共政策执行效果的重要衡量标准,非政府组织可以通过公众主权,对公共政策的执行施加压力,迫使政府的政策执行机构有更强的责任心,从而提高政策执行的质量。政府组织也应该积极收集公众的意见要求,根据反馈的信息及时调整意见,使公共政策更符合服务对象的要求。同时,要加强政策执行的制度创新,一是从实际出发,全面规划,因地制宜地废除不合理的旧制度;二是要不断修订、补充、完善政策制定,并对政策执行者和团体目标的义务和权利给予明确界定。

另外,我们在公共政策的执行中要贯彻原则性与灵活性相统一的原则。这就要求政策执行者要根据不同的情况灵活地执行政策,循序渐进,既要保证政策的权威性,又要避免政策执行者在执行过程中的地方主义和利己主义,使政策的对象群体最大限度地适应政策环境,以减少政策执行的阻力。因此,只有客观、全面、准确地把握各项公共政策的内涵和实质,把政策的原则性和灵活性有机地结合起来,科学、合理地选择公共政策的执行方式,才能使政策的执行取得满意的效果。

案例 5-1　中国民生政策为何执行"梗阻"

从目前的实际发展进程来看,在民生建设方面,我们面临着执行"梗阻"问题,严重削弱了人民群众的获得感和政府公信力。在执行环境上,"党政高层"推动效应明显,但不是"万能药";在执行结构上,制度安排有"刚性"阻力;在执行行动者上,基于利益、价值和信息的制约关系。

长期以来,中国政府始终坚持人民主体地位,与时俱进,大力推动基本公共服务均等化。特别是十八大以来,我们提出了全面建成小康社会的战略目标,更加明确地要求落实好各项民生政策。

然而,从目前的实际发展进程来看,在民生建设方面,我们面临着执行"梗阻"问题,严重削弱了人民群众的获得感和政府公信力。笔者通过对两项民生政策落实(《国务院办公厅关于巩固基本药物制度和基层运行新机制的意见(2013)》和《关于进一步加强和改进最低生活保障工作的意见(2012)》)的跟踪研究,尝试从执行环境、执行结构和执行行动者三个层次分析民生政策的"梗阻"问题,并作出回应。

执行结构强调制度性的安排,法律、政策、规则等,也指中央政府和地方政府横向、纵向间所形成的"条条块块"结构和"矩阵陷阱"。从两项政策执行过程来分析,执行结构的确给推动政策执行形成了制度性阻力。而这种结构性阻力表现为:"权力分割"和"信息分割"。在基层医改政策中人事和分配改革需要人力资源和社会保障部、卫生计生委,以及财政部等部门共同实施。特别是在基层医疗卫生机构的改革中,其人员招聘、辞退等由县级层面部门统一管理,从而导致基层医疗卫生机构没有用人自主权,也就无法实现人员的自由流动。最低生活保障中对于低保申请家庭经济状况的核对工作需要不同部门的信息支持,但在实际过程中,法律法规规定金融机构保障金融消费者个人信息;跨省流动人员经济信息核查同样因制度安排导致无法核实人员基本信息;同样,在基层县级政府中,民政部门牵头工作,但却因制度安排的刚性阻力无法从公积金、住房和就业等部门获得核实申请者的数据。

比如,某省某市 2013 年本级需配套资金 9 945 万元,实际安排预算 7 636 万元,并没有完成上级政府规定的财政匹配任务。再比如,某省某市在上级下达低保补助资金 3.7 亿元后近 4 个月才发文拨付各市县。从基层医改政策来看,一些省份在基本药物供货环节与企业有着千丝万缕的利益关系,因此在实施基本药物供货企业市场清理制度时执行不到位。从上述情况看出,造成执行过程中组织行动不到位或者缓慢的重要原因是基于利益的原因。

首先,基层公务员受制于资源限制,从而制约了基层公务员执行能力。具体表现为:一是基层工作人员不足。某省乡镇1名经办人员要承担2000多名低保对象的管理工作,某省因农村低保者居住分散、交通不便,基层工作人员完成入户调查的工作非常困难。二是基层工作经费不足。源于经费严重限制,包括交通费和通信费的不足,直接导致基层公务员并不十分愿意进行入户核实调查和宣传工作。随之而产生的直接后果则是一些困难群众对低保申请程序、保障标准和应享受的低保金数额十分模糊。其次,基层公务员在监管不到位的情况下,还易于基于利益诉求变相执行政策。一些地区对于基层低保政策落实和资金管理的绩效工作不健全,或者还没有制定相应的评价指标体系和办法,因此,由于组织机构的目标模糊,监管不足,在实际执行过程中产生了给予基层公务员诸多执行自由裁量权。比如,在一些地区,始终存在着人情保、关系保、骗保和漏保的现象。

案例思考题: 1. 试分析中国民生政策执行出现梗阻的原因。
2. 结合案例分析推进公共政策的执行的对策。

本章名词与术语

公共政策执行　公共政策过程　公共政策执行有效性　政策执行特征　政策执行原则　政策执行影响因素　政策执行模型　政策执行方式

思考题

1. 公共政策执行的基本含义与主要特征是什么?
2. 公共政策执行的主要影响因素有哪几个方面?
3. 简述公共政策方案执行的基本过程。
4. 政策执行时应遵循何种原则?
5. 简述政策执行的主要模型。
6. 政策执行过程中存在哪些现实困境?请结合实际,谈谈我国提升政策执行的主要途径。
7. 政策有效执行应该具备什么条件?

第六章 公共政策评估

当一项政策被制定出来后并付诸实施后,人们会希望获得有关这些政策的信息。政策评估就是搜集各种政策信息,进行综合的研究和分析,并将研究的结果作为决定政策变化、调整资源配置、改进政策和制定新政策的依据的重要一环。它是检验政策的效能、效率、效果的基本途径,是决定政策去向的重要依据,是合理配置资源的有效手段,能够厘清政策责任的归属,同时政策评估也是公共决策科学化、民主化的必由之路。因此,认真研究公共政策评估具有重要的意义。在本章中我们将阐述公共政策评估的含义与功能、公共政策评估的要素、公共政策评估的步骤与方法、公共政策评估的障碍分析、国外公共政策评估及其借鉴这五个方面的内容,以期对公共政策评估能有一个简要的概述。

第一节 公共政策评估的含义与功能

一、政策评估的含义

作为政策分析过程中的重要一环,政策评估是政策主体根据特定的标准和程序对政策运行的结果作出估价和判断。政策评估对政策过程的科学运行,乃至整个政策体系的完善都具有极为重要的意义。尽管目前对政策评估的研究越来越多,但是对于政策评估这一概念却没有一个统一的、能被研究者普遍认同的定义。对于政策评估,具有代表性的定义如下。

安德森在《公共政策》中,是这样理解政策评估的:"如果把政策过程看作某种有序的活动的话,那么,它的最后一个阶段便是政策评价。总的来说,政策评价与政策(包括它的内容、实施及结果)的估计、评价和鉴定相关。作为某种功能活动,政策评价能够而且确定发生在整个政策过程中,而不能简单地将其作为最后的阶段。"①

那格尔在《政策研究百科全书》中对政策评估是这样认为的:政策评价"主要关心的是解析和预测,它依靠经验性证据和分析,强调建立和检验中期理论,关心是否对政策有用,特别强调的是把政策评价看成一种科学研究活动"②。

林水波、张世贤认为,政策评价是"有系统地应用各种社会研究程序,搜集有关资讯,用以论断政策概念与设计是否周全完整,知悉政策实际执行情况、遭遇的困难,有无偏离既定的政策方向;指明社会干预政策的效用"③。

朱志宏认为,"就一项公共政策而言,发现误差、修正误差就是政策评估,换言之,政策评估的工作就是发现并修正政策的误差"④。

可见,学者们对政策评估概念的界定众说不一,归纳起来看大致有五种观点:第一种观点认为公共政策评估重点是对政策方案的评估,这种观点实际上将政策评估归入预测评估的范畴;第二种观点认为政策评估是广义的政策执行过程中的一个阶段;第三种观点认为政策评估是对政策全过程的评估,既包括对政策方案的评估,还包括对政策执行以及对政策结果的评估;第四种观点认为政策评估就是发现错误、修正错误;第五种观点认为政策评估的着眼点应是政策效果。事实上学者们通常并不是单纯地持某一种观点,而是存在着交叉。如前面提到的我国台湾学者林水波、张世贤认为政策评估是政策过程的最后一个阶段,同时又认为政策评估不仅是对政策方案的评估,也包括对政策执行过程和政策执行结果的评估,认为政策评估"内涵为评估某一现行的政策其在达成目上的效果"。

以上几种对政策评估含义的理解各有侧重点,我们倾向于将政策评估主要看作是对政策效果的评估。综合以上几种观点,我们可以给政策评估下这样的定义:政策评估就是评估主体根据一定的评估标准、通过相应的评估程序,考察公共政策的整个过程中的各个环节,对政策的效益、效率和价值等政策效果进行判断的政治行为,目的在于取得有关这方面的信息,作为决定政策变化、政策改进和制定新政策的依据。

根据政策评估的定义,我们可以看到政策评估所要回答的是这些问题:公共政策的本质和范围是什么?何种行动方案能够有效解决和改善问题?政策对象是什么?政府行动的结果是否达到预期目标?政策所付出的代价的大小?政策收益和效益如何?

二、政策评估的作用

众所周知,公共政策集中体现了国家发展公共事务的意志和行动。每一项公共政策的调整都直接影响社会发展的方向、速度、规模和效益,关系到国家的全面发展和公民个人的切身利益。但长期以来,人们比较注重政策的制定和执行,对政策的效果、效益和效

---

① 詹姆斯·E.安德森:《公共决策》,唐亮译,华夏出版社,1990年,第183页。
② S.S.那格尔:《政策研究百科全书》,林明等译,科学技术文献出版社,1990年,第634—635页。
③ 林水波、张世贤:《公共政策》,中国台北,1995年,第499页。
④ 朱志宏:《公共政策》,中国台北,1995年,第299页。

率缺乏足够的关注。因此,为了提高公共政策的科学性,确保政策效益和效率,进一步加强公共政策评估具有十分重要的意义。同时,政策科学的不断发展也为政策评估提供了有力的理论基础。

概括地讲,政策评估的重要作用在于以下五点。

(一) 政策评估是检验政策的效果、效益和效率的基本途径

任何一项政策,它的实际效率、效益和价值如何,往往并不是一目了然的。尤其是一项构思精良、经多方论证的政策投入运行后,究竟有没有达到预期目标、产生预期效果或者产生了哪些非预期的连带效果,这都需要我们进行科学的评估工作。为了避免盲目状态,就有必要利用一切可行的技术和手段收集相关信息,并在此基础上加以分析并科学地阐释,以此检验一项政策的实际效益和效率,并且确认该政策的优点和缺陷。例如,计划生育这项基本国策,在执行中,我们就要密切关注它的执行情况。我们可以通过定期的人口普查和年度的人口统计资料来确定我国几年内增加人口多少,并且比对原始人口数,以此判断计划生育政策是否被有效执行,哪些地区执行得好,哪些地区差一些。

(二) 政策评估是决定政策去向的重要依据

政策在执行了一段时间后,随着政策目标实现程度的不断推进以及客观环境和主观价值方面的变化,该项政策是应该延续、调整、革新还是终止?决策者都必须根据实际情况决定政策的发展方向。政策评估恰好能够提供客观资料,以帮助政策决定者。一般说来政策的走向分为三种情况。

第一,政策延续或者政策继续。即通过科学的评估,发现该政策问题尚未解决、政策目标尚未实现,其政策环境也没有发生大的变化,而实践证明政策的制定与执行活动符合实际需要,具有可行性与有效性。基于这种情况,还适宜用原来的政策继续指导这个问题的解决。例如上面提到的计划生育政策,通过第六次人口普查,确定该政策已经取得显著效果,但是由于我国的人口基数大,所以要继续执行该项政策。

第二,政策调整或者政策革新。即决策者和执行者针对在执行过程中遇到的新问题、新情况,原有的政策已明显不适应新的政策情况,必须对政策执行作出局部性调整或者革新,包括组织结构、实施时间和实施方式等,以适应新变化,更好地实现政策目标。

第三,政策终结。即完全终止原有政策。政策终结分为两种情况:一是原有的决策目标已经实现,那么原有的政策也就没有了存在的意义,一个政策周期完整结束,自然终结;二是政策环境或者问题本身发生了非常大的变化,原有决策问题无法解决,政策目标无法实现,原有政策甚至存在负效应,政策调整已经无济于事,因此要完全停止原有的政策,对政策问题进行重新决策。在这种情况下,原有政策已经终止,新的政策就将产生,并且为了避免新旧政策交替带来的混乱,旧政策的终结与新政策的出台最好能够同步。

由此可见,通过政策评估活动,为政策调整提出政策延续、政策革新、政策终结建议提供了一个重要的依据。

(三) 政策评估是合理配置资源的有效手段

在政策实践中,政府的政策资源是有限的,但政府部门却要同时执行多项政策。那么政策资源要怎样配置才最合理呢?这就体现了政策评估的重要意义。通过政策评估,我

们能够确认每项政策的价值,并且决定投入各项政策的资源的优先顺序和比例,以此来寻求最佳的整体效果,有效地推动政府的各项活动。同时,通过政策评估,也可以对照以往的政策资源分配情况,看其是否合理,总结经验,吸取教训,使政策活动高效地进行。

(四)厘清政策责任的归属

现代社会各种新情况和新变化层出不穷,公共政策日益复杂化,一项政策出现问题甚至失败,很难一下子界定是哪个环节出了问题、谁该为此负责,或者是否是政府的责任。通过政策评估,不仅可以根据实际情况找到出现问题的环节,而且可以帮助我们找到应该负责的部门,进而对政策作出调整,提高出现问题的环节的政策效率,最终避免出现大家互相推脱责任的情况,使政策的各个环节责任分明。

(五)政策评估是公共决策科学化、民主化的必由之路

在现代社会中,国家管理活动的一个重要方面就在于利用政策来调整、组织社会生产和社会活动。实践证明,政府和其他社会组织活动日益复杂化,传统的经验决策已经不能满足对国家和社会事务实施有效管理,这就要实现政策决策的科学化和民主化。政策评估正是实现传统经验性决策向现代科学化决策转变的必由之路。通过政策评估,不仅可以检验政策的效果、效益和效率,更合理地配置政策资源,形成一种优先顺序和比例,而且可以与时俱进,对政策作出继续、调整或者终止的决定。从另一个角度来看,通过评估得出的结论体现了科学性,为下一步的民主决策奠定坚实的基础。因此,政策评估对于公共决策的科学化、民主化是不可或缺的。

第二节 公共政策评估要素

公共政策评估要素主要包括评估主体、评估客体、评估目标以及评估标准等方面。

一、评估主体

评估主体即政策评估者的主体构成,包括决策者和执行者、专业学术团体和研究机构以及政策的目标群体等。

(一)决策者和执行者

决策者和执行者担任着政策活动的关键角色,能够比较全面、直接地掌握政策活动的第一手资料,在获取政策实施效果的有关信息上有优势,但作为局中人必然会受到各种因素(固有概念、思维方式、部门利益、上级压力、心理因素等)的牵扯,从而影响评估的客观性。此外,政策评估是一项专业性和技术性都很强的工作,但遗憾的是决策者和执行者往往缺乏这方面的专业理论和技能的训练。

(二)专业学术团体和评估研究机构

专业学术团体和研究机构往往受托于政府部门进行政策评估,因而在评估经费、信息获取等评估条件方面具有一定优势。但这种优势也可能会转变为劣势,这些专业学术团

体和研究机构容易接受某种暗示,存在一些心理障碍,从而影响政策评估的质量。同时,这些研究机构的独立性也是影响评估结果的重要因素。但不管怎样,专业学术团体和研究机构具备专业理论知识和方法技术,完全能够胜任政策评估工作,其评估结论能够引起政府部门的高度重视。

(三)政策的目标群体

政策目标群体的成员往往能够通过自己的亲身感受和彼此间的信息沟通,对政策执行效果作出具有针对性的评价。政策的目标群体既是政策的受体,又是政策过程的参与主体,其与政策成败具有直接的利害关系。因此,他们能够根据自己和他人的切身体会,积极参与政策评估活动,对政策作出比较客观的评价。重视目标群体的意见,也是政策民主化的有效途径。但这里还需要强调的是,目标群体中既有政策受益者,也有政策受损者,他们难免从利益角度对政策进行价值判断,可能会设法掩盖政策效果的缺陷,也可能设法夸大政策执行中的阴暗面,甚至可能采取极端态度,对政策全盘否定。所以,在听取他们意见的时候,一定要注意区别对待,同时评估时目标群体成员的选取要尽可能全面,要有代表性,能代表目标群体的整体状况。

评估者的来源可以分为内部、外部两个方面,来自内部的评估者掌握评估的大量信息资料,但评估结论往往缺乏客观性;外部评估者的评估结论相对而言具有客观性,但难以掌握评估的第一手信息资料。因此,要保证评估的科学性,最好是政策制定者能给予配合,向评估者开放信息,提供政策制定和执行的真实资料。

一般认为政策评估活动的主体应包括两个方面的含义:一是资助评估者;二是具体实施评估者。两者的关系在很大程度上决定评估的科学性。在我国多项政策的评估活动中,资助评估者通常是政策制定者,评估者通常是该政策的研究者。这种主体构成下,资助者的态度与评估者的素质成为影响评估活动质量的决定性因素。因此,必须慎重选择评估者,并建立独立的评估资金以确保评估活动的科学性。

二、评估客体

评估的客体是政策评估的特定对象,即所要评估的具体政策。政策评估主要侧重于政策效果的分析。所谓政策效果是指在一定成本投入基础上的执行结果。因此,评估对象的成本因素是评估过程中需要重点考虑的内容。当然,成本不仅包括与政策密切相关的直接成本,还包括政策实施的机会成本和其他间接成本。需要明确的是,由于政策资源的有限性,虽然各种政策可以作为评估的对象,但评估并非针对所有的政策,因此并非所有的政策都是评估的客体。由于政策内容与环境因素具有很强的互动性,所以评估政策也不能不考虑环境条件的发展变化。评估应以有效性(有没有实际价值)、时间性(时机合适不合适)、必要性(有没有实现需要)和可行性(是否具备评估条件)为前提,具体问题具体分析,不能不加区别、一概而论。实际上,如果政策评估对评估对象不会产生任何影响,评估工作就是一种徒劳之举。因此,评估必须依据上述原则,精选评估对象,使评估真正成为有意义、有价值的活动。

三、评估目标

评估目标即评估活动的出发点,要回答的是为什么要进行政策评估。一般来说,它决定政策评估的发展方向、基本内容和标准选择。政策评估的目标主要有三个方面。

(一) 政治方面

政治方面评估侧重于评估政策的执行是否会破坏原有的政治格局,是否有利于政权的巩固与发展,对国际、国内或地区产生了什么政治影响,是有助于统治的稳定还是破坏了统治的稳定,是树立了良好的政府形象还是损害了政府形象,是否会影响现有的分配状态,是否会影响现存的政治、经济制度,是否取得了合法性地位,是否得到了舆论界和社会公众的认可与支持等。

(二) 行政方面

行政方面评估主要侧重于政府执行政策能力的评估,即评估某个或某些政府机构在宣传、组织、实施政策方面的能力与成效。能否通过政策执行获得这样或那样的利益,能否有效克服组织管理方面存在的问题等。

(三) 方案方面

方案方面评估即评估政策方案的应用价值是否达到预期目标,是完全达到还是部分达到,政策的产出与投入是否合乎预期的要求,政策的实施是否对政策环境构成预期的影响等。

在实际的政策评估过程中,评估目标往往不是单一的,往往是结合在一起的。

四、评估目的

在现实中,公共政策评估的目的有积极目的与消极目的之分。

(一) 积极目的

政策评估的积极目的主要有:发现政策制定过程中的偏差,为备选方案确定优先顺序提供依据;通过政策评估活动明确政策的可行性程度,得出继续执行政策或停止执行政策的判断;依据评估结果,改善政策执行程序与技术;不同的政策会有不同的经济效果、社会效果与政治效果,这就需要通过评估活动,分清多项政策的轻重缓急,对政策资源进行重新配置,为下次政策制定、执行和调整过程准备一定的有利条件等。

(二) 消极目的

政策评估的消极目的主要有:炫耀工作业绩为本级政府或相关政府部门歌功颂德,过分追求个人职位的升迁;夸大工作难度,要求追加政策活动预算,增加工作机构和人员;规避责任,政府官员利用政策评估的结果,指出其不实施某项政策或实施某项政策的理由,规避应负的责任;批评政策以达到改变政策的目的;利用政策评估的某些结论,批评政策制定的不足,为要求政策调整提供口实;拖延时间,政策制定者依照自身的安排,不想对某一政策问题进行决策,于是就借口政策评估工作尚未结束、无法进行决策为理由,拖延决策时间。

五、政策评估标准

任何评估都是根据特定标准对评估对象进行衡量、检查、评价和估计,以判断其优劣。政策评估也需要制定特定的标准,政策评估标准是进行公共政策评估的依据和尺度,同时也能防止政策的制定和选择出现个人偏好从而保证公共政策的有效执行。因此,需要制定特定的评估标准。

然而,目前学者们对评估标准看法并不一致。如邓恩将评估标准分为六类:效益、效率、充足性、公平性、回应性和适宜性。美国政治学家P·狄辛将人类社会所追求的五种理性作为政策评价的标准:技术理性、经济理性、法律理性、社会理性、实质理性。我国台湾学者林水波、张世贤则把评估标准分为十个方面:(1) 工作量;(2) 绩效;(3) 效率;(4) 生产力;(5) 充分性;(6) 公平性;(7) 妥当性;(8) 回应程度;(9) 过程;(10) 社会指标[1]。国内学者张国庆将政策评估的标准分为基本标准和次级标准,其认为"评估政策过程最直截了当的方式,是以'净输出值'(即输出减去输入值)作为评估的基本标准。以净输出确定。公共政策的品质并不理想,必须发展出一套次级标准,借以确定公共政策的品质"[2]。学者陈振明认为,一般而言政策评估有如下五个标准:生产力标准、效益标准、效率标准、公正标准和政策回应度[3]。

基于实施标准和价值标准的划分,综合各家观点,我们认为政策评估一般应遵循以下两类标准。

(一)事实标准

1. 效果标准

效果标准即政策方案执行后产生的行动结果,也就是政策方案执行后对政策对象、政策环境、非政策对象产生的实际影响。这是政策评估的核心所在。政策效果既包括政策的预期效果,也包括政策的各种非预期效果,尤其要关注政策的非预期效果。政策方案执行后所提供的公共服务的质量如何也属于效果标准的范畴。

2. 效率标准

效率标准即产生政策预期效果所需付出努力的程度,效率标准实质是经济理性的体现。它通常以财政的投入与产出、政策成本与收益的比较来确定。政策的成本消耗既包括政策主体人、财、物方面的投入,也包括政策目标群体物质和精神方面的付出,还包括政策带给社会和自然的负面影响等。政策收益当然相应地也要从政策主体、客体和环境三个方面去考虑。衡量标准是根据单位成本所能产出的最大价值或最小成本建立的。一般来讲,投入与产出分析往往都是以货币单位形式出现。政策成本投入低于政策收益,政策才具有合理性,能够以最小成本获取最大效果的政策,应该说是一项好的政策。

3. 效益标准

效益标准的目的是对政策在投入之后所得的成果进行衡量,是在比较政策的实际结

---

[1] 林水波、张世贤:《公共政策》,中国台北,1999年,第267页。
[2] 张国庆:《公共政策分析》,复旦大学出版社,2004年,第402页。
[3] 陈振明:《政策科学——公共政策分析导论》,中国人民大学出版社,2003年,第271页。

果与理想结果之后,对政策达到预期目的程度进行的分析。政策效益的标准比较复杂,具体运用时需考虑到各种因素的影响。首先,政策效益是根据政策目标衡量出来的,所以一个明确而具体的目标是进行效益评估的重要前提。其次,要分析绩效的充分性,也就是要高度重视政策执行完成或实现目标的充分性。实现目标的充分性不仅表现为政策实施的结果满足人们需要的有效程度,还表现为需要被满足的人数;不仅包括解决社会问题的深度,还包括解决社会问题的广度。也就是说,这个充分性越大,政策的效益就越高。所以,有的政策研究人员常以政策的有效程度和政策结果所涉及的人数的乘积,来决定价值与机会的有效程度。

(二) 价值标准

1. 生产力标准

任何一项公共政策,都应当满足大多数人的利益,其中最重要的是经济利益。经济利益以及其他许多社会利益的满足都要依靠经济的发展,归根结底是依靠社会生产力的发展。政策评估必须回答政治是否有利于社会生产力的发展这一问题。中国改革开放总设计师邓小平明确指出,我们评价一个国家的政治体制、政治结构和政策是否正确,关键看三条:第一是看国家的政局是否稳定;第二是看能否增进人民的团结、改善人民的生活;第三是看生产力是否得到持续发展。这是关于政策的生产力标准的最好说明。

2. 社会发展标准

所有领域的政策活动都应当推动社会健康发展。为此,每一政策活动都应当正确处理当前利益与长远利益的关系、局部利益与整体利益的关系,经济政策应当正确处理经济效益与社会效益的关系以及环境、资源与发展的关系等。

3. 公正标准

社会公正标准主要是衡量政策的成本和收益在不同集团或阶层中分配的公平程度,并通过对政策实施前后社会发展总体状况的变动的描述和分析,衡量政策的实施给社会带来什么影响、造成什么后果、作用程度多深等。一个公平的政策必然是一个政策资源能够公平分配的政策,同时政策成本又能公平分担的政策。事实上,要做到绝对的公平是不可能的。但是,公共政策作为对社会资源的权威性分配手段,必须坚持公平或公道的基准,而且政策资源的分配与政策成本的分担应该体现扶持社会弱势群体的原则,尽可能使社会再分配福利最大化,使弱势群体分担的政策成本有所减轻。政策的成本和收益是针对不同群体的,因此应从整个政策系统出发,充分重视各种政策的综合作用。

4. 回应性标准

回应性标准即政策满足特定群体的需要、偏好和价值观的程度。一个满足效果、效率、效益与公平的政策方案,如果不能满足某些特殊群体的需要与期望,仍然不是好的政策。如影院娱乐政策的制定,即使满足了前面的标准,但如果使老年人或儿童不满意,则该项政策不具有回应性。一个好的政策不仅要满足效果、效率、充分、公平等标准的要求,还要回应政策对象内心的感受、需要和偏好。

无论是事实标准还是价值标准,在具体应用中都很少仅仅使用单一的标准,而是使用一组标准,这组标准通常是彼此具有内在逻辑联系的一个体系。另外,在为某项政策设立评估标准时,也很少仅仅使用事实标准或仅仅使用价值标准,而是将两者都包括在内。就两者关系而言,公正原则是第一位的,价值判断是起主导作用的。我们当然希望鱼与熊掌可以兼得,但很多时候事情难以两全,不得不作出一定的取舍,这也是不得已而为之。事实上,人人都想双赢,都希望能够协调矛盾,但理想不等于现实,政策评估必须坚持实事求是的原则。由于客观条件的限制,人们在做方案选择时只能做"满意决策",人们在评估实践中所选择的也往往是一种在当时当地比较满意的评估标准。

另外,从技术和操作层面来讲,政策评估标准还是应尽可能多样化、系统化、数量化。多样化即应大量采用社会科学和自然科学研究的技术方法,如进行民意测验、采用信息技术等。系统化即把各种评估技术方法看成一个有机的、动态的整体,避免不同方法之间的不配套。数量化即要从单纯的定性方法与定量方法的使用逐渐向以定量方法为主、定性定量相结合的方向转变,使政策评估的指标和判断尽可能数量化。

第三节　公共政策评估步骤与方法

一、政策评估的步骤

(一)准备阶段

准备是政策评估工作的基础和起点,也是评估工作得以顺利进行的前提和条件。政策评估是一项复杂的、系统的工作,因此,只有做好周密、充分的组织准备工作,才能抓住关键问题,明确评估的重点,确保评估工作有计划、按步骤地开始。在评估的准备阶段,主要包括以下五个方面的内容。

1. 了解政策的基本内容及相关背景

对一项政策进行评估,首先必须了解该政策的基本内容及相关背景,包括政策出台的时间、所针对的问题、政策的基本意图、政策的目标群体、政策出台前后的有关经济和社会状况、具体政策措施、政策的基本理论依据、政策执行的环境等。

2. 确定评估对象

确定评估对象就是要选择评估什么样的政策,实质上是要解决评估什么问题。这是评估工作的第一步。只有解决好评估什么的问题,才能把评估的目的、标准与方法等要素确定下来。公共政策的相关性和多样性,决定了在确定公共政策的评估对象时要有所选择,不能随意或胡乱评估某一公共政策。这就要求做到:一方面,选择的评估对象必须是确有价值又需要评估的,能够通过评估达到预定的或可能的目的;另一方面,所选择的评估对象又必须是可以进行评估的,即从时机、人力、物力、财力上看均能满足评估所需要的基本条件。一般来说,有四类政策可以确定为评估的对象:正在执行的比较成熟的政策,实施效果与环境变化之间有明显因果关系的政策,评估的结论有代表性、有推广价值的政策,负面效应突出、普遍引起公众质疑的政策等。

3. 制定评估方案

这是整个评估准备工作中很重要的工作,其质量的高低决定着评估活动的成败。完整的评估方案一般包括四个方面的内容:第一,阐述评估对象,即明确指出评估什么。第二,明确评估目的,即确定为什么要进行评估。评估的目的可能不止一个,但往往要确定其主要的目的,这样就能选择评估的种类、机构、人员、方法、支出规模等,才能使各类参与评估者步调一致,朝着既定的方向迈进。第三,确定评估标准。它是保证评估具有合理性的客观的尺度,对于不同的评估目的,标准的选择也不一样。评估标准有一般标准、也有具体标准,这就要根据情况作出适当的选择。第四,选择评估方法。由于各种评估方法都有一定的优缺点,适用场合不相同,使用单一方法评估可能会产生非常严重的误导,因此要考虑各种不同评估方法的互补性。

4. 建立评估机构

选择或建立合适的评估机构是评估的保证,要根据评估的具体要求确定相应的组织规模和职位数量,挑选合格的评估人员。

5. 挑选和培训评估人员

政策评估是一项严肃的研究工作,对评估人员有很高的要求。评估人员是公共政策评估系统构成要素中的最主要的要素。其素质的高低、专业化程度、评估态度、敬业精神、评估立场等都直接影响评估的质量。因此,精心挑选合适的评估人员并进行必要的培训,提高他们的业务水平及综合素质,建立一支高水平的评估队伍至关重要。

(二)实施阶段

1. 收集被评估政策的信息

根据评估方案尽可能具体、准确地收集各方面的数据和资料,以获取量足质高的评估信息,直接影响着评估结论的客观性,决定着评估的质量。因为对评估对象认识的科学性是评估合理的前提,而评估对象科学判断是建立在对评估对象的相关信息全面掌握的基础上的,因此获得客观准确的信息对政策评估工作至关重要。评估一般用谈话法、问卷法、观察法收集直接信息,运用文献法、调查法收集间接信息,不同的评估技术和方法适用于不同的评估对象和评估内容。同时,利用信息系统规范评估信息的采集、加工、传输,建立评估信息披露制度,最大限度地避免信息的截留、失真,以保证公共政策评估组织能够获得真实、详尽的信息。

2. 分析被评政策信息

首先,评估主体对收集到的信息进行去伪存真、由表及里的判断,确保得到准确、有效的信息,达到对评估对象的相关信息全面掌握,从而有利于政策评估工作的科学性。其次,要对收集到的信息去粗取精,对收集到的大量信息进行整理和分类,找出与政策评估相关的信息资料,为下一步利用信息做准备。

3. 评估公共政策,得出评估结论

在评估实施过程中,评估者应该坚持材料的完整性和分析的科学性两个原则,客观、公正地反映出公共政策的实际效果。对被评估政策信息分析之后,则要对筛选下来的信息运用现代科学决策以及运筹学等有效方法,使用定量与定性相结合的方法,如前后对比法、对象评定法、专家判断法和自我评定法等方法，不仅要从政策带来的实际效果进行数据分析，也要从政策对社会的价值来判断和衡量。

（三）结束阶段

1. 撰写评估报告

撰写评估报告是出成果的阶段，可以说是特别重要，为此要注意三点：一是对初步结论要再做一次简明扼要、提纲挈领的分析总结，然后给出一个正式的评估结论。二是在评估报告中，除了要写好价值判断部分外，还必须写好政策建议部分及整个评估工作的说明。实践中，有不少的评估人员只重视价值判断部分，对后几部分则不以为然，这是不可取的。三是要正确看待决策者对评估报告价值的不同观点。无论评估报告的价值高低好坏，决策者与评估者的认识常常存在着这样或那样的分歧。那些一开始就勉强同意或不赞成对某项公共政策进行评估的决策者，自然对评估报告毫无兴趣；而那些支持评估的决策者，对评估报告所提出的公共政策建议可能有三种态度：全部采纳、部分采纳和不采纳。盲目地全部采纳是不可取的，问题在于部分采纳和不采纳上面。对评估者来说，他们总是希望自己提出的建议能被决策者所接受。因此，决策者和评估者之间的分歧必然存在，妥善处理这些问题，对两者都很重要。

2. 总结评估工作

在撰写好评估报告之后，接下来就是对评估工作作出系统的总结。总结是对本次评估活动进行一番全面回顾，评估工作中的优缺点，总结经验，吸取教训，为以后的公共政策评估活动打下基础。

二、政策评估的方法

公共政策评估方法是公共政策评估者在进行公共政策评估价过程中所采取的方法的总称。在西方政策科学领域中，政策评估有许多方法，而从不同的政策评估角度，按照不同的评估标准可以划分不同的方法。近几十年来随着公共政策科学的发展，各种新的评估方法不断涌现，极大地丰富了政策评估的实践活动。我们简要介绍五种政策评估方法：目标达成方法、附带效果方法、利益相关者方法、经济方法、职业化方法。

（一）目标达成方法

目标达成方法关注的是结果与政策目标是否一致，结果是不是由政策项目造成的。这种方法的优点在于提供了客观的评估标准，具有简单性，体现了目标确定中的民主；而缺点则在于忽略成本，在目标不清的情况下难以运用，不考虑意料之外的结果，忽视实施过程，重视象征性目标而忽视了真正的目标。

（二）附带效果方法

如前所提到的目标达成方法有不少的缺点，为解决目标达成模式的困境，附带效果模式关注的是非预期的、意料之外的政策效果。附带效果并非总是有害的，也可能是有利的。比如，计划生育政策对反腐败有利。越来越多的公共政策是解决过去政策的结果。计算政策全部价值的方法是将每一个单独附带效果的价值与主要效果的价值相加或者相减。

(三) 利益相关者方法

利益相关者是指所有对政策的目标和执行感兴趣并对其具有影响的个人或团体。它和顾客导向模式相似,他们的主要区别是顾客导向模式关心的对象是受影响的一组利益群体,而利益相关者模式关心的是所有对象。利益相关者方法为没有目标或目标不清楚的政策评估提供了解决问题的策略,并提高了评估结果应用于实践的可能性。

(四) 经济方法

经济方法可以分为生产率方法和效率方法。生产率简单讲是产出与投入的比率。效率可以从两个方面来测量:成本—收益分析以及成本—效能分析。经济方法克服了效果模式的共同缺陷:忽视成本,从而把成本及政策投入作为一个重要指标纳入评估范畴。经济模式不是万能的,它对非数量化的效果无能为力,也容易忽视公正、公平、民主等价值。

(五) 职业化方法

职业化方法是指职业人员根据自己的价值准则和执行质量标准来评估其他人的执行情况,主要是同行评议。它适合公共生活中一些目标较复杂、技术难度较大的领域。它着力于对评估对象做一个全面质量判断,尤其在一些技术性领域,政府官员们把规划和讨论专业性的技术问题留给受过良好教育的专业人员去完成。

第四节 我国公共政策评估的障碍分析

对公共政策产生的影响作出精确的评估,对于克服政策运行中的弊端和障碍、提高政策水平有着深远的意义。但事实上,要对政策评估作出系统的、全面的评估,还是面临着重重困难的。

一、我国政策评估面临的困境

(一) 公共政策评估态度不端正

由于目前我国还没有形成科学的政策评估机制,而且人们在思想上对政策评估的意义认识不足,导致决策主体往往视政策评估为可有可无的工作,甚至遭到有关人员的抵制,能不评估的尽量不评估,对于迫切需要进行评估的,又往往缺乏科学的态度和方法,甚至经常夹杂着种种不良的动机,有意识地夸大或缩小、掩盖或曲解评估中的有些事实,以求实现某种特殊目的。这样不仅不利于认识政策的优劣和成效,不利于补充、修正和完善后继政策,而且还会造成政策资源的大量浪费。

(二) 公共政策评估目标难确定

在我国现实生活中,许多公共政策表达过于笼统,所反映的目标含糊而不具体。许多公共政策具有多重目标,甚至有些目标是相互矛盾的。公共政策目标缺乏准确性还在于它隐含有价值判断和政治因素。公共政策目标的确定是以价值判断为前提的,不同的个人、团体由于价值观的不同,对目标的理解也存在差异,很难形成社会全体成员的一致看法。公共政策制定者出于政治上的原因,或是不愿接受明确目标的限制,或是希望获取更多的支持,往往故意把目标表述得模糊不清。这些都将给评估标准的选择带来混乱,造成评估公共政策目标实现程度的阻碍。

(三) 公共政策评估标准不统一

由于政策评估目标的难确定性和政策环境的复杂性,以及评估主体所持的价值观的差异性,使评估人员对公共政策评估标准的认识不尽相同。因此,对于在公共政策评估时究竟应该采取何种评估标准也有各自不同的看法。有人认为生产力标准不仅涵盖和统帅了公共政策评估的其他标准,也有国内学者撰文提倡以科学发展观为公共政策评估的标准,认为科学发展观标准不仅内在地包含绩效标准、效率标准、效能标准、效益标准等事实标准,而且更强调了社会公正、以人为本、社会可持续发展等最基本的价值标准。这符合首要标准要将事实标准和价值标准结合起来的内涵,适应实证主义强调的系统评估(综合评估)的模式。

(四) 公共政策评估主体太单一

长久以来,我国公共政策评估的主体都是以政府机关(即官方)为主的,但行政官员在其政策评估报告中,一般都强调政府做了些什么、投入了多少,但对于该政策给目标群体究竟带来了多大的效用却往往没有提到。要知道在衡量政策效用时,我们不能仅仅立足于政府做了些什么。这种政策评估主体的单一化,使得公共政策的评估往往带有严重的片面性。而且由于评估主体自身知识水平的限制,这种评估也带有很大的不可靠性。

(五) 公共政策评估组织不独立

当前中国政策过程的一个显著特点就是行政的双轨结构功能系统,并没有建立科学的、专门的政策评估组织。长期以来,我国地方上的绝大部分公共政策是由领导者凭借个人经验制定出台,缺乏深入调查、公开咨询,几乎没有事中和事后的评估工作,因此无法鉴定领导者所选择的方案是否令人满意、执行部门的执行状况是否理想。

(六) 公共政策评估技术不先进

公共政策评估在我国是一个新兴领域,其理论和方法正在发展,还未形成规范化、制度化的评估体系,这就给开展具体评估工作带来了许多技术上的困难。公共政策评估是依据一定的标准进行的价值判断活动,评估指标的选择是公共政策评估的基本前提和有效评估的保证。由于公共政策产生的效果与影响既有长期的,又有短期的,有些是无形的,有些是有形的,甚至有些可能是相互矛盾和冲突的,很难找到一种社会全体成员都认同的准确的计算方法。

(七) 政策评估信息不完备

若无充分的信息和各种数据,政策评估就成了无木之本和无水之源,评估活动的科学性、可靠性无从谈起。但是,在我国除了党政机关的政策研究外,其他的政策评估非官方的学术机构,远离决策机构,这使得参与评估的学者们与决策过程相分离,缺少与决策者沟通的渠道,难以了解决策的背景与决策时的微妙。我国政策评估与决策的相对分离,造成了政策信息系统不完备、获取数据困难。加之政策信息尚未引起人们足够的重视,信息工作也刚刚开始起步,信息收集系统未能形成,这就会导致获得的信息和数据残缺不全,使得评估失去基础和依托而难以进行。

(八) 政策评估经费不充裕

政策评估并非易事,更非无本万利的生意,它也需要相当的人力、物力、财力和时间的支持,也就是说要花费一定的成本。但是,在现实中,由于评估工作及其价值尚未引起人们足够的重视和认同,国家没有单独的经费拨款,评估费用大都是摊入具体的公共项目中,致使评估资金渠道单一、资金投入不足。

二、我国政策评估理论研究现状

在西方,自公共政策评估理论产生以来,经历了一个由重技术、效率到重道德、价值的过程。现代政策评估从一开始就存在两个层面的分野,即价值判断的层面和实证主义的技术分析层面。在政策科学确立后相当长一段时期里,受到行为主义主流价值观的影响,政策评估在主流上一直倾向于应用实证技术方法分辨政策目标规定与政策结果之间的对应关系,进而验证性地确定政策的实际效果,强调把事实和价值严格分开,尽量回避与政策问题相关的党派目标和价值冲突,强调计算争取目标的各种手段的效率和有效性。20世纪70年代,由于实证主义缺乏对社会行动和社会价值之间根深蒂固的联系和恰当的理解,因而受到了广泛的批评,后行为主义和政治哲学复苏。公共政策研究者开始对传统政策评估提出质疑,强调政策评估者首先必须对评估者的基本目的和用以评估的价值观作出评估。否则,即使评估广泛使用了诸如实验设计、数学统计、随机抽样、社会审计等数量化的评估方法,仍然只是一种"伪评估"。后实证主义者强调把事实和价值结合起来,提出了同时验证经验主义与规范政策判断的辩论框架。

中国政策评估研究始于20世纪80年代初,仍是一个年轻的研究领域。迄今为止学术界对于政策评估很少做过系统、专门的研究,政策评估系统理论研究完全处于一个尚未开发或开发不够的领域。一些理论上的问题,诸如评估的概念、程序、标准、技术方法等,也只是部分地从国外借鉴来的,并没有形成特色的政策评估理论体系。该领域的研究成果仍然数量有限、不太系统,而且较为零散和粗浅,并未形成一套成熟的理论体系,难以承担指导政策评估实践的功能。用国际通行的质量标准来检视中国的一些政策评估研究,在研究方法上都或多或少存在瑕疵,有的甚至经不起基本的方法论推敲。许多似乎是实证研究取向的研究其实并没有运用现代社会科学研究方法。许多研究根本没有一个明确的研究问题,没有文献评估,没有深入地研究因果机制,没有构建出具有说服力的理论,更没有进行理论检验,或者理论观点没有经验事实支持。许多非实证研究取向的研究也并没有遵循诠释研究和判断研究的研究方法。就中国的研究而言,目前能够找到的中文文献中,对公共政策评估方法贡献比较大的往往是经济学、数学等领域学者。但是,在公共政策(尤其是政策评估)学科知识的累积以及方法论的验证、更新方面,国内不同学科之间的交流明显不足,使得很多已经得到检验的政策分析技术还未进入中国公共政策研究的"工具箱"。

西方政策评估理论的发展是由实证研究机构转向价值研究,继而发展为如今的实证与价值相结合的研究范式的。实证研究是其理论发展的基础,量化的评估方法和技术的广泛应用是实践发展的不竭动力。反观中国的政策评估,无论在研究方法上还是在实践上,都是以定性为主,忽略定量研究,对计算机、统计学、计量经济学方法运用太少,跨学科、综合性研究少,只注重考虑政党关系、政府形象、GDP等价值因素,过于缺乏实证研究,缺乏整个公共政策研究领域系统的方法论基础。

第五节 国外公共政策评估及其借鉴

一、国外公共政策评估的做法和经验

(一)美国的公共政策评估

1993年1月,美国国会通过了《政府绩效与成果法案》,在讨论和实施这项法案的过程中,公共政策绩效已引起广泛的关注。美国《参议员政府事务委员会关于政府绩效及成果法案的报告》在第三部分论及通过《政府绩效及成果法案》必要性时指出,目前,国会的政策制定、支出政策执行以及总体政策因为缺少足够精确的项目目标和充足的项目绩效信息,受到了严重的制约。联邦管理者也由于缺少明确的目标和有关结果的信息,在试图提高的项目效益和有效性过程中处于不利的地位。经过将近10年政府绩效评估的开展,美国政府于2003年9月正式颁布了《政策规定绩效分析》文件,对实施公共政策绩效评估作出系统、全面的规定。这份文件作为政府绩效评估的一个配套文件,其目的是为了预测和评价政策规定实施效果,为政府部门分析政策规定绩效提供帮助。根据这一文件,政府部门在废除或修改已有政策或者制定新政策时应进行政策规定绩效分析,尤其要分析政策规定的经济效益。

政策规定绩效分析的方法以定量为主、定性为辅,定量与定性相结合。基本方法是成本效益分析,通过成本效益分析为决策者选择有效率的方案,即产生最大社会净收益的方案。对于不能以货币计算损益的情况,则进行定性分析,明确指出不能量化但重要的价值,以利于决策者将它与量化损益相比较。政策规定绩效分析整个过程充分体现公开透明的原则。首先,前期进行意见征询。在设计、编写、执行政策规定绩效分析时,询问政策目标人群及专业人士和机构的意见。其次,分析过程透明。要求列明分析是建立在哪些技术、信息基础上的,同时注明数据来源、附加模型,说明基本假设、方法、数据及分析的不确定性,以让合格的第三方能够清楚地理解分析的过程和结论。最后,分析结论公开。结论在互联网上公示并披露外部咨询人员的资格及聘用历史。如由于隐私、产权、商业秘密等原因不能公示,则严格检验分析的结论和使用的数据,同时,遵守信息质量标准和相关法律。政策规定绩效分析包括三个方面的基本内容:(1)政策规定的必要性分析。上报政策规定草案时必须阐明拟实施政策的必要性。(2)政策规定选择的评估。这一评估是建立在前期必要性分析基础上的,需要平衡政策的全面性与可行性,重点考虑政策制定机构的法律权限、政策生效时间、政策执行手段、严格程度、政策对象适用性和地域差别。

(3) 对公共政策绩效的分析。收益—成本分析和成本—效果分析是两种基本分析方法。收益—成本分析主要用于评价收益与成本都能以货币来计量的政策规定方案,而成本—效果分析法主要用于收益无法货币化的公共政策分析,由于公共政策作用的多样性和复杂性,它的应用比损益分析更广、难度更大。

(二) 法国的公共政策评估

法国评估机构开展公共政策评估有明确的法律保障。1985 年,法国政府颁布法令,规定国家级的科技计划、项目未经政策评估不能启动,从法律上确立了科技政策评估在法国的地位[①]。法国对评估机构也进行了法律规范,1989 年 5 月成立的法国国家研究评估委员会,隶属于政府研究与新技术部,对其适用的法律法规有 16 个条款,这些条款对该机构从职能机构、人员组成、评估费用等作出明确的规定。法国赋予评估机构一定的特权,以保证公共政策评估的有效性。法国公共政策评估的评估人都要接受资格认定,并承担评估法律责任。法国有专门的评估师培训学校,大学毕业生要经过专门的学习、通过严格的考核才能成为评估师。

法国对公共政策评估十分重视,有多个机构承担公共政策评估,包括国会、中央和地方行政机关、国家审计法院和地方审计法庭,以及由公务员、民选议员和评估专家组成的大区评估委员会。除公共机构承担公共政策评估外,也可委托私人机构对某些项目进行评估。法国于 2002 年成立了全国评估委员会,负责领导跨部门的评估工作。法国国家评估委员会具有相当的权威性,负责确定评估方法,制定详细的招标规划,挑选委员会以外的行家。评估过程中委员会成员独立发表意见并进行辩论,最终以集体意见作为评估结果。整个过程采用异议制,允许被评估机构阐述其观点甚至对评估结论提出异议。但评估报告一旦确定,被评估机构必须根据评估报告的建议采取措施,并向政府主管部门报告。

法国中央部门和地方政府公共政策评估的方式有所区别。对中央部门进行公共政策评估,一般由国家级的评估机构组织和实施。对地方政府公共政策的评估,采取的方式主要有:一是设评估专员,一般是 5 万人口以上的城市采用;二是设评估处,主要是省级政府采用;三是设集体评估机构,如大区评估委员会,主要是对大区进行评估。评估大致分为前期论证、基础准备、资料收集、资料分析、综合汇总五个阶段,评估以定性为基础,以定量分析为手段,采用定性与定量相结合的方法进行。

(三) 日本的公共政策评估

政策评估是日本行政改革的核心,也是政府绩效评估的主要内容,政府绩效评估在日本又被称为政策评价。20 世纪 90 年代,日本的地方自治体率先引入了政策评估制度。从 1995 年开始,日本三重县较早开展了政策评价活动,其他郡、道、府、县借鉴其做法,结合自己的特点相继推行以政策评价为核心内容的行政改革。1997 年 12 月,当时的日本首相桥本龙太郎在中央引入了"再评价制度",并要求与公共事业有关的六省厅对全部公共事业进行评价。此后,建设省、运输省和农林水产省相继实施了"中间评价"和"再评价"。一系列评价制度的制定和活动的开展,为在全国实施政策评价打下了基础。2001

---

① 奚长兴:《对法国公共政策评估的初步探讨》,《国家行政学院院报》,2005 年第 6 期。

年1月,日本政府政策评价各府省联络会议通过了《关于政策评价的标准指针》,对政策评价的对象范畴、实施主体、评价的视角和评价方式作出具体规定。2002年4月正式实施了《关于行政机关实施政策评价的法律》(以下简称《评价法》),根据该法案,内阁和政府的各个部都被要求在其权限范围内实行政策评价[①]。《评价法》规定了政策评价基本事项,主要包括三个方面内容:一是政府各部门必须适时把握所管辖政策的效果,从必要性、效率性和有效性等视角进行自我评价,并将评价结果反映到相应的政策上。二是在政府制定的关于政府总体政策评价的基本方针的基础上,各部门要制定中期基本计划和每年的实施计划,对政策评价的结果要编制评价报告予以公布。三是为保证政策评价的统一性、综合性和更加严谨的客观性,总务省要对政府各部门政策进行评价。

总务省和政府各部门是政策评价的实施主体,每年需向国会提交年度政策评价报告书,并向社会公众公布。政府各部门均建立起相应的领导机制,设立由大臣或政务次官为首的政策评价会议等机构。总务省成立了作为总务大臣咨询机构的"政策评价与独立行政法人评价委员会",其事务局设在行政评价局,委员由总务大臣任命,主要由外部专家、学者和企业家构成,委员长由委员们选任。该委员会负责对政府的政策评价制度和总务省所实施政策评价的相关重要事项进行调查审议,向总务大臣提出政策评价基本方针及其修改意见等,并进行与国民直接对话等沟通、宣传工作。总务大臣根据对政府各部门政策的检查和审议结果,必要时可向内阁总理提出相关意见建议。行政评价局是于1999年4月由总务省的行政监察局变更而来,负责统筹、协调和推动政府总体的政策评价制度的实施,并具体实施单个政府部门难以进行的、数个政府部门或跨部门的政策评价,以及检查政府各个部门所进行的政策评价情况。日本行政评价局在职人员共1 100名,除总部外,在全国设立了47个地方分支机构,地方分支机构负责评价地方政府执行国家政策的情况[②]。

为配合各年度的业务开展,大部分政府部门都在年度末制定该年度的政策评价实施计划,并根据实施计划编制评价报告。日本政策评价的程序和步骤有严格的规定:首先,政府各部门从政策的规划、立案和实施的角度对所管辖的政策进行自我评价,然后各部门政策评价会议对相关重要事项进行审议。评价的具体实施则由政府各部门的专业司局进行,再由部门中设立的专门负责政策评价的处室进行综合汇总。评价结果要向大臣等政府部门的领导报告,经审定后向社会公布。在评价的过程中必须广泛听取外部有识之士的意见,以保证评价的客观性。

二、国外公共政策评估的借鉴

尽管我国公共政策评估近年来有了较大发展,但与发达国家相比其作用远未发挥出来,与真正科学意义上的公共政策评估还有相当距离,所以我们要学会"洋为中用"。学习和借鉴国外的成功经验和做法,可以从以下五个方面入手。

[①] 吴松:《日本政府政策评价制度与科技政策绩效评价浅析》,《政策计划》,2007年第7期。
[②] 范柏乃:《政府绩效评估理论与实务》,人民出版社,2005年,第154页。

（一）加强制度化、法律化建设

第一，构建预测评估、执行评估和结果评估相结合的完整的公共政策评估体系。第二，尽快出台规范公共政策绩效评估的法律、法规。通过制定法规确立公共政策绩效评估的地位，明确各级政府制定和执行公共政策都应进行不同程度的绩效评估。规范评估主体、客体的权利与责任。对政策评估原则、评估类型、评估程序、评估结果的使用和公开及职能机构、人员组成、评估费用等内容都应该作出明确、详细的规定，使公共政策绩效评估在一套明确的法律制度框架下运行。第三，保证政策评估资金的来源。政策评估是一项耗资而复杂的系统工程，需要动用大量资源收集处理信息，因此有必要加强财政投入。第四，高度重视评估结论，充分利用评估成果。通过政策评估得到相应的反馈，不断地改进、修订和补充公共政策的内容，促进评估规范化和程序化，使其形成良性循环。

（二）建立独立性强、专业化程度高的组织体系

一是规范、健全官方的政策评估组织。按照"决策、执行、监督"相分离的要求，让政策制定和政策执行分别由两个相互分开的机构独立履行，使其各司其职、各负责加强沟通和协调，实现信息交流共享，减少不必要的干扰和阻力。二是鼓励和引导民间政策评估组织的发展。要充分发挥他们体制灵活、专业化强、立场中立、社会关系广泛的优势，特别要注意赋予民间评估机构超然、独立的地位，保证其工作免受政府干扰。三是加大评估专业人才的培养力度。通过学历教育和在职培训，设立优秀评估奖励制度，鼓励和吸引政策分析专业人士到政策评估组织中工作。实施资格认定制度，规定从业条件，促进职业化发展。通过以上措施，形成一个从中央到地方，从内部到外部，职能分工不同、信息资源共享、专业人才数量充足的公共政策绩效评估组织体系。

（三）科学运用评估技术与方法

首先，加强政策评估理论建设。通过加强政策科学的研究和传播，使政府部门认识到政策评估不仅有助于其认识政策的优劣和成效、监督政策的执行过程，而且有助于开发政策资源、增强政策效益，使其在思想上予以一定的重视，从而端正政策评估的指导思想，本着平和心态去开展评估工作，为实现决策的科学化和民主化服务。其次，选取合适有效的评估方法。常用的政策评估方法有对比分析法、成本效益分析法、统计抽样分析法、定性分析法、同行评估、问卷调查、当面访谈、电话采访及案例研究等。各种方法之间存在互补性，在实践中应根据具体情况选择一种主要的分析方法并结合其他方法综合地作出评估结论。在政策评估中尤其应注意定性分析和定量分析的有机结合，这样有助于提高方法的科学性、客观性和准确性。

（四）提高政策评估透明度

首先，建立政策评估信息系统。公共政策说到底也是一个政策信息不断输入、转换和输出的过程，所以在政策的开始阶段必须确定一些原则和精神，对政策过程中每一个环节的信息进行全面收集、科学分析和完整保存，这样才可以实现评估的"扁平化"，减少沟通层级、最大限度地避免信息失真。其次，完善政府信息公开制度。评估过程中建立和维护各级政府信息库，注意征询政策目标人群的意见，评估采用的方法、引用的数据和评估的结果要通过互联网和媒体向公众公开。评估结论应将公众满意度作为参考依据之一，并

在评估报告中有所反映,以促进决策的民主化。

(五)加大对公共政策评估的投入和宣传力度

加大对公共政策评估的投入,以保证评估所需的人力、物力、财力资源的充足,加强对公共政策评估理论、评估方法和评估技术的研究,以提高评估结果的准确性,并将评估结果与有关部门的奖惩相结合。同时,要加大宣传力度,提高对公共政策评估工作及其意义的认识。评估工作者要利用各种媒介(如报纸、杂志、电视和网络等)渠道,加大宣传的力度,充分发挥我国社会主义媒体的优势,使人们认识到评估的作用和意义,从而鼓励社会公众和社会组织加入公共政策评估中来,推动公共政策评估的大众化、专业化、公开性、客观性和准确性相结合。

案例 6-1　上海市私家车车牌拍卖政策市民满意度评估

上海市私家车车牌拍卖始于1986年。真正意义上的私家车车牌拍卖制度建立于1992年。进入21世纪之后,随着经济的发展,私家车开始迅速进入寻常百姓家,车牌拍卖的影响力和重要性也日渐增强。日渐扩大的车牌需求与日益严重的城市交通拥堵之间的矛盾越来越突出,公共交通系统发展的相对缓慢更是加剧了这一矛盾,导致普通民众对私家车牌照拍卖制度褒贬不一,有的赞成,有的反对,有的甚至呼吁取消该制度。为了更好地了解上海市普通民众对私家车车牌拍卖制度的了解程度、真实看法和改进建议,我们建立了公共政策公民满意度指数(public policy citizen satisfaction index,PPCSI)模型来对上海市私家车车牌拍卖制度进行满意度测评研究。

一、公共政策公民满意度指数(PPCSI)模型研究设计

公共政策公民满意度指数模型,起源于美国顾客满意度指数(ACSI)模型。在ACSI中,核心是顾客满意度,是一种累积型的顾客满意度。模型中共有6个结构变量,顾客满意度、顾客期望、感知绩效、感知价值、顾客抱怨、顾客忠诚。在服务型政府建设中,公民作为政府公共政策的服务对象,是政府的政策的"顾客"。因此,在PPCSI中,公民满意度是核心,结构变量修正为公民满意度、公民期望、公民抱怨、公民信任、感知效能、公民满意,另外,将感知价值替换为政府形象。PPCSI模型结构如图6-1所示。

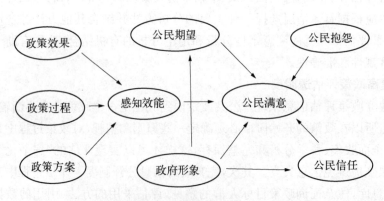

图 6-1　公共政策公民满意度指数(PPCSI)模型

本次研究通过构建结构方程获取最终的满意度指数(PPCSI)。结构方程中设置了6个结构变量,属于潜变量;设置了32个观测变量,即显变量。最终的PPCSI指数由6个潜变量通过公式计算而得。其中潜变量感知效能由3个效能因子组成,分别是政策效果、政策过程、政策方案。图6-1当中的潜变量公民满意用虚线表示,是因为这个公民满意不是最终的公民满意度指数,而只是作为一个潜变量,作为指数计算的一个组成部分。

在私家车车牌拍卖满意度指数模型中,结合相关专家学者的建议,32个观测变量的选取情况分别如下。

1. 政策效果

(1) 您认为本市私家车牌照拍卖政策的实施,有助于缓解交通拥堵吗?
(2) 您认为本市私家车牌照拍卖政策的实施,提高了您的出行效率吗?
(3) 牌照拍卖政策对您的购车需求影响大吗?
(4) 您认为私家车牌照拍卖政策的执行,有助于减少尾气,改善空气质量吗?
(5) 您对由私家车牌照拍卖产生的财政收入用于改善公共交通情况满意吗?
(6) 您觉得牌照拍卖政策对低档汽车行业影响大吗?
(7) 您觉得牌照拍卖政策对中高档汽车行业影响大吗?
(8) 牌照拍卖政策催生拍卖黄牛产业,您满意吗?

2. 政策过程

(1) 您对车牌拍卖过程的透明度满意吗?
(2) 您对车牌拍卖技术支持情况满意吗?
(3) 您对车牌拍卖过程中产生的收入与支出满意吗?
(4) 您对车牌拍卖过程中的公平公正性满意吗?

3. 政策方案

(1) 您对车牌拍卖政策的合法性满意吗?
(2) 您对车牌拍卖程序的科学性满意吗?
(3) 您对车牌拍卖政策的市民参与度满意吗?
(4) 您对车牌拍卖政策的开放性(非沪籍)满意吗?

政策效果、政策过程、政策方案三个效能因子组合构成了感知效能。

4. 公民期望的观测变量

(1) 与几年前相比,您对私家车牌照发放的政策水平期望高吗?
(2) 您对牌照拍卖政策的效果(缓解拥堵、改善空气质量等)的期望如何?
(3) 您对牌照拍卖政策一直延续下去的期望大吗?
(4) 您对牌照拍卖政策进行改革的期望大吗?

5. 政府形象的观测变量

(1) 您觉得市政府在群众中的威信如何?
(2) 您觉得市政府履行承诺情况如何?
(3) 您觉得市政府公务人员廉洁情况如何?
(4) 您觉得市政府整体形象如何?

6. 公民满意的观测变量

(1) 您对本市私家车牌照拍卖政策的总体满意情况如何？

(2) 与北京、杭州等城市相比，您对当前牌照拍卖政策的满意程度如何？

7. 公民信任的观测变量

(1) 您相信政府采取牌照拍卖政策的初衷吗？

(2) 您相信民众对于牌照拍卖政策的诉求和不满会得到政府的响应和改善吗？

(3) 如有需要，您会积极支持政府推进牌照拍卖政策的执行吗？

8. 公民抱怨的观测变量

(1) 当您没有拍中牌照时，您有采取向别人发牢骚、抱怨或者将不满诉诸媒体或其他网络平台的经历吗？

(2) 当您对牌照拍卖费用缴纳不满时，您有采取向别人发牢骚、抱怨或者将不满诉诸媒体或其他网络平台的经历吗？

(3) 当您数次都不能拍中牌照时，您有采取过信访上访、效能投诉或者诉讼的经历吗？

在该 PPCSI 模型中，私家车拍卖制度满意度指数由上述 6 个潜变量的得分计算得出。使用的测量工具是李克特（Lickert）量表。即利用一系列问题，询问受访者对各种态度的同意情形。为了减少满意度调查结果中常常出现的异常的偏度和峰度，本文选择的是 7 级李克特量表。1 到 7 分别对应非常不满意、不满意、有点不满意、一般、有点满意、满意、非常满意。具体到每一个结构变量，表述可能略有变化，但是总体的得分与最终的满意度都是呈现正相关的关系，即得分越低，表示越不满意、越不信任或者形象越不好，得分越高，对应越满意、越信任或者形象越好。

在计算最终的满意度得分时，考虑到不同的结构变量在满意度当中的重要程度，并且结合一些专家学者的建议，做如下调整。

满意度得分满分设定为 100 分。量表中的 1 级对应 1 分，7 级对应 100 分。感知效能中共有 16 个观测变量，每个观测变量的权重为 0.04，所以感知效能的总体权重为 0.64。公民期望中有 4 个观测变量，每个观测变量权重为 0.02，总计 0.08。政府形象中共有 4 个观测变量，每个观测变量权重为 0.02，总计 0.08。公民满意中有 2 个观测变量，每个观测变量权重为 0.04，总计 0.08。公民信任中有 3 个观测变量，每个观测变量权重为 0.02，总计 0.06。公民抱怨中有 3 个观测变量，每个观测变量权重为 0.02，总计 0.06。如表 6-1 所示。

表 6-1 上海市私家车车牌拍卖制度公民满意度指数模型权重分配表

结构变量	效能因子	观测变量数量	观测变量权重	总权重
感知效能	政策效果	8	0.04	0.32
	政策过程	4	0.04	0.16
	政策方案	4	0.04	0.16

续表

结构变量	效能因子	观测变量数量	观测变量权重	总权重
公民期望	/	4	0.02	0.08
政府形象	/	4	0.02	0.08
公民满意	/	2	0.04	0.08
公民信任	/	3	0.02	0.06
公民抱怨	/	3	0.02	0.06
Total	/	32	/	1.00

在本次上海市私家车车牌拍卖制度公民满意度研究中，充分考虑到研究的社会学特征，将公民的个人特征作为研究的控制变量。选取的个人特征包括：性别、年龄、职业、居住区县、户籍、受教育程度、家庭月平均收入、家庭拥有私家车情况8个统计变量作为模型的控制变量。

二、问卷调查设计与执行

本次研究借助问卷调查的方式，对上海市私家车车牌拍卖制度的公民满意度情况进行研究。问卷的设计依据就是公共政策公民满意度指数(PPCSI)模型。在问卷设计过程中，广泛听取了相关专家、教授的意见和建议，经过修正，最终形成包括三个部分内容的调查问卷。第一部分是受访者的个人特征；第二部分是问卷的主体部分，包括六个小部分共计32个问题；第三部分是受访者对私家车车牌拍卖政策的意见或建议。

考虑到本次研究的视角是上海市城市交通建设，所以选取了不包括崇明县在内的其余全部15个区作为调查区域。共发放问卷281份，回收281份，其中有效问卷252份，有效问卷回收率90%。

三、满意度指数

1. 上海市私家车车牌拍卖制度的 PPCSI 指数

本次满意度指数采用百分制，绝对满意时分值为100分，绝对不满意时分值为0分。公共政策公民满意度指数的计算公式如下所示：

$$PPCSI = \frac{E[\eta] - \min[\eta]}{\max[\eta] - \min[\eta]} \times 100$$

式中：η 代表结构变量公民满意度；$E[\eta]$ 代表结构变量公民满意度的平均值；$\min[\eta]$ 代表结构变量公民满意度的最小值；$\max[\eta]$ 代表结构变量公民满意度的最大值。

式中，$\min[\eta]$ 和 $\max[\eta]$ 分别可以由观测变量的值来计算，公式如下。

$$\min[\eta] = \sum_{i=1}^{n} w_i \min[x_i]$$

$$\max[\eta] = \sum_{i=1}^{n} w_i \max[x_i]$$

式中：x_i 表示结构变量公民满意的观测变量；w_i 表示观测变量的权重；n 代表观测变量的数目。

本研究中共有 6 个结构变量，因此公式可以简化为：

$$PPCSI = \frac{\sum_{i=1}^{6} w_i \bar{x}_i - 1}{6}$$

根据公式，计算得出上海市私家车车牌拍卖制度公民满意度指数为：44.2。

由于没有相类似的平台可以比较，因此，上海市私家车车牌拍卖制度的公民满意度指数没有什么实际的意义。但是，从得分上看，如果以 50 分表示满意中立的情况的话，那么就说明该制度的总体满意程度处于比较低的水平，有较大改进余地。

案例思考题：公共政策公民满意度测评的影响因素有哪些？公共政策公民满意度测评的意义何在？

本章名词与术语

政策评估　评估主体　评估客体　评估目标　评估标准　评估方法　生产力标准
效益标准　效率标准　公正标准　政策回应度　事实标准　价值标准　评估报告

思考题

1. 什么是政策评估？政策评估具有怎样的功能和意义？
2. 政策评估具有哪些基本要素？
3. 政策评估主要有哪些方法？请简述政策评估的过程与方法。
4. 简述我国公共政策评估的现状与障碍。
5. 简述国外公共政策评估对我国的借鉴。

第七章

公共政策监控、调整与终结

政策监控是政策过程的一个基本环节,它贯穿于政策过程的始终,制约或影响着其他各个环节,起着重要的作用。在政策制定、执行、评估等环节中,由于信息不充分、有限理性、既得利益偏好和意外事件等,使得政策方案不完善,被误解、曲解、滥用或执行不力,直接影响到了政策本身的质量及执行结果。因此,必须对政策过程的各个环节,尤其是政策的制定和执行加以监督和控制,并在政策监督和控制所获得的有关政策系统运行(尤其是政策执行的效果)的反馈信息的基础上,对政策方案、方案与目标之间的关系等进行不断的修正、补充和发展,以便达成预期政策效果的一种政策行为,就是政策调整。通过对政策过程的各个环节进行监控,以保证制定出尽可能完善的政策,保证正确的政策能得到贯彻实施,通过对政策过程的各个环节进行调整,及时发现、纠正政策偏差。以提高政策绩效,实现政策目标。通过政策周期的研究,防止政策僵化,促进新的、充满活力的政策的产生。

第一节 公共政策监控系统

一、政策监控的含义

政策监控是政策监督与政策控制的合称,是为了实现政策的合法化与保证政策的贯彻实施而对政策的制定、执行、评估和终结等活动进行监督与控制的过程,其目的在于保证政策系统的顺利运行,提高政策制定与执行的质量,促进既定政策目标的实现和提高政策效率。

根据上述定义,政策监控的内涵有如下四点。

第一,政策监控具有特定的主体。政策监控主体即从事监控活动的个人、团体和组织,它是一般政策主体的有机组成部分,由立法机关、行政机关、司法机关、政党系统、利益集团、大众媒体以及人民群众等组成。政策监控主体有其特殊性。首先,不同层次的政策由不同层次的机关及其组成人员负责制定、执行、评估和调整,政策监控的主体也因而随之有所不同,表现出明显的层次性。其次,政策监控在政策过程的不同环节之中由不同的机关及其组成人员负责实施,因而政策监控的主体就表现出了多样性的特点。

第二,政策监控具有特定的客体,即政策系统及其运行。政策过程的各个环节,包括政策的制定、执行、评估、终结以及承担这些功能活动的组织和个人都属于监控的对象。政策监控的主体与客体的划分具有相对性,它们之间并不是简单的监控与被监控的一一对应关系,而是相互交叉、重合,呈现为复杂的网络状的结构。

第三,政策监控表现为一个活动过程,而不是一个孤立的活动环节,它是由监督、控制和调整等功能活动组成的动态过程。

第四,政策监控具有目标指向,即保证政策系统的顺利运行,提高公共政策的制定和执行质量,促进现实政策目标的实现,提高政策效率。

二、政策监控的分类

政策监控是一种多样化的活动,可以从不同角度对政策监控进行分类。下面是五种主要的分类方法。

(一) 根据政策过程的不同阶段分类

按照政策监控在政策过程所处的不同阶段,政策监控可以分为政策制定监控、政策执行监控、政策评估监控和政策终结监控四种。

1. 政策制定监控

这是指对政策制定过程中的信息收集、问题界定以及方案的规划、选择和合法化等活动的监督和控制。通过对政策制定的监控,保证政策本身的科学性和合理性,从而尽可能地减少政策失误。

2. 政策执行监控

科学合理的政策的出台并不一定能保证既定目标的实现。在政策执行过程中,可能是执行者本身的问题,也可能是目标团体的不配合等原因造成政策变形、扭曲和走样。因此,为了保证政策的全面落实,就要对政策执行过程进行监督和控制。

3. 政策评估监控

由于现实的评估工作中存在的障碍可能会阻碍政策评估的顺利运行,因此必须对评估工作进行监控,才能保证获得客观准确的政策效果信息,从而为政策的继续执行或终结提供依据。

4. 政策终结监控

通过对政策终结过程的监控,促使失败或过时政策的及时废止,以减少损失,提高政策绩效。

（二）根据政策监控的不同时态分类

按照政策监控的时态的不同分布分类，政策监控可以分为事前监控、事中监控和事后监控三种。

1. 事前监控

这是指在政策实施之前，为保证既定的政策目标的实现，尽量减少失误，监控主体未雨绸缪，事先预测未来的政策活动中可能发生的与预定政策目标不一致的各种问题，并采取预防措施加以监督和控制。

2. 事中监控

这是指在政策运行过程中实施同步监控，即一旦发现与原定的政策目标不一致的地方立即采取纠偏措施，提出调整意见，促使政策得到真正的落实。

3. 事后监控

这是指在这一种政策行为之后或一项政策活动过程结束之后，把政策活动产生的实际效果与既定的目标、要求和原则等做比较，找出并纠正偏差和失误，避免再犯同样的错误。

（三）根据政策监控的层次分类

按照政策监控的层次分类，政策监控可以分为自我监控、逐级监控和越级监控三种。

1. 自我监控

这是指政策制定和执行主体根据政策的目标要求，在政策过程中进行自我检查、自我分析、及时发现、纠正偏差，从而实现政策监控。

2. 逐级监控

这是指上下级的政策主体之间按照授权关系，自上而下逐级对政策进行监控。

3. 越级监控

这是指越过中间层级，上层政策主体对下层政策主体直接进行监控，或者下层政策主体对上层政策主体进行监控。

（四）根据政策监控的内容分类

按照政策监控的内容分类，政策监控可以分为目标监控和关键点监控。

1. 目标监控

这是指以政策目标的实现与否作为监控的核心，通过把握政策运行过程中的目标的状态，最终实现目标与结果的相一致。

2. 关键点监控

这是指以政策的重点作为监控的核心。例如，以重点的政策目标为关键点、以政策的重点内容为关键点、以政策的重点目标群体为关键点等。

（五）根据政策监控的主体分类

按照政策监控的主体分类，政策监控可以分为立法机关的政策监控、行政机关的政策监控、司法机关的政策监控、政党系统的政策监控、利益集团的政策监控、公众和公众舆论的政策监控。

三、政策监控的基本条件

（一）政策目标

政策监控主体要明确所监控的政策目标是什么，要达到什么具体要求，这样才能有的放矢地进行监控工作。政策目标决定政策监控的内容，政策监控为实现政策目标服务，政策监控必须始终随着政策目标来进行。

（二）政策战略

政策战略是政策监控的工作方针，决定政策监控的标准和节奏。政策战略越明确、具体、全面，监控效果就越好。政策战略得当，政策监控才会更有效率和效力。

（三）组织结构

政策监控是按照一定的组织层次进行的，各级组织机构都应明确各自的监控职责。很多情况下政策执行的主体同时是政策监控的主体，这时就更应强调监控的职责，政策监控是政策执行的保证。

四、政策监控的作用

政策监控既是政策过程一个不可或缺的组成部分，又是一个特殊的环节，贯穿于其他各个基本环节之中，在政策过程中起着信息反馈的作用。对于政策系统来说，主要是通过政策监控子系统及监控活动来确定政策方案是否合理、合法，找出政策目标与执行手段之间、预期政策目标与实现政策绩效之间的差距，发现问题之所在，并从中寻找解决问题的办法。例如，调整政策目标、加大执行力度、重新配置资源等。政策监控的作用主要表现在以下四个方面。

（一）保证政策规范合法

这里指的是对政策制定活动进行监控以使政策的制定严格遵守法定的程序和原则，并且审查所制定的政策是否符合宪法和有关法规。它由有关的国家机关根据法定的程序和权限对立法活动所做的审查所构成，是政策取得合法性的一个重要环节。通过政策监控以实现政策合法化包括两个方面的内容，即实现政策的形式合法化与内容合法化。实现形式合法化就是使政策的制定活动严格遵守法定的程序与规则；实现内容合法化就是使政策目标、方案等不违背宪法和有关法规。当然，即使一项政策从形式到内容被合法化了，也未必就等于它已获得合法性，因为该项政策仍然可能危害公众的利益、不能满足公众的愿望和要求。

（二）推进政策贯彻实施

政策只有在被采纳并付诸实施之后，才有可能产生实际的作用并达到预期的目标。人们通常所说的"关键在落实""要真抓实干"，就是强调政策贯彻实施的重要性。政策是由人来执行的，由于执行者的认识水平、价值取向、个人及其所代表的利益、偏好等，经常使得政策在执行过程之中被误解、曲解、滥用、消极抵制甚至反抗，出现"上有政策、下有对策"的现象。政策监控的作用就是根据一定的标准对政策的执行活动进行检查、监督，以保证政策达到预期目标，或者发现预期目标与实现效果之间的反差，并找出其中的原因。

如果是因为预期目标太高而根本不可能实现，则就必须调整目标以适应现实的条件；如果目标是正确的、可行的，但却没有实现，则问题就必然出在执行过程中；如果是执行不力，则需要加大执行力度；如果具体方法或步骤有误，则需要做相应的调整等。

（三）实现政策调整完善

政策是人的认识的产物，作用于客观世界，尽管人的认识也可能随之而逐渐深化，但总是落后于外部世界的发展变化的。政策作为人的认识的产物，一旦制定出来并付诸实施之后，都要保持相对稳定不变，此即政策的滞后性。它不仅是指政策的变动滞后于人的认识的深化，而且更是指政策的变动滞后于外部世界的发展变化。如果政策的滞后变动超过了一定的限度，就必然是有害的。因此，政策必须随着外部世界的变化和人的认识的深化而作出调整，只有这样才能使政策目标、实施步骤、执行手段等与现实相符合从而产生良好的绩效。在这个方面，政策监控的作用就在于敏锐地捕捉外部世界的发展、认识的深化和政策之间的差距，以便帮助及时作出调整，使之臻于完善。

（四）促使政策如期终结

所有政策都具有时效性这一特征。在政策过程中，政策的时效性是一种常见的现象，即原来适用的政策由于客观条件或政策环境的变化因而不再符合现实需要了。其中的许多情况就不是仅仅作出政策调整就能解决的，相反，这里所涉及的是进行政策终结的问题，即坚决而又审慎地废除那些错误的、多余的或无效的政策。需要注意的是，政策监控的作用不在于具体实施政策的终结，而是通过本身的工作发现那些误的、多余的或无效的政策，及时向有关方面提出报告或提交合理建议，促使政策终结的实现。这是提高政策绩效、更新政策的一个关键环节。

第二节 公共政策监控过程

对政策过程的监控包括对政策制定的监控、对政策执行的监控、对政策评估的监控、对政策调整与终结的监控。对政策制定的监控主要是为了保证政策的科学性、合理性及符合民主化的要求，防止或减少决策失误；对政策执行的监控主要是为了保证政策执行过程中不偏离政策目标，保证政策执行的全面性和准确性；对政策评估的监控是为了保证政策评估的科学公正，避免评估结论的错误与失真；对政策调整与终结的监控是为了根据政策环境的变化和对政策问题认识的深化而及时调整政策体系，及时废止错误、过时的政策以减少损失。

一、政策监控的基本原则

政策监控必须遵循以下四个基本的原则。

（一）相对封闭原则

政策活动的运行过程是一个首尾相接、不断循环的封闭过程，也就是说，一个政策过程的结束,就是另一个政策过程的开端。在每一个政策循环中,从政策制定到政策执行,再到政策评估,最后是政策的调整与终结,构成一个有机衔接的链条,这个链条不能出现缺口和中断的部分。政策监控是作用于政策活动的全过程的,因而就必须对所有这些环节进行监控,所以它也是一个封闭的过程,也不能出现缺口、中断或遗漏,不能留下空白和死角。但无论是政策活动还是对政策的监控,其封闭性都是相对的,即它们都不能同政策环境完全隔绝。违背封闭原则会使得政策监控有空子可钻,发挥不了监控应有的作用;完全的封闭则会使监控无法适应环境和形式的变化,陷入僵化而不能随着时代而发展。

（二）能级原则

政策监控中的能级原则,是在政策监控过程中,必须科学合理地划分和设置监控层次,并在每个层次配置有相应能力的监控者。这是因为政策制定与执行系统本身是有层级结构的,监控体系也表现出一定的层次,并且,政策监控的不同层级应当和政策制定与执行系统的各个层级相对应,从而才能够对政策制定与执行的各个环节与层次进行有效的监控,确保不会失控,也保证了监控资源不被浪费。同时,能级原则还要求处在不同层级上的监控人员具有和工作相适应的能力,即应当将具有不同水平和能力的合适人选安排在合适的层级岗位上,使之能充分发挥自己的才干,从而提高监控的效率、增强监控的效果。监控人员按层级配置,也可避免工作中职责不清、互相扯皮的现象发生。

（三）反馈原则

政策监控的反馈原则,是指在政策监控过程中必须建立准确、高效的信息反馈系统。政策循环开始以后,有关执行状况、运行结果等方面的监控信息必须准确、及时地反馈回来,才能使政策执行的偏差和失误迅速得到纠正,才能证明政策本身是否符合客观实际,才能使政策目标得以实现。因此,政策监控的本质就是一个反馈修正的过程,反馈在政策监控中处于关键地位,政策监控包括政策监督与政策控制,其中监督的目的就是为了获得反馈信息,而政策控制则是以反馈信息为依据的。为了及时、高效地获得准确的反馈信息,必须建立健全灵敏、高效、有力的信息反馈系统。这是准确而高效地进行政策监控的可靠保证。

（四）强调重点、突出例外的原则

这一原则要求政策监控一定要抓重点、抓关键。政策监控的面很宽,要时时监控、事事监控实际上是不可能的,因为时间、精力以及其他监控资源都是稀缺的,无法满足这样的要求。所以,应该将有限的监控资源使用在最必需的地方。和其他活动一样,政策监控也是有重点的,有关政策制定与执行的关键事件、关键环节、关键部门和人员、关键时刻等都是政策监控的重点,抓住了重点就抓住了事物的"纲","纲举目张",其他的次要问题就可以迎刃而解了。另外,要特别注意对政策制定与政策执行中那些与常规情况不同的例外情况的监控。因为,常规的事物往往有章可循,例外情况却是违背常规的,要进行特殊处理。这种情况常常给一些部门或人员提供了违背政策的所谓理由,从而尤其要注意对他们的监控。

二、政策监控过程

政策监控是对政策运行过程实施监督,并根据预定的目标或标准探查偏差、给予更正的过程。它主要依赖于对已经发生的情况进行反馈,其基本步骤如图7-1所示。

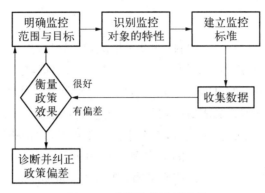

图 7-1　政策监控过程示意

由图7-1可见,政策监控过程需要六个相互联系的步骤。

(一) 明确监控范围与目标

总的说来,政策监控的范围包括政策过程的各个环节以及承担各项政策功能活动的个人、团体和组织;政策监控的目标在于促进整个政策目标的实现和政策绩效的提高。但是,根据政策监控的能级原则,整个政策监控过程是不同层次的监控者通过分工协作来共同完成的。所以,政策监控的总目标要在不同的层次上层层分解,每个层次都有自己的分目标,这些分目标又必须服从总目标,同时,根据政策监控要突出重点的原则,由于政策监控资源的稀缺性,政策监控往往要选取有关政策制定与执行的关键事件、关键环节、关键部门和人员、关键时刻等作为政策监控的对象。对于某个监控者来说,在制定正式的监控措施之前,首先需要明确自己是对哪个监控对象的哪个层次进行监控,这个层次的监控的目的是什么、监控的边界在什么地方、需要同其他层次的监控者如何合作等问题,也就是首先要确定监控的范围与目标。

(二) 识别监控对象的特征

在明确监控对象与范围以后,还需要明确以下的问题:第一,监控对象在这个层次上表现出来的特征是什么?第二,获得与监控目标相关的每个特性的信息的成本如何?第三,是否每个特性的变化都会影响到监控目标的实现?在识别了所要测量的主要特征以后,监控者还按照选择原则或称帕累托定律把那些能够测量的特性挑选出来,作为监控的主要内容。可以看出,识别具体层次上的具体对象的特性,以便确定所需得到的监控信息的类型时,仍然坚持了重点原则,即要找出在这个层次上影响政策绩效的关键因素是什么。

(三) 建立监控标准

标准是衡量政策绩效的实际尺度,监控标准来自监控目标,但又不等同于目标,监控标准是监控目标的具体化,也就是说,在衡量政策绩效之前,还要将一般的政策目标按照具体工作的特点(即按照监控对象的特性)变成一系列的具体监控指标。其中有些标准是定量的,如实物标准、成本标准、资本标准、收益标准;也有些标准无法定量,是定性的,如政策的政治方向,政策人员的工作态度、工作作风、人际关系、道德标准等。如果没有这些标准,政策监控是无法进行的。

(四) 收集数据

收集数据是为了获得每个预定特性的度量情况,它是已经发生了的情况的反馈,是衡量政策绩效和识别偏差的依据。数据既可以由监控者来收集,也可以由被监控的人和群体来收集,后者有数据失真的可能性。如果否定的数据被用来作为批评或惩罚监控对象的依据,他们就有可能曲解或隐瞒数据,如果监控过分强调惩罚,而不是强调更正错误的行为或措施时,监控对象就会受到刺激,以至于会经常把经过"特殊处理"的数据或信息报告给监控者,这就使识别错误和偏差的工作变得相当困难。因此,监控者为了得到高质量的数据和信息,往往要建立专门的部门来从事这项工作,如统计部门、审计部门等。

(五) 衡量政策绩效

衡量政策绩效就是找出政策的实际运行情况、相关部门和人员的实际工作情况与监控标准之间的偏差信息,根据这种情况来判断政策的优劣和政策运行的好坏。只有随时监控政策运行的情况,衡量政策的实际绩效,将实际结果与预定的目标或期望的结果加以对比,及时找出偏差,才能采取有效措施推动政策回到正确的轨道上来,继续向着预定目标运行。政策监控中的政策绩效衡量,其目的不是为了进行政策评价,而是要找出实际绩效与预定绩效之间的差距,以便控制未来的绩效。因此,不应该把政策运行结果简单地理解为政策的最后结果,它可能是中间过程或者状态本身,也有可能是中间过程或状态推测出来的结果。需要注意的是,政策绩效衡量的准确与否,既取决于标准是否合理,也取决于是否找到了合适的衡量、判断方法。

(六) 诊断并纠正政策偏差

诊断是识别偏差的类型、程度、数量、原因的过程;纠正是采取措施更正实际结果与标准之间的差异的过程。政策在实际运行中可能会产生偏差,产生偏差的原因也是各种各样的。有可能是政策环境或政策问题发生了变化,也有可能是政策目标不恰当,还有可能是执行组织或人员执行不力、协调不够,或者是资金、人力、财力等政策资源不足如此等。只有在找出产生偏差的原因之后,才能采取有效的措施对偏差加以纠正,或者对政策加以调整与终结。需要说明的是,在政策监控中,并不是所发现的任何偏差都需要采取更正行动,也不是任何人都能采取更正行动的。一般仅在偏差较大而又影响到政策目标时才需要采取更正行动,也只有被授权的组织或个人才能够采取更正行动。

上面我们叙述了政策监控过程的六个过程。但在实际的监控过程中,并不是都要经过这六个步骤。在许多情况下,限定监控的范围和目标,识别所要测量的特征,订立监控标准这三个步骤,在对某以政策的监控中只需要进行一次,以后很少变动。其他的三个步骤,也不是每一轮政策运行周期的监控都必须实施的。例如,在衡量绩效后如果没有发现偏差,就不必采取纠正行动,而应让活动继续进行,以便再收集下一个政策运行周期的数据。当然,如果衡量绩效时发现偏差,就要诊断偏差产生的原因并给予及时纠正,并在更正后使政策系统继续运行,然后再收集数据。整个政策监控的过程就是如此循环往复,直到需要重新限定监控的范围和目标,或者需要重新识别所要测量的特性,或者需要重新订立标准时为止。

三、政策监控的主要环节

整个政策监控的动态过程,包括政策监督和政策控制这两个主要的环节。

(一) 政策监督

政策监督,指的是政策监控的主体从一定制度、法规的依据出发,对政策系统的运行,包括政策的制定、执行、评估及终结活动进行监视和督促的行为。

政策监督应具备四个基本条件:第一,建立必要的制度、法规,明确职责,这是形成政策监控的依据问题,有了一定的法规制度,明确了政策主体的职责,政策监督就有了依据;第二,政策监督者与政策监督对象之间应保持时时沟通,即通过各种监督机构或机制及时了解政策系统运行,掌握政策问题和政策目标,使监督有明确的标准;第三,在机构设置上保持监督机构的独立性,只有不受掣肘,才能勇于监督,敢于提出异议;第四,对监督对象有处置权,处置权包括对违反制度、法规和政策者加以处罚和责令其纠正政策过程中的各种错误和偏差的权利。

政策监督活动贯穿于整个政策过程之中,它的内容包括对政策制定、执行、评估及终结的监督等。

1. 对政策制定活动的监督

对政策制定活动之所以必须进行监督,主要原因是:由于政策制定者掌握的信息的有限性、所代表的利益的局限性、用以指导决策的理论存在不正确的可能性、对政策环境和政策问题的认识和估计存在失误的可能性,尤其是个别人有可能会利用所掌握的政策制定权力,披着"合法"的外衣进行"政策谋私"等,所有这一切都可能导致政策决策失误。

2. 对政策执行活动的监督

政策执行者可能在政策的理解上出现偏差,在政策执行方式选取上有失恰当,在不同利益主体之间的利益协调上有失公正,使得政策本身在执行过程中被扭曲、权利被滥用,甚至有时他们本身就抵制和反对政策的实施。因此,如果没有有效而可靠、针对政策执行活动的监督体系,再好的政策也得不到全面、准确的贯彻落实。

3. 对政策评估活动的监督

政策评估是对政策的效果、效益和功能等进行判断的活动。政策监督主体针对政策评估进行监督,是为了保证评估活动的客观、公正,防止评估者处于各种利益考虑而歪曲政策的实际执行效果,保证评估活动能更好地监测政策执行效果,发现政策偏差,以便政策决策者能够及时而准确地调整和终结政策。因此,对政策评估的运行过程、评估机构、评估人员进行监督也是非常必要的。

4. 对政策调整与终结的监督

评估所产生的结论为政策的调整与终结提供了依据,也指出了政策调整与终结的范围和要求,政策决策者应该选取合适的策略和方式及时地对政策的调整与终结进行监督。对这一过程监督可以保障政策的修改、完善、终结、补充等环节不断适应外部环境的变化,保证政策的生命力,保证政策的弹性和稳定性。

上述四个方面的监督是相互联系、不可分割的,任何一个环节的监督质量都可能影响到其他环节的监督质量,它们共同为提高政策制定和执行的水平以及提高政策绩效提供有力的保障,促进政策目标的实现。

(二) 政策控制

政策控制是指政策监控主体在政策过程(尤其是政策执行)中,为了保证政策的权威性、合法性和政策的有效执行,为达到特定的政策目标而对政策过程(尤其是政策执行过程)的偏差的发现与纠正的行为。

1. 政策控制的类型

(1) 按性质的不同,政策控制可以分为反馈控制与前馈控制。反馈控制是政策监控者通过掌握政策的实际绩效的反馈信息,发现偏差,分析偏差产生的原因,并采取纠正偏差的活动。这是一种最主要的控制形式,但这种控制形式有一个十分明显的局限性,即时滞问题——从发现偏差到纠正偏差之间有一个时间差,因此,往往使纠正偏差错过时机,或者客观情况发生变化,影响纠偏的效果。前馈控制正好克服了反馈控制的这一缺陷,它是不断利用最新的有用信息进行预测,把所有期望的结果与预测的结果进行比较,从而事先制定纠偏措施,使实际绩效与期望的结果相一致。

(2) 按照控制人员与控制对象的关系,政策控制分为间接控制和直接控制。间接控制是相对于决策分权化而言的。如前所述,在政策监控过程中,由于监控主体获得信息的有限性,对政策执行过程的反馈信息具有一个十分明显的局限性(即时滞问题),因而容易错过纠正偏差的时机,或者跟不上客观情况的变化,影响纠偏的效果。因此,政策监控主体往往会把控制权力下放给各政策执行主体,这实际上实施的就是间接监控。间接监控有一个前提条件,即被授权执行监控的一方与授权方有一个一致的价值系统。否则,监控主体将进行直接控制,即保留集中控制,保留决策权,对政策各环节进行实时监控,以全面掌握政策系统运行情况,及时控制政策发展方向。

2. 政策控制的程序

政策控制的程序或过程是由如下三个基本环节构成的,即确立标准、衡量绩效和纠正偏差。这个过程的功能活动可以用图 7-2 表示。

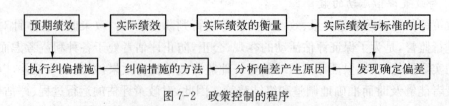

图 7-2 政策控制的程序

(1) 确立标准。标准是衡量政策的实际效果,即绩效的尺度。政策控制的目的是保证政策的顺利运行,以取得预期的目标。因而政策目标是政策控制的最根本的标准,控制的标准来源于政策目标。但政策目标是较为一般化的,因而往往不能直接变成控制标准。因此,必须将其具体化才能成为控制的标准。也就是说,可以将一般的政策目标变成一系列的具体指标。常用的控制标准有实物标准、成本标准、资本标准、收益标准等。

(2) 衡量绩效。理想的政策控制是采用前馈控制,即在实际偏差出现前预见到它们,并预先采取纠偏的应对措施。但是在实际的政策过程中,由于各种主客观条件的限制,使得我们很难做到这一点。因此,必须在政策的实际运行中,随时监控政策运行的情况、衡量政策的实际绩效,将实际结果与预定的目标或期望的结果加以比较,及时发现偏差。衡量政策绩效的准确与否,既取决于标准是否合理,也取决于是否找到合适的衡量、评价方法。必须注意,不应把实际的政策效果理解为最后的政策结果,有时它可能仅是一种阶段性的成果,或由中间状况推测出的结果。政策控制不仅仅是对最终的政策结果的纠正,也包括对中间过程中出现的问题的纠正。

(3) 纠正偏差。这一环节包括确定偏差的类型、程序,找出偏差产生的原因,并采取纠正偏差的措施。政策在实际运行中产生的原因是各种各样的,也许是政策的环境发生了改变;也许是目标不恰当;也许是执行组织或人员执行不力或协调不够;也许是财力、人力不足等。在找出偏差产生的原因之后,必须采取行之有效的办法来加以纠正,对政策加以调整。

3. 政策控制的循环

政策控制的主要功能在于通过政策控制的主体对政策计划、目标、标准等的掌握,及时发现预期政策绩效与实际的政策绩效之间的差距,并分析产生差距的原因,最后决定的重新调配资源以加大执行力度,或是对政策进行调整、终结等。由此可见,政策控制并不是一个单向的不可逆的过程,而是一个永无止境的循环。这种循环关系可以通过图7-3以简化的方式表现出来。

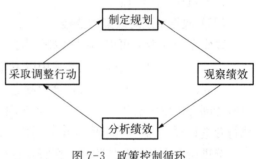

图 7-3 政策控制循环

其中,制定规划是将政策内容化为可操作的实施细则的过程,也就是进行政策控制的标准,它包括明确执行者及其职责、制定实施步骤和程序、预算实施成本(如人力、财力、物力、技术资源)等。将政策规划付诸实施之后,控制者便根据政策规划,通过信息反馈系统对执行过程进行监视,及时掌握该规划所产生的实际效果,然后进入分析阶段。实际绩效可能会超过原先所定的标准,这说明以前的标准过低,那就必须调整政策规划,提高标准;实际绩效如果比预期绩效差,此时就必须分析造成差异的具体原因;如果原因在于执行不力,那么就可以重新调配资源以提高执行力,如果原因在于政策规划本身将标准定得过高,则需降低标准。此外,还有一种情况,通过实施政策,发现制定的政策根本就不可行或是错误的,那就必须及时终止该项政策,以避免更大的损失和浪费,这主要取决于政策环境所提供的条件。这样就完成了一轮循环并进入下一轮新的循环。

四、政策监控机制的构成

所谓政策监控机制,简单地说就是政策监控子系统的运行机制,其中最重要的是监控主体的构成及其发生作用的内容与方式。

(一) 立法机关对政策的监控

立法机关不仅是最重要的政策制定主体,同时也是最重要的政策监控主体之一。立法机关政策监控的活动内容及其方式包括:(1) 依靠法律监控公共政策;(2) 听取和审议预算、决策、立项等,对公共政策的内容、规模、方向等加以监控;(3) 通过人事任免来影响和监控公共政策;(4) 以质询和诘问等方式对公共政策加以控制;(5) 通过视察、检查和组成针对特定问题的调查委员会而对政府的政策及其执行情况进行监督。

(二) 司法机关对政策的监控

司法机关的职责与使命在于通过严格执法以维护法律的尊严。法律(包括宪法在内)从最广泛的意义来说,也是公共政策的一个组成部分。司法机关对公共政策的监控主要表现在以下三个方面:(1) 依法裁定公共政策的制定程序与原则是否合法;(2) 依法裁定公共政策的内容是否合法;(3) 依法监督政策的执行是否合法。

(三) 行政机关对政策的监控

由行政机关实施的政策监控是一种纵向的监控,主要是上级主管机关对下级执行机关工作的指示、检查、布置、督促等。主要采取两种形式:一是行政管理机关的监控;二是专门行政监督机关的监控,即行政监察。这种监控是由专门的监督机关对行政机关内部的工作人员所实施的监控。

(四) 政党系统对政策的监控

政党系统在西方可以简明地划分为执政党和在野党两大部分,其中起主要作用的是执政党。执政党的政策监控大都采用以下四种方式:(1) 将自己的成员选入立法机关,通过影响立法来影响并监控公共政策的制定;(2) 通过将自己的成员列入各级政府机关及政府各部分中以影响政策的实施;(3) 动用从党纪到国法的各种形式对政策的制定者和执行者进行检查、监督、奖惩、任免或绳之以法;(4) 制造各种舆论,从而对公共政策的各个环节进行有力的控制与监督。在野党在公共政策的监控中也发挥着重要作用。它可以动用所控制与影响的力量,如社团、新闻媒体等对国家各级机关的部门、工作人员、首脑等进行各种形式的监督。

(五) 利益集团对政策的监控

利益集团在政策过程中的主要作用在于:一是以各种方式将社会的变化及该集团的要求表达出来,以期影响公共政策的制定、采纳与实施;二是将国家的意志和信息传达给社会并对其加以管理,构成一个中介体。游说活动是各种有组织的利益集团影响决策的主要方式。利益集团通过它们的种种活动,对公共政策有非常重要的影响。一方面,它试图阻挠、反对、迟滞不利于自己集团利益的法规、政策的通过与实施;另一方面,则极力争取通过、实施有利于自身利益的法规、政策。

(六) 公众对政策的监控

公众对政策的监控主要是通过社会舆论的形式来实现的。社会舆论是公共意志的集中反映,或者说它体现、表达了公众的利益、愿望与要求。社会舆论这一因素在现代公共政策中影响是不容忽视的。社会舆论对公共政策的影响因各国国情不同而有所不同。在民主化程度较高的国家,社会舆论的力量则会大一些;反之,则小一些。

第三节 公共政策的调整

所谓政策调整,就是在政策监督和控制所获得的有关政策系统运行(尤其是政策执行的效果)的反馈信息的基础上,对政策方案、方案与目标之间的关系等进行不断的修正、补充和发展,以便达成预期政策效果的一种政策行为。在某种意义上说,政策调整是政策方案的重新制定和执行的过程,或更准确地说,是政策方案的局部修正、调整和完善的过程。

一、政策调整的内容

政策调整的内容多种多样,主要包括问题的重新界定、目标的重新确定和方案的重新拟定等方面。

第一,随着政策过程由制定到监控等环节的推进,人们可能发现对问题原有的认识并不全面,问题的某些重要方面或边界条件可能被忽视,环境的变化可能改变了问题的性质。因此,在这一阶段,有必要根据已掌握的信息,对政策问题加以再认识和重新界定。

第二,政策目标的校正、修订或再确立。这包括将原来模糊、不准确的目标加以明确化,根据变化了的环境校正或修订原有的目标等方面。当政策目标被时间证明超出或低于实际条件的要求,有时甚至严重脱离政策实际,就必须采取措施对政策目标进行必要的调整,或降低目标要求,或减少目标个数,或改变时限,从而使经过调整的新目标符合客观实际。

第三,对政策方案加以修正、补充和完善,甚至重新制定。这有多种情况:对基本可行的方案加以修正,使之更加合理和适应变化了的现实;拓宽原有方案的适应范围或加强应付紧急事态的能力;对证明基本行不通的方案加以重新制定。

第四,对政策效力的调整。对政策效力即政策发挥作用的范围和程度进行扩展或限制。例如,原来作为实验的政策方案由于实验成功具有可行性,所以将其推广。

第五,对政策主体、客体的调整。政策的实施是一个动态的过程,其主体总处于不断的变化之中,有些客体也处于变化之中,为保证政策运行的连续性须及时调整政策主体;为保证政策的针对性,也须及时调整政策的客体[①]。

二、政策调整的原因和影响

政策调整既有客观原因,也有主观原因。客观原因是指社会的政治、经济和文化的发展变化,即政策环境及政策问题本身的发展变化。在政策实施过程中,由于政策本身发生作用或者客观的政策环境自身的变化,使原来的政策问题发生了改变,或者解决了,或者出现了新情况、新矛盾,这就需要依据新的政策环境和变化了的政策问题进行政策调整。

---

① 刘春:《公共政策概论》,当代世界出版社,2000年,第168页。

主观原因是指人们对政策问题、政策环境以及政策方案等认识的深化,这就决定了人们总是要不断地重新认识、界定政策问题、政策目标和政策方案,以使政策真正达到解决社会问题的目的。任何一项政策都是在政策制定和执行主体一定的认识水平的基础上形成和运行的。人的认识总是从低级向高级、从片面向全面、从不完善向完善发展演化的。当政策主体对政策问题、目标、功能、环境等的认识提高和深化以后,就需要对原来的政策加以纠正、补充、更新,使之更加完善。

政策调整对政策系统及其环境会产生一定的影响。

首先,政策调整有利于保证公共政策的科学合理。如前所述,由于决策者的有限理性、决策者所掌握的信息的有限性特点以及政策环境的动态发展性,决策者的创新性再强,其制定出的任何一项政策都有可能是不适时宜的、不完善的。因此,必须站在新的高度看问题,适时地调整公共政策才能更好地解决问题。

其次,政策调整有利于保证公共政策的权威性和严肃性。一项政策要达到既定目标、发挥出原先规划设计的功能,就必须遵照既定的程序正常运行。但在实施过程中可能会出现下列情况使政策运行出现无序状态:一是政策执行的主体之间出现矛盾与意见分歧;二是政策执行主体与客体发生矛盾,出现冲突;三是几种政策交叉在一起,相互摩擦。这时,就需要暂时中断政策的实施,对政策主体内部关系、政策主体与客体的关系、几种政策的相互关系进行调整,使政策有序地运行①。

最后,政策调整有利于保持公共政策的稳定性和连贯性。公共政策作为人们日常生活的指南必须具有空间和时间内的相对稳定性。政策调整使公共政策的合理内容在变动中得以保留,适度地调整政策既可保证政策的动态发展性,也可保证政策的连贯性和稳定性。

但是,公共政策调整既能对政策产生积极的影响,又会产生某些消极的影响。政策调整会不同程度地浪费一部分已经投入的政策资源;政策调整也会挫伤一部分公众的积极性,并对公共机构的形象产生影响。如果政策发生调整,原先获得利益的公众可能不会再得到这些利益,甚至可能丧失已经得到的利益,因此这部分公众就会变得消极,甚至对公共机构不满②。政策调整中产生某些消极影响是不可避免的,对政策调整中出现的消极影响应采取积极的措施。例如,进行宣传、把握时机、控制力度等,将消极影响控制在最低限度,并让调整后的政策迅速发挥作用,以便将消极影响化解掉。

三、政策调整的功能活动

政策调整的功能活动或程序包括三个步骤:第一,获取反馈信息。即掌握由监控机构在政策监督和控制中所获得的关于政策系统运行(尤其是政策执行)结果方面的信息。第二,确定调整方案。依据反馈信息,对政策问题、目标和方案等进行认真的分析研究,以确定需要补充什么、修正什么或完善哪些方面。第三,实施调整。进行实际的修正、调整、

---

① 胡宁生:《现代公共政策研究》,中国社会科学出版社,2000年,第208页。
② 同上书,第209页。

补充和完善工作,并将新的方案付诸实践,开始新一轮的监控过程。政策调整能否顺利进行,关键是要有一个合理完善的调节机制,没有这样一种机制,政策调整难以进行,即使勉强进行,也难以取得理想的结果。我国以前出现的政策多变或政策僵化的情况的一个基本原因,就是没有形成一个合理、完善的监控及调整机制。

第四节 公共政策的终结

决策者在政策评估获得政策结果的信息后,必须对政策的去向作出判断和选择:是继续、调整这项政策,还是终止该政策。如果决定终止,这就意味着该政策生命的结束。及时地终止一项多余的、无效的或已完成使命的政策,有助于提高政策的绩效。

一、政策终结概述

(一) 政策终结的概念

从字面上看,"终结"一词一般是指某一活动或某一实物在实践和空间上的终止或结束。世界上的万事万物都有其生命过程,都会经历从产生、发展、兴旺到衰亡的过程。可以说,终结现象是一种必然,符合事物运动和发展的基本规律。

政策终结则是在政策领域里发生的终结现象。它是政策决策者通过对政策进行慎重的评估后,采取必要的措施,以终止那些过时的、多余的、不必要的或无效的政策的一种行为。从政策过程角度来看,政策终结一般发生在政策评估之后,有三种情况导致政策终结:一是政策使命的结束。政策实施后,实现了既定的目标,问题已经解决,政策完成了自己的历史使命。二是失误政策的终止。通过评估,发现政策背离了既定目标,所执行的政策是无效的或失败的,或者成为一种摆设,根本无法解决所面对的政策问题,甚至引发了更为严重的问题,需要制定出新的政策来代替。三是稳定的长效政策转化为法律。政策实施后,需要长期来约束整个社会的行为,由立法机关上升为法律。

政策终结有三个基本特征:(1)强制性。一项政策的终结总会损害一些相关的个人、团体和机构的利益,遭到强烈的反抗。因此,政策终结并不是一个自发的过程,而是由具有法定地位的组织采取强制性的行动来进行。(2)更替性。政策终结并不意味着在其后会出现政策真空,而是意味着一种政策为另一种政策所取代,这种取代过程表明整个政策系统的运行是连续的,政策与政策之间是相互衔接的。(3)灵活性。政策终结是一个复杂的过程,不仅政策终结的时间有早晚之分,终结的依据也有多种情况,因此必须采取审慎而又灵活的原则,处理好各种关系。

政策终结在政策过程中占有重要的地位。政策分析学者政策过程的阶段、功能活动作出了不同的划分。尽管他们划分出的阶段或环节数量不同,但多数学者将政策终结放在政策过程的末端,即最后一个环节或阶段,将之视为理性化的政策过程的最后结果,或政策(政治过程)的一个有机组成部分。然而,终结也往往被当作过程的开端而不只是结尾,即在错误的政策或一系列项目的开始就加以纠正。因此,终结不仅是对一项政策的了结,而且意味着修正或调整。

(二) 政策终结的重要意义

及时终结一项错误的或是已经完成历史使命的政策意义重大。从政策终结的结果来看,政策终结的重要意义体现在以下四个方面[①]。

1. 节省资源

因为政策终结意味着政策活动的结束、某种机构、规划、惯例的终止以及有关人员的裁减。因此,政策终结可以减少人力、物力、财力的无效消耗,从而节省有限的政策资源。

2. 提高绩效

当一项政策在实施中失败,无法解决所面临的政策问题时,旧政策的终结就意味着新政策的启动、新规划的诞生以及相关机构和人员的更新与发展,这无疑有利于更好地解决问题,促进政策绩效的提高。

3. 避免僵化

所谓政策僵化,指的是一项长期存在,没有及时予以终结的政策,在发展变化了的环境下,继续执行该政策,不仅不能解决问题,反而成为解决问题的阻力与障碍,带来严重的不良后果。政策终结可以避免政策僵化。

4. 优化政策

政策终结有助于促进政策优化,表现在两个方面:一是政策人员的优化;二是政策组织的优化。政策组织的优化是公共政策优化的核心内容,优化的政策人员只有在优化的组织机构中才能制定和执行优化的政策。

二、政策终结的原因与类型

(一) 政策终结的原因

政策终结的一般原因是:(1)财政困难。因财政赤字、税收减少等导致政策或项目的终结。(2)政府的低效率。即政府机构的效率太低、成本太高而导致政策或项目的终结。(3)政治意识形态的变化。意识形态以及价值观念的改变或冲突导致政策或项目的终结。(4)行为理论的变化。即关于人性、行政管理和社会服务应如何提供等理论的变化导致政策或项目的终结。(5)学习。采取"试错法"方式,在政策实践中学习,随时终结那些错误的政策或项目[②]。

除了节省政策资源、提高政策绩效等原因外,政策终结的原因还在于政策系统本身的自我更新的特性:一是政策系统是一个不断进行新陈代谢的系统,必须随着社会经济的发展以及国际形势的变化制定新的政策,而有时只有推陈才能出新,政策终结包括了这种推陈出新的过程;二是政策系统也是一个不断与周围环境互动、修正自身的过程。无论是可利用的资源、所要解决的问题,还是政策的环境都处于一个不确定性变动的可能中。即

---

① 陈振明:《政策科学——公共政策分析导论》(第二版),中国人民大学出版社,2003年,第391页。
② 同上书,第393—394页。

使在决策中不存在责任和科学态度的缺失,经过科学论证的政策仍有可能在执行后,由于变化了的主客观环境而失效或产生负效应。政策分析过程只能减少政策失效或者负效应发生的概率,它并不能保证政策的成功。因此,政策终结非常有必要。它在某种程度上是政策可持续发展的关键和对政策错误的一种补救。

(二)政策终结的类型

政策终结有如下四种基本类型,它们所遇到的阻力依次递减。

1. 功能的终结

功能的终结即终止由政策执行所带来的某种或某些服务。在政策终结的所有内容中,以功能的终结最难。一方面,功能的履行或承担是政府满足人们需要的结果,若予以取消,势必引起各方面的反对;另一方面,某项功能往往不是由某项政策单独承担的,而是由许多不同的政策和机构共同承担的,予以终止往往需要做大量的组织和协调工作。

2. 机构的终结

伴随着政策终结进行的机构缩减或撤销就是机构的终结。有些机构是专门为某项政策而设立的,随着政策的终止,机构也随之撤销;有些机构往往同时承担着多项政策和功能,某项政策的终止不足以导致机构的撤销。因此,通常的做法是通过缩小规模、减少经费等办法对机构进行缩减。机构终结的难度也比较大,因为它关系到有关人员的切身利益,在实施时难免遭到有关人员的强烈抵制,使得机构终结无法顺利进行。这就是为什么我们会在现实生活中,看到许多本该随着某项政策历史使命的结束而应裁撤的机构仍然存在的原因。

3. 政策本身的终结

与前两种终结相比,政策本身的终结所遇到的阻力较小。一方面,就某项具体政策而言,其目标比较单纯,如某个别教育政策、社会福利政策等,容易进行评估并决定取舍。另一方面,政策更改的成本远比功能转变、组织调整要少得多,因而容易得到实际部门的认可。再加上政策的可选择性较大,也使得政策本身的终结在操作上比较容易实现,不像机构终结那样受到多方面的牵制和约束,难以操作。

4. 项目的终结

项目的终结即政策的具体项目以及执行措施的终结。在所有终结内容中,项目的终结是最容易达成的。因为具体项目以及执行措施与实际问题连接,结果好坏或影响怎样有目共睹,容易达成共识。

三、政策终结的障碍

政策终结并不是像人们想象的那样是自然而然地结束,而是需要采取多种行动加以推进。由于政策终结会涉及一系列的人员、机构和制度等复杂因素与既得利益,因此,政策终结会遇到多种困难或阻碍。主要有以下七种。

(一)相关人员的心理抵触

对政策终结存在抵触心理的主要有三种人:(1)政策制定者;(2)政策执行者(3)政策受益者。政策制定者不愿意承认他们制定的政策不再有存在的必要,更不愿意承认在制定政策的过程中所犯的错误;政策执行者不愿意看到由于政策的被终止而导致失去工作岗位;政策受益者不愿意既得利益受到损失。这三类人的心态,往往成为政策终结的首要障碍。

(二) 执行机构的持续性

政策执行机构和其他政府组织一样,都具有寻求生存和自我扩张的本性,这就给政策终结带来很大的困扰。执行机构的持续性对政策终结的影响表现在三个方面:(1) 机构的惯性。不同的机构相互配合并开始执行某项政策时,机构的惯性逐渐产生并加强。机构的惯性使政策执行一旦开始就不断前进。如果要让其停止下来,就必须有巨大外力的干预。(2) 机构的生命力。机构如同人一样,生存的能力很强,某一机构存在的时间越长,它被终止的可能性就越小,经过一定时间,会形成继续存在的条件和对它的支持。当政策终结危及组织机构的生存时,它会千方百计地减轻所面临的压力,或改变策略,或调整结构,想方设法地延续政策终结的进程,给政策的及时终结带来消极影响。(3) 机构的动态适应性。在评估者眼中,机构是相对静态的。但是,机构本身却有一种动态的适应性,可以随环境和需要的改变而产生变动,甚至能针对政策终结的各种措施来调整自己的方向,使终结计划夭折。正如有学者指出:"组织机构是动态而不是静态的,它会调整自己的行动方向以便适应变化了的要求。"① 这就加大政策终结的难度。

(三) 行政机关的结盟

执行某项政策而获取既得利益的行政机关,往往会在政策面临终结时结成联盟,共同反对政策终结。这些反对终结的行政机关一方面会要求其内部人员齐心协力共同抵制终结;另一方面则相互结盟抵制终结。因为行政机关比其他任何社会组织更有便利的条件进行政治活动,它们可以利用自身有利的地位影响公共政策。执行机构一旦结成一个共同体,就能有效地威胁政策终结行为,使政策终结无法进行。

(四) 法律程序上的繁杂性

一般来说,政策的制定和组织机构的建立,都是经过一定的法律程序进行的,一些高层次的政策的制订会经过很复杂的法定程序。同样,政策终止和组织机构的撤销(如国务院部委的裁减合并等)也必须按照法定的程序来办理。程序上的繁复性往往影响政策终结的及时进行。再加上立法机关在终止某项政策或法律时举棋不定、顾虑重重。因此,许多政策终结行为受到阻碍。

(五) 利益集团的阻碍

公共选择理论证明,利益集团的力量很大,它们和政治家、政府官员互相利用,形成一个"铁三角",从而左右或影响公共政策。由于公共政策几乎都涉及社会利益与价值的权威性分配,因而各种利益集团必然千方百计地影响公共政策活动。当政策终结迫在眉睫时,反对政策终结的利益集团为维护既得利益,必然会采取各种合法或非法的途径以阻止政策终结。利益集团的阻碍,使得公共政策终结更加困难。

---

① 陈振明:《政策科学——公共政策分析导论》(第二版),中国人民大学出版社,2003年,第396页。

（六）社会舆论的压力

正如安德森所指出："公共舆论确定了公共政策的基本范围和方向。"① 西方国家称公共舆论为与立法、行政、司法并立的"第四种权力"。通过报纸、刊物、广播、电视、互联网等新旧新闻媒介所形成的社会公共舆论，必定会对政策终结产生巨大影响。如果某一项公共政策由于其使命的完成需要终结，但是这项政策却受到公共舆论的大力支持，其终结无疑会受到强大的阻力。

（七）高昂的政策终结成本

政策终结的成本一般有两种：一是政策终结行为本身要付出的成本。众所周知，几乎每一项政策终结都是有成本的。特殊情况下在短期内终结一项政策的花费比继续这项政策的花费要多，比如终结执行者既要为裁减下来的人员安排新的岗位和就业机会，又要对原政策的受益者进行利益的补偿，这样一来政策终结成本可能居高不下。二是现有政策的沉淀成本。沉淀成本是指投入某个计划或某个项目的时间、资金或其他资源的无法弥补的花费。它限制了目前投入的选择范围。现行的政策或组织机构已经投入了巨额成本但没有得到回报，决策者面对投入的沉淀成本，往往处于进退两难的境地。而政策投入的成本越高，终结者下决心终结的难度就越大。此外，终结有风险，对终结一项政策后的结果不确定。事实上，政策终结后采取的新政策并不能保证一定会带来更好的结果，这也使终结者顾虑重重，难下终结的决心。

四、政策终结的策略

政策终结的策略是指在政策终止过程中智慧和艺术的运用，实质上它也是一种智慧性的政治活动。鉴于上文提到的政策终结时会遇到种种障碍与阻力，这就要求政策终结者运用高度的智慧和技巧，采取灵活的策略，加以妥善处理②。

（一）积极争取支持力量

为确保政策终结的顺利进行，政策决策者首先应该重视做好说理工作，消除人们的抵触情绪，提高人们的思想认识。应该通过有效的说理工作，让人们明白政策终结并不是某些机构或个人前途的丧失，而是改变劣势、寻求发展、迈向成功的新机会。

政策终结支持者多寡及其态度是决定政策终结成败的关键。政策终结的倡导者必须努力争取各种力量，求得政府机构内外的人们的理解，以推动政策终结的实现。特别是一些涉及面较广的政策，必须采取策略，扩大宣传，通过说理消除人们的抵触情绪。一项旧政策的终止，总会影响到一部分人的既得利益。为了减少阻碍，可以通过媒介广为宣传，说明理由，消除人们的顾虑，提高其思想认识。

在遇到强大阻力时，作出必要的妥协。例如，反对力量结成了坚固的联盟，可以适当作出些妥协、折中，以更好实行政策终结，换取目标的实现。这也是现代社会多元化、民主化的一种体现。但在妥协中要把握的是：做到有原则、有条件地退让，要把握底线。必要

---

① 詹姆斯·E.安德森：《公共决策》，唐亮译，华夏出版社，1990年，第95页。
② 陈振明：《政策科学——公共政策分析导论》（第二版），中国人民大学出版社，2003年，第399—402页。

时采取利益补偿。对因政策终结而在利益上受到损失的群体给予一定的补偿和扶助,以减小组织、人员对政策终结的抵制。

(二) 旧政策终结与新政策出台并举

人们一般都不愿意看到政策终结,然而人们一般很少会立刻反对一个新的、较佳政策的出台。因此,为了缓和政策终结的压力,可以采取新政策出台与旧政策终结并举的方法,及时地采用新政策代替旧政策,使人们在丧失对旧政策期望的同时得到一个新的希望。这种做法往往可以大大减少政策终结的争议和阻力,削弱反对者的力量。当一项旧政策被终结后,及时出台一项新政策来代替,可以避免因政策脱节而引起的形势失控。

(三) 选择有利的终结时机和焦点

考夫曼在《时间、机遇和组织》一书中认为,机遇对成功的政策终结至关重要。的确,选择恰当的时机是政策终结成功的一个重要因素。有时,政策终结成功与否完全依赖于时间和机遇。这种时机有:国家发生重大的政治事件、爆发战争,外交上签署重要协议,因旧政策的执行引发了重大事故等。在这种时刻,民众往往会高度一致,支持政府的决策。这种策略的另一种形式是"转移公众焦点"的策略,即政府将公众注意力的焦点引到另外的事件,以降低公众对政策终结的关注度,进而减少终结阻力。

(四) "力场分析"策略、传播试探性信息与"闪电"策略

1. "力场分析"策略

"力场分析"策略也叫作知己知彼策略。在政策终结前,必须斟酌政策终结的"政治情境",即了解赞成或反对终结的团体的力量虚实、所持的理论基础、所获得的支持程度及可使用的资源等。这就需要加强社会调研、及时获取反馈的信息以了解民众心态,估测所涉及的地方和利益团体的影响、损失程度,从而做到心里有数,沉着应对,削弱反对势力,扩大支持基础,顺利实现政策终结。

2. 传播试探性信息

所谓传播性试探性信息,就是政府在正式宣布终止某项政策之前,在一些非正式场合,流露出准备终结的信息,以测定公共舆论对这一行动所持的态度。这种试探性的政策终结方法,有助于引起公众的广泛讨论,从而认清政策终结的必要性,减轻舆论给终结带来的困难。

3. 保密或"闪电"策略

一些事关重大的政策,从国家、民族整体利益的长远角度出发,必须迅速终结,一旦贻误就会造成严重后果或错失良机,而预期该政策的终结因各种因素影响,如放出试探性信息、采取渐进措施反而可能遭到强大的阻力时,政府就要事先对有关信息保密,突然宣布某项政策终结,运用政府强制力予以执行。过后,政府往往向群众强调要服从大局并极力予以安抚。

(五) 正确处理好政策终结与政策稳定、政策发展的相互关系

正确处理好政策终结与政策稳定、政策发展的关系,对于促进政策终结有重要意义。因为无论是政策决策者还是政策执行者,大都非常重视政策的稳定性,担心旧政策的终结与新政策的出台会使人们产生政策多变的错觉,往往难以作出决断,即使作出了决断,在

实施政策终结的过程中也顾虑重重。处理好政策终结与政策稳定、政策发展的关系,具体的要求有以下三点。

一是要处理好政策稳定和政策发展的关系。政策应具有稳定性,朝令夕改会令公众反感,这与政治、经济、社会的稳定是息息相关的。同时政策是一个动态过程,"它不仅仅是一项决议,而且包括目的计划、规划以及实现它们的程序"[①]。因为政策问题和政策环境是时时在改变着,政策应当适应形势的需要,所以政府的政策要因地、因时制宜。

二是应同时处理好被终结的旧政策与其他相关政策的调整。一项政策一般不是孤立的,而是与多项政策相关。新政策的出台,也应做好各种辅助政策的制定。例如,中国政府实行国有企业改革,打破原来的职工铁饭碗制度,同时为了保持社会稳定,各级政府出台了许多配套措施,对下岗工人实行各种优惠措施,鼓励再就业,最大限度地消除国企职工的抵触情绪。

三是注意保留原来政策中富有成效的、合理的部分,以尽可能地保持稳定,实现发展。事实上,大多数政策是在原有政策及其后果的基础上产生的。正是在这个意义上,查尔斯·林德布洛姆认为决策是渐进的,公共政策不过是政府活动的延伸。决策者通常是以现有的合法政策为主,在旧有的基础上把政策稍加修改。因为一种和以往政策越不同的方案,就越难预测其后果;一种和以往政策越不同的方案,就越难获得一般人对这项政策的支持,其政治可行性就越差[②]。

案例 7-1 上海"敬老卡"政策调整

一、案例描述

2007年10月19日,在上海市第20个敬老日,政府推出了"70岁以上老年人非高峰时段免费乘车"政策,根据此规定,在非高峰时段(7:00—9:00,17:00—19:00 除外),上海市70岁以上老年人,可凭专用乘车卡,即"敬老服务专用卡"(社会保障卡副卡),免费乘坐轨道交通(磁悬浮除外)和公交车(机场线、旅游线除外),并在节假日期间实行全天免费乘车。截至2014年6月底,上海市"敬老卡"累计制卡量约239万张,累计发卡量约204万张。

"敬老卡"政策是老龄事业发展"十一五"规划中的重要举措之一,是老年人最满意的一项福利政策。该政策在实行的八年多时间里取得了较好的人文关怀效果,受到了大多数老年人的欢迎和支持,但与此同时,在实施过程中仍存在较多不完善的地方,各个群体纷纷提出不同意见,社会各方反响不一,暴露出老年人免费乘车政策存在一定的问题。主要问题有:

1. 自身安全问题

一方面,老年人因不可抗力的自然规律,身体机能日益衰退,在出行过程中完全可能发生各种显性的或隐性的疾病,造成不必要的伤害。老年人乘坐公共交通工具人数的激

---

① E. R. 克鲁斯克、R. M. 杰克逊:《公共政策辞典》,麻理斌等译,上海远东出版社,1992年,第32页。
② 查尔斯·林德布洛姆:《政策制定过程》,朱国斌译,华夏出版社,1988年,第5页。

增,增加了交通医疗事故的概率。另一方面,老年人乘坐公共交通涉及给老年人让座的问题,因社会风尚和各种原因都容易引发不同程度的纠纷,从而对老年人的出行安全造成隐患。根据巴士公交集团的数据,2012年的事故中,60岁以上老年人占40%以上。

2. 诱发"非刚性、非理性"乘车现象,交通压力过大

上海作为人口老龄化社会,老年人口总量大,由于老年人免费乘车政策的实施,老年人出行次数显著增多,除正常的出行需求外,免费乘车政策还激发了老年人贪小便宜的普遍心理,诱导了部分"非刚性、非理性"的出行需求,增加了公交的拥挤程度,降低了城市公交运行效率,一定程度上浪费了社会公共资源,形成恶性循环。

3. 违规用卡执法难,大大增加了政府成本和企业的管理成本

由于"敬老卡"具有免费乘坐公交通的特殊性,以及无人监管的自主使用权,使得"搭便车"现象成为可能。有相当一部分不符合使用条件的人受利益驱动,冒用、蹭用"敬老卡",严重损害了社会诚信体系的建设,不仅增加了政府的人力成本和管理成本,还增加了对运营企业的执法难度和管理负担。

4. 门槛准入和使用效率问题,催生社会福利公平性问题

2007年的敬老政策,以70周岁为准入门槛,年龄标准设置过高,使60—69岁年龄段的老年群体处于"有名无实"的境地,60岁以上的退休老年人应该使享受敬老优惠政策的人群,但在当时的政策下却无法享受。另外,许多没有乘车需求或因各种原因(如:腿脚不便无法出行、身在农村不需乘坐公共交通等)无法享受免费乘车优惠的敬老卡持有者,只能"望卡兴叹",对他们而言,是徒有优惠政策而没有实际效用。

从2016年5月1日起,上海市对敬老优惠政策进行了实质性的改革,正式实施老年综合津贴制度,原本用于公共交通的"敬老卡"停止使用,凡具有上海市户籍且年满65周岁的老年人,均可享受老年综合津贴,有效避免了原"敬老卡"在使用过程中的种种弊端。

老年综合津贴每月发放至银行卡中,该卡也被称为"新敬老卡",是一张具有金融功能的借记卡,可用于购物消费、存取现等,但仅支持境内使用。除具有金融功能以外,该卡也是老年人享受尊老社会优待服务的凭证。其中的尊老社会优待服务功能,由市相关管理部门根据社会发展、市民需求和专项公共服务的提供能力,分步实施,逐项启用。

津贴标准按照年龄段共分为五档,具体标准如图7-4所示。

新的政策措施是政府对老龄工作发展与时俱进的体现,是贯彻《上海市老年人权益保障条例》的重要举措,是完善本市社会保障体系的重要内容,是增进老年人福祉、促进老年社会福利均等化的惠民政策,让广大老年人共享改革开放和经济社会发展的成果。

从最初的红色社保卡,到专门的敬老卡,再到以拿现金补贴的形式替换了交通卡的形式,上海老年人交通补贴政策在补贴形式上从暗补到明补,扩大了受益人群,采取随年龄增长而递进式的补贴额度,使老年人福利由过去单一的免费乘车形式转变成了老人对社会福利的自主支配,让他们把福利用于所需,老人们不必为了享受福利而去乘车,减少了不必要的非理性出行,错峰出行,把宝贵的公共资源让给真正需要的人群,从而缓解交通运行压力和社会矛盾,实现了社会整体福利最大化。

从免费乘车到老年综合津贴制度,这是政府对公共政策的一个调整。而调整的原因

图 7-4 上海市户籍、年满 65 周岁的老年人津贴标准

是原先的免费乘车制度无法充分发挥政策本身对老年人的关怀作用,相反地,出现了效率低下、公平不足、社会矛盾激增等问题。

新政通过完善补贴方式,给予了老年人更多自主支配的权利。同时,由于这种现金补贴的标准是全市统一的,因此,每一位老年人都能平等享受这一福利。政策的调整虽然增加了财政支出,但却使这项公共政策的定位更加精准,社会各界的乘车行为也更为理性。

当今社会,老龄化程度不断加大。老年人福利是社会安定和有序发展的基础。从上海市 70 岁以上老年人非高峰时段免费乘车政策到如今的上海市老年综合津贴补贴政策,政策的变更调整,使老年人交通补贴更加精细化、更加人性化、更有自主权,同时也能缓解公共交通压力,降低社会矛盾,以及杜绝不理性、不文明行为的发生,可谓是一举多得。

案例思考题:结合案例分析公共政策调整的特点和效果。

 本章名词与术语

政策监控　政策调整　政策终结　监控机制　政策稳定　政策发展　力场分析　闪电策略　政策监督　政策控制　能级原则　相对封闭原则　反馈原则　事前监督　事中监督　事后监督　自我监督　逐级监督　越级监督

思考题

1. 什么是公共政策监控?
2. 政策监督与政策控制有何联系与区别?
3. 政策监控的目的是什么?
4. 简述公共政策监控的理论依据。
5. 简述公共政策监控机制的含义。
6. 政策监控有哪些类型?
7. 政策监控应遵循什么原则?
8. 简述公共政策监控机制的构成。
9. 公共政策调整的内容是什么?
10. 公共政策调整的主要原则有哪些?
11. 导致政策终结的原因是什么?
12. 政策终结的倡导者有哪些?
13. 政策终结可能会遇到哪些障碍?
14. 如何有效地终结一项政策?

第八章 公共政策模型

模型分析方法在公共政策活动中得到广泛应用。通过政策模型分析,公共政策的制定和执行中的复杂过程可以得到比较清晰的界定,帮助人们更好地理解公共政策。政策模型通过对现实社会的抽象和模拟,为我们制定或者分析公共政策提供一个简便的工具。本章我们先对政策模型进行整体概述,然后区分不同类型的政策模型分别阐释。主要有传统理性决策模型、有限理性与渐进决策模型、系统决策模型、政策过程模型以及精英模型与集团模型。

第一节 公共政策模型概述

一、什么是模型

所谓模型,就是人们为了特定的目的,依据相似性原则而创造或选择的一种系统,用于代表被研究对象,对认识对象所做的形象描述[①]。如建筑模型、汽车模型、飞机模型等。模型在现代生活中并不鲜见。模型是现实世界部分化、序列化、简单化和抽象化的代表。通过模型进行思维是人类思维的一个典型特征。模型突出了原型的本质特征,忽略了次要因素,便于人们把握错综复杂、变化无常的现实世界。模型作为研究原型的中介,也是一种重要的方法,它有助于人们分析和理解研究的对象,有助于人们解释和阐述研究的

---

① 张国庆:《公共政策分析》,复旦大学出版社,2009年,第283页。

问题。

一般来讲,模型可分为具体模型和抽象模型。具体模型主要指与原型在形态上相似的模型,如示意沙盘、模型飞机、交通地图等。这些模型对原形是一种形象的说明,使人一眼望去就会联想到现实生活中的真实事物,突出表现了模型的相似性特征。抽象模型主要是指用语言、符号、图表、数字等抽象形式反映原型内在联系和特征的模型。

模型不仅仅是现实世界的简单替代物,而且是现实世界抽象化的代表。

一张城市的地铁示意图,即使再精确,也不是真正意义上的城市地铁。一个政策过程的示意图或政策生命周期的比喻,即便再形象,它也与政策实践有着相当的距离。我们的理论架构是用来做分析工具的,从某种意义上讲,它们只是一种人为的想象。然而,我们却常常百分之百地确信这种想象的真实性,把主观的抽象完全等同于客观的现实,这也正是模型方法在实际运用中所面临的一种风险。

伦敦新老地铁图的对比能够为我们提供一个很好的例证。1900年,伦敦有了世界上第一条地铁。随着地铁系统的不断完善,为了满足乘客的迫切需要,1910年第一张地铁图问世。这种早期的地铁图是地理性的,即以实际距离和面积为准,严格按比例缩小而成。但随着地铁线路的日益复杂,新设车站不断增多,早期的地铁图显得越来越混乱,查找路线和车站非常不便,难以继续发挥其本应发挥的作用,迫切需要进行简化。当时一名在地铁系统工作的名叫贝克的临时绘图员认为,如果能运用图解的方式,抛开教条的真实,就不难解决这个问题。他根据早期的地铁图重新设计了一张草图,但不幸的是被他的上司轻率地否决了,理由再正当不过了:这张草图完全脱离了实际。到1933年,由于社会舆论的压力,地铁公司在无奈之下,只好试探性地推出了贝克的设计图。没想到一炮打响,受到公众的热烈欢迎。贝克建立的这个地铁站线模型,被一直沿用至今,而且被全世界所有拥有地铁的国家所采用。可以说贝克为整个社会作出一项伟大的贡献,可当时仅得到了极为可怜的报酬——不到1个英镑。

的确,贝克的地铁图看上去一目了然,为检索带来了方便。它作为一个非常有用的解释工具,使人们能够方便地了解和使用伦敦地铁这样一个非常复杂的系统。但我们不能忘记的是,它并不是真实的伦敦地铁,而是想象的伦敦地铁,并不是真实的具体,而是具体的抽象。如果把它与实际的地理位置画上等号,将大错特错。许多来过伦敦的旅游者都曾有过这方面的经验教训,图上标的站都是等距离的,用5分钟走了一站,但可能要用半个小时或1个小时走到另一站。

伦敦地铁示意图是一个很有启发性的例子。在政策研究中我们同样会遇到伦敦地铁示意图所带给人们的困惑。的确,没有简化和抽象,我们就难以认识复杂。为了认识和解释形形色色的政策现象,我们需要借助于一些分析模型。然而,我们应该清醒地认识到许多政策学家曾多次提到的潜在危险——"错置具体的谬误",即把源于经验的抽象认识等同于实实在在的具体事物。

二、政策模型的含义

在政策科学中,概念模型得到了广泛的应用。公共政策模型并不是实物模型,而是理论研究中以科学概念、科学假说以及数学模型出现的理论模型。政策模型在合理假设的基础上,将政策问题抽象为一组概念或命题,按照其内在逻辑和本质结构组合在一起,从而形成一个相似于原型的、结构严整的逻辑体系[①]。这些概念模型是政策科学工作者为了帮助人们理解和解释公共政策产生的原因、认识和分析其社会的效果、思考和预测未来的发展,在公共政策研究中不断总结出来的。这些模型体现了对公共政策思考的不同角度,为理解公共政策和进行政策分析提供了多种途径。

在分析公共政策的时候,我们需要组织我们的思想和概念。世界是复杂的,为了理解这种复杂,有必要对其进行简化,因而我们构建了模型。进行政策分析,如果不使用模型的方法,那几乎是不可想象的事情。然而不能忘记的是,当运用这些方法的时候,我们实际上正在把主观强加于客观,人为地创造一种认识世界的方法,从看似并不存在程序的现实中提炼出一种程序。模型事实上的确来源于人类的经验,但它绝不是经验的再现和翻版,而是人们对客观现象的一种认识方式,是人们理论知识、价值观念和个人信仰的综合体现。因而,在政策研究领域,我们不得不非常谨慎地对待模型所代表的"真实"。这种"真实"往往只是一种主观的构建,是人们对复杂现实的一种人为的想象。因此,我们不得不对此保持高度的敏感。公共政策理论性的活动实际上就是在画一张示意图,它包含了我们所知道的内容,引导我们去认识我们所不知道的方面。

三、政策模型的有效性

什么样的模型有用?为什么有用?以什么为标准?在展开政策模型的讨论之前,先看一看用以评估政策模型效用的一些一般性准则[②]。

(一)排列并简化现实

政策模型的有效性首先依赖于它对现实政治生活进行序列化和简单化的能力。理顺真实世界中错综复杂的关系并建立逻辑的联系,简化那些难以琢磨的复杂现象。当然,如果一种模型过于复杂或空泛,涵盖过多的内容,就会给理解带来很大的困难,乃至无法得到利用。但如果一种模型过于简化或狭隘,仅仅对表象进行概括,忽视那些关键性的因素,就难以用其来解释真实的世界。

(二)认定重要层面

政策模型的有效性还与其概括政治生活中重要内容的能力有关。好的模型应该能够抓住主要矛盾,把人们的注意力从那些不相关的因素转移到真正重要的因素上来,使人们更多地关注公共政策的真实起因和重要结果。

(三)符合社会现实

一般而言,模型的建立往往源于人类的经验,它应该以现实生活为重要的参考依据。政策模型应该能够反映客观现实。从经验角度看,它应该具有真正意义上的指涉对象。对于那些完全脱离实际、没有经验依据的主观模型,人们在使用过程中会感到茫然或不知

---

① 张国庆:《公共政策分析》,复旦大学出版社,2009年,第284页。
② 谢明:《政策分析概论》,中国人民大学出版社,2004年,第124—125页。

所措。比如，几乎没有人会认为政府决策是完全理性的，公共政策能使社会成本最小化、社会收益最大化。然而，"理性决策"的思路还是很有价值的，它促使我们去探讨政府决策的非理性程度以及为什么会如此。

（四）提供有意义的沟通

政策模型往往借助概念进行抽象，而这些概念在沟通过程中应该具有实质性含义并形成较为一致的看法。否则，这个政策模型的有效性就会大打折扣。没有共识就难以沟通。

（五）指导调查与研究

一个政策模型应该具有一定的可操作性，应该有助于对公共政策进行实证分析。从某种意义上讲，它应该直接映射现实生活中那些能够被观察到的、可以进行测量的、能够被加以证实的客观现象。一个概念或一系列概念所解释的内容应该能够在现实世界中得到检验和证实。

（六）提出一定的解释

一个政策模型应该对公共政策提出一种解释，而不是只对公共政策及其过程进行简单的描述；它应该对公共政策的原因和结果提出一定的假设，而不是仅仅盯住客观存在的经验数据。它源于现实却又超越现实。毫无疑问，一个解释性模型总比描述性模型更具研究和应用价值。

第二节 传统理性决策模型

一、理性模型的理论依据

什么是理性？其英文为 rationality，通常解释为合理、有理，它与感性相对，指人从理智上控制行为的能力。买汽车光挑颜色，买衣服只注意款式，做决定靠抽签，做事情喜欢打赌，这都不能说是理性的行为。当然，在评价某种行为是理性的或非理性的时候，人的价值判断起很大的作用。某种行为可能你认为是理性的，但别人却认为是非理性的。我们在谈到理性概念的时候，往往是以共识性标准为前提的。

理性模型[①]起源于传统经济学的理论，传统经济学理论是以经济人的假设为前提的。那么什么是经济人呢？一般来讲，经济人自私且功利，做任何事都以满足个人最大利益需要为目标。分析经济人的行为实际上很简单，他之所以这样做而没有那样做，就是因为这样做可以最大限度地满足他的利益需要。这种带有强烈自利特征的经济理性尽管十分不可爱，但却非常有用。因为我们惊奇地发现，社会财富这块"蛋糕"在市场理性的博弈中越做越大。市场机制这只"看不见的手"，会使人的自利行为导致利他的结果。

以经济人假设为前提的理性优化模型，为微观经济学的发展提供了便利条件，同时也

---

① 谢明：《政策分析概论》，中国人民大学出版社，2004年，第126—127页。

对当时经济领域的微观决策起到了一定的指导作用。它舍弃了一些次要变量,使问题的分析得以简化,形成有效的分析框架,能够被用来解释资本主义市场活动中的诸多现象。因此,其影响迅速蔓延到社会生活的其他领域,当时这种假设几乎被认为是一个不证自明的公理,是解释人类行为不可缺少的依据。

理性行为的概念是一个非常有力的解释原则,因为它有着许多人类行为的经验依据。我们经常对别人这样解释自己的行为:"我想达到 X 这样一种目的,所以我选择了 Y 这样一种方式。"同样,这也是我们理解其他人行为的基本思路。基于这种考虑,我们同样可以用这种模型去解释一个政府的行为。就政府政策而言,如果了解了政府的目标,就不难解释其政策方案的选择。它之所以这样做而没有那样做,是因为它要满足自己最大的利益需要,作出最大价值的选择。

传统的政策理论有着理性主义前期发展的深刻烙印。它认为,任何决策都是目标性的行为,达到目标当然会有很多种途径和手段。所谓理性的选择就是要作出最大价值的选择,即选择达到目标的最优方案。

根据这一传统理性模型,为了一个理性的决策,政府的决策者必须知道所有的社会价值偏好及相对权重,知道所有可能的备选方案,知道每一备选方案可能产生的所有后果;必须能够估计每一政策方案可能得到或者失去的社会价值比例,能够选择最经济有效的政策方案。林德布洛姆将(纯粹)理性模型的要点概括为:(1)决策者面对一个既定的问题;(2)理性人首先应该首先清楚自己的目标、价值或要求,然后予以排列优先顺序;(3)他能够列出所有达成其目标的备选方案;(4)调查每一备选方案所有可能的结果;(5)比较每一备选方案的可能结果;(6)选择最能达成目标的备选方案[①]。

□ 二、理性模型的主要缺陷

从理性主义模型所表现出来的特征中可以发现,它同经济学中的"经济人"假设存在着密切的联系。"经济人"假设认为:个人具有明确的个人价值序列观。他们总是设法扩大某种满意的价值,而且他们总是能够找到一切适用的方法,并清楚地知道每一个方法所带来的后果,因此总可以合理地作出选择,从而取得满意的价值。事实上,"经济人"理论为理性主义模型提供了两个基本的假设:人具有无限的认识能力和存在一致的价值序列[②]。

显然,理性主义模型表现出来的是一种对"客观理性"的追求。这种可谓是理想化的决策模型,或许反映了在民主社会中人们对于科学合理的公共政策的一种强烈要求。虽然带有幻想的色彩,可是它对于社会价值的广泛重视,却成为当代政府有效进行公共决策的有益借鉴。然而,理性主义模型所建立的假设基础同现实情况存在太多的差异,"全面理性的情势同现实的决策情境存在太多的背离,它追求的是理想化";它忽视了决策过程的复杂性,片面夸大理性方法尤其是定量分析方法的地位和作用,因而受到了来自各个方

---

① Charles E. Lindblom. The Policy-making Process. Prentice-Hall Inc., 1968, p. 13.
② 范锡兵:《渐进选择:非理性主义》,《政治学研究》,1996 年第 3 期。

面的批评,其中包括西蒙、林德布洛姆等人的批评,并由此提出不同的政策分析模型。这些批评概括起来有如下三个方面。

(一) 假设前提方面

理性主义模型建立的一个基础假设是社会存在着一致的价值序列,即整个社会有一个为大众所共同认定和追求的价值、目标,而这些价值、目标不但可以知道,并且还可以量化显示[①]。这样的一个假设受到了阿罗所提出的"不可能定理"的严峻挑战。在他这个著名的定理中,阿罗否定了社会中存在着一致的价值观的可能性。的确,在现今崇尚社会多元化的时代里,自由主义的真谛在于对于不同的价值观和偏好的宽容。因此,很难找到一个让世人所普遍认同的价值取向。如果按照传统的权威社会中利用强制的手段作出价值判断和利益分配,将背离民主自由社会的根本要求,同时更可能激化社会中矛盾。

理性主义模型的另一个假设前提是人的无限的认知能力。人类认识社会的过程需要借助一系列的资源作为工具。所以,无限的认知能力是需要无限的资源作为基础的。但是,社会中的各项资源都是稀缺的。对于政府来说,它的行为更是受到来自各个方面的约束。这些限制中,最大的制约也许是各个年度中政府的财政预算问题。有限的财政预算大大地束缚了政府就相关的政策问题所需要采取的活动的进行,从而难以达到所谓的"客观理性"。

(二) 资料收集问题

理性主义模型所要求的目标的确定和选择方案的比较需要完备的信息作为前提。不过由于受到人为因素和计算能力等的影响,充分完备的信息收集通常是不能彻底达到的。

首先,人的认知能力是有限的。人并非是全知全能的,人脑存储和处理信息的能力是有一个限度的。同时,加上人的精力等生理条件的影响,决策者很难如同理性主义模型要求的那样,对相关的信息悉数掌握和分析,并有效进行方案后果的评价和比较。尽管计算机的使用大大地提高了人们收集和处理信息的能力,但是相应的程序设计和编制仍然需要经过人脑,最终还是摆脱不了人为因素的制约。

其次,理性主义模型需要一个对所有价值与偏好的了解。可是,在实际的决策过程中是否能够做到这一点依然存在极大的疑问。即使可以得到,所得到的价值序列的真实性也是受到人们的质疑的。既然理性主义模型假定每个人都是"经济人",那么他们都具有趋利避害、最大化其个人利益的取向。于是,个人在面对一个同自己的利益紧密相关的偏好调查时,就可能尽力夸大即将制定的方案给自己所带来的损害或者极力掩饰随之而来的收益。人们这种潜在的机会主义行为,可能导致调查所得的价值序列失真。

再次,决策者在进行决策的过程中,政策的最终决定也并非如理性主义模型要求的那样,是严格建立在完备信息的基础之上的。相反,资料的收集和处理有时是同决策同步进行的。

按照理性主义模型所要求的信息收集,无疑需要耗费大量的金钱和时间成本。这同现实的许多情况的差距更是明显,而且同该模型本身所追求的经济最优的方案存在巨大的抵触。

---

① 朱志宏:《公共政策》,中国台北,1995年,第49页。

(三) 决策者个人的问题

政策决策者应该是公正的、公平的、以民为先,这是理性主义模型对决策者提出的基本要求,缺乏一个客观公允的立场和态度,决策者便不可能对社会中的价值序列作出一个正确的评定。可是在实际的政治生活中,决策者常常受到如专业背景、个人价值观和利益集团等因素的影响。因为每个人的学习能力都是有限的,所以很少有人可以对社会中的各个领域的知识全部理解透彻。所以,决策者就只有可能对自己熟悉的领域作出一个比较清楚的认识和评价。

另外,个人价值观的不同,也将使人们对同一个问题的看法存在差别。比如,在中国香港地区就"赌球合法化"的问题进行决策的过程中,决策者之间的观点明显不同。一派的观点认为:赌球合法化是利大于弊。因为它可以增加税收收入和慈善事业的资金来源,还可以减少处于非法状态中由于黑帮势力的介入所引发的社会不稳定;另一派的观点则担心赌球合法化会破坏社会风气,产生一系列的社会问题。不过在现实中,决策者往往更容易受到利益集团的左右。因为政府官员通常寻求连选连任,而这需要得到利益集团的支持,为此,决策者有时候不得不调整自己的观点和立场,去迎合特定利益集团的需要。

基于上述认识,传统理性主义受到多方面的质疑与批判。西蒙等人认为,传统理性主义从经济人假设出发,以逻辑推理方式所确立的规范性政策理论无法解释现实生活中政策制定过程的实际行为。现实生活中不存在纯粹的理性,传统理性模型只能被认为是一种理想的追求,而缺少实践的基础。

三、理性模型的重要性

理性模型提出理性的障碍之所在以及何以决策不能更理性的问题。它是一种理想,即使现实不可能完全依此行事,也提出了进行分析的基本框架。当我们解释如何进行分析时,目的是指出它所包含的一些基本步骤,而不是说分析的每一步都要按照这些模型或框架所说的去做。通过一个过程模型,政策分析的入门者或学生有一个关于如何进行分析的框架或指导。当我们讲分析过程时,既要重视理性因素,也要重视半理性或非理性的因素。当我们采用理性分析的基本框架时,也要吸取半理性或非理性(如渐进模型、综合模型)的因素,来补充理性的框架。由于理性模型提出优化的目标、方案并揭示出理性的障碍,所以仍具有重要的解释作用。

第三节 有限理性与渐进决策模型

一、有限理性模型:决策追求满意解

赫伯特·西蒙(Herbert A. Simon)批评(纯粹)理性概念及模型,提出有限理性的概念及模型。西蒙认为,(纯粹)理性概念是依据古典经济学和统计决策论而发展起来的。它包含了如下四个先决条件:(1)存在着数种可以相互取代的行为类别;(2)每类行为都能产生明确的结果;(3)经济主体行为产生的结果拥有充分的信息或情报;(4)经济主体拥有一套确定的偏好程序,以便让他依其所好,选择他以为适当的行为。西蒙和马尔奇(March)两人认为现实的决策者面临着的是这样一种情境:(1)模糊并且没有得到明确界定的问题;(2)有关选择方案的不完备的信息;(3)有关"问题"背景和基准的不完备的信息;(4)有关假定选择方案所达成后果的不完备的信息;(5)有关价值、偏好和利益的内容和排序的不完备的信息;(6)有限的时间、技术和资源。

西蒙指出,由于人类知识的不完备性、预测的困难以及人类活动或行为的范围有限等因素,使得(纯粹)理性在实际中是不存在的。因此,西蒙认为,人类决策行为所依赖的是有限理性(bounded rationality),而不是(纯粹)理性,也不是弗洛伊德等人所讲的非理性,而是介于理性和非理性之间的东西。人们在实际活动中,由于受能力、信息、时间、知识等因素的制约,只能在有限的且是力所能及的范围内去从事决策。在此基础上,西蒙提出用有限理性模型去取代(纯粹)理性模型。其要点是决策者在决策过程中对备选方案的选择,所追求的不是最优的方案,而是次优或令人满意的方案;决策者在"满意"标准和有限理性之下,面对一个简化了的决策,不必去检视"所有的"可能备选方案。

由于考虑到人的认知能力和决策资源的制约,有限理性主义模型并没有如理性主义模型那样去追求一种"客观理性",相反,它追求的是一种"主观理性"。因此,决策者寻求的不再是理想化的最优方案,而是产生于自身决策条件基础上的"满意"或"足够好"的方案。

同理性主义模型相比,有限理性主义模型的一个合理性表现在它所建立的假设基础之上。西蒙摒弃了传统的"经济人"理论,提出了"行政人"的概念。"行政人"具有如下的特点:他充分意识到把握决策环境中的各个方面的相互关系是不可能的,自觉地承认他对行政形势的看法往往过于简单化,且只满足于"满意"的标准而不愿追求最大限度①。作为行政人理性,它同传统的理性概念存在不同,因为它没有将一个额外范围的事实纳入考虑之内,这些事实与情感、政治权力、群体互动、人性和脑力健康相关。正是因为减少了决策所需收集的信息的范围和数量,决策者作出一项政策需要花费的成本将得到相当程度的降低。

虽然有限理性主义模型能够更真实地反映决策过程,并突出了非理性因素在政策分析中的重要性(这一模型并未全盘否认理性的作用),但是,它还是没有摆脱理性主义模型所陷入的割裂目的——手段联系的窠臼。决策通常被形式化为一种手段——目的关系:手段一般被理解成是根据最后独立确定的目的(先于手段之前确立)进行评估和选择的②。因此,这两种模型都遵循着这样一条路线:即先确定明确的目标,再依此为指导,选择合适的手段。事实上,人们的价值偏好并非固定不变的,管理学中的马斯洛需求层次理论就证明了这一点。当人们的较低层次的需求得到满足之后,便开始以更高层次的需求为目标,并将它当作是工作或者生活的动力。应该注意的是,人们的许多行为通常受到社会环境的巨大影响。所以,割裂手段和目的之间的互动进行方案的抉择,便潜藏着方案偏离目标要求的可能性。

---

① 范锡兵:《渐进选择:非理性主义》,《政治学研究》,1996年第3期。
② Charles E. Lindblom. The Science of "Muddling Through". Public Administration Review 19 (Spring 1959), pp. 79—88.

二、渐进主义模型：新政策是对旧政策的补充和修正

林德布洛姆更强烈地批评理性概念及理性主义模型，并提出他的"渐进主义"概念及模型。该模型在不同时期有不同的名称：最初被称为"渐进主义"（Incrementalism）；后来叫作"边际调适科学"（Science of Muddling Through）；后又变成"断续的渐进主义"（Disjointed Incrementalism）。虽然名称不同，但是其内涵却基本上保持一致。如果说西蒙主要是从理性的角度来修正、补充理性概念及理性主义模型的话，那么，林德布洛姆则可以说是另起炉灶，提出了一种全然不同的决策模型。

林德布洛姆认为，政策制定绝不是理性主义者所说的是一种理性分析的过程，理性主义模型与实际的政策制定过程不相符。尽管他同意某些分析工作对政策制定是必要的，但他对那种把分析方法放到主导性的地位表示深深怀疑。基于对美国联邦、州及地方政府机构的政策过程的实际考察，他发现政策过程是如此零碎和复杂，涉入其中的有立法、行政和司法部门、政党、压力团体和公民等各种政治力量，以至于理性分析只具有边际的效果。他在《政治和市场》一书中论证说，在人类的智力和社会之间存在着如此之大的不对称，在形成操作目标所遇到的困难、在价值和评价标准上的不一致，以及利益团体对理性分析的抵制等降低了公共政策分析的作用及质量，并使关于处理政策问题的建议或方案除了小的变化之外，成为政治上不可实行的。他在《政策过程》一书中又认为，政治上可行的东西是那种渐进的或边际上不同于现存政策，具有本质上的差别的方案不在此列。

林德布洛姆提出了渐进主义的模型，即把政策制定看作各种政治力量、利益团体相互作用、讨价还价的过程，把政策制定看作是对过去的政策加以修正、补充的渐进的过程。他假定，政策制定是一个序列，即通过一条政治和分析步骤的长链，由这条没有开端和终结、没有准确的边界的长链来展开。渐进主义模型有以下四个要点。

（1）在政策问题的界定上，认为人们受知识和能力的限制，不可能对问题的所有方面及相关的所有环境因素作出全面系统的分析，而只需集中于人们熟悉的、有经验的那些方面上，这就大大减少了分析的因素的数量及复杂性。

（2）在政策目标确立上，认为难以一下子就确定一个清晰明确的政策目标，而只需确定一个大致的方向，在沿着方向前进的过程中，目标自然会逐渐明确起来，并且这给灵活调整目标或方案留有余地。

（3）在政策方案的设计上，渐进主义模型并不要求对原有政策一揽子改变的全新方案，而只要求对原有政策的部分修正、变化较小的方案，把创新限于边际性范围内。

（4）在政策方案的抉择上，渐进主义模型认为，政策的决策并非运用理性分析的结果，而是各种政治力量相互作用、协商或妥协的结果，方案的选定是根据现实政治力量的相互协商、妥协所达到的平衡点敲定的。

从渐进主义模型的这些要点看来，渐进主义模型比前两种模型更加贴近政治生活。利益集团对政治生活影响日益巨大是现代政治发展的一个重要的特点。因此，一项政策是否能够得到有效的支持，取决于它对于不同利益集团的损益状况。相比于理性主义模型和有限理性主义模型来说，渐进主义模型追求的不仅仅是经济合理性，而是更进一步的

政治合理性。受到经济学自由竞争模式的影响,渐进主义模型抛弃了政策可以由表达集体之"善"的社会中心机构来指导的看法。相反,政策是社会中无数社会团体一个"释放和吸收"的结果。于是,判断一项政策优劣的标准也随之发生了改变。一个好的政策的标准是政策制定者的同意。的确,在民主得到越来越多的人认同和支持的时候,缺乏一定的公众支持的政策,执行将面临许多的阻力和困难。

渐进主义模型的另一个明显的优势在于:它更适合于处在当今社会变换频繁的环境下人们追求平稳的心理。渐进主义模型强调政策只不过是对原有政策作出的边际性的调整和矫正,并不鼓励创新。在面对一个复杂的政策问题时,运用渐进主义模型所取得的政策确实能够较大地节约沉淀成本,减少社会剧烈变动的程度。许多渐进主义的批评者认为,做得更好通常意味着偏离渐进主义;渐进主义者则认为,对于复杂的问题的解决常常意味着更加熟练地运用渐进主义,并且极少偏离。

虽然渐进主义模型表现出更多的真实性和合理性,但是,它也存在明显的局限性。首先,按照渐进主义途径取得的政策,必然只是反映最有权势的团体的利益,因为团体间存在着各自权力地位的不同,弱势群体和组织涣散的团体的要求可能得不到体现。所以,政府作为社会公共部门,有责任承担起维护公平和正义的任务,从而保证社会的稳定。其次,渐进主义容易忽视基本的社会创新,因为它只关注于短期,寻求的只是同以往政策有限差别的结果。这样一种倾向于保守的政策取向,固然可以为一项政策赢得更好的政治支持,但它必然有损于政策创新。再次,这种模型可能比较适合于变动节奏较慢的社会环境。如果社会系统发生了根本的改变,那么,援引旧例便会导致政策的失败。而且,在进行社会系统改造的过程中,长远的目光对于政策制定者相当重要,渐进主义者似乎低估了他们对政策制定者的冲击。

由此可见,在渐进主义那里,理性的分析(决策的科学化、形式化、定量化分析等)的作用及地位是有限的。林德布洛姆认为,理性分析不应被用来寻求政策方案的重大革新,而应为寻求其边际的或弥补性的变化服务;理性分析更多的是一种帮助决策者进行讨价还价的手段,而不是为他提供足够多的信息而作出决策。因此,他断言,政策研究或政策分析所要考察的是那些渐进的不同于现行的政策和渐进的彼此不同的替代方案,要做更多的理性分析(定性定量工作)也只能是浪费精力,徒劳无功。显然,渐进主义看到了政策制定过程中的政治、价值等因素的作用,注意到政策的连续性和稳定性问题,但是,它低估甚至否定了理性分析在政策研究过程的地位和作用,而且具有明显的保守倾向。

第四节 系统决策模型

一、系统模型:政策是政治系统的输出

系统理论认为,公共政策的输出是政治系统与其外部环境互动的结果,要求与支持的输入是社会团体与个人试图影响公共政策的表现。当公众接受选举结果、遵守国家法律、

依法缴纳税款、服从政府决定时,支持就会形成。政治系统为了自身的生存与发展必然会对环境的压力作出反应,而源于公众的要求常常是复杂多变和相互冲突的,为了把这些要求转变为公共政策,政治系统就需要作出制度上的安排并通过有关机构和活动强化这种安排;政策输出可能会起到缓解环境影响、弱化公众要求和影响政治系统内在特征的作用。政治系统与其外部环境之间的互动是一个反复循环的过程,政策输出会引起公众要求的变化,而新要求的不断提出会使新的政策不断出台[①]。

政治系统可以通过下列途径保护自身利益,维持系统生存:(1)政策输出满足环境需求,符合公众利益;(2)加强系统自身建设,完善内部机制;(3)以武力为威慑或直接使用武力。

系统理论对政策分析的启发性作用表现在提出了下列问题:(1)什么样的环境条件促成其对政治系统的压力?(2)什么样的系统特征能使政治系统得以将要求转化为政策,并维持系统的长久生存?(3)环境的压力怎样影响政治系统的特征?(4)政治系统的特征怎样影响公共政策的内容?(5)环境的压力怎样影响公共政策的内容?(6)公共政策怎样通过反馈作用于环境,并影响政治系统的特征?

系统理论对现实政治生活进行了高度的概括,从宏观角度对政策过程进行了分析,它在政策分析领域具有十分重要的理论指导意义。但是,系统理论对政治系统这一"黑箱"缺少针对性的分析,没有能够很好地解释政策决定的具体形成过程,因而使它在政策实践中的应用受到很大的限制。

二、沃尔夫的系统分析模型

沃尔夫在《市场或政府》一书中主张公共政策的分析除了应重视政策制定的分析,还应加强对政策执行的分析。沃尔夫首先对美国20世纪60年代所流行的政策分析的步骤进行的说明,主要有以下五个环节。

1. 收集资料

仔细收集和分析政策所研究的领域中的各种有关数据资料,特别是定量化的资料。与此同时,还要研究某项政策制定,实施有关政府机构的内在关系,这虽然是"软件",但其重要性并不亚于定量的数据。

2. 建立关系

运用定量数据分析结果以及政府机构内在关系的资料,借助相关理论,建立研究领域内各种变量之间的关系。

3. 建立模型

选择合适模型,来详细说明因变量与自变量之间的关系,能否成功地建立模型,主要依赖于把握数据和相关领域的基础上产生出来的特有的"直觉",以及对公共政策目标的敏锐感觉。

4. 提出方案

收集并思考多种可供选择的方案,其中包括具有"基准性"的现有的项目与政策、由他

---

① 谢明:《政策分析概论》,中国人民大学出版社,2004年,第152—153页。

人建议的选择方案、政策分析者设计的选择方案。

5. 检验方案

通过检验所选择的方案模型,并对照实现政策目标所要达到的结果进行比较,在遵守约束条件的前提下,或是满足目标要求而费用最小,或是在规定的费用下使目标最大化[①]。

政策专家总以为运用模型对成本与效益进行分析以后,在执行过程中,它们就不会再有变化了。实际上,在政策实施时,这方面有时会发生根本性的变化。这种变化的原因是为弥补市场缺陷所进行的公共政策活动即"非市场"的行为,由于自身存在的缺陷而无法取得它所要追求的目的。

系统决策模型是一种视公共政策为政治系统对来自环境需求的反映的决策模型。系统决策模型强调政治系统的环境作用,它将公共政策的制定放在政治、经济、社会与文化环境中进行考察。系统决策模型认为,公共政策是政治系统与环境的诸多因素相互作用的一种反映。在系统决策模型下的公共政策是系统的产出,它被视为该政治系统根据社会的需求与支持(投入)作出的价值再分配方案(产出)。

系统决策模型是从系统与环境的相互作用看待公共政策的黑箱问题,它不涉及政治系统内部的组织结构和行为过程,只注重环境与政治系统的相互作用和社会反映。系统决策模型虽没有很好地说明一项公共政策的决定是如何作出的,但它由于强调系统与环境之间的相互制约,因此比较容易解释公共政策复杂的动态特性。系统决策模型对我们的启示是,公共政策制定系统是一个投入—产出系统,它要与环境相互统一,达到一种动态平衡。

第五节 政策过程模型

一、麦考尔-韦伯的内容过程分析模型

斯图亚特·那格尔编著的《政策研究百科全书》中收录了麦考尔与韦伯有关公共政策分析模型的论述。这两位学者认为,公共政策分析在对其内容与过程的分析上,使用的方法上有规范性分析、描述性分析两种。在内容分析与过程分析中两者可以交叉使用,产生出四种分析类型:公共政策内容的规范性分析、公共政策内容的描述性分析、公共政策过程的规范性分析、公共政策过程的描述性分析。

1. 公共政策内容的规范性分析

这主要涉及公共政策的本质,这类分析包含两个方面:一是用批判的方式分析一个特定的公共政策。其目的或是对现行的政策提出改进意见,或是建议制定不同的新政策,而使政策制定者确立较高的政策价值目标。二是对未来政策的分析。即对当前政策的未

---

① 查尔斯·E.林德布罗姆:《政治与市场——世界的政治—经济政策》,王逸舟译,三联书店,1994年,第90—91页。

来结果进行分析,以及探讨各种适合于预测未来社会发展变化的政策。

2. 公共政策内容的描述性分析

这是将政策内容中的一个或多个属性,作为与政策过程相关的解释变量,研究它们对整个政策内容的影响。这类政策内容属性主要有:政策领域、制度价值、政府层次、特性程度、公众实际满足程度与象征性满足程度等。

3. 公共政策过程的规范性分析

这主要是对政策运行的程序性加以分析,这类分析或者是对现行的政策程序提出改进意见,或者重新设计出一套新的程序。在进行这种分析时,构建程序模型是主要的分析手段。

4. 公共政策过程的描述性分析

这主要是对政策周期中的一个或几个阶段进行研究。政策周期包括政策表述、政策决策、政策实施、政策效果评价、政策反馈等环节和阶段。研究者不是对所有的环节都感兴趣,其中研究得比较多的是政策表述与政策效果评价两个环节。政策表述评价研究的重点是分析政策问题的性质、政策的范围。政策效果评价研究的重点是对政策的效果、效能及成本收益进行分析。

二、公共政策的动态过程

政策的过程模型一直是理解和研究公共政策的基础架构。尽管在政策科学领域对此一直存有疑虑,但并没有动摇阶段分析方法在政策过程分析中的主导地位。政策生命周期理论认为,动物可以有一个生命周期,活的物体也可以被视为一个系统,但是,把公共政策赋予生命并分解为如此简化的阶段在方法论上存在一定的漏洞。公共政策的过程模型或生命周期理论,实际上是把政策过程视为一种政治行为的生命过程来加以描述的。

然而,一个政策的实际生命过程,不一定会与下述过程相吻合,或繁或简会因具体的政策内容和环境而异,甚至上述的逻辑程序也会发生很大的变化。尽管如此,根据过程模型分析公共政策仍是我们目前所要坚持的方法。因为政策生命周期理论有助于我们对政策生命过程中各种政治行为的把握,为政策制定与执行提供了一个科学的分析框架。公共政策的过程大致有以下八个步骤。

1. 社会问题的出现

任何社会都存在着一些需要重视和解决的问题。在社会发展的过程中,不可避免地会出现一些偏差和障碍,从而影响到社会全体成员或部分成员的正常生活,引起人们的普遍关注。公共政策大都是为了解决社会问题而制定的。往往是旧的问题刚刚解决或尚未解决,新的问题又产生了。人类社会就是在解决社会问题的实践中不断进步和发展的。

2. 社会问题的确认

社会问题只有在属于政府的政策范围、进入政府议程的情况下,才能转化为政策问题。社会问题的确认是发现社会问题的内涵和界限,界定社会问题的性质、深度和广度、严重程度和关联性,寻找进入政府政策议程的途径以及进行社会问题分析的过程。

3. 政策议程的建立

社会上存在的问题很多,政府或社会不可能都注意到,即使注意到了也无法全部采取适当政策加以解决。政策议程的建立是社会问题转化为政策问题的关键环节。每个政府部门都有一些经常性的政策议程,并常常要为解决若干新的问题而建立新的政策议程。

4. 政策规划

政策议程建立之后就进入政策规划阶段。作为政策制定过程的核心环节,政策规划是指政策方案策划、设计、评估和选择的过程。其主体类型可分为单一式和多元式两种,前者主要指政府有关机构,后者主要指政府系统外的社会组织和个人。

5. 政策方案的执行

政策方案一经采纳就开始进入政策执行阶段。所谓政策执行就是把政策方案的内容转化为客观现实的过程。在这一过程中,政策执行者要充分开发各种政策资源,建立必要的组织机构,利用多种技术手段,使观念形态的东西转化为现实形态的东西,实现既定的政策目标。

6. 执行效果的评估

政策过程中这一阶段进行的评估通常也被称为后评估。由于人的主观局限和社会环境的复杂多变,事与愿违的现象是普遍存在的,主观和客观是难以画等号的。因此,需要对执行的效果进行必要的分析和判断。这种评估是信息不断反馈的过程,目的是确定政策的价值和决定政策的取向。

7. 政策调整与改变

通过执行效果的评估,会发现一些政策不宜继续执行,需要对其作出必要的调整。不断修正主观以适应客观是政策执行过程中的必然选择,从来没有一劳永逸的政策。政策执行过程本身就是一个不断探索和学习、不断调整和完善的过程。

8. 政策的终结

通过执行效果的评估,会发现一些政策已经达到预期的效果,完成了自己的使命,还有一些政策则完全背离了既定的目标,是失败或无效的。这些政策如果继续执行下去,不仅会浪费宝贵的政策资源,而且还会贻误解决问题的时机。所以,这些政策都应及时地退出社会和历史舞台,从而推动政策过程进入新一轮循环。

政策的生命过程一般可以被划分为广义决策与广义执行两大部分。广义决策包括社会问题的形成、社会问题的确认、政策议程的建立和政策规划的实施;广义执行包括政策方案的执行、执行效果的评估、政策的调整与改变和政策的废止与终结。

第六节 精英模型与集团模型

一、精英模型:政策是精英们的偏好

(一)精英决策模型的提出

1975年,托马斯·戴伊和哈蒙·齐格勒在《民主政治的讽刺》一文中提出:社会客观上存在两个阶级,一个是垄断国家权力、执行政治功能、由少数杰出人物组成的统治阶级;

另一个是接受统治、控制和指挥的、由多数人组成的被统治阶级。

公共政策只是掌握国家统治权力的少数杰出人物的价值观念和价值偏好,而不是民主宪政体制所规定的人民意志的体现。精英理论是政府权力理论中的一项重要内容,它对政策分析领域具有很大的影响。

托马斯·戴伊在《理解公共政策》一书中对精英理论的基本观点进行了概括:(1)社会分化成掌权的少数人和无权的多数人,少数人掌握社会价值的分配权,多数人参与不了公共政策的决定。(2)作为统治者的少数人并非是作为被统治者的多数人的代表。精英人物主要来自经济地位较高的社会阶层。(3)从被统治的非精英阶层进入统治的精英阶层,这个变化过程一定是缓慢且持续的,从而才能保持社会的稳定并避免革命的发生。在非精英阶层中,只有那些能够接受精英阶层共同观念的人才可能被允许进入统治精英的行列。(4)在社会制度的基本价值观和维护这一社会制度的发展方面,精英阶层表现出看法的一致性。比如在美国,精英集团在私有财产、有限政府、个人自由等所谓的大是大非问题上观点完全一致。(5)公共政策所反映的不是大众的要求,而是政治精英的主要价值观。公共政策的变化一定是渐进性的,而非革命性的。(6)精英是活跃的,公众是麻木的,两者信息严重不对称,前者对后者的影响更大[①]。

这就是人们所概括的精英决策模型。按照上述说法,可以认为,所谓精英决策模型,是将公共政策看成是反映占统治地位的精英们的价值和偏好的一种决策理论。其基本点是:不是人民大众通过他们的需求与行动决定公共政策,而是占统治地位的精英们决定公共政策,然后由政府官员和机构加以实施。

精英模型是将公共政策视为反映占统治地位的精英所持的信念、价值观和偏好的一种决策理论。该模型认为,民众远离公共决策过程,对政策既缺乏兴趣,又所知非常有限,一般民众很少向政府提出政策性的要求;民众力量分散,缺乏组织,具有"搭便车"的倾向。因此,不是人民大众通过他们的需求与行动决定公共政策,而是占统治地位的精英决定公共政策,政府只是执行已经决定的政策。通常并非精英的政策立场受到民众舆论的影响,而是民众对政策的看法常受到精英政策立场的影响。政策是从精英向下流至民众,而不是政府响应民情的结果。尽管如此,精英们决定的公共政策并非一定会违背一般大众的利益,因为从根本上说,公共政策有赖于民众的支持,否则政治系统就不会稳定和持久;精英为了竞选连任或名垂青史,在任期内也必须充分表现其政绩。

精英是现行体制下的受益者,从而倾向于维持社会现状,态度保守,不轻易改变现行政策,即使改变也是渐进的,而非激进、全面的改变。只有当整个社会面临威胁时,精英为了保全其本身在政治系统中的地位,才会提出根本改革的建议。

可以看出,戴伊等人的精英理论,把政策看成是杰出人物行为的产物,只反映他们的价值观,服务于他们的目标,这不仅与历史唯物主义基本观点相对立,而且忽略了人民大众对社会发展的影响和贡献。从民主政治的要求看,政府最基本的目标,是为广大人民群众谋利益,其决策既要真正代表并反映他们的需求,要获得他们的支持和拥护。否则,政

---

① 托马斯·戴伊:《理解公共政策》,谢明等译,中国人民大学出版社,2004年,第23页。

治系统不可能得到稳定和发展。

(二)精英理论对政策分析的启示

精英理论认为公共政策不反映公众的要求,而反映精英的兴趣和偏好。因此,公共政策的变革和创新只是精英们对其价值观重新定义的结果。出于维护社会制度的需要,精英阶层怀有浓重的保守主义情结,所以,公共政策的变化必然是渐进性的,而不是革命性的。尽管公共政策经常被修改和补充,但极少会被替换和取代。渐进的变革将以现行社会制度最小牺牲和最小混乱的方式,对威胁社会系统的重大事件作出必要的反应。社会的稳定对维护社会制度发展和精英所处的地位起着至关重要的作用。精英们的价值观中可能含有很强烈的公众情结,公众福利可能是精英决策时需要考虑的一个非常重要的内容。精英理论并不认为公共政策一定要违背公众福利,只是说为公众谋取福利的责任应由精英人物承担,而不是公众自己去承担。

精英理论认为公众是被动、麻木和信息闭塞的,公众的情感往往被操纵在精英们的股掌之中,公众对精英价值观的影响微乎其微。精英与公众的沟通在极大程度上是自上而下的。因此,普选与政党竞争并不会让公众参与政治,政策问题的决定极少会通过民众选举或政党提出政策方案的形式进行。选举制和政党制这些民主制度在很大程度上只具有象征性意义,它们作为民主的符号有助于把民众牢牢地束缚在政治制度的罗网中。公民们在选举日可以行使自己的权利,在平时也有权加入他们认同的政党,他们会以为自己能够而且已经在国家政治生活中发挥着作用,而实际上这只是一种错觉。精英理论认为,公众对精英们的决策行为充其量只会有间接的、微小的影响。

精英理论认为,对支撑社会制度的基础准则,精英集团有着一致的认识。也就是说,他们对基本的"游戏规则"具有共识,对社会制度的延续看法一致。社会的稳定和秩序的存在就依赖于精英集团的这种共识,他们反映了社会的基本价值观。政策方案只有与此相符才可能进入政策议程,得到决策层的认真考虑。当然,这并不意味着精英集团的成员之间不存在意见分歧,他们彼此也会为一些问题争得面红耳赤。从历史发展情况来看,没有一个社会的精英之间不存在竞争,冲突的产生是一种必然。但是,精英理论认为,这类争论往往是围绕具体和枝节的问题,范围也比较狭小,不涉及一些根本性的问题。而且,精英之间观点一致的方面远远多于不一致的方面。所谓根本性的问题包括很多方面的内容。比如在美国,精英集团的一致性表现在立宪政府、民主程序、多数原则、言论和出版自由、组成反对党和竞选公职的自由、在社会生活中机会均等、私人财产神圣不可侵犯、个人奋斗及其回报的重要性、自由企业、资本拥有者和经济制度的合法性等方面。民众对这些民主制度的象征可能会给予一定的支持和拥护,但往往是非常形式化和表面性的,难以像精英们那样给予这种价值观以一贯性的、令人信赖的支持和信任。

(三)关于精英决策模型的争论

精英理论"少数精英操纵一切"的断言受到了多方面的批判,被认为是难以证实的观点。多元主义理论、统合主义理论、职业化理论、专家政治论、马克思主义理论都对此提出质疑。一些学者认为,许多事情包括政策制定,就是因为一小部分人太过负责了,而大多数人无法负责,更无权负责,所以才把事情搞得一团糟。

尽管精英理论引起了颇多的争议,但简单地认定其不成立也不是一种实事求是的态度。的确,大众参政议政是现代社会公共政策制定的发展趋向,也是民主制度所要追求的目标。但是,口号代替不了现实,表象总与真实存在很大的差距,如果仅以理想为标准就很难得出正确的结论。精英理论作为一种启发性方法,为政策分析提供了一条重要思路。

托马斯·戴伊认为,20世纪60年代美国一些人权政策的形成过程,非常适宜用来解释精英理论的实际应用。这些政策是这个国家的政治精英对影响少数民族环境的问题所作出的一种反映,而且并非是决策集团对大多数美国公众的情感所作出的反映。精英理论最关心公共政策形成过程中领导人物所发挥的作用,所以在发展中国家特别是一些带有专制色彩的政治系统中,精英理论在分析和解释公共政策制定过程时,其作用可能会远远超出其他一些政策理论[①]。

二、集团模型:政策是集团利益的平衡

集团模型的基本假设是:在社会生活中,存在着各种有着自身利益的群体或集团,这些集团或群体经常会围绕不同的利益、权力、价值进行竞争。要使社会稳定地发展,就必须对各种群体利益或集团利益进行沟通、协调,以实现利益、权力、价值上的平衡。

利益集团是指社会中有着共同观点和看法并有权力对其他团体提出要求的社会团体。当这个团体通过政府机构或向政府机构提出其要求时,它就从社会性利益团体变成政治性利益团体。社会中的个人只有在成为团体成员并为团体利益进行活动时才能够在政治生活中发挥其作用。在政府与个人之间,团体成为不可或缺的纽带。团体之间的互动是政治生活的核心,政治实际上就是各团体为影响公共政策所进行的相互斗争。政治体系最根本的使命就是通过以下途径调和集团之间的冲突:(1)建立集团斗争的游戏规则并充任裁判(规则)。(2)平衡各方利益,力求彼此妥协(目标)。(3)以公共政策的形式出台折中办法(手段)。(4)以各种手段推动政策的实施(落实)。

集团模型认为,公共政策实际上是集团斗争中相互妥协的结果,是不同利益集团之间的一种平衡产物。制约这种平衡的力量来自不同利益集团的相互影响。毫无疑问,公共政策往往更倾向于影响力较大的利益集团,政策制定过程是各利益集团之间相互作用的过程,政策是利益集团斗争的产物或所达到的利益均衡。

利益集团模型认为,公共政策是各利益集团之间互动的结果。每个集团都希望政府制定的政策能够满足其所争取的利益。在追求自己的目标时,一个集团的行动可能会影响到另一个集团目标的达成。利益受到影响的集团,其生存就会受到威胁,目标无法达成,发展受到阻碍。于是,必然会产生一种反应,向威胁其生存的集团提出要求,企图恢复集团之间原有的平衡。当然,这种平衡取决于各个利益集团相对的影响力,如成员人数的多少、财富的实力、组织力量的强弱、集团内部的凝聚力、领导者能力的高低、集团与政府决策者之间的距离远近等。当任何一个集团相对的影响力发生变化时,公共政策随之发

---

① 谢明:《政策分析概论》,中国人民大学出版社,2004年,第141—142页。

生变化。利益集团模型是一种动态模型,是描述集团竞争如何影响公共政策的模型。政策制定过程就是集团竞争对政府施加压力,从而使政府不断作出反应的过程。这种反应就是通过协调、妥协、讨价还价而制定的一系列公共政策。在利益集团模型看来,政治系统就是各种利益集团利益竞争的关系系统。公共政策作为使这些利益关系达到均衡的杠杆在政治系统中不断起作用。

集团模型试图以集团斗争的分析框架解释所有重要的政治活动。公共政策只是利益集团斗争结果的合法化表现形式,政策制定者的任务就是对集团的压力不断地作出反应,即通过讨价还价、相互妥协、折中调解等形式寻求利益群体间冲突性要求的平衡。政治家的作用实际上主要体现在集团联盟的建立方面,他们总是在试图联系更多的集团以形成多数的力量。

集团模型具有下列特点:(1)各个集团都有权参与政策决定过程;(2)政府在政策制定中处于被动地位;(3)政策制定过程的核心是各种政策利益期望的平衡。

当然,集团模型也有其缺陷。它把注意力集中于政策制定过程中那些重要的能动因素的同时,似乎过分夸大了集团在社会政治生活中所发挥的作用,而低估了政策制定者(政府官员)在政治过程中所具有的独立的且富有创造性的作用。事实上,政府部门及其成员并非总是处于被动的地位,并非只需要对不同集团的利益需求作出反应。许多社会团体实际上是公共政策的产物,没有公共政策的出台,它们就不可能存在。尽管集团模型对政策分析有着重要的启发性意义,但是我们在解释公共政策问题时绝不能忽略政治生活中其他重要因素的影响[①]。

案例8-1　中国人口政策的渐进调整模型

2015年10月29日闭幕的中国共产党第十八届中央委员会第五次全体会议提出,全面实施一对夫妇可生育两个孩子政策。这是实施了30多年的计划生育政策的重大调整,预示着计划生育政策改革的大幕正式拉开。

促进人口均衡发展,坚持计划生育的基本国策,完善人口发展战略,全面实施一对夫妇可生育两个孩子政策,积极开展应对人口老龄化行动。

十八届五中全会于2015年10月26日至29日在北京举行。全会提出,全面放开二孩生育的背景,是中国人口形势已发生历史性转变,这些变化包括生育率进入超低水平,以及性别比失衡、老龄化和少子化等。其中,生育率过低成为谈论最多的问题之一。

从2000年出台夫妻双方均为独生子女的可以生育第二个孩子的政策,放开"双独"到"单独"二孩,再到全面二孩的政策推进,官方的解释是为了避免生育堆积,平稳突进政策。

人口形势已发生历史性转变。

如果从1980年"一胎化"算起,中国的计划生育政策已经实施了35年。相比当初担心"人口爆炸",今天中国的人口形势已经发生了历史性转变。生育率过低、人口老龄化、性别比失衡、青年占比下降等问题已经成为共识。

---

① 谢明:《政策分析概论》,中国人民大学出版社,2004年,第150—151页。

按照北京大学社会学系人口学者郭志刚的研究,自1995年以来中国的生育率就处于不足1.5的低水平,远低于官方口径1.8。而出生性别比自1982年就偏离正常范围。

人口学界认为,中国的生育率维持在2.2左右才能保证世代更替平衡,生育率过低将导致人口负增长。出生性别比失衡将引发一系列社会问题。

随着生育管制政策的持续,生育率持续走低。据2010年第六次人口普查的数据,中国当年生育率为1.18,如果再加上漏报的数据,学界普遍认为仍在1.5以下,远低于2.5的世界平均水平。而中国治理性别比失衡13年,依然未将其拉回正常值。

2013年十八届三中全会,党中央响应呼声,启动"单独"二孩政策,即允许一方是独生子女的夫妇生育第二个孩子。人口政策的调整迈出重要一步。

公开信息显示,符合政策的"单独"夫妇共有1100万对,全国各地启动时间不等,到2014年末有107万对单独夫妇申请再生育。所占比例只有目标人群的十分之一。截至2015年5月底,申请生育二孩的人数也只有13%左右。呈现逐渐走低趋势。

郭志刚说,这一结果令许多学者都没有想到。之后,全面放开二孩的呼声持续高涨。诸多信号显示政策或将调整。

2015年年初开始,有关"五中全会"全面放开二孩的消息就开始流传。在国家卫计委举行的历次新闻发布会上,何时全面放开二孩生育被频频问起,卫计委的回答则偏保守。

2015年4月,一条"全放开'二孩'生育已报国家通过并认定,预计在5月份之前将下发红头文件到各级政府"的消息,在社交媒体平台传开。

7月10日的国家卫计委例行新闻发布会上,国家卫计委首次对"全面二孩"表达明确态度。基层指导司司长杨文庄称:"我们现在正在按中央的要求抓紧推进有关工作。"

7月底,有媒体报道国家卫计委正在对全面放开二孩等工作进行评估,最快年内可以实行。10月底,一份《中国未来人口发展报告》据称已上递到决策层,该报告建议立即全面放开二孩政策。

10月26日召开的十八届五中全会,将制定"十三五"规划纲要,这也成为"全面二孩"的期待所在。

从2011年11月开始,中国各地全面实施双独二孩政策;2013年12月,中国实施单独二孩政策;2015年10月,中国共产党第十八届中央委员会第五次全体会议公报指出:坚持计划生育基本国策,积极开展应对人口老龄化行动,实施全面二孩政策。

案例思考题:结合上述材料,谈谈渐进主义决策模型有何特点。

本章名词与术语

政策模型　理性决策模型　有限理性　满意原则　渐进决策模型　系统决策模型　政策过程模型　精英模型　集团模型

 **复习题**

1. 什么是政策模型？如何分辨其有效性？
2. 公共政策模型有哪些？对其作简要介绍。
3. 比较公共政策的精英模型与集团模型。

第九章 公共政策失败及防治

药物对疾病并不总是有效的,公共政策也是这样。政府为了解决种种社会问题而出台的相应政策主要有两种结果:一是政策能够在很大程度上解决问题;二是出台的政策不能解决社会问题,往往使社会问题更加恶化。第二种情况可以成为公共政策失败或公共政策失灵。探讨这一问题对于提升公共政策的有效性十分重要。

第一节 公共政策失败的含义与类型

一、公共政策失败的含义

公共政策失败是政策科学研究的一项重要内容,是我国政治经济生活中经常遇到的难题,也是世界各国普遍存在的问题。公共政策是指社会公共部门为解决社会公共问题,规范和指导有关机构、团体或个人的行动,在广泛的参与下所制定的行为准则。对于公共政策失败的定义,从不同的视角出发,会有不同的结论。一般地,"公共政策失败"又称"公共政策失灵",是指由于各种消极因素的影响和公共政策的形成、执行、终结过程的复杂性,导致一项公共政策在执行过程中出现偏差或停滞,进而导致不能实现预期政策目标,甚至产生破坏的现象。公共政策失败不仅导致公共政策不能发挥其应有的作用和政策投入的浪费,还会给社会造成巨大的破坏,危害公众的利益,损害政府在公众中的威信。

二、公共政策失败的类型

关于公共政策失败的类型,目前国内外学者尚没有统一的定论。彭勃、张振洋根据政府组织内部的利益平衡程度和公众支持度将公共政策失败分为三种基本类型：动力不足型公共政策失败、低支持度型公共政策失败和内外失据型公共政策失败[1]。动力不足型公共政策失败是指公共政策执行层的利益在新政策中没有得到照顾或遭受损失,导致他们缺乏足够的政策执行动力,出现"选择性执行""政策执行梗阻"和"政策截留"等现象。尽管社会公众对此类公共政策的支持度比较高,但由于公共政策执行层的相关政策利益受损导致公共政策难以忠实执行。低支持度型公共政策失败源于公众的反对,虽然此类政策成功地解决了政府机构内部的利益分配问题,但由于不符合公共利益,造成了公众的普遍不满和反对,导致公共政策无法成功。内外失据型公共政策失败是指既未调整好政府组织内部的利益,也未考虑到大众的利益诉求,造成了内外失据。一方面,政府内部利益分配失衡,公务员执行政策的动机不强；另一方面,政策支持度低,公众不理解、不支持政府政策,甚至反对、破坏政策的执行。内外都缺乏支持,导致公共政策的失败。

张国庆根据公共政策失效的时间和轻重程度,把公共政策失效分为早期失效、偶然失效和耗损失效。早期失效是指决策方案在付诸实施过程中一开始就遭到抵触,难以顺利执行下去；偶然失效是指由于突然出现的意外情况造成的,如天灾等,这些意外情况会极大地改变决策实施的条件；耗损失效是指决策方案或一项政策在实施相当长一段时间之后,主观、客观情况发生了重大变化,导致无法贯彻实施而导致失效。同时,根据时间变化,公共政策失效又分为早期、中期和后期失效；以程度为衡量标尺,分为严重、轻度、完全和部分失效；以持续变量为衡量标尺,分为突变、间歇和渐变失效；另外,还有政策正效力偶然失效(或局部失效)、政策正效力全面失效、政策负效力等类型[2]。

美国学者威廉·N.邓恩根据公共政策的过程将公共政策失败划分为公共政策制定过程中的失灵、公共政策执行过程中的失灵和公共政策监督过程中的失灵[3]。公共政策制定过程中的失灵是指公共政策的制定过程中,由于各阶层利益代表者不同,利益分配过程容易出现公共利益私人化、部门化的现象,无法通过公共政策的制定促进公共利益的实现。公共政策制定过程失灵包括以下四个方面：一是政策问题界定不清晰。由于信息收集的不全面和各个政策的复杂关联性使得政策问题的界定比较困难。二是多个利益阶层之间相互博弈造成政策资源的浪费。三是对政策预测能力不足。对政策预测能力的不足会导致政策前瞻性欠缺。四是政策决策机制运作缓慢,难以及时应对突发事件。公共政策执行过程中的失灵主要表现为：第一,中央和地方政策的冲突。中央和地方放权与收权之间冲突,地方政策存在地方保护主义。第二,中央和地方两个利益的冲突。地方政府

---

[1] 彭勃、张振洋:《公共政策失败问题研究——基于利益平衡和政策支持的分析》,《国家行政学院学报》,2015年第1期。
[2] 张国庆:《公共政策分析》,复旦大学出版社,2004年,第240页。
[3] 威廉·N.邓恩:《公共政策分析导论》(第4版),谢明等译,中国人民大学出版社,2011年,第130页。

有选择地执行中央政策,符合地方利益的政策进行执行;反之,则采取消极态度,造成国家利益和地方利益的冲突。第三,长远与短期两个目标的冲突。公共政策是长远战略与短期目标的结合,但公共政策执行者往往重视短期目标轻长远战略,导致公共政策难以实现预期目标。第四,全面与片面两种认识论的冲突。主要表现为:不同部门对政策执行态度不尽相同;片面强调经济建设、忽视精神文明建设,或是追求经济增长,忽视环境保护可持续发展,导致公共政策的执行引起其他问题的产生。第五,公共政策偏差效果和应然效果的冲突。表现为:忽略客观条件和环境,生搬硬套其他地方的公共政策;政策执行者利用政策某些抽象性概念进行曲解,导致公共政策失真;附加式偏差,在公共政策执行时"搭便车",改变政策调整的对象、范围或力度等。第六,期望参与和实际参与的两种民众之间的冲突。由于我国公共政策参与渠道不健全、参与能力不足,导致期望参与民众和实际参与民众在参与公共政策时发生冲突。公共政策监督过程中的失灵主要表现为:首先,是内部监督形式化,再加上监督内部人员都是从政府人员选择出来的,监督不严格;其次,缺乏有效的外部监督,使得许多公共政策不能及时有效地被公众监督,造成公共政策失灵。

三、公共政策失败的表现形式

公共政策失败通常有以下五种主要表现形式[①]。

(一) 公共政策表面化

所谓公共政策表面化,是指公共政策在执行过程中只宣传不实施,政策未得到具体落实。例如,为了迎合经济社会发展需要、提高全民素质,国家有关部门出台了素质教育政策,但这一政策在很多地方只是被形式化地宣传一下,并未得到具体的落实,结果出现了"素质教育轰轰烈烈,应试教育扎扎实实"的现象,使素质教育这一政策流于形式[②]。

(二) 公共政策扩大化

所谓公共政策扩大化,是指公共政策在执行过程中附加了不恰当的内容,导致公共政策的调控对象、范围、力度、目标等超越了既定的要求,从而影响了原有政策目标的实现。最典型的是以"有关政策"名义实行的"乱收费""乱摊派"和"乱罚款"的"三乱"现象。在很多情况下,这种"扩大"的政策内容表面看来或被解释起来似乎是顺理成章的,但对于政策目标而言,则往往是不合理,甚至是不合法的,但在政策实践中,由于公共政策产生的途径往往是自上而下的,而不是自下而上的,使得政策执行者在解释这种"扩大"了的政策时可以找到"合理"的理由。

(三) 公共政策缺损

所谓公共政策缺损,是指一个完整的公共政策在执行时只有部分被贯彻实施,其余的则被遗弃,使政策内容残缺不全。公共政策是以一个整体的功能来发挥作用的,只有政策要素的量的总和才能引起整体的质的飞跃。对政策内容进行有选择的执行和截留,会严

[①] 张国庆:《公共政策分析》,复旦大学出版社,2004年,第240—241页。
[②] 张才新:《政策失真的执行者因素探析》,《云南行政学院学报》,2003年第1期。

重影响政策目标的顺利实现和政策效能的正常发挥。

(四) 公共政策替换

所谓公共政策替换,是指公共政策在实施过程中表面上与原政策一致,事实上背离了原政策的精神内涵。如在"村民自治"的实施过程中,在选举"村官"时,一些地方以"村民选举"的名义,而实际上实行"行政指派",村委会主任候选人由乡镇政府提名,或者干脆有乡镇政府直接任命村委会主任,导致村民自治组织异化为行政组织,村民自治名存实亡[①]。

(五) 公共政策"贪污"

所谓公共政策"贪污",是指公共政策已经制定,但在自上而下的传递过程中,被中途截留,政策内容不能传达到目标群体和利益相关人。政策"贪污"的结果会导致一些政策的"盲点",部分政策目标群体无法了解政策,政策决定所指向的社会问题仍然得不到解决,政策目标无法实现。例如,一些地方基层政府领导为了自身利益或出于自身某种考虑,隐瞒中央的支农惠农政策,将扶贫拨款、救灾物资等隐瞒,不向群众公布。

第二节 公共政策失败的原因

影响公共政策成败的因素有很多,包括政策自身的结构要素、政策环境和政策条件、政策实施的组织和人员、政策实施的技术和手段等。探讨公共政策失败的原因并在此基础上研究防治公共政策失败的对策,对于完善公共政策的制定和实施具有重要意义。结合我国公共政策制定、执行和监督的过程,公共政策失败的原因归结起来主要有以下六类。

一、决策方面因素

公共政策失败在很大程度上是决策失灵所导致的,具体表现在:一是公共政策本应该以公共利益为依据,但在现实中公共利益的标准时很难确定的。公共选择和政策分析学者指出,现实社会实际上并不存在作为政府公共政策追求目标——公共利益。K. Arrow 提出将个人偏好或利益加总为集体偏好或利益的内在困难;James M. Buchanan 也指出,在公共决策或集体决策中,实际上并不存在根据公共利益进行选择的过程,而只存在各种特殊利益之间的"缔约"过程。二是即使人们对公共利益达成了共识,也会因为现有的决策体制和决策方式而难以实现政策的优化。Buchanan 和 Tullock 认为,以多数原则为基础的民主制是很不完善的,甚至可以说是相当不民主的。David L. Weimer 和 Aidan R. Vining 也指出,无论是直接民主制还是间接(代议)民主制都有其内在缺陷,即直接民主制中固有的问题有周期循环或投票悖论和偏好显示是否真实等问题,

---

① 张金马:《政策科学导论》,中国人民大学出版社,1992年,第234页。

间接民主制中固有的问题主要是被选出代表由于其"经济人"特征而追求自身利益最大化,而不是选民或公共利益的最大化,选民难以对代表实施有效的监督。现有的投票规则或表决方式(如一致通过、过半数、相对多数、绝对多数、三分之二多数等)也远非是完美的。例如,多数原则不可能是完全民主的,它将出现多数人对少数人的强制;一致通过原则的决策成本太高,且容易贻误决策时机即使按照多数原则作出的决策也未必反映大多数人的偏好。三是在以社会化大生产为前提的现代市场经济中,很多公共政策是建立在信息不充分的基础上,难免产生失误。信息的不完全、公共决策议程的偏差、投票人的"短视效应"、沉没成本等对合理决策产生制约和阻碍。例如,决策信息的获取困难且需要成本,选民和政治家所掌握的信息很有限,因而很多决策实际上是在信息不完全的情况下作出的;政治家和选民的"短视效应",由于政策效果的复杂性,大多数选民难以预测其对未来的影响,因而着眼于近期的影响,考虑眼前利益,而政治家或官员受选举周期或任期的影响,他们的时间贴现率要高于社会的时间贴现率,其结果通常是在政治家或官员的短期行为与长远利益之间产生明显脱节,为了显示政绩谋求连任或晋升,他们就会迎合选民的短视,制定一些从长远来看弊大于利的政策。

二、人的因素

影响公共政策失败人的方面的因素主要是指公共政策的制定者(决策领导者)、公共政策的执行者(公职人员)和公共政策的对象客体(公众方面)存在不足和缺陷,影响公共政策顺利实现其预期目标。人的方面的因素主要有以下三点。

(一) 公共政策的制定者(领导者)的素质不高

一方面,受计划经济体制的影响,某些领导的观念和思维没有及时地向市场经济体制转变,计划经济体制下存在的一些旧观念如官本位思想、权力意识等还根深蒂固,影响着公共政策制定者的思维和认识。另一方面,领导者的责任意识不强也是公共政策失败的原因之一。结合我国公共政策制定的实际,存在领导者责任意识淡薄的现象,公共政策的制定往往没有与广大人民的公共利益相结合,拍脑袋决策的现象还部分存在,导致公共政策与公众利益脱节,进而影响公共政策预期目标的实现,甚至产生破坏性现象①。此外,公权力腐败问题也是导致公共政策失败的重要原因。公权力腐败问题容易导致寻租行为产生,其本质上是以公权力换取私人利益,表现在公共政策上是以公共决策的有效性来满足一己私利。寻租活动如果得以实现,公众的利益就会遭受损失,这不仅不公平,还会导致社会福利的净损失,扭曲社会资源的配置,阻碍更有效的生产方式的实施,造成社会资源的浪费;导致官员争权夺利,既影响正常的形象,又增加了廉政成本。

(二) 公共政策的执行者(公职人员)的利益冲突

公共政策执行主体的行政伦理水平对公共政策过程的影响,也会导致公共政策失败,特别是公职人员的利益冲突,包括经济利益冲突和非经济利益冲突。所谓"利益冲突"是

---

① 李雪:《公共政策失败及其防治》,《中国商界》,2008年第1期。

指当公职人员的私人利益不恰当地影响到他们履行公共职责时,就存在现实的利益冲突了①。公职人员的利益冲突对政策过程所产生的消极影响,会影响公共政策的公正性和客观性,阻碍公共政策合法性和有效性的顺利实现,是公共政策失败的内在根源②。

(三) 公共政策的作用客体(公众)参与度不高和参与能力不强

一方面,由于受传统观念、体制和其他因素的影响,当前我国公众参与公共政策的渠道还不够畅通。有些地方政府还存在压制公共舆论和公共政策信息发布、公开的现象,导致社会公众难以获取公共政策信息,公众对公共政策的意见建议和诉求也难以及时有效地反馈到公共政策制定者手中,这在很大程度上影响了社会公众参与公共政策制定、实施和评估的积极性。当前,社会公众参与公共政策虽然可以通过信访制度、听证制度来实现,但与公众参与公共政策的强烈意愿和需求相比,公众参与公共政策的渠道还不够畅通无阻。另一方面,公众参与公共政策的意识和能力存在不足。近年来,社会公众参与公共政策的制定、实施和评估的积极性日益增加,但大多数参与者的参与动机是因为某项公共政策对其自身利益产生冲突而盲目冲动地跟风行动,并不是因为自身的参与意识提高的结果。自私自利的参与动机会导致参与者出现非理性行为,影响公众意见建议和诉求的正常表达。非利益相关的公众对公共政策基本上是抱着"事不关己,高高挂起"的态度。同时,由于公众在公共政策的学习、理解和沟通方面能力的欠缺,导致在参与公共政策的制定和实施过程中存在能力不足问题,影响其参与公共政策的积极性。公众参与公共政策的程度和能力较低直接影响公共政策的科学性、合理性、合法性和民主性,间接影响公共政策的顺利实施。

三、公共政策本身的因素

在公共管理领域,许多公共政策不能达到预期效果,执行中困难重重,在很大程度上是由于公共政策本身的缺陷。公共政策自身的缺陷主要包括以下五点。

(一) 公共政策的合法性问题

公共政策的合法性是公共政策得到有效执行的根本前提,没有这个前提,公共政策的有效执行将无从谈起,公共政策失败也就在所难免。公共政策的合法性首先是指公共政策顺乎民心。这就要求公共政策必须反映民众的意愿和利益诉求。公共政策能够得到民众的支持和拥护,根本上在于它取得了合法的地位和自身的权威;反之,则不但得不到接受和认可,反而会遭到民众的反对和抵制。公共政策的合法性其次是指公共政策制定程序必须合乎法律规定和法定程序。

(二) 公共政策的合理性问题

公共政策的合理性即是公共政策本身所具有的因果联系。首先,公共政策的合理性是指公共政策是否针对客观的政策问题,公共政策的各项内容是否反映客观现实情况、是否严密,政策规定的各项行为是否符合事物的发展规律。公共政策应具有科学的理论基

---

① OECD. Managing conflict of interest in the public service: OECD guidelines and overview. OECD, 2003: 24.
② 庄德水:《公共政策失败的利益冲突因素分析》,《学术交流》,2010年第1期。

础、严密的逻辑体系、科学的规划成效,正确地反映事物发展的客观规律,代表工作的根本利益。其次,公共政策的合理性是指公共政策的执行是否具有现实的可能性,也就是说是否具备解决现实问题的条件。没有针对客观政策问题、不符合事物发展规律、不具备解决问题配套条件的公共政策是难以得到有效执行和实施的。任何单项政策都是整个政策群的一个子系统,只有政策配套、协调一致时,才能取得良好的整体效应。然而在现实中,很多政策往往是以单一政策形式出现,而不是以政策群形式出现;很多政策只从子系统出发,看起来似乎正确,但实施起来却问题百出,原因在于忽视了政策的整体性和相互配套,往往只抓住某一项政策或政策的某一个方面,片面追求单一目标或某一方面的利益,却损害了整体利益。

(三) 公共政策的稳定性问题

公共政策的稳定性是指公共政策在其有效期限内处于一种相对稳定的状态。公共政策的稳定性是公共政策得以有效执行的重要前提条件,公共政策的稳定程度关系到公共政策执行主体对公共政策的认同和接受程度。公共政策变化频繁,就会使公共政策执行主体和作用客体对象感到无所适从、难以接受和认同,影响公众对政策的信任度,损害政策威信,直接影响公共政策执行的效果,公共政策失败也不可避免。

(四) 公共政策的具体明确性问题

公共政策方案和目标是否明确关系到公共政策执行的方向是否正确。一项公共政策要能够顺利执行,从操作上和技术上来说,它必须具体明确,即政策方案和目标明确、政策措施和行动步骤明确。作为人们行为的一种规范,政策内容必须具体、清晰,不可含糊不清,否则就会因公共政策执行者对政策目标和内容的误解而造成公共政策执行困难或障碍,导致公共政策失败。一是政策目标不准确。政策目标含糊不清,致使执行者不得其要领,这种弊端特别容易导致"钻空子""搞对策";政策目标太高,不易实现;政策目标绝对化,不顾具体实际情况;政策目标片面化,政策实施难以平衡。二是政策内容不具体。政策内容的具体性包括政策方案和目标的明确表达,也包括政策措施和行动步骤的明确规定。此外,政策目标的实行必须是政策执行者职权范围之事,政策方案应该指明期望的结果,并要明确规定完成的期限。模棱两可、含糊不清的政策令人无法执行,也容易引起政策界限不清和导致政策随意变通。在现实生活中,模棱两可的政策屡屡存在。例如,下级根据实际制定的一些具体政策,上级部门认为切实可行,行文时却写上"原则同意",当事关某些具体部门和单位时,政策条文往往以"有关方面""有关部门"等一些含糊不清的词语。这些不明确的政策,造成执行者实施上的困难。

(五) 公共政策效果的不确定性问题

公共政策是否能达到预期目标,在一定程度上是不确定的。这是因为:一是公共政策效应具有滞后性。从政策的制定、实施到生效,需要一个过程,在这个过程中,现实情况可能发生了很大变化,以致造成政策失效甚至适得其反。二是政策目标之间以及政策手段之间有时互相牵制、彼此冲突。公共政策有时会产生副作用,例如,为保护消费者利益而实行的价格管制政策,会造成价格扭曲。三是公共决策过程实际上是利益主体与政府之间以及政府内部之间的博弈或互动过程,各利益主体能够对政策进行理性预期,并采取防范性对策以保护自己的利益,当某项不利政策出台时,各利益主体则采取抵制性对策。例如,地方保护主义也是公共政策失败的主要根源,它破坏了公共政策的完整性,削弱了公共政策的权威性,使得中央政策纷纷遭遇"有令不行、有禁不止""上有政策、下有对策"的危险局面,它往往还与腐败问题相互助长,共同破坏公共政策的有效性。

四、公共政策资源因素

公共政策的执行需要大量的资源来支撑,否则就难达到预期的目标,而现实之中公共政策资源又是极其有限的。其主要表现在以下四个方面。

(一) 人力、物力、财力的不足

公共政策目标的实现需要依靠人力、借助一定的物力和财力来完成的,但这些条件又受到经济、政治、文化和社会的发展状况的限制,影响公共政策的有效执行。

(二) 信息资源的有限

公共政策的公共特性决定了对信息资源的高要求,但要准确、全面、快速地收集信息是一项极为困难的工作,这必然制约公共政策的有效制定和执行。

(三) 权威资源的有限性

权威是一种特殊资源,是公共政策有效执行的重要保障。无论是授权论、分权论还是法制论,民众的让渡都是有限的。

(四) 时滞性的存在

公共政策一旦制定出来并颁布实施,在一定程度上要保持其稳定性,而现实情况总是在不断发生变化,这会导致公共政策的内容、目标与实际情况脱节,产生矛盾,影响公共政策执行的效果。

五、程序方面的因素

根据公共政策的过程,公共政策失败的原因又可以分为公共政策制定失败原因、公共政策执行失败原因和公共政策监督失败原因三个方面。

(一) 公共政策制定失败的原因

公共政策制定失败是指公共政策在制定过程中由于信息收集的不完全性,或公共政策制定者的人为原因,导致决策失误。公共政策的制定需要收集社会各方信息,由于信息沟通不顺畅或信息滞后,导致公共政策的制定没有及时有效地处理相关信息,导致公共政策失败。同样,公共政策的制定者为了私利,往往偏离公共利益,导致公共政策不能代表社会公共利益,导致公共政策失败。公共政策制定的失败主要表现在:一是公共政策制定缺乏足够的依据。每一项公共政策的制定都必须有正确的理论依据、事实依据、心理依据、经验依据,而在实践中,顾此失彼的现象却经常发生。二是公共政策的制定违背基本原则:可行性原则、连续性原则和整体性原则。违背可行性原则是指公共政策不具备任何实施条件,没有任何可行性,却被强制推行,或具备部分可行性,却全面推行;违背整体性原则是指任何政策都不是孤立的,是处于政策系统的不同层次之中,其作用也不是孤立发生的,而是以政策系统整体效应的形式出现,忽视了整体性原则的公共政策,在实践中

不仅自身政策效果不佳或无效,而且还会破坏整个政策系统的功能。三是公共政策的制定忽视科学的方法。例如,缺乏深入的调查研究,仅听听汇报,看看材料,随意决策;按领导意图行事,专家论证走过场,不集思广益;重定性分析轻定量分析,政策预测不够,一旦出问题,政策得不到及时修正和补充。

(二)公共政策执行失败的原因

公共政策执行失败的原因主要包括:一是客观条件不完善。各级地方政府公共政策执行部门在运用计算机等先进技术手段进行信息传递、分析决策的能力存在不足。二是政府部门权威性危机。我国正处于新旧改革制度的转换时期,公共政策能否满足人民的需求是政策能否得到良好执行的关键。一旦遭遇权威性危机,公共政策不能被广大群众所认同、接受,公共政策执行就会失败。三是地方各级部门认识上的偏差。由于地方各级政府的本位主义思想,过多地重视地方利益、部门利益,忽视全局利益和国家利益,导致公共政策执行失败。四是公共政策执行者自身素质不高。公共政策的执行者如果不能把握公共政策的实质,没有考虑到各项政策间的关联,不依法执行公共政策等,这些都会导致公共政策执行者在执行公共政策时出现偏差或失误。

(三)公共政策监督失灵的原因

由于公共政策的监督机制不健全,导致监督效果欠佳。目前,我国公共政策的监督分为人大监督、群众监督、舆论监督、法律监督等,但这些都是事后监督,且由于监督信息不对称、不完全,监督部门和群体缺乏足够的信息来监督政府部门的行为,同时,督机关人员是从政府部门选举推出的,无法充分有效地行使监督权,造成公共政策监督的失败①。

六、政府失灵问题

所谓政府失灵,是指个人对公共物品的需求得不到很好的满足,公共部门在提供公共物品时趋向于浪费和滥用资源,致使公共支出规模过大或者效率降低,政府的活动或干预措施缺乏效率,或者说政府作出了降低经济效率的决策或不能实施改善经济效率的决策。政府失灵是公共政策失败的最主要原因,而导致政府失灵的根源,如表9-1所示。

表9-1 政府失灵的根源②

直接民主制所固有的问题	投票悖论(委托的意义含糊不清)
	偏好强度和偏好约束(少数派承担成本)
代议制政府所固有的问题	被组织和被动员的利益的影响(通过寻租和租金浪费造成的)
	地理性选民(无效的政治拨款分配)
	选举周期(过大的社会贴现率)
	为引起公众关注而摆出姿态(限制性议程和对成本概念的曲解)

---

① 姚丹丹:《公共政策失灵及其原因研讨》,《东方企业文化》,2015年第24期。
② 戴维·L.韦默、艾丹·R.维宁:《政策分析——理论与实践》,戴星翼等译,上海译文出版社,2003年,第230页。

续 表

官僚主义供给所固有的问题	代理损失（X-无效率）
	评估产品价值的困难（分配和X-无效率）
	有限竞争（动态无效）
	包括公务员限制在内的事先规则（因顽固性导致的无效）
	作为市场失灵的官僚失败（对组织资源的低效使用）
分权制度所固有的问题	分散权力（执行问题）
	财政外部性（地方公共物品的不平等分配）

第三节 防治公共政策失败的对策

由于公共政策的失败的原因多种多样，因此，防治公共政策失败必须有针对性地施策。我们可以从公共政策的程序和过程角度，来防治公共政策失败。

一、防治公共政策制定过程失败

公共政策的制定过程是公共政策过程的第一个环节和程序。历史经验告诉我们，政策制定正确与否，关系到党、国家、社会组织的兴衰与发展。因此，防治公共政策制定过程失败是首要措施。

（一）提高政策制定者素质，减少政府决策失误

为根本治理公共决策失灵、把好避免政策失败的第一关，必须注重提高政策制定者的素质。政策制定是政策过程的第一阶段，也是可能发生政策失败的第一环节。在市场经济条件下，为保证制定出高质量、功能大、效益好的正确的公共政策，避免政策决策的重大失误，政策制定者必须以科学的理论为指导，以客观实际为依据，坚持正确的原则和方法，需要把握好以下三个方面的环节：一是把握好制定政策的客观实际依据。无论是宏观政策还是微观政策的制定，其出发点和立足点必须是本国的实际情况和特点，还要着眼于国际环境，特别是随着我国改革开放的深入推进和加入WTO的现实，制定政策时必须把中国放到世界这个大系统中加以统筹考虑。二是运用持续发展的理论，树立协调发展的观念；坚持科技领先，实现以人为中心的发展战略模式；充分发挥政策的调控功能，保证经济与环境、生态保护的同步发展。三是运用系统科学的方法。把政策看作是一个互相联系、互相依赖、互相制约的有机整体，把政策制定作为一项系统性工程；在纵向上使各个层次的政策上下一致，在横向上使各方面政策互相协调。

公共政策的制定最终由具体的人来作出的，而制定者的知识水平、道德素质、决策理念和决策能力直接影响决策的质量，关系着政策运行的成功与失败。在当今国际竞争越

来越激烈的背景下，为了尽量减少因决策失误而造成的巨额损失，必须建立科学的选人用人制度，优化决策主体内部结构，包括知识结构、能力结构及职责岗位结构等，加强对党政决策部门决策人员的职业道德教育和相关业务培训，提高各级决策层的整体素质，不断提高其决策能力和决策水平。

（二）保证公共政策制定的科学化

首先，强化公共决策信息系统，提高决策信息的完备程度，尽量减少政策本身的缺陷。决策的科学性依赖于决策信息的完备性，因此，一方面要建立一个面向社会的开放的公共决策信息系统，确保决策信息的完整、准确、及时、公开；另一方面要通过专门化的信息机构和专业化的信息队伍建设，运用现代化的信息工具和网络化的信息渠道，缩短信息传递距离，从而大幅度提高信息传递速度。此外，还应该重视政策调查，因为这是提高政策信息完备性的主要途径之一。

其次，遵循科学的决策程序，实现决策过程的程序化。任何一项政策的制定出台都是一个动态的过程，有其内在的规律性。决策程序就是决策过程规律性的体现，它是在以往政策指定经验的基础上总结归纳出来的在政策制定过程中应该经历的工作流程和活动步骤。制定政策特别是宏观政策和重大政策，是一个非常复杂的决策过程，必须严格遵循合乎科学决策规律的决策程序。科学的决策程序应为：政策问题的认定——发现问题，确立对象；政策议程的确立——分析矛盾，确定目标；政策的规划、制定——设计方案，论证选优；政策的审议通过——民主讨论，集体决定。决策过程的程序化必须改变传统的经验型的"拍脑袋"决策方式，反对个人独断专行。

最后，加强对政策制定主体的监控，以防止和减少制定过程的偏差。政策监控的主体由立法机关、行政机关、司法机关、政党系统、利益团体、大众传媒以及人民群众等组成。从我国当前政策监控的现状来看，如何使上面的每一个主体都能够真正发挥作用，使其监控的权力不再只是象征性的，是做好政策监控的关键所在。

（三）实现公共政策制定的民主化

畅通公共政策制定的信息收集渠道，通过进一步健全政务信息公开制度、信访制度、听证制度，完善相关法律体系，畅通公众参与公共政策制定的渠道，调动公众参与公共政策制定的积极性。

首先，政策制定要强调公民参与。为人民服务、满足人民各种需要是我国公共政策的根本目的。因此，如何引导好、组织好、调动好人民群众参与公共政策的积极性，发挥人民群众在决策中的作用，促进决策的民主化，既是我国民主政治建设的题中应有之义，也是实现决策科学化的基础。没有决策的民主化，就没有真正决策科学化。决策在很大程度上是对社会价值做权威性的分配，如果政府决策能充分反映人民的利益和愿望，人民群众对关系切身利益的社会重大决策的参与越积极广泛，人民群众与政府的行动配合越密切，政府的政策成功率就越高，政府在人民群众中的威望也就越高。我们一方面要大力发展教育科学文化事业，提高广大人民群众的科学文化素质，提高人民群众参与决策的意识和水平；另一方面我们要建立决策参与机制，进一步拓宽决策参与渠道，建立社会交流和协调制度，提高决策过程的透明度，以保证人民群众能有效参与决策。其次要充分发挥一些政策研究、咨询组织的作用,进一步保证决策的正确性。

二、防治公共政策执行过程失败

改良公共政策运行过程,建构一种良性的公共政策运转过程机制,是防治公共政策运行过程失败的重要保障。

(一) 提高公共政策执行者素质

公共政策制定后能否成功达到预期效果,关键在于执行,而公共政策执行者的素质直接关系政策执行效果,关系到公共政策运行的成败。事实上,政策执行过程中出现的偏差往往直接与执行主体的素质有关。为了减少执行偏差,一是要提高其思想政策素质,增强大局观念,防止和克服以权谋私、地方保护主义和部门保护主义;强化职业道德,提高自律精神,规范执行行为,自觉抵制以权谋私、弄虚作假和腐败保护主义。二是提高其理论水平,用科学的理论武装头脑,善于辩证思维,以大局、战略为重,防止和克服短期行为。三是要提高其业务素质,要拓宽知识面,调整知识结构,补充薄弱环节,提高综合分析判断能力。此外,公共政策执行者必须正确处理好自己的私人利益,不能让私人利益破坏公共政策的公正性和客观性。管理和防止执行者私人利益和公共利益冲突是防治公共政策失败的有效策略[①]。

(二) 正确地执行政策

正确执行公共政策是防止政策失效的关键环节。首先,要了解政策要求,掌握政策实质,划清政策界限,这也是落实好、正确执行政策的前提。其次,按照试点进行,总结提高,制定出详细、具体的实施计划,然后再全面推广。全面推广阶段是政策落实、执行过程中最主要、最关键的环节,要根据不同情况,积极稳妥地展开。再次,执行政策必须坚持原则性、灵活性、创造性的辩证统一。没有原则性,就无所谓政策,缺乏灵活性,政策的具体作用也难以全部实现,原则性是灵活性的基础,灵活性是原则性的要求。创造性地执行政策,才能使公共政策真正充分发挥应有的作用。

(三) 增强对象群体对公共政策的认知度和认同感

促进对象群体对公共政策的认知是增强公共政策认同的前提和基础,但实际中对象群体由于其文化水平较低而影响他们对社会事物的认识能力和理解能力以及对于公共政策及其价值和意义的认知程度,或者由于对公共政策的认知渠道不畅而缺乏认知机会。因此,一方面,政府应深化教育体制改革,加入教育投入的力度,从整体上提高广大民众,特别是偏远落后地区民众的文化水平,提高对象群体对公共政策的认识能力和理解能力。另一方面,公共政策执行者应运用多种方式进行政策宣传,为对象群体提供充分的认知机会。例如,可以利用报纸、杂志、广播、电视等大众传媒发布公共政策的解释、评论性文章、图片,推行政策执行试点上的成功经验,宣传政策执行试点上的效果,宣讲所推行政策的内容和意义等;也可以通过在公共场所建立政策公告牌、宣传栏,印发宣传材料,制作电视宣传教育片等宣传方式,对党和政府的政策进行定期或不定期的宣传。

---

① 庄德水:《公共政策失败的利益冲突因素分析》,《学术交流》,2010年第1期。

(四) 保证公共政策过程的有机衔接，防止公共政策断裂

公共政策的过程衔接就是制定、执行、评估等各环节之间井然有序，既前后照应又融为一体。政策断裂或断档就是政策过程环节衔接出现问题导致的，其表现为政策偏离、政策失衡、政策缺位和政策老化。政策偏离指社会问题、政策问题建构与政策制定之间脱节，使得既定政策目标偏离主要的社会问题；政策失衡指政策制定、方案选择与资源准备、组织执行之间脱节，制定时对环境复杂性和风险性考虑不周，决策者追求"最优化"而非"满意化"，方案选择时没有充分考虑政策资源和组织内外的不确定性因素，使得公共政策或"雷声大、雨点小"，头重脚轻，或空中楼阁，根本难以执行；政策缺位指政策执行时缺乏有效的政策监控和评估机制，导致政策执行不力、不能实现高绩效产出，或政策部门化不能实现公共福祉；政策老化指政策经过绩效评估后，那些过时的、错误的、多余的或失效的政策因某些原因不能进入终结程序，有的在一些地方继续执行，有的改头换面，使得公共政策体现不出公共性、公平性和创新性。所以，防止政策因环节故障出现的政策断裂现象是防治公共政策失败的重要方面。

(五) 畅通信息沟通渠道，避免政策问题建构出现偏差

在从一般社会问题走向政策问题和问题建构的过程中，需要政府创设一条或多条畅通的信息通道，这对于优质的前瞻性的公共政策制定来说至关重要。一旦主要政策问题把握不好，政策目标就会偏离社会实际。随着社会发展和科技文明的进步，各种真实或虚假信息在民间或政府内广泛传播，政府不能道听途说，亦不能偏听偏信，应当健全各种畅通的信息交流渠道，做到政社良性互动、官民真诚对话。

(六) 透明公共政策参与，防止政策评估个人臆断

政策评估可以是内部评估和专业机构评估，也可能是外部评估和大众评估。从评估主体与评估效果的关系来讲，提供更多的公众参与机会、透明公共政策参与渠道肯定能提高政策评估的可信度与真实性，防止政策评估的长官意志和个人臆断，避免政策评估成为行政长官歌功颂德的工具或政府索要更多财政资源的凭证或地方抵制中央决策的借口。提供参与机会是前提，但民众的参与热情、参与素养、参与工具的熟练运用与参与习性的养成，是一个长期的社会化过程；社会动员与政策参与的技能培养是政府文明的表现。

(七) 加强新政策气氛渲染，减少公共政策终结难度

有的政策细得关乎人们的生老病死、油盐酱醋茶，有的政策大得波及区域、政府间、国家间关系，甚至关于太空垃圾处理问题，不同的领域其政策寿命各有长短，而其政策终结的难度也因政策作用对象的多寡与阻力强弱息息相关。因此，就会出现又一个悖论：那些曾经的政策最大受益者可能变成旧政策的保护者，而那些曾经的受政策冷落者则可能成为新政策的支持者。成功的终结需要争取终结反对者的合作；终结大多来源于理念的革新；终结和政策再生如影随形；结果是否成功难以预料；终结处于一个"有多少人支持，就有多少人反对"的尴尬境地[①]。对政府来说，协调好社会各阶层、社群的利益，政策终结

---

① Mark R. Daniels, Terminating Public Programs: An America Political Paradox. M. E. Sharp, Inc, 1997.

的使命就完成了一半,因此,减少公共政策终结的难度,给改革造势,加强新政策的气氛渲染,是一种比较有效的方法:它一方面在社会层面引导积极舆论,凝聚革新资本;另一方面无形中削弱既得利益者的消极联合行动,并对他们形成一种道德压力①。

(八)健全政策执行的体制环境

公共政策总是在一定的体制下产生和运转的,政策的整个活动过程受制于现实的体制环境,体制不合理不仅不能制定出正确的政策,即使有了正确的政策也难以组织正常运作。制约政策的体制主要是指国家行政管理体制和干部人事制度。完善我国的行政管理体制是公共政策顺利运行、执行的根本要求,要通过改革,建立健全一套功能齐全、职责分明、沟通协调、精干高效的行政管理体制。同时,完善干部人事制度,特别是公务员制度是防止公共政策失败的重要条件。当前我国处于转型时期,需要有权威的现代化政府,而权威政府有序高效的管理则依赖于一支规范、稳定、高质量的国家公务员队伍,这有利于增强公共政策行为的理想化、民主化程度,保证公共政策的顺利执行。

三、防治公共政策监督过程失败

要建立健全多层次、全方位、多功能、内外沟通、上下结合的公共政策监督网络,完善公共政策监督制度提高监督者的素质,把党、人大、舆论等监控结合起来,采用多元化的监督途径,建立及时、有效的控制与纠偏机制,制定可行的监督程序和实施细则,依法监督,及时检查、监督、控制和矫正公共政策。

(一)强化法制监督,克服政策执行的随意性

加强对政策执行者的公法行为监督和执行活动的监控,以及加强对监督者的监督,都是涉及我们的法制制度框架的范围。"上有政策,下有对策"、执法不严、有法不依已成为影响我国公共政策形象的毒瘤。制度设计本身存在着缺陷,这个积重难返的历史问题仍处于改良中,但政策执行者的素质、主观意志,尤其是拥有大量的规制权力和足够的寻租空间,使得公共政策异化为中饱私囊的工具替代,这种随意性的放纵和私欲性的膨胀,对法律和公信力构成了直接威胁。好的政策监督机制有如下要素:健全的法规、明晰的责任主体和独立的监督机构;具备良好品德的政策执行者和具备责任心与护法精神的监督者;及时的信息反馈和有效的控制与纠偏机制;民众的力量与新闻自由。因此,一方面要完善相关法律法规;另一方面必须依法处理违规事件,通过法律的威慑力,预防和制止违法行为,使每一位执行者忠于职守,全面、客观、准确地传达公共政策的信息。

(二)强化政府内部监督,建立完整的监督体系

许多正确的政策,往往因为政策执行的偏差导致政策失败,而政策执行偏差发生的一个重要根源在于政策执行者的不恰当的活动。因此,要防治和减少政策失败现象的发生,就必须加强监督,即加强对政策执行者活动的监督。一是建立完整的监督体系。要做好政策监督,就要建立完整的监督体系,保证监督主体的多样性,形成政策执行机关(行政机

---

① 靳永翥:《论公共政策失败及矫治》,《江西行政学院学报》,2004年第2期。

关)自身、执政党、国家权力机关、司法机关、专门监督机构以及民主党派、社会团体和人民群众为监督主体的完整的监督体系。当前,我们还要特别加强政府内部监督机构对政策执行的监督。在政策监督中,政府内部监督具有直接、及时、灵活的优点,因此,加强政府内部自身建设,是政策监督极为重要的一环。首先要实行双向监督,即加强上级与下级行政机关之间的相互监督;其次应扩大行政专门监督部门的处置权,提高专门监督部门的权威性,增强其威慑力。二是监督执行情况,对不执行政策者和违反政策者依法进行处罚。监督执行情况是政策监督的关键环节。政策颁布后,执行者是否执行,是全面执行还是打了折扣,需要通过监督去发现,也需要通过监督去促使没有执行者或不想执行者去执行,促使打折扣者全面执行。同时,政策监督并不到此为止,因为对于抵制和违反政策者,不能与如实执行政策者一视同仁,也不能将经指出而改过的人与经指出仍不改的人同样处理。特别是对于后者,指出其不足之后仍不改正,政策还是得不到落实,因此必须对这部分人按性质不同依法进行惩处。对于一般的违反执行者可作出一般的纪律处分;对于严重违反和坚决抵制执行政策者,必须撤销其职务才能保证政策的贯彻执行;对于因严重违反政策而触犯刑律者,必须依法制裁。否则,政策监督将失去权威,不能发挥其应有的作用,政策执行偏差乃至政策失败仍将在所难免①。

四、防治公共政策失败的制度保障

公共政策的有效运行涉及政策制定者、执行者和公众等多个主体,涉及权、责、利之间关系的协调和处理,这就需要一系列相关制度的加以保障。

(一) 完善教育引导机制

首先,规制人的自利性,培养公共意识,规范相关者的权责,建立引咎制度;其次,加强公共政策主体建设,提高其业务和道德素质,提高民众的素质和参与质量,培养民众的参与热情、参与素养、技能;最后,理顺公共政策主体关系,合理划分事权,要避免越权和决策的冲突,加强协调。

(二) 完善民众参与制度

公共政策制定时要了解民情、体察民意,引导好、组织好、调动好民众的智慧和创造力,拓宽民众参与渠道,提高公民对公共政策的关切度和认可度,降低公共政策执行的盲目性和随意性,加强公民对政策执行的监督,增加政策执行的透明度,引进民众参与政策结果的考核和业绩评价等。

(三) 完善责任追究制度

公共政策主体是权、责、利的统一体,要明晰责任,健全、完善首长负责制、目标责任制、岗位责任制,确保每个执行者都能够明确自己应该做什么、做到何种程度,对公共政策的效果及时了解和恰当评价,明确属于公共政策制定的失误还是政策执行的偏差,依法追究责任。

(四) 完善政策的沟通与协调机制

沟通与协调是公共政策执行过程中两种极为重要的活动。有效的政策执行沟通机制

---

① 唐果:《监控公共政策失败的对策》,《今日中国论坛》,2009年第4期。

必须遵循明晰性、一致性、正确性以及完整性的原则,必须确保政策执行、政策制定、政策适用主体之间沟通渠道的畅通。还要采用各种行之有效的协调途径和方法,加强和完善政策的沟通和协调。

(五)完善公共政策评估制度

评估是检验政策结果的必要途径和政策调整的重要依据。要提高对政策评估工作重要性的认识,建立独立的政策评估组织,明确政策目标,精选评估对象,引进科学的评估理论、方法和技术,建立、健全政策评估的信息系统,推进政策评估的制度化。

(六)完善公共政策调整制度

行政系统是一个处于诸多因素中的开放系统,由于环境条件的不断变化,政策问题、目标、方案也必然进行相应的调整。要把政策系统与其环境的复杂多变结合起来,通过环境的输入、反馈、输出,对基本可行的方案加以修正,使之适应变化了的现实,及时终结过时的、无效的公共政策,做好新政策的再生和气氛渲染,协调好各阶层、群体的利益,减少政策调整难度[①]。

(七)建立有效的政策控制机制

政策控制是政策运行必不可少的环节和手段,是执行机关和执行人员根据执行过程反馈回来的信息和原设的一定标准对偏差行为进行一定的矫正。一方面,因为任何政策都是针对未来的,由于客观环境的变化和各种随机因素的存在,即使在政策方案完全正确的情况下,实际效果与政策目标之间也存在一定的差距。因此,需要不断地进行反馈和控制,只有这样,才能防止政策失控以及根据变化了的客观实际情况进行调整、完善或更新政策。另一方面,必须强化对政策监督的效能,包括党的监督、国家的监督、社会的监督(通过报纸、杂志、电视、广播等新闻媒介对政策进行公开报道,让社会进行评说来监督)、群众监督(通过群众来信、来访及各种群团组织对政策及其执行中存在的问题进行反映和批评来监督)。

案例 9-1　修路遇红树被迫改道

文东路是海南省文昌市"三纵十横"市政道路网中一条重要道路,道路要跨越文昌河,规划中要穿过一小片红树林,修建一座桥,名为文东桥。2007 年 7 月底,文东路快修到了文昌河边时,施工队发现道路正前方有省级红树林自然保护区的十几株高大的红树。如果继续向前修,就必须砍树。据施工方介绍,因考虑到红树是我国保护的珍稀树种,被誉为"海岸卫士",在两难情况下,施工队暂停施工,向省林业部门提出的砍伐红树申请没有得到许可。当时也曾考虑过移栽,但据专家考证,红树根系再生能力差,不能移栽。文昌市副市长吴少雄说,市建设、林业等多个部门经过充分商议,最后决定让原本修建得笔直宽阔的文东路左拐了个弯,文东桥往下游移址 30 米,避开这片红树林。吴少雄说,新征土地及建设等所有费用相加,至少需要增加投资上千万元。

---

① 肖潇:《我国部分公共政策失败的原因及其对策探讨》,《大众商务》,2009 年第 4 期。

（一）案例解析

1. 成功经验总结

第一，施工方在发现问题后及时作出停止施工的决定，并立即向相关部门汇报情况。施工方的这种责任意识和快速应变能力值得提倡和学习。第二，相关部门在接到情况报告后，文昌市政府及时组织了各部门协调与会商，以及请专家进行相关方案的可行性论证，并很快作出新的修正决策。文昌市政府在接到报告以后，协调各部门积极开展补救措施的论证与出台，而没有出现相互推诿扯皮、推卸责任的现象，赢得了时间和效率，避免了更大损失和浪费的发生。而且，给民众树立了一个负责任的政府的良好形象。文昌市政府的这种敢于负责、及时纠错的做法值得各地学习。第三，政府的环保生态意识和法制意识很强。因红树是我国保护的珍稀树种，被誉为"海岸卫士"，并且海南省红树林保护规定里明令"禁止砍伐红树林"，文昌市政府的改道行为体现了保护生态的意识，而且也让人们看到文昌市政府是在依法行政。

2. 失败教训

公共决策失误是造成被迫改道的根本原因。如果文昌市的规划部门（公共决策部门）在规划道路时能将"保护红树"考虑进去，那么也许就不会发生被迫改道的尴尬，更不会导致多花上千万元资金的浪费。最初规划时的欠考虑为如今问题的出现埋下了伏笔，是造成改道的根本原因。公共决策缺乏民主性、科学性和透明性是造成决策失误的直接原因。文昌市在问题发生以后补救决策的出台可以说是在媒体、公众和社会的广泛关注和参与下，在专家学者的科学论证下，以及各决策部门的协调配合下很快作出的。如果当初在进行规划决策时就能够发动民众广泛参与、邀请专家科学论证，那么也许就会作出科学的决策。

（二）案例的启示

每项公共政策决策失误的具体原因各不相同，而且可能是多种因素综合作用的结果。公共决策失误的原因分析可以从决策因素、决策过程和决策体制三个方面展开。决策因素包含决策主体和决策情境，前者构成决策的价值取向，后者则提供决策的事实前提；造成决策失误的主体因素，主要是主体利益与主体价值观。在决策过程中，决策问题的界定出现偏差、决策目标确立不当、决策方案脱离实际、方案选择缺乏科学性等可造成决策失误。从公共决策体制来看，集权决策体制比分权决策体制、个人决策模式特别是个人专断的决策体制比集体决策模式发生决策失误的可能性要大，在分权决策体制和集体决策模式中，因决策程序不当也可造成决策失误。因此，从决策因素、决策过程和决策体制三方面来综合施策，才能有效防治公共政策失败。

本章名词与术语

公共政策失败　公共政策失败类型　公共政策失败原因　防治公共政策失败

 **思考题**

1. 公共政策失败的内涵是什么？试举例说明。
2. 根据不同的分类标准，公共政策失败有哪些类型？
3. 公共政策失败有哪些表现形式？试举例说明。
4. 试举例说明公共政策失败的原因有哪些？
5. 以城市拆迁为例，分析公共政策失败的表现及原因。
6. 如何防治公共政策失败？
7. 在您的现实生活中有哪些公共政策失败的案例？造成失败的原因有哪些？您觉得如何去应对？

第十章

公共政策的利益分析

公共政策在一定程度上可以说是对社会利益所做的权威性分配。人类社会的利益主体和利益客体是多元化的,并且存在种种利益矛盾和冲突。如何化解不同利益主体之间的利益矛盾和冲突,维护社会公共利益,并达成不同主体的利益高水平均衡,是公共政策活动所要解决的重要问题。因此,对利益问题进行界定与提炼,探讨利益分析的基本框架和方法,在公共政策分析过程中具有重要意义。

■ 第一节 "利益"是公共政策的核心要素

□ 一、利益的含义与特征

(一) 利益的含义

对于利益,古今中外很多学者从不同角度对其进行过不同表述。中国哲学自古就有孔孟重义轻利、商韩趋名逐利、墨翟兼爱交利、荀况欲望合理、董仲舒"正谊明道"、程朱理学"有理去欲"等利益观。西方有哲学家爱尔维修曾提出的"合理的利己主义",认为作为社会生活的基础,利益是社会生活中唯一的普遍起作用的社会发展动力和社会矛盾根源。庞德则认为它是人类个别的或在集团社会中谋求得到满足的一种欲望或要求。总之,学者们普遍认为利益是凝聚社会力量的磁石,是人们一切行为的动力和原因。

从哲学上来说,利益是一定的利益主体对于客体的价值肯定,它所反映的是某种客体(物质的以及精神的东西)能够满足主体(个人、集体和社会)的某种需求。当然,我们这里研究的利益,其本质上主要是人们的物质利益。马克思主义的利益观表明:首先,物质利益是人们的首要的也是根本的利益。尽管人们的利益可以具有不同的形态,但是根据唯物史观的基本原理,物质利益应当是人们的基本的也是首要的利益;其他的利益都是在物质利益的基础上延伸出来的。其次,物质利益的享有程度与生产力的发展水平相联系。人们的利益反映了一定阶段人们的生产能力和生产水平,反映了特定历史阶段上人与人之间的社会关系。不同的历史阶段,由于生产力水平不同、社会生产关系不同,人们利益的具体表现亦不同。一个社会的生产力发展水平制约着这个社会成员的物质利益水平。对此,马克思曾指出:"权利永远不能超出社会的经济结构以及由经济结构所制约的社会文化的发展。"①最后,人们的一切社会活动,都可以从其对于物质利益的关系中找到原因。利益是人们追逐的根本目标,也是人们活动的自发准则和行为规范。利益原则是支配人类社会活动的基本原则,社会"用利益导向行为取代了价值导向行为"②。

可见,利益是能够满足人类主体生存和发展需要的客观事物,反映了人的主观需要以及对客观对象的追求和认识。

利益问题始终是马克思和恩格斯论述历史唯物主义基本原理不可缺少的重要概念。马克思和恩格斯从人类生存的根本"需要"出发,运用唯物主义观点对利益进行了深刻的剖析。指出利益是分析社会现象和社会发展的基础,利益是人类一切社会活动,包括思想和意识形态等社会文化活动的基本来源,是社会发展的原动力。唯物史观的发现使利益分析成为一个重要的理性分析工具,马克思、恩格斯指出:"首先应当确定,一切人类历史的第一个前提也就是一切历史的第一个前提,这个前提就是:人为了能够'创造历史',必须能够生活。但是为了生活,首先就需要衣、食、住以及其他东西。因此第一个历史活动就是生产:满足这些需要的资料,即生产物质生活本身。""第二个事实是,已经得到满足的第一个需要本身、满足需要的活动和已经获得的为满足需要用的工具又引起新的需要。"③这里所说的需要,是社会成员生存发展的一种满足条件,是包含某种确切目标的行为渴求,是人们社会活动的动因和最终实现形式,它就是人们所要追逐实现的利益。同时,利益是与一定的生产力发展水平相适应并受此影响的。可见,历史唯物主义是"以社会的人的需要,并以在一定时间内满足这些需要的手段与方法,来解释社会的人的活动"④。马克思主义哲学认为,利益是"社会化的需要,人们通过一定的社会关系表现出来的需要。利益在本质上属于社会关系范畴。社会主体维持自身的生存和发展,只有通过对社会劳动产品的占有和享有才能实现,社会主体与社会劳动产品的这种对立统一关系,就是利益"⑤。

(二)利益的特点

1. 利益以需要为基本依据

需要是形成利益的自然基础,利益的必要性源于需要。"没有需要,就没有生产,而消

---

① 《马克思恩格斯选集》第3卷,人民出版社,1972年,第12页。
② 哈贝马斯:《合法性危机》,刘北成、曹卫东译,上海人民出版社,2000年,第29页。
③ 《马克思恩格斯全集》第3卷,人民出版社,1960年,第31,32页。
④ 《普列汉诺夫哲学著作选集》第2卷,三联书店出版社,1982年,第269页。
⑤ 《中国大百科全书·哲学卷》,中国大百科全书出版社,1982年,第483页。

费则把需要再生产出来。"①说明人的欲求是利益形成的主观因素。"利益是人们对需求的一种主观追求,这种追求,表现为在欲求基础上形成的利益兴趣、利益认识,所以人的感性和理性上对利益的认识是利益形成的主观因素。"②需要是人类社会进行历史活动的内在动因,是社会生产力发展的原动力。需要必须为主体对外界对象的依赖关系,即主体对自然和社会的依赖关系。人类的物质实践和精神实践的任务都在于生产和创造人们需要的对象,满足人们的各种需要,从而实现人们各方面的利益。

2. 利益是一种社会关系

社会关系是构成利益的社会基础。首先,人的本质在其现实性上是一切社会关系的总和。因此,离开了社会关系,利益也就无从谈起了。任何主体的利益都必须依赖一定的社会条件才能实现。其次,利益的形成与分配都是以一定的社会关系和社会条件为基础的,在不同的社会关系和社会条件中,人们的需要是不同的,人们的具体利益自然也就不同。即使在同一社会条件下,由于人们在社会关系中的地位不同,他们的实际利益也是不同的。再次,随着人类社会的进化发展,人的自然生理需要会越来越脱离动物式的自然生理需要,人的需要中纯粹的自然生理成分会越来越少。而且,这些需要必然要经过社会关系,首先是社会关系的渗透、熏染和过滤才能体现出来。"需要转化成利益,必须要经过社会关系,首先是经济关系的作用。在任何一个具体的社会形态中,人的需要在一定的社会关系中就表现为利益。利益是需要在经济关系上的表现,离开现实的社会经济关系,就不可能理解利益。"③

3. 利益是主体与客体的统一

任何物品只有当它与一定的社会主体联系起来时,它才可能是一种利益,否则,只能是利益的潜在对象。利益主体是利益存在的前提,是社会利益运动的自觉的、能动的、主观的要素。各个利益主体的独立存在及其相互联系,构成了社会生活中的基本利益格局和利益结构,形成了各种利益观念并相应产生了各种利益行为。利益主体是相对于利益客体而言的,是从需要主体转化来的,是社会化了的需要主体。它既可以是个人,也可以是某种群体或组织,主要包括家庭、集体、阶级、阶层、民族、国家等,而个人是最基本的利益主体。在社会分工日益复杂,社会化、全球化进程日益加快的今天,群体甚至整个人类作为利益主体的地位已经变得越来越重要。利益客体是利益形成的实际内容。利益客体即人的需要对象,是指对人和社会的生存和发展来说是必需的和有用的东西,它在物质、文化、精神、情感等方面能给人以某种方式、某种程度的满足。需要对象也称客体对象,它的范围广大、种类繁多,既有自然的,又有社会的;既有物质的,也有精神的;既有有形的,又有无形的;既有现实的、已知的,也有潜在的和未知的等。总之,凡是能够满足人们需要的东西都是利益的对象或者利益的客体。利益的实现必须以客体对象的存在为前提,离开了任何实际的客体对象,利益都无从谈起。

4. 利益是客观性与历史性的统一

首先,利益的客观性取决于人是一个客观的社会存在物。利益的"内容以及实现的形

---

① 《马克思恩格斯选集》第2卷,人民出版社,1972年,第94页。
② 王伟光:《利益论》,人民出版社,2001年,第70页。
③ 同上书,第73页。

式和手段则是由不以任何人为转移的社会条件决定的"①。其次,利益的客观性还表现为由主客体之间相互运动所产生的利益总是不以人的意志为转移而必然存在的。而且利益本质上体现了人的需要与需要对象之间的对立统一关系,人的需要是人与生俱来的"内在的必然性"②,需要与需要对象之间的矛盾关系都是一种具有客观实在性的社会存在。马克思在谈到共同利益时曾指出:"共同利益不是仅仅作为一种'普遍的东西'存在于观念中,而且首先作为彼此分工的个人之间的相互依存关系存在于现实中。"③再次,利益并不是人的意志或者意识的产物,它是人们所处的社会关系尤其是生产关系所造成的。虽然利益的实现要在一定的思想指导下才能进行,但是,利益实现的方式、手段都是客观的。

利益的历史性指的是利益的内容、实现的方式和手段并不是固定不变的,而是历史的、变化的、发展的。"需要是同满足需要的手段一同发展的,并且是依靠这些手段发展的。"④在原始社会,由于生产力水平极其低下,产品极为匮乏,利益对象极为不足,人们的需要也比较简单,人的利益无论是质量还是数量都处于低级水平。进入文明社会以后,由于生产力水平的提高,人的利益从内容到形式,从数量到质量都发生了较大的变化,有了较大程度的提高。尤其是进入资本主义社会后,"资产阶级在它的不到一百年的阶级统治中所创造的生产力,比过去一切时代创造的全部生产力还要多,还要大"⑤。这是社会生产力发展水平所决定的。随着社会历史的发展,人类利益的内存更加丰富,形式也更加多样。一些历史上没有出现过的利益对象开始随着社会的发展进步不断进入人类社会的生活领域并逐渐成为人们利益的主要内容,以前人们所不曾拥有的利益对象今天正日益成为人类利益的新内容。另外,不同形式的具体利益在人类社会中的地位和作用也随着历史的发展发生了巨大的变化,从前一些并不重要的利益在当今正日益突显出来,并成为当代人类社会的根本利益;而一些曾经是人们生活中的根本利益,在今天却正在逐渐退出历史舞台。总之,利益的历史性是和人类社会的历史发展相表里的,人类社会的历史,也是人类不断追求自身利益的发展史。

二、利益是公共政策的核心要素

在一个利益主体多元化的社会,社会的和谐有赖于保证社会利益协调的制度安排,政府的公共政策在其中发挥着重要的作用,这是由公共政策的本质决定的。公共政策的本质就是通过权威性的价值分配的形式对社会利益关系的集中反映,这同时也就决定了它作为社会利益关系调节器的功能。政府以公共政策为手段,对"全社会的价值做权威性的分配"⑥,以此来协调社会利益关系。这里所说的社会价值,是包括物质价值和精神价值在内的一切社会财富。

公共政策的形成,实际上就是社会各个阶层和各个群体把利益要求输入社会政治系

---

① 《马克思恩格斯全集》第46卷,人民出版社,1979年,第213页。
② 《马克思恩格斯全集》第42卷,人民出版社,1979年,第129页。
③ 《马克思恩格斯全集》第3卷,人民出版社,1979年,第37页。
④ 《马克思恩格斯全集》第23卷,人民出版社,1972年,第559页。
⑤ 《马克思恩格斯选集》第1卷,人民出版社,1995年,第277页。
⑥ 戴维·伊斯顿:《政治生活的系统分析》,王浦劬译,华夏出版社,1999年,第26页。

统，公共政策主体从特定的价值取向出发，对各种利益要求进行整合的结果。整合的过程就是确定哪些利益要求是合理的，应该满足，采取什么形式满足；哪些利益要求是不合理的，应该抑制，以什么方式抑制的过程。由此形成了社会政治系统协调社会利益关系所要达到的目的。这种目的在实现之前是以公共政策目标的形式存在，其实质就是通过协调利益关系，对自认为应该满足的利益要求满足程度的设想。社会政治系统为了实现公共政策目标，必须把社会成员的行为统一到目标上来。这就需要对人们的行为加以规范，规定人们行为的方向和性质，由此形成了实现公共政策目标的手段。社会政治系统把确立的公共政策目标和实现目标的手段，以公共政策的形态输出，对社会的政治、经济、文化等活动进行调控。调控的最终结果必然落实到社会利益关系上。

公共政策就是以协调社会利益关系和满足特定的利益要求为己任的。任何公共政策作用的发挥及其结果都同社会利益关系的调整直接相关。当社会利益关系失衡、利益结构扭曲的时候，公共政策就担负起协调的任务，以保持社会利益结构的合理性。

第二节 公共政策是对社会利益的权威性分配

一、公共政策的分配功能

公共政策是政府实现职能的重要工具。不管是为社会提供公共物品和公共服务，还是为实现政府目的和政府发展，政府都需要通过公共政策方式来实现其意志。正如戴伊所指出的那样，"凡是政府决定做的或不做的事情就是公共政策"[1]。政府行为或多或少都要以公共政策形式表现出来，没有公共政策，政府就无法实现其职能，更无法维持其存在和发展。

伊斯顿把公共政策作为一种"价值的权威性分配"，指出"一项政策的实质在于通过那项政策不让一部分人享有某些东西而允许另一部分占有它们。换句话说，不论是为了一个社会还是为了一个范围狭小的社团，或者为了其他任何集团，一项政策总是包含着一系列分配价值的决定和行动"[2]。陈庆云认为伊斯顿的"价值"其实是"利益"，即公共政策的本质是对社会公共利益的集中反映，政策过程就是各种利益关系的调整过程[3]。他认为，假如一定要把公共政策理解为"它是对整个社会价值所做的权威性分配"的话，那么为免于对"价值"一词有宽泛的理解，同时又能突出公共政策的本质，不如把"价值"改为"利益"。也就是说，公共政策的本质是社会利益的集中反映。

对利益的需求是人类行为的动因。社会由无数个体组成，没有每一个个体的利益，自然也无从谈起社会的利益。但个人只有在组织或社会中才能得到发展，个人利益必须同组织利益、社会和国家利益有效地结合起来。无产阶级的利益原则是：个人利益、集体利

---

[1] 托马斯·R.戴伊：《理解公共政策》，谢明等译，中国人民大学出版社，2004年，第1页。
[2] 戴维·伊斯顿：《政治体系——政治学状况研究》，马清槐译，商务印书馆，1993年，第123页。
[3] 陈庆云：《公共政策分析》，中国经济出版社，1996年，第5页。

益和国家利益是统一的。一旦它们之间发生矛盾,个人利益要服从集体和国家的利益。无产阶级获得政权后,每一项重大方针、政策的制定和实施,都要考虑到全社会的整体利益。在承认每一个利益主体对利益追求的合理性和自主性的基础上,解决好人们之间的利益矛盾,使得人们在承认社会的责任和义务的同时,对利益的追求真正成为社会进步的动力。

政策的形成过程,实际上是各种利益群体把自己的利益要求输入政策制定系统中,由政策主体依据自身利益的需求,对复杂的利益关系进行调整的过程,公共政策的制定与执行是社会各种利益冲突的集中反映。政府常常利用公共政策,去保护、满足一部分人的利益需求,同时抑制、削弱甚至打击另一部分人的利益需求。通过政策作用去调整利益关系,在原有利益格局的基础上形成新的利益结构。正是从这个意义上讲,公共政策的本质应该是政府对社会利益实行的权威性分配。从公共政策的决策到政策执行再到政策评估等环节都贯穿着利益关系。这种分配功能需要回答三个问题:将那些满足社会需要的资源(即利益)分配给谁?如何分配?什么是最佳分配?

社会经济地位、思想观念、风俗习惯以及知识水平等方面的差别,造成了不同的人有不同的利益需求。然而社会的实际资源是有限的,不可能时时、事事都满足每一个人的需要。社会中每一个利益群体与个体都希望在有限的资源中多获得一些利益,这必然会在分配各种具体利益时产生冲突。如果这些冲突激化,就会造成社会的不稳定。

为减少社会成员之间的利益摩擦,需要站在公正的立场上,用政策来调整现实的利益关系。一旦某项政策付诸实施,必然是一部分人获得利益,另一部分人未获得利益;或者是一部分获得了较多的利益,另一部人非但未获利益,甚至失去原有的利益,这就是政策所起到的利益分配作用。每一项具体政策,都有一个"谁受益"的问题。换句话说,政策必须鲜明地表示:把利益分配给谁。利益究竟分配给谁?在通常情况下,下列三种利益群体和个体,容易从公共政策中获得利益。

1. 与政府主观偏好一致或基本一致者

政府是政策制定的主体,自然也是利益分配的主体。政府显然愿意把社会利益分配给自己的拥护者,而不是反对者。现实中常有这种情况,那些口头或表面拥护而实际上反对政府偏好的人,也同样会从政府手中获得同等的利益,甚至更多的利益。

2. 最能代表社会生产力发展方向者

公共政策的利益取向,要求必须明确谁是政策的受益者。对于任何一届政府来说,大力发展社会生产力总是第一位的。政策的好与坏、正确与错误,首先看它是否有利于生产力的发展。不言而喻,其行为体现生产力发展趋势者,必然会从政策中获益。

3. 普遍获益的社会多数或绝大多数者

一项政策的实际效果,取决于该政策是否符合绝大多数人的利益。因为在政策实施过程中,利益得到满足或基本满足的各种利益群体与个体,会自觉不自觉地拥护和执行政策,促使政策的实际效果与预期效果一致。一般地说,在特定时期内政策受益的人越多,发生政策偏离的可能性就越小。

二、公平的公共政策是利益整合的关键

利益分配是公共政策最重要的功能,其结果关系到整个社会利益结构的变化和利益的实现程度。说到底,利益分配是一个"谁得益"的问题,与之相关的因素包括:各种分配物的数量,这些利益所影响人类生活的领域,享受这些利益的特定人口部分,人类需求与旨在满足这些需求的政府分配之间的关系。由于利益作为一种资源是有限的,在分配过程中,必然会产生一部分人得益相对多,另一部分人得益相对少的情况,甚至会出现一部分人不但不能得益还要受损的情况。并且,政府所作出的利益分配是以国家强制力作为保障的,制定的分配政策具有强制性,它对整个社会的利益格局来说是一个强大的规制力量。既然这样,公共政策的利益分配功能如何建立其合法性呢?利益分配如何获得社会认可呢?利益分配的合法性在于分配正义,而分配正义的关键在于利益分配符合社会公共利益的要求,体现社会公众的利益意愿。在现实生活中,由于利益分配离不开政府公职人员的具体参与,因此,作为一种政府政策输出,它要求政府内部公职人员恪守公共利益的公职要求,既要考虑社会强势群体的利益,也要考虑社会弱势群体的利益,不能把分配行为作为实现部门利益、地方利益和自身私人利益的工具,更不能借公共利益之名以国家强制力把不公正的政策输向社会,利用公权力的优势在分配过程中优先获取私人利益。

在市场经济体制下,市场调节以效率为原则。但对任何一个进步国家来说,它又要坚持社会公平原则。多年来,尽管我们一再提倡效率优先、兼顾公平的原则,但是社会利益矛盾仍然突出地反映在分配不公上,尤其是物质利益的分配不公。那些不合理的分配政策,假如得不到及时纠正,必然大大加剧利益分配中的矛盾,有可能会从物质利益冲突发展到非物质利益的冲突。

因此,认真地研究公共政策的利益分配功能,既是重要的理论问题,又是一个严肃的实践问题。可以这样讲,离开了"究竟把利益分配给谁"这一核心问题,公共政策将失去制定的必要性,而公共政策如果不坚持公平原则将会失去其灵魂。

第三节 公共利益是公共政策的核心目标

一、公共利益的基本理论

(一) 公共利益的含义

关于公共利益,至今学界仍然没有统一的观点。亨廷顿认为:"公共利益既非先天存在于自然法规之中或存在于人民意志之中的某种东西,也非政治过程所产生的任何一种结果。相反,它是一种增强统治机构的东西。公共利益就是公共机构的利益。"[①]《公共政策词典》中,公共利益是指社会或国家占绝对地位的集体利益而不是某个狭隘或专门行业

---

① 亨廷顿:《变化社会中的政治秩序》,王冠华等译,三联书店,1989年,第23页。

的利益。公共利益构成一个政体的大多数人的共同利益,它基于这样一种思想,即公共政策应该最终提高大家的福利而不只是几个人的福利[①]。新古典主义经济学者则认为,公共利益是可以由社会福利函数来表示的。所谓"社会福利函数",就是一种社会偏好或"社会排序",它是以组成的全体成员的个人偏好为基础,对于大家利益相关的、可供选择的各种事物或各种社会安排的一种优劣安排。这种安排所体现的便是"公共利益",即大家共同的利益[②]。

虽然对公共利益没有统一的定义,但是这其中都包含了一个核心,即公共利益客观存在并且具有较强的代表性,能够给整个社会带来正向的利益供给,并且公共利益具有社会共享性和非排他性,任何人对公共利益的享有都不会影响其他人对公共利益的享有,这是公共利益区别于私人利益的基本特征,也是公共政策制定的应有之义,即保证公共政策的公共、公平与公正,保证社会的整体利益。

根据我国的具体国情,我们可以把公共政策的公共利益理解为广大人民群众的共同利益,即绝大多数人的根本利益。坚持从广大人民群众的共同利益出发,是我们制定任何一项公共政策的基本准则。

(二) 公共利益的基本特性

1. 公共利益的公共性

公共利益往往被当作是一种价值取向。公共性是公共利益的本质属性。公共性即普遍性,它是指超越个人和集体之上,代表全社会整体的利益,它独立于个体或集团的利益偏好,不以它们各自不同的利益需要和价值目标为转移,对每一个社会成员提出共同要求、提供相向的价值。

2. 公共利益的客观性

公共利益是客观存在着的,不以人的意志为转移。它客观地影响着社会整体的生存和发展,尽管它们可能并没有被成员明确地意识到。

3. 公共利益的社会共享性

公共利益不是个人利益的简单相加,但也并不意味着公共利益可以脱离个人利益存在。它不是特定的、部分人的利益,它影响着共同体的所有或绝大多数的成员,即不具有排他性。

4. 政府是公共利益的代表者

这是由政府的公共特性所决定的。正如马克思指出:"正是出于私人利益和公共利益之间的这种矛盾,公共利益才以国家的姿态而采取一种和实际利益(不论是单个的还是共同的)脱离的独立形式,也就是采取一种虚幻的共同体的形式。"[③]因此,只有政府有资格以公权力的名义代表公共利益,其他任何个人或团体都不可能做到这一点。从这个角度可以认为公共利益是由政府公权力代表的社会整体的利益,它是为共同体中不特定的个人可以同时共享的一种利益。

---

① E. R. 克鲁斯克、B. M. 杰克逊:《公共政策词典》,远东出版社,1992年,第930页。
② 樊纲:《渐进改革的政治经济分析》,上海远东出版社,1996年,第46页。
③ 《马克思恩格斯选集》第1卷,人民出版社,1995年,第85页。

二、公共利益是公共政策的核心目标

（一）公共利益：公共政策的基础性价值目标

卢梭的社会契约论认为，构成国家的成员之间的约定才是政治共同体的基础和合法性的来源。在由单个个人交出全部权利，相互缔约而产生的这样一种集体过程中，原来分散的个别利益在结合过程中上升为普遍的公共意志，即公意的运用，主权者不过是由全体个人结合而形成的有生命和意志的公共人格。因此，治理社会就应当完全根据这种共同利益，唯有公意才能按照国家创制的目的，即公共幸福来指导国家的各种力量。卢梭把公共利益看作是人们缔结条约、形成国家的产物，主权即公意的外化，公意是至高无上的，人们服从共同体的最高动力，就不是在服从任何别人，而只是在服从他们自己的意志。因此，卢梭把公共利益界定为公意，认为公意代表大多数人民的意志和利益。公意就是公民多数的意见，他们为了自身的利益，总要考虑到社会多数人的利益。

"公共性"是衡量政府活动性质和基本价值的指标，它考量的是政府的活动是否符合社会公共利益，公务员的职业伦理以及政府的决策是否能够保障公共利益的完整和全面。作为对社会公共事务的管理，公共政策必须给予公平、平等、正义等伦理标准与效率同等重要的考虑，因为效率是建立在一定公平基础上的效率，离开公平支撑的效率就不会长久。众所周知的是，公共利益具有一个很明显的特征，即长期可持续性。公共组织是公平的依靠，追求社会公平是公共组织的天职，公共组织的管理活动只有能够承担起公共性的伦理责任、履行维护社会公共利益、消除社会不公等职责时才具有合法性。这是由公权力来源于人民赋予的本质所决定的。所以，作为公共管理的手段，公共政策不能仅仅追求效率、经济和工具理性的目标和方法，不能依靠建立在管理身份基础上的行政改革来获得合法性，而应当在实践和理论的构建过程中寻求更多的社会公平和正义，追求公共管理的规范性价值基础，即实现公共利益最大化。因为"公共管理实质上是一种社会发展目标的合理调整和社会利益的权威性分配，它不仅关注结果和效率的经济意义，更关注过程、结果中的社会公正、责任和伦理、民主价值取向的实现。后者在公共管理的价值分析中应占有基础地位，并贯穿于政策、制度制订与执行的全过程"①。

总之，政府的公共政策须以公共利益为其逻辑起点，以公共利益为其最高目标，致力于维护和增进公共利益，是政府活动的最高行为准则。如果不代表公共利益，政府就失去了其存在的理由和基础。政府及其政策是否是致力于实现社会公共利益，以及政府实现公共利益的能力和程度，是判断和评价一个政府及其政策的正当和有效性的基本标准。

（二）坚持公共政策公共利益取向的现实意义

第一，坚持公共利益取向，体现了政府一切工作的根本宗旨——全心全意为人民服务的宗旨。中国共产党是全国各族人民利益的忠实代表，我们的国家是社会主义国家，我们党和国家的性质决定了我们一切工作的根本宗旨是全心全意为人民服务。邓小平同志曾经指出："什么是领导？领导就是服务。"服务就是为人民服务，为广大人民群众的共同利

---

① 陈千全：《论公共管理的基本原则与价值取向》，《中山大学学报（社会科学版）》，2003年第1期。

益服务。因而,我们每一项公共政策都必须是为广大人民群众的共同利益着想,这可以通过坚持公共利益取向来实现。

第二,坚持公共利益取向,符合最广大人民群众的根本利益的要求。众所周知,我们国家的性质决定了人民是国家的主人,政府是人民的政府,政府所有管理职能的发挥实际上都是为了达到一个目的:维护人民利益,满足人民日益增长的物质生活和文化生活的需要。因此,为广大人民群众谋利益理应成为一切公共政策的出发点和归宿。政府的一切决策"都要以是否有助于人民的富裕幸福作为衡量做得对或不对的标准",要把广大人民群众是否得到真正的好处作为检验决策正确与否的标准。坚持公共利益取向,使得政府有足够的动机和利益刺激机制把实现全社会利益最大化作为自己的目标,这符合最广大人民群众的根本利益的要求。

第三,坚持公共利益取向,有助于调动广大人民群众的积极性和创造性。顾名思义,"公共政策"的意思与其字面意思相同,即为"公共"而制定的"政策"。如果公共政策只为少数人而制定,必然挫伤广大人民群众的积极性和创造性。社会主义革命和建设的实践证明,凡是符合广大人民群众共同利益的政策,就会得到人民的衷心拥护,就会激发广大人民群众的积极性和创造性。中国特色社会主义进入新时代,我国社会主要矛盾已经转化为人民日益增长的美好生活需要和不平衡不充分的发展之间的矛盾,因而,发展社会生产力加速社会主义的经济建设步伐,是全国各族人民的根本任务。坚持公共利益取向,由于它符合最广大人民群众的根本利益的要求,就能调动广大人民群众的积极性,同心同德,投身于社会主义现代化建设的潮流之中。

第四,坚持公共利益取向,有助于维护社会稳定。在社会主义现代化建设的任何时期,维护社会稳定都是至关重要的。公共政策的本质是要对全社会公共利益进行有权威的分配,但"任何公共政策都是取之于一些人而使另一些人获益",因此,如果不坚持公共利益取向,所谓的"公共政策"必然损害大多数人的利益,就会造成尖锐的利益冲突和社会矛盾,最终导致社会不稳定。我们知道,公共政策是政府调整利益格局、解决利益矛盾的强有力的工具,通过坚持公共利益取向,实现社会利益的公平分配,从而有利于社会秩序的稳定。

第四节 公共政策的利益分析框架

按照马克思主义观点,相对于主体来说,价值表现为客体的一种属性。"珍珠或金刚石之所以有价值,是因为它们是珍珠与金刚石,也就是由于它们的属性。"这就是说,价值作为一种评判标准,它是对客体满足主体需求的量度,它离不开被评判的客体。公共政策分析需要价值分析,但价值分析的基础是利益分析。因为离开了价值背后的利益、利益关系与利益矛盾的讨论,就失去了价值分析的意义。如果政策分析仅有价值分析,而无利益分析,至少是很不完备的。同样的道理,政策研究中的规范分析,按其本质要求,是要在不同的利益关系与利益矛盾中,寻找出平衡利益关系、解决利益矛盾的量与质的规定以及约束与规范引导多元利益主体的行为。由于任何政府都不可能对社会与经济的管理承担无限责任,而只可能担负有限责任,所以政府在制定与执行政策中虽然很想给社会上的相关组织与个人带来利益,但缘于社会资源的有限性,尤其是政府手中可运用资源的有限性,它实际上无力满足社会的一切需求,至多能做其中一些事;或者政府政策一旦实施,虽给社会中某一群体增加了实际利益,但会连锁到社会上的其他利益群众,造成负面效应。因此,可行性分析不仅离不开利益分析,而且还必须以利益分析为出发点。总之,利益分析直接影响到事实、价值、规范与可行性四个分析,规定了它们的基本内容与研究方向。

在公共政策中,利益分析必须与事实分析、价值分析与规范分析相结合,并需要综合运用于实际问题的研究中。

首先,人们在分析中所遇到的基本问题是:分配什么利益?向谁分配利益?谁获利益多?谁获利益少?这些属于事实层面的分析。

其次,利益分析离不开价值分析,在利益分析中必须渗透平衡公平与效率的价值理念,为利益分析提供价值导向。

最后,要在各种利益关系和利益矛盾中寻找利益平衡、化解利益冲突,必须通过规范分析,达到激励和约束多元利益主体行为的目的。总之,利益分析不但要明确"谁"在追求"什么"利益,而且要分析其追求利益的"方式"及"结果"。

一、利益主体及利益结构分析

利益分析首要的问题在于明确利益主体及主体间的关系和结构,所以利益主体及利益结构分析是一个重要的研究工具[①]。"人们可能对利益的理解有较大的分歧,但大多数人都认为,利益总是与主体相联系的,离开了利益的主体,空谈利益是不实际的。"[②]一般来说,利益主体有个人为载体和组织为载体两种表现形态。

在个人利益和组织利益之外,还有缺乏明确利益载体的公共利益,它们构成了一个互动、冲突和相容的利益结构。从组织形态的利益主体来看,利益分析会包括如下基本内容:组织间的利益关系呈现水平型的还是垂直型的结构?如果是水平型的利益关系结构,主体间的利益冲突如何协调?如果是垂直型的结构,弱势主体的利益是否能够得到补偿?从组织利益与个人利益的关系来看,个人利益是恪守组织利益,还是背离组织利益?哪些个体的利益与组织利益是一致的?哪些个体的利益会失去组织利益的庇护?这个层面的分析,更多的是事实分析。

二、利益需求分析

利益主体的利益需求可以是政治层面的,也可以是经济、文化等层面的。或者,可以

---

① 陈庆云:《公共政策分析》,北京大学出版社,2011年,第252—253页。
② 陈庆云:《关于"利益政策学"的思考》,《北京行政学院学报》,2000年第1期。

大致分为物质与精神两个方面的需求。哪种类型、哪个层面的利益更容易被激励起来，使之与社会利益的实现和增进相协调，这可能是利益分析中的一个要点。

对利益主体需求的分析是一种行为动机分析。行为是受利益支配的，理解了人的利益需求就可以对人的行为进行解释和预知。从这个角度上讲，利益分析与行为主义分析有内在的一致性，利益分析属于行为主义分析的范畴。西方学者认为，一般来说，人们的行为动机遵循着一种"经济人"的自利性逻辑，并在这种自利性逻辑引导之下，形成一个由亲及疏的差序性格局。然而，人们的行为动机是复杂的，并不是一成不变地以自利性作为所有行动的出发点。在资源互相依赖的环境之中，利益主体必须把追求自身利益的愿望，与实现他人的利益结合起来，在利他和利己之间寻找一个平衡点。

三、利益实现方式分析

从宏观政策层面上来看，利益的实现方式主要包括强制式的政府机制、交换式的市场机制和美德式的伦理机制。政府在公共政策的过程中，其主要责任在于弥补交换式的市场机制只重效率、不顾公平的缺陷，用各种政策工具来对受损者进行合理的利益补偿，体现最少受惠者获益最大的公平原则。除了市场和政府两种最为基本的方式之外，道德机制也是利益实现的主要途径。以人情为基础、以社会网络为载体的关系型分配，以及政策过程中执行偏差所导致的冲突型分配，这些都是十分值得人们关注并需要认真研究的利益实现方式。

在利益实现方式之中，最为核心的问题是如何体现效率与公平的统一。具体地讲，在利益实现活动中，如何杜绝个人通过"搭便车"和机会主义等途径实现利益的方式；如何按照付出与回报、成本与效益相一致的准则来规范逐利行为；如何遵循帕累托改进的原则，以不损害其他所有人的利益为前提去提高某一部分人的福利。可见，这个层面的分析与规范方式是紧密结合在一起的。

四、利益分配结果分析

结果层面的分析也是利益分析的重要内容。通过判断公共政策活动，分析最终实现的是谁的利益，是长远的利益还是短期的利益，是大多数人的利益还是少数人的利益，并由此对公共政策进行价值分析。一般情况下，以下三类利益群体容易从公共政策中获取利益：与政府主观偏好一致或基本一致者；最能代表社会生产力发展方向者；普遍获益的社会多数或绝大多数者。

结果层面的利益分析，重要目的在于研究如何在公共政策中实现社会利益的维护与增进。事实上，公共政策并不是所有一切仅为实现社会利益，它还具有社会分享性，换句话说，公共利益是公共政策期望实现的根本目标但不是唯一目标。公共政策还包含着其他两类目标：一部分利益主体所追求实现的具有组织共享性的共同利益和具有私人独享性的个人利益。因此，公共政策最终达成的利益分配结果，是公共利益与组织的共同利益和个人利益的和谐与均衡。衡量公共政策成功与否的标准，就是看利益分配结果中公共利益是否基本实现。

利益分析是社会科学研究中的基本方法,它对人类行为和社会现象有着充裕的解释能力。利益分析在公共政策多种研究视角和途径中是独特的,是多种研究方法的基础和核心。运用利益分析的方法,可以揭示公共政策过程中利益冲突和利益妥协的本质过程,证明公共政策的要旨在于规范利益主体之间的互动和合作,实现以公共利益为核心的社会利益的维护与增进。

公共政策的利益分析是以马克思主义的利益理论为指导,研究公共政策过程中的不同利益主体,如何在为维护、增进与分配社会利益的博弈中,实现利益相对和谐与均衡的学问。再次强调,这里的社会利益不仅包括作为社会的多层次公共利益,也包括具有组织分享性的共同利益与私人独享性的个人利益。

案例 10-1　绍兴人免费游绍兴

一、绍兴旅游业发展历程

绍兴旅游业发展可以说伴随着中国改革开放 30 多年同步发展壮大。绍兴旅游依托资源,弘扬特色,加强营销,由接待型、事业型迈向产业型,实现了旅游资源大市向旅游产业大市转变。

（一）起步发展阶段(1978—1992 年)

这阶段,在全国众多旅游城市中,绍兴是走在前列的。绍兴与鲁迅、周恩来、蔡元培、秋瑾等名人紧密相连,流传有越王勾践卧薪尝胆,大禹治水三过家门而不入的故事,代表了国家的主流文化,资源的先进性、文化性和革命性,使绍兴成为参观学习阶段的主要出行目的地城市。

（二）发展壮大阶段(1993—2002 年)

这阶段,中国旅游业发展到以游览观光为目的的新阶段,团队游占据主导,旅游开始成为产业。由于绍兴观光资源丰富,文化底蕴深厚,景区数量多,适合当时游客选择出游地"以最少时间玩最多景点"的价值取向,这十年,绍兴旅游业迅速发展,市场拓展,规模扩大,绍兴成为首批中国优秀旅游城市和长三角周边城市首选的旅游目的地。

（三）产业提升阶段(2003—2008 年)

2003 年,非典疫情和科学发展观的提出,标志着中国社会经济发展开始转向科学发展的轨道。这阶段,绍兴旅游业提出旅游业要按照科学发展观的要求,调整经济结构,提高产业层次,转变增长方式,推动集约发展,逐步实现由数量规模为主向数量规模与品质效益并重转变。旅游业开始实现从"景点旅游向景区旅游、景区旅游向城市旅游"的提升。

（四）产业转型阶段(2009 年至今)

这阶段,现代旅游业由以观光游览为主,向度假休闲、商务会展、娱乐健身以及康体健身等多需求的趋势发展,绍兴旅游业也开始逐步从观光游览向观光、体验、休闲、度假转型升级。绍兴市政府成立旅游委员会,组建旅游集团,提出"全城游、全市游、全民游"的发展战略,开展全国旅游标准化示范城市创建,全力打造"长三角独具魅力的文化休闲城市、中国重要的水城旅游目的地城市、古越文化国际旅游目的地城市"。

二、绍兴旅游业发展现状

绍兴市政府一直高度重视旅游业发展。从提出"经济强市、文化名市、旅游大市"三位一体的战略构想,到提出"旅游富市、建设旅游强市和文化休闲城市"战略目标,绍兴旅游发展的定位、方向更为清晰,旅游业在国民经济发展中的地位更加凸显,旅游业已成为绍兴市第三产业的龙头行业和国民经济的支柱产业。

(一)比较优势

1. 资源优势

绍兴市旅游资源总量丰富,类型多样,品质优良,特色鲜明。据2004年浙江省旅游资源普查,绍兴旅游资源单体共1 861个,涵盖8大主类的全部,涉及110种基本类型,占全部155种类型的71%;绍兴人文景观类资源单体226个,占浙江省的近1/4;绍兴最高级别旅游资源单体数26个,位列浙江省第三。资源涵盖历史文化、山水风光和生态休闲等多种业态。

2. 产业优势

绍兴市拥有3个省级旅游经济强县[柯桥区(原绍兴县)、诸暨市、新昌县],5个省级旅游度假区(会稽山旅游度假区、鉴湖·柯岩旅游度假区、诸暨五泄旅游度假区、上虞曹娥江旅游度假区、嵊州温泉旅游度假区),A级景区48处,其中5A级旅游区1处(鲁迅故里·沈园景区)、4A级旅游区10处;共有旅行社130家,其中五星级旅行社1家(绍兴海外国际旅行社)、四星级旅行社15家;共有星级饭店92家,其中五星级12家,在浙江省名列前茅。近年来,绍兴市旅游接待人次和旅游总收入每年以20%左右的速度递增。2013年,全年预计接待国内外游客5 680万人次,旅游总收入583亿元,同比分别增长15.11%和15.15%。

3. 需求优势

根据国际经验,旅游消费与人均GDP有着密切的关系,一般认为,人均GDP 1 000美元人们大多选择观光游,人均GDP到了2 000—3 000美元人们则选择休闲游,而当人均GDP达到3 000—5 000美元时,人们则会选择度假游。2012年,作为绍兴市核心客源地的长三角主要城市人均GDP大多超过了10 000美元,绍兴市人均GDP也超过了11 650美元,这些城市市民的旅游需求均十分强烈。

4. 区位优势

随着嘉绍跨海大桥和沪杭甬等高铁的建成通车,增加了绍兴市旅游交通的可进入性,缩短了与长三角、珠三角、环渤海等国内重要区域市场的空间距离,绍兴的区位优势更加明显。以绍兴为旅游目的地城市,已经形成了与苏浙沪重点城市3小时旅游交通圈,逐步形成了与福建、安徽、江西等华东地区主要城市同城化的交通格局。

(二)比较劣势

1. 缺少明确的城市旅游形象品牌

近年来,绍兴市先后宣传推广"三看"(江南风情看绍兴、江南古城看绍兴、江南文化看绍兴)、"水城越都、人文绍兴""老绍兴、最江南"等形象品牌。通过在凤凰卫视、东方卫视、浙江卫视等主流媒体和网络媒体的宣传推广,较好地提升了绍兴的旅游形象。但是由于绍兴整体旅游品牌形象不明确、不统一、不固定,加上资金等因素的制约,央视等主流媒体的黄金时段还未能看到绍兴的形象,与杭州、成都、苏州等城市相比,绍兴旅游形象的知名度和美誉度明显偏低。

2. 缺少具有核心竞争力的王牌景区

近年来,通过鲁迅故里、西施故里等景区的改造和建设,绍兴景区的品位和容量有了一定的提升,但是由于先天的制约,绍兴仍旧没有规模大知名度高的重量级王牌景区。从全市景区运营情况来看,没有1个门票收入超过5 000万元的景区,也没有1个年接待量超过200万人次的收费景区(鲁迅故里属于免票景区);从景区规模来看,没有1个可以支撑半天以上游程的景区,更没有像雁荡山、横店等大容量、综合性的景区;从景区特点来看,缺少像乌镇、千岛湖那样的休闲度假类景区。

3. 缺少真正意义上的旅游大平台大项目

近年来,绍兴市旅游项目投资总量和进度明显加快。绍兴市拥有省级旅游度假区5个,占浙江省28个省级度假区的六分之一多。但是除了柯岩、鉴湖旅游度假区旅游业态较为丰富,其他旅游度假区还停留在旅游粗放型状态,有的度假区甚至连起码的旅游功能都不具备。此外,绍兴市旅游项目单体投资规模偏小(如宁波钓鱼台美高梅"中国假期"项目单体投入超过300亿元)、政府性投资项目多、项目业态比较单一(纯旅游或休闲类的项目数量不多)。

4. 缺少综合实力强的旅游市场主体

近年来,绍兴市旅游企业数量急剧扩张。全市130家旅行社只有1家五星级旅行社,大部分旅行社规模偏小,业务上主要以组团为主,地接能力偏弱,仅有1家旅行社年营业额超过1亿元,没有1家全国百强旅行社。全市共有星级饭店93家,其中五星级12家。但是与杭州、宁波等城市相比,缺少全球顶级国际品牌酒店和特色文化主题酒店。

5. 缺少全市游精品旅游线路

近年来,绍兴市推出了"古城文化体验游""江南水乡风情游""跟着课本游绍兴"等特色线路,但是真正能体现绍兴历史、文化、山水等特色的组合式旅游线路缺少,更缺乏市县联动的"全市游"精品线路,因此绍兴市游客存在"观光游客多、休闲游客少;短线游客多、长线游客少;过路游客多,过夜游客少"等三多三少的现象,更难以增加旅游消费收入。

三、免票游政策出台背景

绍兴市实施绍兴人免票游绍兴,基于旅游行业的业态特点,基于绍兴大城市发展战略,基于旅游产业转型升级的需要,基于本地居民不断释放的旅游需求,充分考虑了社会效益与经济效益的双赢。

(一)一业兴百业的业态特点

旅游业正在成为世界第一大产业,具有资源消耗低、带动系数大、就业机会多、综合效益好的巨大优势,有效促进城市传统服务业、旅游电子商务、旅游金融、生命健康等行业发展,带动城市的交通运输、对外贸易、设施建设、环境保护、工艺特产、文化娱乐、生活服务等领域的发展,对城市经济的拉动作用非常明显。2013年仅绍兴市区景区接待游客686万人次,实现门票收入已经达到近1亿元,正成为市区现代服务产业的主体。

（二）城市发展的战略部署

绍兴市委市政府作出了"重构绍兴产业,重建绍兴水城"的战略部署,作为"景是一座城"的绍兴,"两江、十湖、一城"的水城建设不仅是整个城市的规划建设,更是旅游的总体规划。今年对绍兴市旅游的总体规划是"全市游",其中重要的两块内容就是"全城游"和"全民游",全城游最核心的是水城建设、线路规划,全民游主要是指本地居民免票游、带动形成全民旅游热潮。

（三）旅游产业的转型升级

绍兴市旅游发展还停留在门票经济时代,旅游产业发展还很薄弱,景区以及一些经营性企业的市场意识还不强,竞争氛围不浓,行政事业模式的习惯思维尚未完全摒弃,向纯企业化经营模式的转变还需要加快。免票游带来的综合效益将极大促发旅游产业转型升级,促使相关三产的发展,从而促使绍兴旅游业"门票经济"转变为"产业经济"。

（四）居民旅游需求的释放需要

本地居民免票游政策出台有三方共同推动：一是群众的呼吁与需求,2013年人大、政协根据群众需求作为提案、议案上交到政府。二是行业协会的推动,旅游协会做了为期一年的调研,形成了全市游的大旅游框架,免票游作为其中一项重要内容。三是政府的重视,在各方呼吁下,2014年政府将本地居民免票游作为市政府十大实事工程之一,在一年内出台实施。

（五）免票旅游的综合效益明显

2013年4月,绍兴下辖县诸暨景区率先实施"诸暨人免票游诸暨"政策一年来,五泄、西施故里、斗岩、汤江岩和白塔湖景区共接待游客70多万人次,同比增长32%。其中本市免票游客达到23.33万人次,为总游客人次的三分之一,免票金额1 395万元。免票政策不仅提高了景区人气,也带动了景区服务业发展。景区附近的宾馆、餐馆、旅游纪念品商店,以及景区观光游船等自费娱乐项目经营形势比以往更好,各景区内经营户的营业额同比增长30%以上。

以杭州西湖为例,今年是西湖免票开放的第十二个年头,十多年间,西湖相继取消了130多个景点的门票,占景点总数的70%以上,免票开放的景区面积达到了2 000多公顷。西湖免票开放一年后,西湖每年直接减少门票收入2 530万元,但杭州市已经"跳出西湖经营西湖",将免票开放的西湖作为一个品牌,吸引更多人到杭州旅游,促进城市经济发展,只要每个游客在杭州多逗留24小时,杭州的年旅游综合收入便会增加100亿元。近几年,杭州市政府每年拨付5 000万元,用于扶持茶楼、餐饮、保健、养生等十大潜力行业,让整个城市从观光游向休闲游转型,完善的产业链让其他收入反哺西湖,其免票的模式得以繁荣整个城市旅游。

2010年南京中山陵免票开放,中山陵损失的是两个多亿的门票收入,但它带来的是南京这座城市对外地游客的吸引力大增,南京旅游的总体收入不断增长。比如2011年南京旅游总收入1 106亿元,2012年南京的旅游总收入1 272亿元,逐年递增。

四、免票游政策实施

（一）第一阶段：分步实施

2014年4月11日,绍兴市府办发文《分步推进"绍兴人免票游绍兴"实施方案》,提出自 2014 年 5 月 19 日(中国旅游日)起(不包括春节、国庆的黄金周和元旦、清明、五一、端午、中秋的小长假),市直以及各区、县(市)的主要旅游景区向各区域居民免票开放,3 年内将在全市范围内统一免票开放。

具体免票对象:包括各区、县(市)行政区域内常住户口居民;持有"绿卡"或已办理浙江省居住证(不含临时居住证)的在绍外来投资者和建设者;在绍工作的港澳台同胞、外籍人士及其家属。免票项目:主要指景区门票,景区内的导游讲解服务、停车、游船、电瓶车及休闲娱乐性项目等收费仍按原标准收取。

(二)第二阶段:全面实施

根据前期实施情况,提前全面实施免票游政策。2015 年 5 月 4 日,绍兴市府办发文《关于全面实现"绍兴人免票游绍兴"的通知》,提出自 2015 年 5 月 19 日起,黄金周(春节、国庆)和小长假(元旦、清明、五一、端午、中秋)除外,全面实现"绍兴人免票游绍兴"。并对具体的免票范围进行了明确。

(1)市直主要旅游景区 13 个(鲁迅故里·沈园景区、兰亭景区、东湖景区、大禹陵景区、百鸟乐园、周恩来祖居、蔡元培故居、大通学堂、青藤书屋、秋瑾故居、徐锡麟故居、范文澜故居、绍兴博物馆)。

(2)越城区主要旅游景区 1 个(书圣故里景区)。

(3)柯桥区主要旅游景区 6 个(柯岩风景区、大香林景区一期、安昌古镇景区、舜王庙景区、印山越国王陵景区、羊山石佛景区)。

(4)上虞区主要旅游景区 4 个(曹娥江景区、祝家庄景区、东山景区、覆卮山景区)。

(5)诸暨市主要旅游景区 5 个(五泄风景区、西施故里旅游区、斗岩风景区、汤江岩风景区、白塔湖湿地公园)。

(6)嵊州市主要旅游景区 4 个(王羲之故居旅游区、百丈飞瀑风景旅游区、瞻山风景旅游区、马寅初故居)。

(7)新昌县主要旅游景区 3 个(大佛寺景区、十九峰景区、沃洲湖景区)。

(三)政府主要做法

"绍兴人免票游绍兴"作为 2014 年度、2015 年政府民生实事工作之一,各地成立了实施工作领导小组,每季度进行督查、协调。

一是抓好安全应急工作。为加强景区安全应急工作,保障广大市民的出游安全,要求各景区层层落实安全责任,对所有安全设施设备进行大排查,并制定市民免票游览的接待方案和安全应急预案,落实出现瞬时最高游客接待量时分流、疏散措施。旅游主管部门多次开展旅游安全大检查,确保安全。

二是完善惠民便民措施。各景区专门开设"免票游"领票专窗,配置身份证读卡器等设备,增添了休闲服务设施,工作人员加班加点为市民提供服务;小长假期间景区对市民不免票,旅游主管部门多次发布旅游温馨提示,倡导绍兴人错峰出游,礼让外地游客。各级政府及相关部门在市里主要媒体发文,让广大市民尽快知晓和理解免票开放政策,号召全市市民和旅游从业者文明旅游。

五、免票游政策效果观察

绍兴人免票游绍兴政策,从2014年5月19日实施以来,至2015年年底,共有645.21万人次享受到了这一旅游发展红利,旅游业收入增长幅度为15%,真正做到让老百姓共享改革发展成果,切实增加了人民群众的获得感。这样的推进力度、这样的免票范围,在全国也是绝无仅有的。

"免票游"政策实施以来,也发现了一些问题:因为景区游客承载量有限,免票游客短期内较快增长,加大了景区管理难度;双休日热门景区周边交通压力较大,景区秩序不易控制;免票游使景区门票收入减少,而景区营运成本上升,部分景区的经济效益有所下滑。

六、结束语

绍兴要想方设法激发"人头红利",以免票促进消费,推动旅游景区从门票经济向综合经济转型。建议做好以下四个方面工作。

(一)加强安全保障措施

景区要根据国家对于景区承载量的相关规定设置人数红线,形成预案,实时统计并在景区入口处实时通报景区游客量情况,适时采取限流、分流等措施,确保游客安全和景区有序防止由人群过度聚集所出现的安全问题;旅游主管部门继续做好安全检查指导工作。

(二)确保景区旅游秩序

要以旅游标准化管理为准则,提升景区管理人员水平,升级门禁系统,加快游客服务中心、停车场等配套设施建设,最大限度满足市民出行需求。实行"免票不免票"制度,进入景区的市民,一律凭有效证件到各景区游客中心免票领取当日"参观券",然后采取一证对一票的"实名制"原则进入景区参观,防止景区变成开放性公园。

(三)丰富景区服务内涵

利用免票游增加的景区客流,以游客需求为出发点,积极鼓励和引导景区通过调整经营业态、经营方式、开发存量三产等多种手段,从吃住行游购娱等多方面入手,大力丰富休闲旅游要素,加快旅游特色文化产品和旅游纪念品开发,做好"春花、夏水、秋醉、冬俗"四季文章,根据不同时节、不同人群包装不同产品,提高产品的吸引力和附加值,不断提升产品内涵,扩大旅游购物消费,加快推进景区从门票经济向产业经济的转变。

反思我国的城市化历程,在很大程度上遵循着西方特别是美国的发展模式。要高度重视我国在快速机动化进程中的模式选择问题,早日脱离"公共交通不发达—对小汽车高度依赖—交通拥挤—公共交通服务质量恶化"的恶性循环,为各种交通工具提供一个公平竞争的平台。

(四)深度挖掘"人头红利"

通过开展"免票游"政策绩效评估,测算免票游经济效益,在此基础上,设计推出"坐高铁免票游""住酒店免票游"等一系列定制型的优惠政策,扩大"有条件的免票游"对象,深度挖掘"人头红利"。有效解决"观光游客多、休闲游客少;短线游客多,长线游客少;过路游客多,过夜游客少"等三多三少的现象。

案例思考题： 1. 请用公共政策相关理论进行案例分析（包括：关键词、理论框架以及结合案例进行分析）
2. 绍兴人免票游绍兴这一政策的利益相关者有哪些？分成不同的小组，进行角色扮演。
3. 这一案例延伸哪些可讨论问题？

本章名词与术语

利益　公共利益　当前利益　长远利益　利益主体　利益结构　利益实现　利益需求　利益整合　利益均衡

复习题

1. 什么是利益？利益有哪些特性？
2. 哪些利益群体和个体容易从公共政策中获得利益？
3. 什么是公共利益？公共利益有哪些特性？
4. 坚持公共政策公共利益取向有哪些现实意义？
5. 公共政策利益分析框架的主要内容是什么？

第十一章 公共政策的量化分析

政策分析的方法多种多样,从学科来看,借鉴了社会学、经济学、逻辑学、统计学等诸多学科的方法。从方法论的角度看,通常将公共政策分析方法分为定性分析方法与定量分析方法。定性分析,即对研究对象进行"质"的方面的分析,具体是运用归纳和演绎、分析与综合以及抽象与概括等方法,对获得的各种材料进行思维加工,从而能够达到去粗取精、去伪存真、由此及彼、由表及里,达到认识事物本质、揭示内在规律。定量分析是对社会现象的数量特征、数量关系与数量变化的分析,主要对研究对象进行"量"的方面的分析,主要功能在于揭示和描述社会现象的相互作用和发展趋势,多采用数学语言进行描述。本章主要介绍公共政策的定量分析的基本方法,包括数据处理方法、预测分析方法与成本—收益分析方法。

第一节 公共政策的数据分析[①]

一、频数分布的定义

频数分布,是指在分组的基础上,把总体的所有单位按组归并排列,形成总体中各个单位在各组间的分布,称为频数分布,又称分布数列。分布数列包括两个要素,总体按照其标志所分的组合各组所分布的单位数。形式如表11-1所示。

---

① 王骚:《公共政策学》,天津大学出版社,2010年,第293页。

表 11-1　某班学生性别构成情况

性　别	频　数	频率(%)
男	30	75
女	10	25
合计	40	100

表 11-1 表明,频数分布包括三个要件:分组标志,用来进行分组的标志;频数,分布在各组中的总体单位数;频率,各组次数和总次数之比。

二、频数分布的分类

频数是指每个对象出现的次数;根据分组标志的不同可以分为属性分布数列和变量分布数列;变量分布数列又分为单项式数列和组距式数列。在日常生活和经济管理中,常见的频数分布曲线主要有钟形分布(正态分布和偏态分布)、J 形分布、U 形分布、洛伦茨分布曲线等类型。

钟形分布的特征是"两头小,中间大",即靠近中间的变量值分布的次数多,靠近两边的变量数值分布的次数越少。J 形分布主要有正 J 形、负 J 形分布,正 J 形分布是次数随着变量值的增大而增多,负 J 形是次数随着变量值增大而减少。U 形分布的分布特征与钟形分布相反,靠近中间的变量值分布次数少,靠近两端的变量值分布的次数多,如人口死亡率曲线。洛伦茨分布曲线是美国统计学家洛伦茨提出来的,专门用以鉴定社会收入分配的平等程度。洛伦茨分布曲线的运转需要两个条件:一是居民或家庭按收入水平分组,计算各级居民或家庭的比重;二是计算各组收入的比重。

三、频数分布的分析过程

频数分布是指截面数据按出现频率分布的状态。不论是整理截面数据还是编排时间序列,都要以下三个环节构成分析的基本过程。

(1) 列出频数分布表或分布图,使复杂无序的原始数据呈有规律的分布。
(2) 通过计算表示数据分布的集中趋势或中心点。
(3) 通过计算表示数据围绕集中趋势或中心点的分布状态。

针对以上环节采用分组、概括、描述的方法进行数据处理,便构成数据分析最基本的内容。

(一) 数据组的划分

将大量的原始数据整理成频数分布,首先要根据数据的不同特征将数据分组,使无规律的原始数据落入各个数据组中,以此表示数据分布的一个基本规律。如何确定数据组,取决于原始数据的性质和分析的目的。数据分组的角度是多种多样的。例如,假定针对 N 个原始数据进行分析。如果针对有关人员基本情况进行分析,则可将 N 个数据按照性别、年龄、种族、国籍、政治信仰、宗教信仰、婚姻、职业、收入、文化水平等多种角度进行分组编排,通过计算得出各组所占的人数和比例。如果针对房屋情况进行分析,则可将 N

个数据按照产权、房屋结构、建筑年代等有关可以反映房屋状况的角度进行分组编排,通过计算得出各组所占的房屋数量和比例。如表11-2所示,天津市2000年市区规划用地就是将原始数据按照16个项目分组,从而清楚地表示出规划用地的分布状况。

表11-2 天津市2000年市区规划用地分组数据

项 目	面积(hm²)	比例(%)	人均(m²/人)	项 目	面积(hm²)	比例(%)	人均(m²/人)
工业	5 203.47	15.76	13.69	科研设计	1 172.58	3.55	3.09
仓库	963.17	2.92	2.53	特殊用地	468.25	1.42	1.23
对外交通	801.15	2.43	2.12	生产绿地	3 219.00	9.75	8.47
基建后方	723.74	2.19	1.90	防护绿地	588.09	1.78	1.55
公用事业	1 139.21	3.45	3.00	河 湖	1 337.38	4.05	3.52
道路广场	3 000.00	9.09	7.89	村镇建设	960.00	2.91	2.52
公共绿地	3 026.00	9.17	7.96	农田空地	—	—	—
公共建筑	1 777.04	5.38	4.68	总计	33 010.00	100.00	86.87
生活建筑	8 630.92	26.15	22.72				

表11-2说明,频数分布所记录的就是归入每个数据组的原始数据。例如,"工业"数据组中的数据是2000年所有工业用地原始数据的总和。表中是按照16个项目将数据分组,并计算出每组数据占有限总体的比例即人均用量。根据每组数据还可以继续计算出其他有关的比例或数字。例如,"对外交通"这组数据中,还可以进一步统计计算公路、铁路、机场、港口等各方面的用地数量和比例。每一项目的展开都可以构成一个新的分组数据表。概括与展开到什么程度,取决于分析的目的。

(二)频数的"变量"表示

按照事物的单个性质或以类别分组统计的数据称为"离散变量"。表示一个范围性质的分组统计数据称为"连续变量"。在确定连续变量的范围时,一般是由两个数值确定一个范围。如果只用一个数值确定范围的一端,而另一端呈"开口"状态,即数据表示的是某特定数值以上或以下的状况,而不是两个数值范围内的状况,这种数据则称为"累积变量"。例如,测定100名学生百米短跑成绩,分析学生身体素质情况,作为决策参照。获得100个原始数据如表11-3所示,进一步则可以进行变量表示。

表11-3 100名学生百米短跑成绩(秒)

14.0	14.5	15.0	15.3	15.6	15.9	16.1	16.4	16.6	17.2
14.1	14.5	15.0	15.4	15.6	16.0	16.1	16.4	16.7	17.2
14.1	14.6	15.0	15.4	15.7	16.0	16.2	16.4	16.7	17.3
14.3	14.7	15.1	15.5	15.7	16.0	16.2	16.5	16.7	17.4
14.4	14.7	15.1	15.5	15.7	16.0	16.2	16.5	16.9	17.4

续 表

14.4	14.7	15.2	15.5	15.8	16.0	16.2	16.5	16.9	17.5
14.4	14.8	15.2	15.5	15.8	16.1	16.2	16.5	16.9	17.6
14.4	14.8	15.2	15.6	15.9	16.1	16.2	16.6	17.0	17.7
14.5	15.0	15.3	15.6	15.9	16.1	16.3	16.6	17.1	17.8
14.5	15.0	15.3	15.6	15.9	16.1	16.3	16.6	17.1	17.9

表 11-3 中 100 个数据的分布是单独的，既不互相涵盖也不相互连接，因此可以看作 100 个离散变量。如果列表以一定的成绩范围分组并表示组内的频数分布，那么将成为连续变量的分布(见表 11-4)。

表 11-4 学生百米短跑成绩的连续分布

编组号	成绩范围(秒)	人数
1	14.0—14.9	18
2	15.0—15.9	33
3	16.0—16.9	36
4	17.0—17.9	13
5	18.0	0
总计		100

对于以上 100 个原始数据，如果分组的范围规定只有一个极限，那么将在频数分布表中得到多个累积变量，使得数据呈累积分布。一个累积变量中将包含一个范围及其以上或以下的所有原始数据。学生百米短跑成绩的累积分布表如表 11-5 所示。

表 11-5 学生百米短跑成绩的累积分布

编组号	成绩范围(秒)	快于范围的人数	慢于范围的人数
1	14.0—14.9	0	100
2	15.0—15.9	18	82
3	16.0—16.9	51	49
4	17.0—17.9	87	13
5	18.0	100	0

四、频数分布的描述

频数分布表或图示将原始数据按照一定的要求分组，表示出各数据组之间的差异和联系。这种简单的方法，对于抓住问题有针对性地制定政策是必不可少的环节。但是，现实政策分析中对频数的把握不但要求抓住频数图表中表现出来的分布特征和规律，而且需要进一步描述频数平均分布和集中分布的状态,才能成为决策的依据。频数分布和集中分布的基本描述可以包括均值、中值、众数和离差的显示[①]。

(一) 均值

均值是指表示一组数据共性的数值。用均值表示目的就是要把大量的数据用平均的方法化简为一个数据,以此表述整组数据的特征。现实政策分析中使用数据的均值是相当普遍的。例如人均收入、平均年龄、年均增长率、人均 GDP 等,都是数据的均值。根据数据特点和分析目的,均值可以有多重,其中最为普遍运用的是算数平均值和加权平均值。

1. 算术平均值

算术平均值是最一般的均值概念,用变量值的总和除以变量的个数,便可得出算术平均值。例如,一组变量由 5 个数据 n_1、n_2、n_3、n_4、n_5 组成,那么其算术平均值 N 则为

$$N=(n_1+n_2+n_3+n_4+n_5)/5$$

用以上公式求出上表中学生短跑成绩的算术平均值为 15.85 秒。如果将原始数据已经整理并列出了频数分布,且分组数据中的各个具体数值都已不在表中显示,那么再计算算术平均值将要复杂一些。这首先要以各组数据的代表值乘以该组中数据的个数,求出各组数值总值的估计值,再用各估计值的总和除以数据个数的总和。

若 $N=$算术平均值;$f=$各组中数据的个数;$m=$各组数据的代表值;$n=$数据总和 $=\sum f$;则

$$N=\sum(mf)/n=\sum(mf)/\sum f$$

例如,若根据上表中的数据联系分布求出学生短跑成绩的算术平均值如表 11-6 所示。

表 11-6 学生百米短跑成绩的算术平均值

编组号	成绩范围(秒)	人数 f	中值 m	mf
1	14.0—14.9	18	14.45	260.1
2	15.0—15.9	33	15.45	509.85
3	16.0—16.9	36	16.45	592.2
4	17.0—17.9	13	17.45	226.85
5	18.0	0	0	0
总计		100		1 589

根据公式 $N=\sum(mf)/n=\sum(mf)/\sum f$,学生百米短跑成绩的算术平均值为 15.89 秒。上表显示出,在原始数据较多且已列出连续分布的情况下,以数据组为基础进

---

① 王骚:《公共政策学》,天津大学出版社,2010 年,第 301 页。

行计算求出算术平均值要简洁和实用。但是,这种方法与直接计算原始数据相比,结果会稍有差异。

2. 加权算术平均值

在现实政策分析活动中,一般的算术平均值有时不能满足需求,就要求出加权算术平均值。原始数据有时会受到一定因素的影响,影响因素则称为"权数",在权数作用下求出的算术平均值称为加权算术平均值。在现实中加权数值使用非常普遍,企业的纯利润一般是销售额与纯利率互为权数计算的结果,高考成绩的"标准分"也是实际成绩加权计算的结果。

若 $N_w=$ 加权算术平均值;$n=$ 组数据值;$w=$ 权数;则

$$N_w = \sum(nw)/\sum w$$

例如,某公司生产三种产品 A、B、C,销售情况如表 11-7 所示。

表 11-7 某公司三种产品的加权利润率

编组号	产品种类 f	纯利率 n	销售比例 w	加权纯利率 nw
1	A	0.05	0.2	0.010
2	B	0.06	0.2	0.012
3	C	0.07	0.6	0.042
$\sum$	3	0.18	1	0.064

如果计算两种平均纯利率,可表示如下。

$$平均纯利率 = \sum n / \sum f = 0.06$$

$$加权平均纯利率 = \sum(nw)/\sum w = 0.064$$

表 11-7 显示出,单项产品的销售比例 w 成为权数,由于权数 w 的作用,使得平均纯利率和加权平均纯利率出现了差异。数据组越多,这两者的差异就越大。

(二) 中值

中值也称为中位数,是一组按一定规律排列的数据"最中间"或"最中心"的数值,即数据组中的一半数据大于它,而另一半则小于它。

1. 原始数据的中值

对于未分组的原始数据,中值取按其值大小排列后中间一项的数值。

若 $Md=$ 中值所在项;$n=$ 数据个数;$MD=$ 中值;则 n 为奇数时有

$$Md = (1/2)n + 1/2$$

中值即为此项数值。

n 为偶数时有

$$Md = (1/2)n \text{ 和} [(1/2)n + 1]$$

即中值所在项有两个,中值则取这两项值和的二分之一。即

$$MD = \{值(1/2)n + 值[(1/2)n+1]\}(1/2)$$

例如,一组数据有 5 项数值 500、650、750、1 050、1 500,由于数据个数为奇数,即 $n=5$,所以中值所在项为 $Md=(1/2)n+1/2=3$,中值为 750。一组数据若有 8 项数值 500、650、750、1 050、1 500、1 850、2 010、2 500,由于数据个数为偶数,即有 $n=8$,中值所在项为 $Md=(1/2)n$ 和 $(1/2)n+1=4$ 和 5,中值则取第 4、5 两项之和的二分之一,即 $MD=\{值(1/2)n+值[(1/2)n+1]\}(1/2)=1\ 275$。

2. 频数组的中值

在频数组中,原始数据已经不复存在,据此计算中值将要复杂一些,计算结果也是一个估计值。由于频数是按大小顺序排列,可以先假设出中值所在的数据组,再假设各数据组中的原始数据呈等距均匀分布,中值则可以采用"内插"方法计算出来。例如,某地区 100 人每月工资外收入的连续分布如表 11-8 所示,采用内插法计算中值。

表 11-8　100 人月工资收入的连续分布

编组号	组距(元)	人数 f
1	0—200	20
2	201—400	25
3	401—600	27
4	601—800	13
5	801—1 000	8
6	1 001—1 200	7
$\sum$		100

在这 100 人的工资外收入中,虽然原始数据已经不存在,但中值极有可能位于 50—51。从人数 f 的数据来看,第 1、第 2 组人数总和 $\sum f_p = 45$ 人,那么中值显然位于第 3 组之中。如果假设第 3 组中 27 人的收入呈等距分布,则可以在 1/27 处插入,以确定中值。若 $MD=$ 中值;$Lmd=$ 中值所在组的数值下限;$Fmd=$ 中值所在组的数据个数;$\sum f_p =$ 中值所在组以下各组数据个数之和;$\sum f =$ 原始数据之和;$i =$ 组距;则

$$MD = Lmd + (n/2 - \sum f_p)(1/Fmd)i$$

根据上表,可以得出

$$Lmd = 401, Fmd = 27, \sum f = 100, i = 200, \sum f_p = 45$$

则

$$MD = 438$$

(三) 众数

众数是指出现次数最多及频率最高的原始数据,表示数据分布的一种集中趋势。对于未分组的原始数据来说,一般不确定众数,因为出现次数最多的原始数据有可能处于全部原始数据排列的极端位置,因此将丧失代表性。对于频数组来说,原始数据也不复存在,要找出众数也已经不可能。不过,在组距相等的情况下,所含原始数据数量最多的一组可被视为众数组。众数组的组中值可视为众数的估计值。如果将均值、中值与众数组的位置综合起来分析,则不仅会显示出频数分布的集中趋势,而且会显示出频数分布的偏斜度。

在极限状态下,离散变量的分布可以被看作连续的曲线分布,众数则可以被认为是曲线最高点下方所对应的横轴上的数值,如图11-1所示。

如果具有不同性质的基础,则可以出现多重众数分布。例如,不同性别的人数比例、不同工作性质的薪金收入、不同产品的成本或价格等,若按同一性质计算众数将失去意义。这些例子中可能会出现两个或两个以上的众数。在多重众数分布下,究竟哪个众数代表频数分布的集中趋势,则要认真处理。多重众数如图11-2所示。

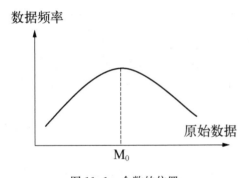

图 11-1　众数的位置

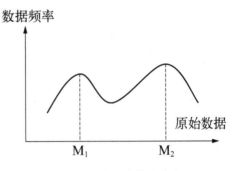

图 11-2　多重众数的分布

由于众数在频数分布中的位置正是变量最集中的地方,所以通过它可以对均值和中值的代表性进行判断。如果数据在坐标上呈对称性均匀分布,那么众数与均值、中值为同一数值;如果数据在坐标上呈偏斜的极端分布,那么均值、中值都会远离众数而偏向极端值。其中,均值受极端值的影响最大。

(四) 均值、中值、众数的比较

均值、中值、众数都表示着频数分布的集中趋势,但是又都有不同的意义与特点。

均值最普遍地代表集中趋势。其优点在于它是一个严格规定的数学值,可用数学方法求得和处理。对于一组原始数据的均值可用数据值总和除以数据个数求得;对于两个或两个以上有关的均值可以通过加权计算组合在一起。例如,沿海地区10个城市职工月平均收入为2 000元,内地20个城市职工月平均收入1 000元,那么这30个城市职工月平均收入可通过加权计算求得,即

$$Nw = \sum nw / \sum w = (2\,000 \times 10 + 1\,000 \times 20)/(10+20) = 1\,333(元)$$

相反,如果从中值出发便无法将两个中值处理成一个中值。均值的这一特点使其在政策分析中得到最普遍的运用。均值的缺点是它会因为受数据极端分布的干扰而失真。例如,5%、10%、20%、25%、90%这5个数据的均值为30%。很明显,由于90%这一极端数据的出现,使得均值偏向了这一方,大于前4个数据。这样就失去了意义。如果一个单位的行政人员年终奖金是全单位奖金的平均数,若出现一个较高的极端值,那么将把均值提高而使行政人员获益。因此,为了摆脱失真的均值,往往去掉数据的最高值和最低值再加以平均,从而得到一个摆脱极端数据影响的有意义的均值。

中值也是频数分布集中趋势的代表。它的优点在于不受极端偏态分布的影响。影响中值的主要因素是数据的多少,而不是数值的大小。不论极端数值多大,中值不会受到影响而改变。这一特点优于均值。中值的缺点在于其仅是一个中间位置上的数值,没办法进行进一步的数学处理。若已知两个或更多的有关分布的中值,欲求出综合中值在数学上是不可能的。

众数以数据出现的频率次数最多来表示频数分布的集中趋势。通过它可以判断中值和均值的偏斜状态,以衡量后者的意义有多大。但是,众数的多重分布使之与均值和中值出现较大的差异,从而无法表示真正的集中趋势。面对众数的多重分布,如果不能分解为多个单一的众数分布,多重分布也有可能失去意义。

在现实政策分析活动中,分析数据集中趋势时,一定要仔细判定采用哪种描述最为正确,否则会出现分析失误。例如,描述下列情形时,应该采用哪种描述分析方法值得思考。

(1) 确定某企业5年间的废品率,可以采用加权算术平均值来计算,以每年的产品数对每年的废品率加权,再用加权值的总和除以5年废品率的总和。

(2) 根据平均收入确定收入相对较好的一半人员,可以采用中值计算,一半以中值为界,高于和低于中值水平的人员将各占一半。

(3) 根据5个城市的各自人口出生率计算5个城市的综合人口出生率,可以采用加权算术平均值来计算,以各城市的人口数对个城市的出生率加权,再以加权值综合除以出生率综合。

(4) 如果从某高架公路桥下通过的机动车高度呈极端偏态分布,那么绝对不可以车辆高度分布的集中趋势来取定桥的高度,桥梁底面只有超过车辆的极端高度才能保证一切车辆的通行。

(5) 某单位因高薪聘用人才使工资呈极端偏态分布,若确定一个具有代表意义的数据则可采用中值计算,因为中值比较均值来说,不受极端高值的影响,所以代表性较强。

五、频数分布的离散度

离散度是指原始数据与中值或均值的分散程度。中值与均值作为一种频数分布的集中趋势,必然使得原始数据或分组数据围绕它们分布时出现不同的分离和差异。离散度就是对这一差异的描述。

(一) 四分位区间

四分位区间是采用分位数计算方法表示的数据分布与中值的离差。对于一个按顺序排列的数据系列,可以分成若干份,每一份的最高项数值便是一个分位数。因此,分位数就是指包含数据某一特定份数的数值。例如,在一个数据分布系列中,第 2 个四分位数是包含数据总项数 2/4 那一项的数值,第 9 个十分位数是包含数据总项数 9/10 那一项的数值,第 99 个百分位数是包含数据总项数 99/100 那一项的数值。在现实政策分析中,最普遍采用的是四分位数,即将数据分布等分为 4 分,以此计算数据与中值的离散度。

四分位区间是指第 3 个四分位数与第 1 个四分位数的值差区间。第 3 个四分位数称为"上四分点",包含总项数的 3/4,因此有 3/4 的数据在其下,有 1/4 的数据在其上。第 1 个四分位数称"下四分点"包含总项数的 1/4,因此有 1/4 的数据在其下,有 3/4 的数据在其上。上、下四分点之间呈"四分位区间"。一般说来,四分位区间包含了数据的 2/4,即一半数值的分布,同时也包含了中值、甚至均值以及众数。四分位区间的确定比较简单,可以用以下公式表示。

若 $N=$ 数据个数,则

$$下四分点 = N/4, 上四分点 = 3N/4, 中值 = 2N/4$$
$$四分位区间 = (N/4 - 2N/4 - 3N/4)$$

四分位区间包含了一半数据围绕中值的离散分布,因此很有代表性。著名的德尔菲预测法是四分位区间最典型的运用。

(二)原始数据的平均离差

原始数据的平均离差是指原始数据围绕均值分布时出现不同的分离和差异,包含平方差和标准差。平方差是指原始数据或分组数据与均值之间差的平方和除以数据个数所得的结果;标准差是平方差的平方根。对于原始数据来说,平方差和标准差的计算可采用以下公式。

若 $Q^2=$ 平方差;$Q=$ 标准差;$X_i=$ 原始数据;$i=1,2,3,\ldots,n$;$N=$ 原始数据均值;$n=$ 原始数据个数;则

$$Q^2 = [(X_1-N)^2 + (X_2-N)^2 + \cdots + (X_n-N)^2]/n$$
$$= \sum (X_i-N)^2 /n$$

例如,一组 5 个原始数据 10、15、20、30、50,均值为 25,求平方差和标准差。

$$Q^2 = \sum (X_i - 25)^2 /5 = 1\,000/5 = 200$$
$$Q = 14.14$$

(三)分组数据的平均离差

对于已经分组的频数,原始数据已经不存在,为了适应频数情况,平方差与标准差的计算公式可调整如下。

若 $Q^2=$ 平方差;$Q=$ 标准差;$f=$ 分组频数;$m=$ 各分组数据中值;$N=$ 全部数据的均值;$n=$ 数据个数 $= \sum f$;则

$$Q^2 = \left[\sum f(m-N)^2\right]/(n-1)$$

例如,根据表 11-9 中学生百米短跑成绩的频数分布数据,已知均值为 15.89(秒),求出其平方差与标准差,相关数据如下所示。

表 11-9 学生百米短跑成绩相差数据

编组号	成绩范围(秒)	人数 f	中值 m	$m-N$	$(m-N)^2$	$f(m-N)^2$
1	14.0—14.9	18	14.45	−1.44	2.07	37.26
2	15.0—15.9	33	15.45	−0.44	0.19	6.27
3	16.0—16.9	36	16.45	0.56	0.31	11.16
4	17.0—17.9	13	17.45	1.56	2.43	31.59
5	18.0	0	0	0	0	0
$\sum$		100				86.28

根据相关数据求出标准差。

已知:$N = 15.89; n = \sum f = 100; \sum f(m-N)^2 = 86.28$;则

$$Q^2 = \left[\sum f(m-N)^2\right]/(n-1) = 86.28/99$$
$$Q = 0.93$$

标准差在描述频数分布集中趋势时是非常重要的参数。若数据呈正态均匀分布,那么标准差与均值结合在一起可以表示数据的分布状态。

若 N=原始数据均值,Q=标准差,则

$$N \pm Q, 包含数据总项数的 68.3\%$$
$$N \pm 2Q, 包含数据总项数的 95.5\%$$
$$N \pm 3Q, 包含数据总项数的 99.7\%$$

例如表 11-9 中,$N = 15.89, Q = 0.93$

$$N + Q = 16.82, N - Q = 14.96$$
$$N + 2Q = 17.75, N - 2Q = 14.03$$

这样,在区间(14.96,16.82)中,包含了学生总数的 68.3%,在区间(14.03,17.75)中,包含了学生总数的 95.5%。如果学生成绩呈正态分布,则 15.89±3(0.93)这一区间将包含全部学生的成绩。

标准差的另一个意义在于若以标准差为单位,可以计算原始数据与均值的单位差距,即某一分数高于或低于几个标准差。

若 X=某一分数;N=均值;Q=标准差;则

$$单位差距 = (X - N)/Q$$

例如,某院学生一门课程统考平均成绩为 80 分,标准差为 15 分,那么,成绩为 100 分的学生将高于标准 $(100-80)/15=1.33$(单位);成绩为 65 分的学生将低于 $(65-80)/15=-1$(单位)。

可见,采用单位差距的方法可以比较计算工资收入、企业利润、社会福利等许多方面。因此,标准差在政策分析中是非常重要的一种方法。

第二节 公共政策的预测分析

一、公共政策预测分析的基本理论

(一) 政策的预测分析

1. 预测的概念

预测一般是指根据对所研究的事件或事物的客观历史和现状的科学调查分析,由过去与现在推测其未来,由已知推测未知,从而揭示该事件或者事物在未来可能的发展趋势和发展规律。而我们在这里所说的政策分析中的预测,则可以这样理解其概念,即政策分析中的预测是政策相关主体依据先前所掌握的关于政策问题、政策目标和政策方案的一些相关信息,运用一定的知识、理论与技术,对政策方案的未来前景或政策方案可能出现的结果作出估计、推测或判断的一种程序或方法。

2. 预测的分类或类型

预测的类型可以从不同的角度和根据不同的分类标准进行不同的划分。

根据预测理论和方法应用领域的不同:社会预测、科学预测、技术预测、经济预测、军事预测等。根据预测时期的长短:即期预测、短期预测、中期预测、长期预测以及超长期预测。根据预测要素的不同:定性预测、定量预测、定时预测和概率预测。根据预测对象范围的大小:宏观预测、微观预测。根据预测结果的不同:点预测、段预测。根据事件发生时间的不同:事前预测、事后预测。根据预测对象的多少划分:单式预测、复式预测。

预测的分类方法很多,所以其类型也就不一而足,国内外许多学者都曾对政策预测的分类方法提出过不尽相同的各种方法和标准(见表 11-10)。

表 11-10 国内外一些学者对政策预测的种类所作出的划分

作 者	分 类
杨奇	直观性预测、目标预测、反馈预测
邓恩	推断、语言、猜测
秋耶夫	启发式预测(专家预测)、模型预测
多布洛夫	专家评估、趋势外推和模型

续表

作　者	分　类
马克里达斯基等	技术方法、定量方法
沙利文等	定性方法、时间序列方法、因果模型
琼斯等	定量预测、定性预测、定时预测、概率预测

资料来源：徐彬、安建增，《公共政策概论》，安徽人民出版社，2008：142—143；孙明玺，《预测学概论》，浙江教育出版社，1989：18—19；陈宪，《经济学方法通论》，中国经济出版社，1995：478；魏娜，《公共管理的方法与技术》，中国人民大学出版社，2004：27。

3. 预测的意义

预测可以为制订一个切实可行的计划提供科学依据事实，也是避免决策片面性和决策失误的重要手段。同时，预测既是计划工作的前提条件，又是计划工作中的重要组成部分。它可以有效完善计划工作中出现的一些问题，也能够针对计划可能带来的各种结果作出提前的防备或者解决措施。对于公共政策而言，预测的意义是：第一，预测可以为政策分析者或者决策者提供所必需的未来信息。为提高未来信息的可靠性与准确性，必须深入研究获取这些未来信息所使用的各种方法与手段。第二，描述可供自由选择的各种备选方案的状态与数据。第三，确定备选方案合理的发展速率，并推断和分析能得到这种速率的全部利益。第四，提出如果希望就可以达到的各种可能性。第五，提供抉择的参考标准。这样就可以在任意时间将目标与预测加以比较，以便确定是否仍能完成目标或因预测的变化是否必须改变目标。

(二) 预测的程序和方法的选择

1. 预测的程序

预测的程序根据具体的预测种类不同、方法不同、问题不同、目的不同而有所差别。但就一般情况而言，预测的具体程序可以概括为以下四个方面。

(1) 确定预测目标，分析政策环境。

预测行为如果失去其具体预测目标，那么预测行为本身也就失去了存在意义，因此在预测之前需要确定预测目标，即确定预测的方向与预测的具体问题是什么。在公共政策分析中，预测的目标大致分为四个方面：一是预测现有政策的结果，即估计在没有采取新行动情况下出现的变化；二是新政策实施时期内可能产生的后果预测，即估计新政策被采纳的情况下可能出现的社会变化；三是新政策内容的预测，即估计新政策内容的变化；四是政策参与者、政策相关权利主体行为的预测，即估计新政策的可能支持率或反对率。

在确定预测目标之后，要对其所处环境及其背景做相关分析，即研究有关的政治、经济、文化、社会等各种因素对预测对象所能产生的影响。

(2) 搜集与整理资料，分析资料及数据，编制预测脚本。

对信息数据进行全面有效的搜集、整理与分析是科学预测的前提条件。搜集与整理数据和资料必须把握四条原则，即由表及里、由此及彼、去伪存真、去粗取精。在充分估计预测对象发展的基础上，对于预测数据和资料中所存在的一些发展规律做定性研究，并编写相应的预测脚本,在脚本中应尽可能地考虑各种因素的影响,目的是认识预测过程及其环境。

(3) 选择预测方法,建构预测模型。

在掌握充分的数据,并作出初步的定性分析的基础之上,我们就可以选择所需要的合适的预测方法。预测方法的选择需要考虑预测的时限问题、数据的分布态势、预测所需费用、准确度的要求、适用性以及自身能力等。在确定预测方法之后,还需要建立预测模型。无论是定量分析还是定性分析,都必须根据有关的理论与变量之间的关系建立模型,以抽象地描述各种变量之间的关系。应尽量以简单明了的方法及模型来刻画预测对象,描述发展趋势,说明它与相关因素的联系、依存、变化或运动的关系。

(4) 总结预测结果,编写预测报告。

总结预测结果,编写预测报告是预测的最后一个阶段,即要以报告的形式将预测的结果提交给决策者或者委托人,预测报告的内容一般涉及预测的结果,预测对象的过去、现在与未来,对预测对象未来发展具有重要影响的各种因素与条件、实现预测分析目标的有效途径及资源等。

(三) 预测方法的选择

预测方法的选择与应用对于预测结果有着重大的影响,能否根据特定对象选择合适的预测方法在一定程度上可以决定预测的质量。选择预测方法需要考虑以下五个因素。

1. 预测时间的期限

不同的预测方法适用不同的预测时间期限。一般情况下,定性预测大多适用于长期预测,定量预测多适用于中、短期预测。

2. 数据的散布形式

数据的散布形式或者其波动形态是选择预测方法的重要依据。在准确判断数据的波动形态,进行合理分析之后,才能选择出合适的预测方法。如果数据属于随机波动形态,一般多采用移动平均法,随线性长期趋势波动可采用回归分析法,呈周期循环波动和季节性波动,就需要多种方法配合使用。

3. 预测费用

预测费用主要有:研制费用、存储费用、运算费用。预算费用的大小取决于预测方法的精确度,对预测的精确度要求越高,所需预测方法越高级,需要的数据量也就随之增大,存储费用亦随之增加。如果对预测精确度要求不高,则费用相应的就较低。

4. 精确度

对预测精确度要求高低直接影响其方法的选择,不同的预测方法能够预示基本数据波动的能力同预测波动形态中的转折点的能力是不同的。

5. 适用性

预测方法的适用性是指应用这一方面的难易程度。这其中涉及两个方面:其一是此预测方法的起始时间的长短;其二是预测方法对决策者的理解程度和预测结果对决策者的价值如何。因此,一些复杂的高精确度的预测方法有可能不如简单的方法适用性强。

以上五点是选择预测方法时所需考虑的重点因素,除此之外,根据预测对象的要求不同,在选择具体方法时所要考虑的因素也会不同,要做到具体问题具体分析,慎重的考虑各种影响预测方法的因素,以确保作出正确的选择。

二、公共政策预测的方法论基础

虽然政策预测的具体方法多种多样,但是它们都有着一定的方法论作为其基础。邓恩认为,预测的方法论根据是一系列用来建立对现有的或者新的政策、新政策的内容和政策参与者行为的似真性假定数据。预测方法论的主要基础有三种:一是趋势外推,与推断的预测方式相联系,推断是一种把现在和历史的趋势扩展到未来的预测形式。它根据来自方法和类似情况的论证而得出结论。二是理论假设,与预言相联系,预言是建立在明确的理论基础之上的预测形式,这些假定可以采用理论定律、理论命题、类比等形式。三是灵通判断,与猜测相联系,猜测是一种依据专家的判断而对社会状况的未来作出判断的预测形式。这些专家判断可以分为两种形式:一种是采取直觉论证,即专家的洞察力、创造性思维和见识等被用来支持未来预测;另一种是采取动机论证,即现在或者未来的目标、价值、倾向被用于确定论证的似真性。下面我们就介绍一下三种方法论基础的具体内容及其逻辑根据。

(一) 趋势外推法

趋势外推是将过去所观察到的趋势扩展到未来。它所进行预测的原理是:假定只要没有新的政策或出乎意料的事件干预而改变事件的进程,那么过去发生的事情在将来也肯定会发生。由此可见,趋势外推的根据是归纳推理,即从特殊的观察陈述到一般结论的推理过程,或者是基于对个别事物的认识过渡到对一类事物的认识,或者是基于对经历过的事物的认识过渡到对尚未经历过的事物的认识。在趋势外推中,我们通常从一系列事件的序列数据开始,用过去的趋势去推断未来,然后寻求有助于证明这种推断的规则和假设的帮忙。趋势外推的逻辑如图 11-3 所示。

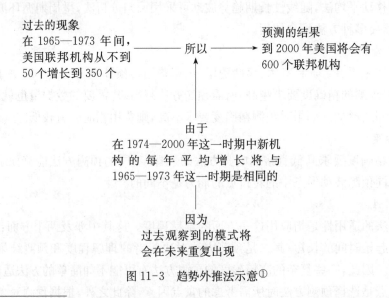

图 11-3 趋势外推法示意[①]

---

① 陈振明:《公共政策学》,中国人民大学,2004 年,第 174 页。

(二) 理论假设

理论假设的基本原理是：只要 A 事件或者原理和 B 事件或者原理具有因果性，那么只要 A 事件或者原理出现，那么 B 事件或者原理必然会随之出现。理论假设在形式上是因果性的，其逻辑依据是演绎的，即从一种一般的陈述、命题或者定理推出一系列的信息或者结论的推理过程。理论假设是系统地建构了的经验上可以检验的系列定律与命题，它与趋势外推不同，理论假设是由一般到特殊的推论过程，其理论性更强，因此自然科学与纯理论中的论证都是以演绎论证的方法为主，但这必须是建立在前提假设是正确的基础之上，否则预测便可能出现错误。理论假设的逻辑过程如图 11-4 所示。

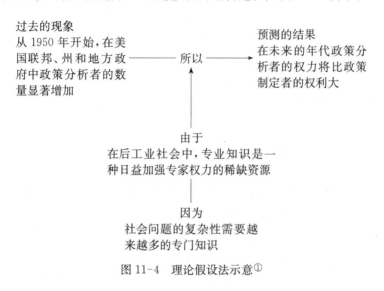

图 11-4　理论假设法示意①

(三) 灵通判断

灵通判断是指由专家或者有识之士所表达的，并被用于理论或经验数据缺乏或不充分的场合。灵通判断中所依据的知识不是由归纳法或者演绎法得来的，而是指经验、见识、灵感、直觉一类的知识。灵通判断通常以回溯逻辑作为基础，这是一种从关于未来的论断开始，然后向后追溯而推出支持论断的必要信息和假设的推理过程，即从"未来"推断"未来"。其逻辑过程如图 11-5 所示。

在政策分析的实践中，归纳推理和演绎推理的界限并不是十分明确的，其界限更多是模糊不清。回溯推理通常是一种创造性的方法，可以用来探索那些现在正在成长的潜在未来的各个方面。归纳与演绎方法潜在具有保守性，因为对于过去事件的信息使用或已确立起来的科学理论的引用可能限制了对潜在未来的发现。

三、公共政策预测的具体方法

(一) 德尔菲预测法

德尔菲法是采用背对背的通信方式征询专家小组成员的预测意见，经过几轮征询，使

---

① 陈振明：《公共政策学》，中国人民大学，2004 年，第 174 页。

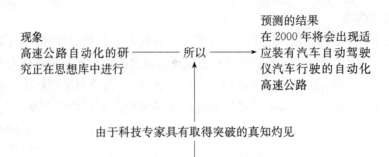

图 11-5 灵通判断法示意①

专家小组的预测意见趋于集中,最后作出符合市场未来发展趋势的预测结论,又称为专家意见法。是根据系统的成效,采用匿名发表意见的方式,即团队成员之间不得互相讨论,不发生横向联系,只能与调查人员发生关系,反复地填写问卷,以集结问卷填写人的共识及搜集各方意见,可用来构建团队沟通流程,应对复杂任务难题的管理技术。

德尔菲预测法的具体实施步骤如下。

(1) 成立专家小组。按照课题所需要的知识范围,确定专家。专家人数的多少,可根据预测课题的大小和实际面的宽窄而定,一般不超过 20 人。

(2) 向所有专家提供所要预测的问题及有关要求,并附上有关这个问题的所有背景材料,同时请专家提出还需要什么材料,然后由专家做书面答复。

(3) 各个专家根据他们所收到的材料,提出自己的预测加以意见,并说明自己是怎样利用这些材料并提出预测值的。

(4) 将各位专家第一次判断意见汇总,列成图表,进行对比,再分发给各位专家,让专家比较自己同他人的不同意见,修改自己的意见和判断。也可以将各位专家的意见加以整理,或者请身份更高的其他专家加以评论,然后把这些意见再分送给各位专家,以便他们参考后修改自己的意见。

(5) 将所有专家的修改意见收集起来,汇总,再分发给各位专家,以便作出第二次修改,逐轮收集意见并为专家反馈信息是德尔菲法的主要环节。收集信息和信息反馈一般要经过三四轮。在向专家进行反馈的时候,只给出各种意见,但并不说明发表意见的专家的具体信息,这一过程重复进行,直到每一位专家不再改变自己的意见为止。

(6) 对专家的意见进行综合处理。

20 世纪 60 年代之后,一些政策分析人员在传统的德尔菲技术基础上加入价值分析等因素,发展出政策德尔菲法,突破了传统德尔菲法的局限,以便分析更复杂的政策问题。政策德尔菲法除了保持传统德尔菲法的循环往复和控制反馈原则外,修改和改进了其他几项原则,如有选择地匿名、多方面的信息倡导、回答统计的两极化等。

---

① 陈振明:《公共政策学》,中国人民大学,2004 年,第 174 页。

(二) 矩阵移变预测法

矩阵移变预测法是从俄国数学家马尔科夫的数学模式演变而来,因此也被称为马尔科夫链或者马尔科夫链预测法,是采用移变矩阵对未来某种状况进行预测的方法。这种预测方法是从代表一个时间段情况的均值,通过计算移变到代表另一个时间段情况的矩阵,以此对随时间变化的未来情况进行预测。

例如,假设某地区有劳动力150万人,其中今年就业人员为145万,事业人员为5万。再假设就业人员中第二年(明年)继续就业的概率为0.95,失业人员第二年继续就业的概率为0.70。在这一劳动人数和就业、事业概率基本稳定的情况下,五年后该地区就业和失业将是什么情况?

已知:$X=145, Y=5, N=5, \boldsymbol{P}_1 = \begin{pmatrix} 0.95 & 0.05 \\ 0.70 & 0.30 \end{pmatrix}$

则 $(\boldsymbol{E}_5 \quad \boldsymbol{V}_5) = (145 \quad 5) \begin{pmatrix} 0.95 & 0.05 \\ 0.70 & 0.30 \end{pmatrix} = (139.4 \quad 10.6)$

$$i_5 = \frac{\boldsymbol{E}_5}{X+Y} = \frac{139.4}{150} = 0.93$$

$$i'_5 = \frac{\boldsymbol{V}_5}{X+Y} = \frac{10.6}{150} = 0.07$$

即五年之后,该地区就业率为0.93,就业人数约为139.4万人;失业率为0.07,失业人数约为10.6万人。

概括说来,移变矩阵具有以下特点。

(1) 进行预测以初始概率为基础,预测的假设前提是初始统计总体(包括就业人数与失业人数)与初始统计概率不变。假定 Z 为初始统计总体,且 $Z=X+Y$,那么不论预测年限 n 为多少,则 Z、X、Y 的数值与 X、Y 的初始概率都假设不变。如果其中某一因素发生了变化,那么变化后的状态将成为新的预测初始点。

(2) 在初始条件不变的情况下,移变矩阵可以计算出长远均衡概率。如果通过矩阵 $\boldsymbol{P}_1$ 预测无限长远的情况,在达到 $\boldsymbol{P}_6$ 以上时,矩阵中的元素值会发生微小的变化,概率变化会保持在万分之几,即小数点三位数基本恒定不变。这种情况说明,在初始条件不变的情况下,无限长远的概率值是一种长远均衡概率。这种长远均衡概率会与初始概率出现较大差异。也就是说,无论初始状况如何,长远说来,将会达到均衡概率所表示的状态。

(3) 移变矩阵具有多种形态,主要包括无限制状态、吸收状态、循环状态。

限制状态是指在矩阵移变时,所有状态都可以无限制地传递,不论经过多少移变阶段,从一种状态进入另一种状态的变化总是可以的。表现在移变矩阵中,不论初始矩阵 $\boldsymbol{P}_1$ 中有没有零元素,而多阶段的移变矩阵 $\boldsymbol{P}_n$ 中总是可以达到没有零元素的状态,即在一个阶段概率为零,不会限制其他阶段概率为零。

吸收状态是指当概率必须进入零状态时,一旦进入零状态,则永远为零。例如,死亡之后再复生的概率为零、污染物转变为永久性无害物再返回的概率为零、永久性丧失劳动力重新就业的概率为零。概率为零则证明有效概率在移变中被吸收,而不能再返回。每一非吸收状态进入吸收状态是可能的,但从吸收状态返回非吸收状态则是不可能的。

循环状态是指从初始阶段移变的矩阵,经过一定阶段之后又返回初始状态,以此无限循环而无法摆脱。例如,某项活动一年一次,规定为 A、B、C、D 四家主持者轮流主持。对于这四家主持者来说,正常情况下,四年以此循环。每年总有一家按规定主持活动的概率为1,其他则为零。在现实中,这种循环事例直观简单,没有列出矩阵分析的必要,但是从理论上说,这也是矩阵移变状态。

(三) 趋势预测分析法

趋势预测分析法是时间序列分析的一个构成部分。所谓时间序列是指按时间先后顺序排列的一组统计数据。趋势预测分析是指根据时间序列中数据的特点推测未来情况发展趋势的分析方法。其假设前提是有充分理由认定时间序列产生的条件和未来情况出现的条件一致。因此,把握趋势预测分析方法首先要把握时间序列的含义。

1. 时间序列与趋势

一般说来,时间序列可以分解为趋势、循环波动、季节变动和不规则变动。

所谓趋势是指在一段很长的时间内,一般为 10 年以上时间序列平均变动的描述。趋势的变化因素可以归结为政治、经济、文化、生活等。循环波动也称周期波动,是围绕趋势水平持续出现两个以上有规律的周期性上下波动。季节变动是在一年度内完成的不断重复的循环,影响因素可以归结为自然气候有规律的变化或是社会文化习俗导致人们有规律的行为,可以分为月度变动和季度变动。不规则变动是指持续时间很短而且无规律的随机变动,也称剩余变动。在时间序列分析中消除了趋势、循环波动和季节变动,剩下的就是不规则变动。

若以时间为横轴,统计数据为横轴,则时间序列中趋势如图 11-6 所示。

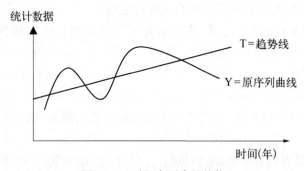

图 11-6 时间序列中的趋势

从图 11-6 可以看出,趋势是原统计数据序列变化的平均状况描述。由于趋势是从较长时间中分析得出,所以具有一定的代表性,是决策者在制定长期政策规划时必要的参考依据。

2. 直线趋势线的拟合

最基本的趋势预测分析方法就是将时间序列的三点分布拟合成直线或曲线,形成"趋势线"。在趋势线的拟合中,时间为自变量,数据序列为自变量,时间与数据序列合一,便表示为一些多项式函数。在趋势线上,原数据序列与趋势的离差是循环周期与不规则变动因素。

在时间序列分析中,拟合直线趋势线的方程为:$Y_t = a + bX$。在此公式中Y_t是与时间条件X相对应的趋势值。在时间序列分析中,计算的初始点的位置是X个数的二分之一,即自变量X的中值,此点在自变量排序中为0。若初始点上的$X=0$,且以年为单位将数据排列,则有:当年数个数为奇数时,$X=0$的那个时期正好与序列中的某一年重合,其两边的X项分别为$-3,-2,-1,0,1,2,3\cdots$此时方程$Y_t=a+bX$中的斜率b表示一年的变化数值。当年数为偶数时,$X=0$的那个时期将落在两个年数的中间,为了避免使用分数,离差采用半个单位来计算,每个X值仍要与年数重合,此时方程$Y_t=a+bX$中的斜率b表示半年的变化数值。当原序列中时间间隔大于一年时,若项数为奇数,X的间隔为年数的间隔;若项数为偶数,X的间隔为年数的间隔为1/2。

在趋势直线方程$Y_t=a+bX$中a,b将由以下公式求得。

$$a = \sum Y / N$$
$$b = \sum (XY) / \sum X^2$$

例如,某项公共补贴支出1988—2002年的时间序列如表11-11所示,试拟合趋势线并对2008年轻卡预测。

表11-11 某项公共补贴的时间序列

编号 n	年数	X	支出额:百万元 Y	XY	X^2	趋势 Y_t
1	1986	−8	224	−1 792	64	217
2	1987	−7	233	−1 631	49	234.1
3	1988	−6	248	−1 488	36	251.2
4	1989	−5	258	−1 290	25	268.3
5	1990	−4	270	−1 080	16	285.4
6	1991	−3	288	−864	9	302.5
7	1992	−2	315	−630	4	319.6
8	1993	−1	344	−344	1	336.7
9	1994	0	369	0	0	353.8
10	1995	1	393	393	1	370.9
11	1996	2	406	812	4	388
12	1997	3	416	1 248	9	405.1
13	1998	4	425	1 700	16	422.2

续表

编号	年数		支出额：百万元			趋势
14	1999	5	437	2 185	25	439.3
15	2000	6	450	2 700	36	456.4
16	2001	7	462	3 234	49	473.5
17	2002	8	476	3 808	64	490.6
Σ		0	6 014	6 961	408	

已知：$n=17$，$\sum Y = 6\,014$，$\sum X^2 = 408$，$\sum XY = 6\,961$，初始点为1994年，$X=0$，$Y=369$，年数间隔为1，则

$$a = \sum Y / n = 353.8$$
$$b = \sum (XY) / \sum X^2 = 17.1$$
$$Y_t = a + bX = 353.8 + 17.1X$$

根据上述第三式子，我们可以画出上述方程的拟合趋势线，如图11-7所示。

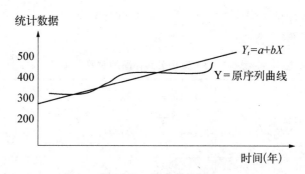

图11-7　拟合趋势线

若1994年时，$X=1$，则2008年时，$X=14$。

$$Y_t = a + bX = 353.8 + 17.1 \times 14 = 593.2(百万元)$$

上式中的593.2是将趋势线延长到$X=14$时的Y值。

第三节　成本—收益分析

本节将要阐述的正是经济分析方法中很重要的成本—收益分析方法。成本—收益分析方法的概念首次出现在19世纪法国经济学家朱乐斯·帕帕特的著作中，被定义为"社会的改良"。其后，这一概念被意大利经济学家帕累托重新界定。到1940年，美国经济学

家尼古拉斯·卡尔德和约翰·希克斯对前人的理论加以提炼,形成了"成本—收益"分析的理论基础即卡尔德-希克斯准则。也就是在这一时期,"成本—收益"分析开始渗透到政府活动中,如1939年美国的洪水控制法案和田纳西州泰里克大坝的预算。60多年来,随着经济的发展,政府投资项目的增多,使得人们日益重视投资,重视项目支出的经济和社会收益。这就需要找到一种能够比较成本与收益关系的分析方法。以此为契机,成本—收益在实践方面都得到了迅速发展,被世界各国广泛采用。

一、成本—收益分析概论

成本—收益分析是一种经济决策方法,它通过比较各种备选项目的全部预期收益和全部预期成本的现值来评价这些政策项目,从而作为决策及评估的参考或依据的一种方法。成本收益分析的主要理论基础是:以经济学的价值理论来评估政策、规划方案、建设投资决定的成本和收益,除了私人成本和利益外,也为有关的外在成本(和收益)内在化提供一套比较客观的政策评估工具和方法。首先了解在政策研究中的成本与收益代表怎么样的含义,成本—收益分析的理论价值来源于哪里以及政策研究的成本与收益有着怎样的特点。

(一) 成本与收益的含义

成本是商品经济的价值范畴,人们进行生产经营活动或达到一定目的,就必须耗费一定的资源,其所费资源的货币表现及其对象化称之为成本[①]。经济学家认为成本是资源的投入,这种资源包括所有行为所能涉及的资源,包括无形成本和有形成本。随着商品经济的不断发展,成本概念的内涵和外延都处于不断的变化之中。美国会计学会与标准准则委员会对成本做了如下的定义:成本是为了一定目的而付出的(或可能付出的)用货币测定的价值牺牲。从这个定义的外延看相当广泛,它可包括:劳务成本、工程成本、开发成本、资产成本、资金成本、质量成本、环保成本等。政策制定者在政策分析的过程中,应正确处理成本与边际成本、沉淀成本和机会成本等概念的关系,超越现实分析中成本的分析局限,提高政策的科学性与合理性。

收益在经济意义上就是人们在有目的的实践活动中所费与所得的对比关系。所费,即活劳动与物化劳动的消耗和占用;所得,即由上述实践活动带来的有用的结果。人们研究收益问题的根本目的在于以尽量少的劳动耗费与占用,取得尽可能多的有用的结果。公共决策中的收益是一个多层面的综合性概念,有以下三个特征。

1. 经济收益与社会收益的统一

经济收益是可以用货币来衡量的有形成果。社会收益是财政资金的耗费与社会效果的对比关系,这里的社会效果包括经济的稳定协调发展、社会公平、国家安全、社会秩序安定、生态平衡及环境保护、教育卫生、科学进步等一系列社会目标的实现,它是难以用货币来衡量的。两者是互相依存、互相制约的对立统一关系。

2. 宏观收益和微观收益的统一

宏观收益是指通过公共支出总量和结构的安排与调整所产生的有关国民经济收益和

---

① 葛家澍:《成本会计》,辽宁人民出版社,2000年,第1页。

社会发展全局以及国民整体利益、长远利益的经济效果,如国民经济的稳定均衡发展、资源的合理配置等;微观收益是指每一笔决策项目所带来的具体经济效果。

3. 直接收益与间接收益的统一

例如在安排投资于学校的教育经费项目来说,其直接收益主要表现在该项支出与学校培养出的合格学生的数量及教员的科研项目数量之间的对比关系;其间接收益主要表现在学生走向社会后对生产力的推动作用及上述科研成果对社会发展的影响等。

(二) 成本—收益分析的价值溯源

成本—收益分析是福利经济学的重要方法。福利经济学很关注社会如何分配那些稀缺资源以使社会福利达到最大,换句话说,福利经济学研究让决策者区分使社会处于较好状况或较坏状况的活动、计划和方案的标准。

成本—收益分析方法的主要理论是要解决外部性(externality)的问题。外部性的经济成因及内涵在经济学中已有大量研究和表述,包括早期西奇威克(Sidgwick)及马歇尔(Marshall)的研究。外部性研究也是早期福利经济学重要的核心研究课题。庇古(Pigou)学说最为经典,他把外部性如工业污染问题以经济学成本来表述,提出以对污染者实施税收来补偿受损失者(有名的"庇古税")。福利经济学中外部性问题研究了私人成本和社会成本,社会成本和私人成本的差距便是外部性的成本价值。相反而言,社会收益和私人收益的差距也是外部性的收益价值。从经济学而言,成本或收益价值表现了不同经济主体(如生产者、消费者、政府、群体、个人等)的"偏爱"(preference),从而也表现在经济主体的"愿意支付"(willingness to pay,WTP)价格。成本收益分析的基本理论就是要把"偏爱"通过市场经济计量,把"愿意支付"成本反映在评估政策或项目过程中。近代成本—收益分析理论再进一步由希克斯(Hicks)和嘉多(Kaldor)等人深化。他们有名的"嘉多-希克斯补偿验证标准"(Kaldor-Hicks Compensation Test)指出:如果由于某些行动而导致的收益可以"假定"能够转移而对受损者作出补偿(benefit transfer),而在补偿后有净余收益的话,该行动的收益便比成本高。这个验证标准成为后来传统成本—收益分析理论的主要骨干。在嘉多-希克斯之前,帕累托(Pareto)也已指出:一个经济体系要达到资源分配最优,有关行动必须可以达到使一部分人的福利水平提高,而其他任何人的福利水平不会因此受损。这就是有名的"帕累托最优"(Pareto Optimality)。近年比较有代表性的研究是皮尔斯(Pearce)对成本—收益分析理论基础的描述,包括三个演绎:(1)收益是指使人类福利增加,而成本是指使人类福利减少;(2)对于某一项政策或某一项目而言,从成本收益角度来评估,其"社会收益"必然要比其"社会成本"高;(3)"社会"一般指所有大众(小众的和)。成本—收益分析对象的地理边界可以是国家,也可以是比国家更宽的范围。皮尔斯指出,在评估政策或项目时,使用成本—收益分析要考虑三方面合成计量原则:一是要把不同社会阶层团体、国家的成本和收益合成总量计算;二是在评估成本收益时,可以考虑把社会弱势群体的成本和收益以不同权重修正再合成计算;三是要在某一段时间内把成本和收益合成计算,最常用的方法是计算其净现值。

成本—收益分析作为社会资源分配的指南在政策研究中得到了广泛的应用。其最早的使用可追溯至1808年美国财政部长加勒廷(Albert Gallatin)建议比较水资源相关计划的成本和收益。到了20世纪,成本—收益分析仍被广泛地运用于水利相关计划。例如,1902年美国土地管理局要求灌溉计划应作经济分析,1936年美国洪水管制法案(Flood Control Act)要求洪水管制计划的收益一定要超过成本。1946年,美国联邦河流委员会中的成本收益委员会成立,1950年,此成本收益委员会作成河流的成本—收益分析报告,此报告简称《绿书》(Green Book)。1952年,美国预算局鼓励编制预算应以成本—收益分析为参考。1955年,哈佛大学的水资源计划成立,成本—收益分析成为重要分析工具。1960年,未来资源(Resources of the Future)研究机构采用成本—收益分析研究水资源。1970—1980年,成本—收益分析的应用从水资源的研究扩展至公共财政,如生态保护、空气品质及健康福利等,而1981年里根总统的12291号行政命令明确要求所有新的管制都要执行成本—收益分析,使得成本—收益分析成为美国政府决策的重要工具。

20世纪末,成本—收益分析已被世界各国政府广泛运用于多项政策议题的抉择,近年来成本收益分析于各国的应用如理查德·莱亚德和斯蒂芬·格莱斯特(1994)编著的《成本—收益分析》(Cost-Benefit Analysis)书中便列举出成本收益分析于各国的应用案例:以成本收益分析评估美国1978年解除管制后空运系统的绩效;讨论如何为英国道路网定价;以成本—收益分析评估英国投资热带林的内在报酬回收率。此外,柯克帕特里克和韦斯(1999)编著的《发展中国家的成本收益分析及方案评估》(Cost-Benefit Analysis and Project Appraisal in Developing Countries)一书中,亦显示成本—收益分析应用于许多不同的议题。

(三)政策研究的成本—收益分析的特点

成本—收益分析被广泛地应用于私人企业和公共部门的决策分析中。然而由于公共部门与私人部门本身存在着质的差别,因此公共部门的成本—收益分析也有着与私人经济部门显著的不同,主要可以体现为以下两个方面。

第一,公共部门进行决策要以社会福利最大化为目标,而不能像私人经济部门仅仅以利润为目标。因而,私人经济部门成本与收益的识别是以利润减少或增加为原则,识别的基本方法是追踪项目的货币流动:凡是流入项目之内的货币视作收益,即现金流入(如销售收入);凡是流出项目的货币视作支出,即现金流出(如投资、经营成本、税金等)。由于这些财务收支仅是流入或流出项目的货币,且都可以借助价格系统进行货币计算,因此其识别与计量就相对简单和容易。公共政策的项目或方案,它是以政府为主体,为满足社会公共需要而进行的分配活动。其目的是追求最大的社会福利,政府不能只像一般的微观经济主体那样单纯考虑直接、有形、物质的所费与所得的对比关系。还必须站在宏观的角度考虑整个社会和发展的整体收益。比如政府考虑修建某一大型的水利工程,其政策必须考虑到这一工程对生态环境将会产生怎样的影响。

第二,许多政府项目的投入和产出不能直接用市场价格来衡量和估算。这主要是由两个因素决定的。一是与许多政府政策项目分析相联系的市场价格根本不存在,因为大部分公共物品不是在市场上进行交易的,比如市场上不存在清新空气的价格、时间的价格、生命的价格、自然资源得以保护和生态平衡的价格等;二是考虑到市场失灵现象的存在,在许多场合市场价格并不能真正地反映相关产品的真实社会边际成本或社会边际收益,比如如果政府认为资本市场运作不理想,就不应采用市场利率作为政府政策项目评估的贴现率。这都使公共政策的成本与收益的识别和计量相对复杂和困难。

由此可见,利益与成本两个概念的含义随决策主体的不同而不同。由于对政府的公共决策进行的成本与收益分析存在着以上的特点和难点,因而正确归集和分配成本、收益是作出准确分析的基础。一般来说可以包括以下四个方面。

1. 真实的收益与成本、货币的收益与成本

这是公共部门政策成本—收益分析的要考虑的最重要的区别。真实的收益是指公共政策的最终"消费者"获得的收益,它反映了社会福利的增加。真实的成本则是公共政策或项目所利用的资源的实际成本。货币收益与成本则是受到市场上相对价格变化影响的收益或成本,价格的变化可能使一部分人的收益或损失增加,又为其他人的损失或收益所抵消,所以,从整体上看,它无法反映社会的净收益或净损失。

2. 直接收益与成本、间接收益与成本

直接收益与成本是指与特定成本对象相关的能够经济而又方便进行追踪的成本。如某地区出台关于发展旅游业的优惠及特别政策,各旅游景点的旅游收入即为直接受益;某一灌溉项目旨在提高某片土地的肥力,直接收益为一定时期内获得灌溉的那片土地农产品产量的净增长。间接收益与成本是指直接收益与成本以外的收益与成本。它可以看作是某项公共政策的项目副产品,与政策或项目的非主要目标相关,但不能经济而又方便地追溯到各个成本对象的成本。间接收益与成本是由直接收益与成本引发生成的。如发展旅游业政策项目除增加旅游收入外,还能带动该地区的开放和经济的发展;对于灌溉项目而言,间接收益可能包括毗邻土地肥力的增长。毗邻土地实际并未获得灌溉,但由于地下水位升高,该片土地也从中受益。

3. 内部收益与成本、外部收益与成本

外部性指一个经济主体(生产者或消费者)在自己的活动中对旁观者的福利产生一种有利影响或不利影响,这种有利影响带来的收益或不利影响带来的成本,都不是生产者或消费者本人所获得或承担的,是一种经济力量对另一种经济力量"非市场性"的附带影响。从政策项目看,内部收益是由项目投资经营主体获得的收益,内部成本是由项目投资经营主体承担的成本。一个污水处理项目,项目投资与经营成本由企业自身承担,减少污染的收益由附近地区的居民获得。外部收益与外部成本是指项目以外的收益与成本。例如,一个免费通行的公路项目,通行者从通行中获得的收益是项目的外部收益;政府投资建设的学校,学生从免费就读中获得的收益是外部收益。机动车辆在公路上行驶产生的噪声对附近地区的居民带来的损失是一种外部成本;一个正在施工的市区道路项目给行人的不便而带来的损失也是一种外部损失。

需要指出的是,公共项目的直接收益(或成本)并不一定等同于内部收益(或成本),间接收益(或成本)也不一定等同于外部收益(或成本),尽管它们之间在有些情况下可能重合,但并非所有项目都能重合,两者之间在概念上的差异不能混淆。例如,一个公共消防项目,它所提供的减少或消除火灾损害的服务,具有公共物品的免费服务特性,由它所获得的减少财产损失和人员伤亡的收益是一种直接收益,但这种收益却不是项目的内部收

益,而是消防部门以外的外部收益。一般而言,间接收益与成本包含在外部收益与成本之内,内部收益与成本包含在直接收益与成本之内。当然,必须谨防对某一项目的收益进行重复计算。例如,某一灌溉项目可能使农用土地的价值增加。然而,这种增值仅仅反映了土地产出的增长能力。同时计算土地价值的增加和农产品增加的价值将导致对项目收益的重复计算。

4. 有形收益与成本、无形收益与成本

有形收益与成本是指可以采用货币计量单位或实物计量单位予以计量的收益与成本。由于公共项目的成本—收益分析是用经济分析方法对项目的经济收益和社会收益状况进行评价,因此,应尽可能把项目收益与成本货币化,使收益与成本具有可比性,这就需要寻求项目产出物和投入物的价格,以便计算它们各自的货币价值。一般而言,公共项目投入物的货币价值容易计算,如投资和经营支出等,而其产出收益则常常因缺乏市场价格而不易计量其货币价值。在对无市场价格的产出收益的货币化计量方面,通常有两种可供选择的方法:第一种方法是把可以获得同样的替代项目方案的最小成本费用作为该项目方案的收益;第二种方法是把消费者愿意支付意愿作为收益的估价,而对项目产出所带来的外部损失,则可以用被损害者愿意接受的最低补偿收入作为外部成本或负收益价值的估价。在上述方法难以实行的情况下,有必要采用实物计量的方法来计量项目的有形收益和成本。无形收益与成本是一些既不存在市场价格又难以采用其他计量单位的收益与成本。例如,因交通项目产生的时间节约所导致的收益,由保健支出带来的生命延续和疾病的减少,以及由飞机场的噪声污染而产生的成本等,这些都是难以用货币或其他计量单位加以度量的,有的公共项目,其无形收益与成本可能并不重要,可以对其忽略不计,但是有的项目无形收益很可能是其根本性收益,就不能对其忽略不计。但是,通常其货币价值无法从市场上取得,而必须从其他渠道获取,通常是间接地参考来自别处的市场行为。如果无法货币化,也无法采用其他方法计量,则应采用图片、音响、文字等各种形式予以描述和解释。

二、成本—收益分析的步骤与方法

成本—收益分析是针对备选方案的预期成本和预期收益,通过比较确定相对最优方案的分析方法,因此其基本任务即为:验证一项政策或多项可选择的政策的所有成本和所有收益;确定全部成本和全部收益的价值(以货币形式使他们互相具有可比性);计算这项政策或多项政策的纯收益(正或负),以使成本—收益决策标准可被应用。一般地说,成本—收益分析的过程由如下五个步骤构成。

第一步:识别阶段,判断某一项目可以达到机构所希望的目标。

第二步:调查阶段,主要是了解能实现该目标的各项可能的投资方案。

第三步:收集信息阶段,主要是获取有关各备选投资方案效果的资料。

第四步:选择阶段,定量财务指标分析、定量非财务指标分析以及定性指标分析,采用不同的分析方法,由于定性指标未包括在正式分析之中,管理人员必须用自己的判断决定在最终决策时定性因素占多大比重;以确定各个项目或方案的优劣次序。

第五步：决策阶段。要以上述次序为依据，并要看限制条件情况而定。

在以上的过程中，分析人员需要寻找并列出成本类型与计划影响因素，而在成本—收益分析中，一项政策会受到两种很重要的影响，值得我们注意，那就是外部性和无形影响。

首先是外部性。如前文也提到，在经济学意义上外部性指一个经济主体（生产者或消费者）在自己的活动中对旁观者的福利产生了一种有利影响或不利影响，这种有利影响带来的收益或不利影响带来的成本，都不是生产者或消费者本人所获得或承担的，是一种经济力量对另一种经济力量"非市场性"的附带影响。本来是为了达到一个特定的目的而采取的行动，往往还会引起其他意想不到的结果。例如，开发商购买了某栋大楼的一层想改建为娱乐室，结果遭到了其他住户的强烈反对。这种超出行动最初设想的结果而产生的成本或收益即为成本与收益的外部性。分析人员应当尽可能估计并估算到这种外部性。一项政策计划如果产生收益，则为正外部性，如果带来了新的成本投入，则为负外部性。因此外部性会进入成本—收益的两边。

其次是无形影响。这个涉及上文的无形成本与有形成本的区别，有形收益与成本是指可以采用货币计量单位或实物计量单位予以计量的收益与成本。由于公共项目的成本—收益分析是用经济分析方法对项目的经济收益和社会收益状况进行评价，因此，应尽可能地把项目收益与成本货币化，使收益与成本具有可比性，这就需要寻求项目产出物和投入物的价格，以便计算它们各自的货币价值。无形收益与成本是一些既不存在市场价格又难以采用其他计量单位的收益与成本。例如，因交通项目产生的时间节约所导致的收益，由保健支出带来的生命延续和疾病的减少，以及由飞机场的噪声污染而产生的成本等，这些都是难以用货币或其他计量单位加以度量的，有的公共项目，其无形收益与成本可能并不重要，可以对其忽略不计，但是有的项目无形收益很可能是其根本性收益，就不能对其忽略不计。如一项房地产开发项目在考虑搬迁住户的重新安置成本时，更高的租金、上涨的运输费等就是其有形成本，具有相对明显的货币意义。对于可能带来的心理成本——沮丧、不舍、不愉快是根本没有办法用货币的形式来兑换的，这些就是无形成本。当然，此处列举的是无形效果的负效应，它也存在正效应。在成本与收益的计算过程中，这些是非常值得引起我们注意的。

关于成本—收益分析有许多种具体方法，下面分为两种情况来加以讨论。

（一）贴现的分析评价方法

采用成本—收益分析方法确定相对最优方案，要依据方案净收益的大小来选择。净收益＝收益－成本。对于长远政策方案来说，成本投入和收益获得往往要持续很长的时间。在此期间，正常情况下，每一年都要有成本投入，也都要产生收益。政策持续推荐的过程中就会形成"成本流"和"收益流"。因此，要想得知政策方案的未来收益，必须将"成本流"和"收益流"分别相加，确定总成本和总收益，以此来获得政策总的净收益。对于确定的成本收益来说，收益与成本的比较非常容易。但是对于流动的成本收益来说，由于货币具有时间价值，同一面值的货币时间越长价值越小，因此对未来成本与收益的估计必须考虑到现值。这其中就涉及成本—收益分析中很重要的贴现和贴现率。

贴现是指针对未来货币的价值计算现在的值。对于未来货币，如某集团公司的债券、政府的债券等,扣除自贴现之日起至到期之日的利息,也就是现值。由于通货膨胀因素的存在,因此货币具有时间价值。对固定面值的货币,时间越长价值就越小。所以,现在某人若将货币存入银行,银行一方为了补偿随时间流失的价值,就会付给存款人一定的利息。根据时间而定的货币价值标准成为贴现率。

贴现的分析评价方法,是指考虑货币时间价值的分析评价方法,亦被称为贴现现金流量分析技术。在现实生活中,许多项目的建设周期都不会限于一个年份,这样一来,任何一个项目的收益和成本不可以直接相加,必须将"货币时间价值考虑"在内,将不同时点的成本、收益按一定的贴现率换算成同一时点的成本、收益,进行计算。

1. 净现值法

净现值(NPV)法是指特定方案未来现金流入的现值与未来现金流出的现值之间的差额。在该方法下,未来现金流入和流出都要按照预定的贴现率折算为他们的现值,然后再计算它们的差额[①]。其算式为

$$NPV = \frac{A_1}{(1+i)} + \frac{A_2}{(1+i)^2} + \cdots + \frac{A_n}{(1+i)^n} - A_v$$

$$= \sum_{K=1}^{n} \frac{A_k}{(1+i)^k} - A_v$$

假设方案 A,第一年年初投入 100 000 元,设 $i=10\%$,以后的五年内的回收情况如下。

第一年年末	第二年年末	第三年年末	第四年年末	第五年年末
25 000 元	20 000 元	25 000 元	40 000 元	45 000 元

$$NPV(A) = (25\,000 \times 0.909 + 20\,000 \times 0.826 + 25\,000 \times 0.751 + 40\,000 \times 0.683$$
$$+ 45\,000 \times 0.621) - 100\,000 = 29\,055(元)$$

如得到的净现值为正数,说明该方案可实现的收益率大于所用的贴现率;反之,如得到的净现值为负值,说明该方案可实现的收益率小于所用的贴现率。从上述计算可知,方案 A 的收益率大于所用的贴现率,该方案可取。其贴现率是个关键,如果选择不当,就可能导致错误的分析,如较高的贴现率,对使用年限较短的支出项目有利。

2. 净现值率法

净现值率和净现值的不同,在于它不是简单地计算投资方案未来现金流入的现值同它的原投资额之间的差额,而是计算前者对后者之比。仍采用上例。

$$NPVR(A) = 129\,055/100\,000 = 1.29$$

若指数大于1,说明其收益超过成本,即报酬率大于预定贴现率。它可以看成是1元原始投资可望获得的现值净收益,它是一个相对数指标,反映投资的效率;而净现值是绝

---

① 葛家澍:《管理会计》,辽宁人民出版社,2000年,第330页。

对数指标,反映投资的收益。净现值和净现值率这两个指标之间有着如下关系。

净现值＞0　　　　净现值率＞1
净现值＝0　　　　净现值率＝1
净现值＜0　　　　净现值率＜1

3. 内部收益率法

上述净现值、净现值率的计算虽然考虑了"货币时间价值",但有一个共同的特点,就是不能据以了解各个投资方案本身可以达到的具体的投资收益率是多少。内部收益率的计算可以做到这一点,是考察项目盈利能力的主要动态评价指标。它是投资方案在建设和生产经营年限内,各年净现金流量的现值累计等于0时的折现率,也就是下式中的 r。

$$NPV = \frac{A_1}{(1+i)} + \frac{A_2}{(1+i)^2} + \cdots + \frac{A_n}{(1+i)^n} - A_v$$

$$= \sum_{K=1}^{n} \frac{A_k}{(1+i)^k} - A_v$$

从上述数量关系,可以看到,内部收益率有以下一些特性。

$$\sum_{k=1}^{n} \frac{A_k}{(1+r)k} = A_v$$

$$\sum_{k=1}^{n} A_k = A_v \quad r=0$$

$$\sum_{k=1}^{n} A_k < A_v \quad r<0$$

$$\sum_{k=1}^{n} A_k > A_v \quad r>0$$

第一种情况说明决策方案未来的现金流入量的总和刚好同原投资额相等,没有带来任何盈利,说明所做的投资没有取得相应的收益,即其内部收益率为0;第二种情况说明资金投入以后,不仅没有盈利,而且还使原投资额亏蚀了一部分而收不回来,因而其内部收益率就表现为负数;第三种情况说明除收回原投资额外,还取得一定的利润,说明所作的投资取得了相应的收益,据以确定的内部收益率为正值,取得的盈利越多, r 越大;同样的利润额,取得的时间越早, r 越大。

这里需要讨论的是贴现率的采用,在公共决策中常采用"预算资金的社会机会成本"作为确定贴现率的依据。"预算资金的社会机会成本"是指同样一笔资金若不用于公共支出项目而投入私人部门所能创造的社会收益。如果一笔资金投入私人部门创造出更高社会收益,就不应该将这笔资金从私人部门转到公共部门,由政府支配使用。预算资金成本通常可以用资金市场上的利率来表示。但在使用时必须注意两点:一是市场利率应是完全竞争资本市场上的利率,在不存在完全竞争市场的情况下,就必须利用"影子利率"来衡量;二是市场利率往往含有税收的因素,在使用时必须对其加以排除。如在所得税税率为

10%的条件下,市场利率为20%,排除税收的因素,其实际的市场利率,也就是纳税人实际可以获得的资金收益率只有10%,很显然,资金的机会成本以后者为准,而不可以建立在前者的基础上。决定贴现率的理想方法应确定被政府活动替代的私人支出类型并使用被替代支出的平均回报率[1]。从实用角度看,考虑各种因素估算贴现率更为方便。这些因素可能包括被替代的投资和税收的风险[2]。

第二个需要探讨的是影子价格(也称为最优计划价格)概念。其名称是从线性规划来的,也就是说影子价格是求资源最优分配的线性规划的对偶解的价格[3]。投入产品和产出产品存在市场价格,这些价格无法确切反映边际社会收益和成本,如果市场存在税收扭曲、配额或者法规条例,市场价格可能无法表现社会价值。公共部门进行成本—收益分析应以真实的社会成本及收益为基础,为此,经济学家引入"影子价格"这一分析工具。即针对无价可循或有价不当的商品或劳务所规定的较合理的替代价格。理想的"影子价格"应为不存在社会失灵时的帕累托效率均衡价格,它是一种真正的社会价格[4]。

(二) 非贴现的分析评价方法

非贴现方法不考虑时间价值,把不同时间的货币收支看成是等效的。这些方法在选择方案时起辅助作用。例如:回收期法。它代表收回投资所需要的年限,主要用来测定方案的流动性而非营利性。

□ 三、成本—收益分析的评价

虽然成本—收益分析可以作为预算决策经济分析的一个重要手段,但经济学家对成本—收益分析的评价,不是很高。在他们看来,这种方法的适用范围是很有限的。它是一项艰难的工作。因为,以货币为尺度并不能对许多政府领域的收益进行适当的分析,如对国防、太空研究、对外援助、公安和司法裁决等方面的收益用货币这个尺度来表示是很困难的;而教育、住宅建设和公路建设,虽然被认为可以提供巨大的货币收益,但迄今为止也没有可靠的测量方法。它们的收益扩散得很广泛,而且有一部分是属于非经济性质。就高速公路来说,所有的人都可以免费使用高速公路,没有判断高速公路价值的价格。简单地问人们,他们对高速公路的评价多少是不可靠的。那些要用高速公路的人为了修这条路有夸大他们所得到的利益的激励。那些受高速公路伤害的人为了阻止修这条路有夸大其成本的激励。因此,有效率地提供公共物品在本质上比有效率提供私人物品更困难。私人物品由市场提供。私人物品的买者通过他们愿意支付的价格反映他们对该物品的评价。卖者通过他们愿意接受的价格反映出他们的成本。与此相比,当评价政府是否应该提供一种公共物品时,成本—收益分析并没有提供任何价格信号。关于公共决策的成本和收益的结论充其量是近似而已[5]。因此,成本—收益分析对于那些如防洪、电力生产、

---

[1] 阿若德·C.哈泊特:《计算公共资金的社会机会成本》,《项目评估》,1972年,第94—122页。
[2] 威廉姆·J.Bmol:《社会折现率》,《美国经济评论》,1968年第58期,第788—802页。
[3] 杨汉宏:《工程经济学》,煤炭工业出版社,2002年,第202页。
[4] 樊勇明:《公共经济学》,复旦大学出版社,2001年,第168页。
[5] 曼昆:《经济学原理》,梁小民译,生活·读书·新知三联书店,2001年,第237页。

邮政、某些运输和娱乐设施等,也就是说对主要是经济性质的、有形的、可以用货币测量的公共政策更为适用。

然而,对于公共政策的经济分析来说,成本—收益的作用是十分重要的,在经济学家们来看,它至少可以纠正两个广泛存在而又肯定会带来不良后果的倾向:一是它有助于纠正那些只顾需要,不顾成本的倾向。在某些情况下,有些决策的项目确实是需要的,但是考虑到其成本情况,却是不值得的,因此必须予以放弃。因为预算资金有限,同样的资金可能在别的项目上获得更大的收益,要在一些项目和方案之间进行稳妥的选择,过分强调需要则无助于使决策的收益达到最优。二是它也有助于纠正那种只考虑成本,而不管收益如何的倾向。在某些情况下,即使有些公共决策的项目相当庞大,但是其收益更大,从经济角度分析,这种项目就是可行的,应该选定,不应该因为成本过大就予以放弃[1]。

成本—收益分析是一种有用的工具,可以分析政府投资项目的净收益和社会回报。在实践中,与其说成本—收益分析是一门科学倒不如说是一种艺术。为了计算项目产品的收益,必须作出许多简化后的假设。此外,当项目涉及外部负效应时,专家们对如何评价外部负效率通常存在巨大分歧。在列举和评估成本与收益时,经济学家们可以设计一些指导原则。在实践中,实际的列举和评估工作要求科学家、工程师和其他专家通力合作。

案例 11-1 中国人口老龄化问题

中华人民共和国成立前,中国人口平均寿命只有 35 岁左右。中华人民共和国成立后,公共卫生事业的发展提高了全民健康水平,平均寿命在短短的十几年间提高到近 60 岁,每年增加 1 岁多。在平均寿命延长的初期,最大的受益者是婴儿和儿童,婴儿死亡率从之前的 200‰左右急剧下降至两位数,这就使得 20 世纪 50—60 年代出生的绝大部分婴儿有更为良好的生存机会活到老年。在庆贺社会发展、健康长寿的同时,中国也面临着严峻的人口老龄化问题。

中国人口老龄化的发展既有与经济发达国家类似的方面,也有不同的特点,最突出的特点就是老龄化速度快,老年人数量多。若以 65 岁作为进入老龄的标准,联合国社会经济司人口处于 2000 年预测,2005 年中国老人总数将超过 1 亿,2027 年将超过 2 亿,2037 年将超过 3 亿,最多时约为 3.3 亿。若以 60 对作为老龄化标准,2014 年将达到 2.03 亿,2026 年将达 3.04 亿,2039 年将达到 4 亿,最高时扩大到 4.4 亿左右。根据联合国的预测,到 2050 年,我国 60 岁及以上人口比重达到 29.9%,65 岁及以上人口比重也将达到 22.7(见表 11-12)。21 世纪 20—40 年代将是我国老年人口增长最快的时期。60 岁以上老人数平均每年将增长 4%以上,65 岁以上老人数年增长速度将超过 5%,被称为"老年老人"的 80 岁以上人口的数量增长速度更快。也就是说,每 12—13 年,60 岁以上的老人就要增加 1 亿,相当于一个世界人口大国的总量。

根据有关人口研究机构的统计,65 岁以上老人从 7%增加到 14%所需的时间,在法

---

[1] 高培勇:《公共部门经济学》,中国人民大学出版社,2001 年,第 142 页。

国是115年,瑞典是85年,美国是66年,英国是45年,而中国只需要25年。这样的老人增长速度在世界上少有,甚至超过了老龄化速度最快的日本。这一增长的趋势及其影响应当引起我们的高度重视并加以深入研究。

表11-12 联合国对中国2000—2050年人口发展的预测

年份	总人口（亿）	60岁以上人口比重	65岁以上人口比重	育龄妇女比重(%)	年龄中位数(%)	人口密度（人/平方千米）
2000	12.75	10.1	6.9	56.4	30	133
2005	13.21	10.8	7.5	56.2	32.4	138
2010	13.66	12.3	8.1	55.2	34.6	142
2015	14.1	14.7	9.3	52.4	36	147
2020	14.46	16.7	11.5	48.2	37.4	151
2025	14.71	19.5	13.2	45	39	153
2030	14.85	23.3	15.7	44.2	40.9	155
2035	14.91	26.2	19	43.2	42.2	155
2040	14.9	27.3	21.4	41.1	43.1	155
2045	14.81	28	22.1	40.1	43.6	154
2050	14.62	29.9	22.7	39.6	43.8	152

数据来源:联合国社会经济司人口处,《世界人口展望2000》。

人口老龄化问题的凸显,给中国社会各个领域带来了许多负面影响,成为我国面临的前所未有的新挑战。

近年来,在我国一些城市和地区出现了劳动力紧缺的现象。2004年发端于"珠三角"的"民工荒",已延伸到作为大量劳动力输出地的中部省份安徽和江西;而西部省份甘肃的大量企业也遭遇了招工难。在从沿海等特定地区向全国蔓延的同时,劳动力短缺的现象,已经从春节后的临时性缺工、缺熟练工技术等,发展到现在一年到头什么工种都缺。以浙江温州为例,该市职业介绍指导服务中心的招聘岗位长期维持在3万个左右。缺工的企业遍及鞋类、眼镜、打火机、服装等劳动密集型行业以及宾馆、酒店等服务行业。在中国社会科学院轻重建院30周年的讲座中,社科院人口与劳动经济研究所所长蔡昉在以《中国就业与增长结构变化》为题的报告中介绍:"中国正在由劳动过剩向劳动力短缺的时代转变,这个转变的拐点将在十一五期间出现,确切的时间可能是在2009年,届时中国城乡将普遍出现劳动力短缺的现象。"

我国社会保障体系还很不健全,尤其在农村,养老保障体系非常薄弱,养老金覆盖率仅为5%,而且是以家庭养老为主。另外,农民收入偏低,健康状况相对较差。据权威部门对13个省区调查材料显示,中国65岁以上人口当中,有一半人口健康状况不好,其中主要在农村。但是,当前及今后相当长一段时间内,我国将面临非常严重的负担。据一项预测表明:"1990年中国每100个劳动年龄人口中赡养13.74个老年人,2000年赡养15.6

人,2025年赡养29.46人,2050年赡养48.49人。总赡养比也相应上升,从2025年的59.5%上升到2050年的76.8%。"这种赡养负担在我国现有的条件下,将直接影响经济发展与社会稳定。

案例思考题：1. 结合案例,阐述预测分析在公共政策制定中的重要性。
2. 如何做好中国人口老龄化的预测工作,使得相关的各项公共政策制定满足人口老龄化的要求?

案例11-2 《哥本哈根共识》：运用成本—收益分析的智者[①]

当今的世界永远不缺少挑战。对于发展中国家来说,它们几乎遭受了从内战到营养不良等各种灾难。如果成本—收益分析是有效配置资源的强大工具,那么它也许可以帮助富裕国家决定它们发展援助如何能够最好地帮助贫困国家。

这正是哥本哈根协议的基本逻辑。该协议由丹麦环境评估机构的领军人物比约恩·隆伯格发起。2004年,包括4位诺贝尔奖获得者在内的8位世界级经济学家应邀齐聚哥本哈根,回答看似简单的一个问题：如果世界上富裕国家愿意帮助贫困国家,那么资助的资金该如何发挥其最大的作用? 2008年,同样知名的一群专家再次讨论了同一问题。

正如《经济学人》杂志解释的那样："《哥本哈根共识》的理念在于资源是有限的,因此必须在各种好想法之间作出艰难的抉择。如果现在有一笔用来发展援助的资金,比如500亿美元,我们应该如何有效使用这笔有限的资金?我们有可能就先做什么达成协议吗?"讨论会议开始讨论了基于联合国评估和其他背景信息所得出的十大最具挑战性的领域：内战、气候变化、传染性疾病、教育、金融稳定、政府治理、饥饿与营养不良、移民、贸易改革、水资源与卫生。

此后,这些专家应邀准备"应对挑战的论文",组织者针对上述广泛的具有挑战性的领域给出了38项不同行动建议的具体信息。根据要求,专家们需要基于各个建议的相对社会成本和社会收益对这些提案进行排序。即使一些建议运用了最为严谨的成本—收益分析方法,也需要接受批评。比如,专家们必须决定全球变暖导致的预期损失应采用怎样的贴现率,贫困国家在统计学上的合理生命价值应当是多少等。分析经常使用多重价值确定研究结论对不同假设的敏感性。最后,研讨会的专家们认为,他们拥有的信息仅能够对38项建议中的17项进行排序。

全球问题如此之多,我们究竟该从何入手呢?从收益与成本的比较来看,研讨会讨论认为有四项"非常好"的建议。排在首位的是一系列综合控制艾滋病的措施,比如发放避孕套、对性工作者进行性传播疾病的治疗。一篇会议论文认为,这一措施的成本低得令人惊讶,挽回每个"伤残调整寿命年"的成本仅为4美元。这一措施的社会收益与社会成本之比为500∶1。

[①] 查尔斯·韦兰：《公共政策导论》,魏陆译,格致出版社,2014年,第309—310页。

排在第二位的是针对营养不良提供食物的项目;排在第三位的是发达国家减少贸易壁垒并取消农业补贴,允许贫困国家向发达国家出口更多商品;排在第四位的是一系列对抗疟疾的措施。如发放经杀虫剂处理过的蚊帐。

专家对项目的排序意味着某些看似更值得的行动被列在最后进行。如果有额外500亿美元的援助资金,研讨会的专家们不会将资源花费在解决气候问题的项目上。研讨会一直认为全球变暖问题的确存在并且觉有潜在的危害,但是由于遥远未来收益的不确定性,现在就投入巨大成本可能难以判断其是否具有合理性。

当然,发达国家资助的这笔500亿美元援助是假设的情况。那么,我们刚才的讨论是否有意义呢?答案是肯定的,原因有二:第一,成本—收益分析的运用是说明政府如何排序决策的一个很好的案例。正如《经济学人》杂志对该过程的观察:"成本—收益分析必须成为任何此类分析的组织方式——即使你认为这种方式并不是决定性的,或者仅仅是将一个人的想法更有逻辑地进行组织而已。"第二,《哥本哈根共识》鼓励联合国外交官开展类似的行动。在经济学家进行首次讨论的两年之后,2006年来自美国及其他7个国家的大使聚集在一起,对如何应对全球范围内十大挑战的40项建议进行了排序。他们的结论与《哥本哈根共识》有着惊人的相似性。对与生命和死亡相关的事情进行排序可能令人不快,尤其是对某些拯救生命的项目说"不"时。更具政治性的方法是将那些重要问题描述为"优先项"。

案例思考题:结合案例谈谈成本—收益分析在公共政策中的运用及其作用。

本章名词与术语

频数分布　离散变量　累积变量　均值　中值　中位数　众数　离散度　平均离差　决策　保守决策　乐观决策　折中决策　最小损益差决策　风险决策　德尔菲预测法　矩阵移变预测法　成本—收益分析

复习题

1. 简述德尔菲预测法及其计算过程。
2. 简述移变矩阵的特点。
3. 简述风险决策与不确定型决策的区别。
4. 简述成本—收益分析。

参考文献

1. 《马克思恩格斯全集》第46卷,人民出版社,1979年。
2. 《马克思恩格斯全集》第42卷,人民出版社,1979年。
3. 《马克思恩格斯全集》第3卷,人民出版社,1979年。
4. 《马克思恩格斯选集》第2卷,人民出版社,1972年。
5. 《马克思恩格斯全集》第23卷,人民出版社,1972年。
6. 《马克思恩格斯选集》第1卷,人民出版社,1995年。
7. 威廉·N.邓恩:《公共政策分析导论》(第四版),谢明等译,中国人民大学出版社,2010年。
8. 卡尔·帕顿、大卫·沙维奇:《政策分析和规划的初步方法》(第二版),孙兰芝、胡启生译,华夏出版社,2001年。
9. 丹尼尔·W.布罗姆利:《经济利益与经济制度——公共政策的理论基础》,陈郁译,上海三联书店、上海人民出版社,1996年。
10. 詹姆斯·E.安德森:《公共决策》,唐亮译,华夏出版社,1990年。
11. 斯图亚特·S.那格尔:《政策研究百科全书》,林明等译,科学技术文献出版社,1990年。
12. R.M.克朗:《系统分析和政策科学》,陈东威译,商务印书馆,1985年。
13. 史蒂文·凯尔曼:《制定公共政策》,商正译,商务印书馆,1990年。
14. 查尔斯·E.林德布罗姆:《政策制定过程》,朱国斌译,华夏出版社,1988年。
15. 查尔斯·E.林德布罗姆:《政治与市场——世界的政治—经济政策》,王逸舟译,上海三联书店,1994年。
16. 查尔斯·沃尔夫:《市场或政府——权衡两种不完善的选择:兰德公司的一项研究》,谢旭译,中国发展出版社,1994年。
17. 药师寺泰藏:《公共政策》,张丹译,经济日报出版社,1991年。
18. 保罗·萨巴蒂尔:《政策过程理论》,彭宗超、钟开斌等译,上海三联书店,2004年。
19. 叶海卡·德洛尔:《逆境中的政策制定》,王满传等译,远东出版社,1996年。
20. 杰伊·沙夫里茨、卡伦·莱恩、克里斯托弗·博里克:《公共政策经典》,彭云望译,北京大学出版社,2008年。
21. 迈克·希尔、彼特·休普:《执行公共政策:理论与实践中的治理》,黄健荣等译,商务印书馆,2011年。
22. 詹姆斯·麦甘恩、理查德·萨巴蒂尼:《全球智库:政策网络与治理》,韩雪、王小文译,上海交通大学出版社,2015年。
23. 路德维希·冯·米塞斯、伊斯雷尔·柯兹纳:《产权、市场与竞争的基本理念》,柯武刚等译,重庆大学出版社,2013年。

24. 尼古拉斯·亨利:《公共行政与公共事务》,孙迎春译,中国人民大学出版社,2011年。
25. 科尼利尼斯菲·M. 克温:《规则制定:政府部门如何制定法规与政策》,刘璟等译,复旦大学出版社,2007年。
26. 米切尔·黑尧:《现代国家的政策过程》,赵成根译,中国青年出版社,2004年。
27. 加布里埃尔·A. 阿尔蒙德、小 G. 宾厄姆·鲍威尔:《比较政治学:体系、过程和政策》,曹沛霖等译,东方出版社,2007年。
28. 小约翰·B. 科布:《后现代公共政策:重塑宗教、文化、教育、性、阶级、种族、政治和经济》,李际、张晨译,社会科学文献出版社,2003年。
29. 梁鹤年:《政策规划与评估方法》,丁进锋译,中国人民大学出版社,2009年。
30. 埃贡·G. 古贝、伊冯娜·S. 林肯:《第四代评估》,秦霖等译,中国人民大学出版社,2008年。
31. 丹尼尔·豪斯曼、迈克尔·麦克弗森:《经济分析、道德哲学与公共政策》,纪如曼、高红艳译,上海译文出版社,2008年。
32. 德博拉·斯通:《政策悖论:政治决策中的艺术》,顾建光译,中国人民大学出版社,2006年。
33. 詹姆斯·Q. 威尔逊:《官僚机构:政府机构的作为及其原因》,孙艳等译,三联书店,2006年。
34. 柯武刚、史漫飞:《制度经济学:社会秩序与公共政策》,韩朝华译,商务印书馆,2000年。
35. 詹姆斯·E. 安德森:《公共政策制定》,谢明等译,中国人民大学出版社,2009年。
36. 托马斯·R. 戴伊:《自上而下的政策制定》,鞠方安、吴忧译,中国人民大学出版社,2002年。
37. 托马斯 R. 戴伊:《理解公共政策》,谢明等译,中国人民大学出版社,2004年。
38. 小约瑟夫·斯图尔特、戴维·M. 赫奇、詹姆斯·P. 莱斯特:《公共政策导论》,韩红译,中国人民大学出版社,2011年。
39. 查尔斯·韦兰:《公共政策导论》,魏陆译,格致出版社,2014年。
40. 保罗·A. 萨巴蒂尔:《政策过程理论》,彭宗超、钟开斌等译,三联书店,2004年。
41. 阿耶·L. 希曼:《公共财政与公共政策:政府的责任与局限》,王国华译,中国社会科学出版社,2006年。
42. 迈克尔·豪利特、M. 拉米什:《公共政策研究:政策循环与政策子系统》,庞诗等译,三联书店,2006年。
43. 海伦·英格兰姆、斯蒂文·R. 史密斯:《新公共政策:民主制度下的公共政策》,钟振明、朱涛译,上海交通大学出版社,2005年。
44. 奥斯特罗姆:《公共事物的治理之道:集体行动制度的演进》,余逊达、陈旭东译,三联书店,2000年。
45. 戴维·L. 维默、艾丹·R. 维宁:《政策分析:理论与实践》,戴星翼等译,上海译文出版社,2003年。

46. 戴维·伊斯顿：《政治体系——政治学状况研究》，马清槐译，商务印书馆，1993年。
47. 盖依·彼得斯：《美国的公共政策：承诺与执行》，顾丽梅、姚建华等译，复旦大学出版社，2008年。
48. 约翰·W.金登：《议程、备选方案与公共政策》，丁煌等译，中国人民大学出版社，2004年。
49. 舍勒：《价值的颠覆》，罗悌伦等译，三联书店，1997年。
50. 托克维尔：《旧制度与大革命》，冯棠译，商务印书馆，1992年。
51. 威尔伯·施拉姆、威廉·波特：《传播学概论》，何道宽译，新华出版社，1984年。
52. 帕特里夏·基利等：《公共部门标杆管理：突破政府绩效的瓶颈》，张定淮译，中国人民大学出版社，2002年。
53. 乔恩·谢波德、哈文·沃斯：《美国社会问题》，乔寿宁、刘云霞译，山西人民出版社，1987年。
54. 哈贝马斯：《交往与社会进化》，张博树译，重庆出版社，1990年。
55. 迈克尔·罗金斯等：《政治科学》，王浦劬、林震等译，华夏出版社，2001年。
56. 托马斯·戴伊：《公共政策新论》，罗清俊、陈志玮译，中国台北，1999年。
57. 赫伯特·西蒙：《管理行为——管理组织决策过程的研究》，杨砾等译，北京经济学院出版社，1998年。
58. 小约瑟夫·斯图尔特、戴维·M.赫奇、詹姆斯·P.莱斯特：《公共政策导论》，韩红译，中国人民大学出版社，2011年。
59. E.R.克鲁斯克、R.M.杰克逊：《公共政策辞典》，麻理斌等译，上海远东出版社，1992年。
60. 尼考劳斯·扎哈里亚迪斯：《比较政治学：理论与方法》，欧阳景根译，北京大学出版社，2008年。
61. A.H.马斯洛：《人类价值新论》，胡万福等译，河北人民出版社，1988年。
62. 马克斯·韦伯：《学术与政治：韦伯的两篇演说》，冯克利译，外文出版社，1998年。
63. 马克斯·韦伯：《社会科学方法论》，朱红文等译，中国人民大学出版社，1992年。
64. 安东尼·奥罗姆：《政治社会学导论》，张华青等译，上海人民出版社，2006年。
65. 乔纳森·特纳等：《社会学理论的兴起》，侯钧生等译，天津人民出版社，2006年。
66. 乔·B.史蒂文斯：《集体选择经济学》，杨晓维等译，上海人民出版社，1999年。
67. 哈贝马斯：《合法性危机》，刘北成、曹卫东译，上海人民出版社，2000年。
68. 戴维·伊斯顿：《政治生活的系统分析》，王浦劬译，华夏出版社，1999年。
69. 亨廷顿：《变化社会中的政治秩序》，王冠华等译，三联书店，1989年。
70. 罗尔斯：《正义论》，何怀宏等译，中国社会科学出版社，1988年。
71. 吴锡泓、金荣枰：《政策学的主要理论》，复旦大学出版社，2005年。
72. 陈庆云：《公共政策分析》，北京大学出版社，2006年。
73. 陈振明：《政策科学——公共政策分析导论》（第二版），中国人民大学出版社，2003年。

74. 张金马：《公共政策分析：概念·过程·方法》，人民出版社，2004年。
75. 林水波、张世贤：《公共政策》，中国台北，2006年。
76. 伍启元：《公共政策》（上、下），中国台北，1994年。
77. 朱志宏：《公共政策》，中国台北，1995年。
78. 丘昌泰：《公共政策：当代政策科学理论之研究》，中国台北，1999年。
79. 宁骚：《公共政策学》，高等教育出版社，2010年。
80. 杨冠琼：《公共政策学》，北京师范大学出版集团，2009年。
81. 张为杰：《分权治理、地方政府偏好与公共政策执行机制研究》，中国社会科学出版社，2016年。
82. 范绍庆：《公共政策终结：启动、执行和关闭问题研究》，中国社会科学出版社，2014年。
83. 王绍光、樊鹏：《中国式共识型决策："开门"与"磨合"》，中国人民大学出版社，2013年。
84. 朱德米：《公共政策制定与公民参与研究》，同济大学出版社，2014年。
85. 胡象明：《政策与行政：过程及其理论》，北京大学出版社，2008年。
86. 朱亚鹏：《公共政策过程研究：理论与实践》，中央编译出版社，2013年。
87. 陶学荣：《公共政策学》（第3版），东北财经大学出版社，2012年。
88. 李允杰、丘昌泰：《政策执行与评估》，北京大学出版社，2008年。
89. 王春福、陈震聃：《西方公共政策学史稿》，中国社会科学出版社，2014年。
90. 马国贤、任晓辉：《公共政策分析与评估》，复旦大学出版社，2012年。
91. 王达梅、张文礼：《公共政策分析的理论与方法》，南开大学出版社，2009年。
92. 兰秉洁，刁田丁：《政策学》，中国统计出版社，1994年。
93. 吴定：《公共政策词典》，中国台北，2004年。
94. 黄顺康：《公共政策学》，北京大学出版社，2013年。
95. 张金马：《政策科学导论》，中国人民大学出版社，1992年。
96. 陈振明：《政治学》，中国社会科学出版社，1999年。
97. 张世洲、高晚秋、张斌：《现代公共政策学教程》，哈尔滨工业大学出版社，2007年。
98. 朱立言、谢明：《公共管理概论》，中国人民大学出版社，2007年。
99. 罗荣渠：《现代化新论》，北京大学出版社，1993年。
100. 黄茂荣：《法学方法与现代民法》，中国政法大学出版社，2001年。
101. 郑杭生、胡宝荣：《包容共享：社会管理的精神内核》，中国人民大学出版社，2014年。
102. 莫勇波：《公共政策学》，格致出版社、上海人民出版社，2013年。
103. 张成福、党秀云：《公共管理学》，中国人民大学出版社，2001年。
104. 宁国良：《公共利益的权威性分配：公共政策过程研究》，湖南人民出版社，2005年。
105. 王传宏、李燕凌：《公共政策行为》，中国国际广播出版社，2002年。
106. 贺恒信：《政策科学原理》（第二版），兰州大学出版社，2009年。
107. 刘圣中：《公共政策学》，武汉大学出版社，2008年。

108. 马海涛、温来成：《公共政策学》，中国财经出版社，2006 年。
109. 徐晨：《公共政策》（第一版），对外经济贸易大学出版社，2008 年。
110. 赵瑞峰：《公共政策分析——理论、方法与实务》，中国时代经济出版社，2007 年。
111. 彭正波、赵瑞峰：《现代公共政策分析概论》，航空工业出版社，2009 年。
112. 范柏乃：《政府绩效评估理论与实务》，人民出版社，2005 年。
113. 刘春：《公共政策概论》，当代世界出版社，2000 年。
114. 胡宁生：《现代公共政策研究》，中国社会科学出版社，2000 年。
115. 陈世香：《公共政策案例分析》，武汉大学出版社，2011 年。
116. 谢明：《公共政策案例：分析与思考》，中国人民大学出版社，2010 年。
117. 李德顺：《价值论》，中国人民大学出版社，1987 年。
118. 吴元其等：《公共政策新论》，安徽大学出版社，2009 年。
119. 王玉樑：《价值哲学新探》，陕西人民教育出版社，2006 年。
120. 李连科：《哲学价值论》，中国人民大学出版社，1991 年。
121. 李金珊、叶托：《公共政策分析：概念、视角与途径》，科学出版社，2010 年。
122. 王伟光：《利益论》，人民出版社，2001 年。
123. 樊纲：《渐进改革的政治经济分析》，上海远东出版社，1996 年。
124. 葛家澍：《成本会计》，辽宁人民出版社，2000 年。
125. 杨汉宏：《工程经济学》，煤炭工业出版社，2002 年。
126. 樊勇明：《公共经济学》，复旦大学出版社，2001 年。
127. 高培勇：《公共部门经济学》，中国人民大学出版社，2001 年。
128. 王佃利、曹现强：《公共决策导论》，中国人民大学出版社，2003 年。
129. 金太军等：《公共政策执行梗阻与消解》，广东人民出版社，2005 年。
130. 丁煌：《政策执行阻滞机制及其防治对策——一项基于行为和政策的分析》，人民出版社，2002 年。
131. 贠杰、杨诚虎：《公共政策评估》，中国社会科学出版社，2006 年。
132. 韩钊：《公共政策的动态分析》，中国台北，2003 年。
133. 顾丽梅：《公共政策与政府治理》，上海人民出版社，2006 年。
134. 冯静：《公共政策学》，北京大学出版社，2007 年。
135. Harold D. Lasswell and A. Kaplan. Power and Society. McGraw-Hill Book Co., 1963.
136. D. Easten. The Political System: An Inquiry into the State of Political Science. Knopf, 1953.
137. T. R. Dye. Understanding Public Policy. Prentice-Hall, Inc., 1975.
138. Harold D. Lasswell. The future of Political Science. Atherton, 1963.
139. Harold D. Lasswell. A Preview of Policy Science. Elsevier, 1963.
140. Y. Dror. Policymaking under Adversity. Transaction, Inc., 1986.
141. C. E. Lindblom. The Science of "Mudding Through". Public Administration

Review, 1959.
142. C. E. Lindblom. Policy Analysis. American Economic Review, 1958.
143. W. A. Niskanen. Bureaucracy and Representative Government. Aldine-Atherton, 1971.
144. C. E. Van Horn and D. S. Van Meter. The Implementation of Intergovernmental Policy. in C. O.
145. Jones and R. R. Thomas ed. Public Policy Making in Federal System. Sage Publications, 1976.
146. Jones, Charles O. An Introduction to the Study of Public Policy (2nd ed.). Duxbery, 1977.
147. James E. Anderson. Public Poicy-Making (3rd ed.). Holt, Rinehart and Winston, Inc., 1984.
148. Harold D. Lasswell. The Decision Process. University of Maryland Press, 1956.
149. Jeffrey L. Pressman and B. Widavsky. Implementation. University of California Press, 1979.
150. Charles O. Jones. An Introduction to the Study of Public Policy. Brooks/Coles Publishing Company, 1984.
151. Mark R. Daniels. Terminating Public programs: An American Political Paradox. Armonk. M. E. Sharp, Inc., 1997.
152. Charles E. Lindblom. The Science of "Muddling Through". Public Administration Review 19 (Spring 1959).

后 记

  本教材是集体智慧的结晶。参与编写的师生分别是:第一章:蒋硕亮;第二章:蒋硕亮、谢德云;第三章:刘思思、罗依平;第四章:许丽君、罗依平;第五章:王艳梅;第六章:安君涯;第七章:蒋艳艳;第八章:高素颖;第九章:陈光普;第十章:唐嘉珮;第十一章:韩正龙、陈媛媛。全书由蒋硕亮统稿并提供部分案例。

  最令人感动的是复旦大学出版社的编辑,他们在本书的出版过程中倾注了大量的心血。没有他们的大力支持,很难想象本教材得以顺利出版。在此,对他们表示衷心的感谢!

  由于水平所限,本书难免存在错误和缺漏之处,敬请读者们批评指正。

图书在版编目(CIP)数据

公共政策学/蒋硕亮主编. —上海：复旦大学出版社,2018.7
(公共经济与管理·政策分析系列)
ISBN 978-7-309-13771-2

Ⅰ.公⋯　Ⅱ.蒋⋯　Ⅲ.政策科学-高等学校-教材　Ⅳ.D035-01

中国版本图书馆 CIP 数据核字(2018)第 152193 号

公共政策学
蒋硕亮　主编
责任编辑/王雅楠

复旦大学出版社有限公司出版发行
上海市国权路 579 号　邮编：200433
网址：fupnet@fudanpress.com　http://www.fudanpress.com
门市零售：86-21-65642857　团体订购：86-21-65118853
外埠邮购：86-21-65109143　出版部电话：86-21-65642845
上海四维数字图文有限公司

开本 787 × 1092　1/16　印张 18　字数 385 千
2018 年 7 月第 1 版第 1 次印刷

ISBN 978-7-309-13771-2/D·937
定价：36.00 元

如有印装质量问题,请向复旦大学出版社有限公司出版部调换。
版权所有　侵权必究